金融とITの政策学

東京大学で学ぶ
FinTech・社会・未来

神作裕之｜小野 傑｜湯山智教 [編]

河合祐子　宮 将史　加納裕三　金光 碧
幸田博人　翁 百合　辻 庸介　井上俊剛
木下信行　有吉尚哉　大墳剛士　川本隆雄

一般社団法人 金融財政事情研究会

はしがき

　本書は、東京大学の公共政策大学院において、2017年度に行われた講義「資本市場と公共政策：金融とITを巡る公共政策的・法学的論点―FinTechの進展と金融資本市場における課題と対応の方向性―」の内容について、速記録に基づいて整理・加筆修正し、編集したものです。この講義は、みずほ証券株式会社による寄付講座『資本市場と公共政策』の一環として、小野傑客員教授と湯山智教特任教授が担当し、金融とITをめぐる各テーマに応じてその分野に精通した、豊かな経験と知識をおもちの専門家・実務家にゲストとしてお越しいただき、最先端の実務と理論について、豊富なデータやご経験を示しつつ実態に即してお話しいただいたものです。なお、この講義は、公共政策大学院と、法曹養成専攻（法科大学院）および法学政治学研究科総合法政専攻との合併講義として開講されました。

　従来より、金融機関は決済やリスク管理、顧客へのサービス提供などさまざまな場面でコンピュータ・システムを活用してきました。他方で、インターネットをはじめとするネットワーク技術や、IT技術の発展、スマートフォンの普及等により、近年、FinTechにみられるような新たなプレーヤーが、金融機関の行ってきた機能の一部を担う「アンバンドリング」の動きや、HFT（高頻度取引）に代表されるような金融市場におけるIT活用の進展など、金融機能や資本市場において大きな変革が進みつつあります。特に、この講義が行われた2017年秋には、まさにブロックチェーンや仮想通貨・ICO（Initial Coin Offering）などに代表されるFinTechが大きな注目を集めた時期であり、そのあり方や、既存の業態別金融規制との整合性を含め、新たに浮かび上がった課題も多く、公共政策的・法学的論点も多数にのぼったことから、本書のもととなった講義はまさに時宜を得たものであったと考えています。

　講義は、FinTechを中心とした金融とITをめぐる現状について、講義や質

はしがき　1

疑応答を通じて、その論点や課題についての理解も進め、今後の公共政策や
法規制のあり方について深く思索する機会を提供するとともに、本質を見据
えた解決策を考える力を養うことを目指したものです。第一線で活躍してお
られる講師陣、参加した学生による多くの活発な質疑、それに伴う講師と学
生との真摯なやりとりなどから、その目的のための材料を提供できたのでは
ないかと考えています。本書は、活発かつ多くの示唆に富んだ本講義の内容
を本学教室内のみにとどめておくのはあまりに惜しいと考えたため、講義録
として出版し、読者の皆様と広く共有できればと意図したものです。本書
が、FinTechをはじめとした金融とITをめぐる課題や論点について考える際
に、読者の皆様にとっても参考となれば、望外の喜びです。

　なお、本書の記述のうち意見にわたる部分は執筆者個人の見解であって、
その所属する組織等の見解ではないことをお断りしておきます。

　2018年1月

神作　裕之

■序章　本書のねらいと構成

東京大学客員教授　**小野　傑**

（西村あさひ法律事務所代表パートナー）

東京大学公共政策大学院特任教授　**湯山　智教**

本書作成の背景

　本書のもととなった東京大学公共政策大学院の講義『資本市場と公共政策』（みずほ証券株式会社寄付講座）は、公共政策大学院、法曹養成専攻（法科大学院）、および総合法制専攻の大学院生を対象として、毎年度、資本市場を取り巻くさまざまな課題のなかから、将来、官公庁・行政関係機関や金融機関の職員、法曹関係、研究者などを目指す大学院生が学習するのに適したテーマを選び、関係する実務家の方々をお招きし、講義や質疑応答を通じて、大学院生の皆さんにリアルな政策課題への理解を深めてもらうことを目的にして開講されています。そして、2017年度秋学期のテーマとして「金融とITを巡る公共政策的・法学的論点－FinTech（フィンテック）の進展と金融資本市場における課題と対応の方向性－」を取り上げることとしました。

　テーマの選定、講義の構成は、2017年夏に、神作裕之教授のご指導のもと、担当教員である小野・湯山が相談して決めました。ちょうどビットコインなどの仮想通貨が高騰し始め、ICO（Initial Coin Offering）などが注目を集めた時期であり、多くのFinTechベンチャー企業が展開するとともに、既存金融機関においてもFinTechに対する取組みが盛んになってきた時期に重なります。また、講義終了後の2018年初めには、金融庁には未登録であったものの、「みなし業者」であった仮想通貨交換業者において、多額のコインが不正送金されるという事件が起きました。仮想通貨やICOにおける利用者保護のあり方についての関心も高まり、公共政策的・法学的な観点からの課題のひとつが浮き彫りになりました。こうした点で、本講義は、まさにホッ

トトピックとなるテーマを扱うこととなったと思います。そして、講義の実施にあたり、FinTechをはじめとする金融とITの公共政策的・法学的な論点を扱うという講義の趣旨やテーマに即した外部講師をお招きし、講義を依頼しました。本書の各章執筆者が、まさに各回講義をご担当いただいた講師の方々になります[1]。いずれの方も、各分野の第一線でご活躍されている専門家・実務家であり、それぞれの立場で抱える問題意識や取組みについて、裏付けとなるデータや豊富な経験に基づいて講義いただきました。本書は、この講義の模様を、多くの関心のある方々と共有できるよう作成を意図したものです。なお、本書内における講師の所属・肩書は、特に注記のない限り、講義時点のものを記載しています。

第1部　内外におけるFinTechの進展と課題（第1〜5章）

　本書は、講義の構成に沿って、大きく3つのパートから構成されています。講義は必ずしも金融やITの専門家ではない大学院生を対象としていたため、まず、FinTechをはじめとした金融とITに関する昨今の状況や課題について基本的なところから触れ、集中的に学び十分に理解してもらうことを目的とした講義を数回行うこととしました。このため、まずはFinTechの現場にまさに第一線でかかわる企業経営者や専門家の方々に、現実の世界において、いまどのようなことが起こっているのか、どういう問題が生じているのか、といった観点からお話しいただくことにしました。本書の第1部（第1〜5章）の「内外におけるFinTechの進展と課題」がこれに相当する位置づけです。

　第1章には、日本銀行決済機構局FinTechセンター長の河合祐子氏、同企画役の宮将史氏による講義録をもとに、まさにFinTech入門として、Fin-Techとは何を意味しているのかというところから、中国におけるFinTechの

1　全13回の講義のうち、小野・湯山が第1回（2017年9月27日）および最後の第13回（2017年12月20日）を担当し、外部講師がほか11回を担当した。本書は、外部講師による講義部分のみを収録している。

進展、データの重要性と個人情報保護の関係、わが国への示唆、金融機関システムのレガシー化の問題、中央銀行の取組み等に関する、中央銀行の視点からの大変示唆に富んだ講義の概要がまとめられています。

　第2章には、わが国の代表的なFinTechベンチャー企業として仮想通貨交換業を経営している株式会社bitFlyerの加納裕三代表取締役と金光碧取締役CFOによる講義録をもとに、ビットコインに代表される仮想通貨・ブロックチェーンの現状と課題、ICOの法的論点整理、課税の問題などとともに、まさに第一弾として金融庁の仮想通貨交換業者登録を終えたばかりというタイミングであったことから、世界初の仮想通貨交換業登録に挑んだ実体験にまつわる講義の概要がまとめられています。

　第3章には、大手金融機関によるFinTechに対する取組みを学ぶという観点から、みずほ証券株式会社の幸田博人代表取締役副社長による講義録をもとに、金融機関とIT化の歴史、既存金融機関がFinTechベンチャー企業とどう向き合うか、日本のFinTechの特徴、FinTechに関する取組み（AIを活用した株価予測、ロボアドバイザー、おつり投資）などについて、豊富な資料と実例に基づきながら、幸田氏による熱心な講義の概要がまとめられています。

　第4章には、ブロックチェーンについて詳しく学ぶという観点から、「FinTechとこれからの金融」ということで、株式会社日本総合研究所の翁百合副理事長による講義録をもとに、ブロックチェーンの特徴と課題や、関連する実証実験（エストニア電子政府、モノの取引、中銀デジタル通貨）、金融システムへの示唆等に関して、金融審議会の委員なども長く務め、常に金融分野の最先端の政策課題に取り組まれている翁氏の豊富な経験に基づく講義の概要がまとめられています。

　第5章では、わが国におけるFinTechスタートアップの挑戦と展望ということで、個人向けの自動家計簿・資産管理サービス「マネーフォワード」などを展開されている株式会社マネーフォワードの辻庸介代表取締役社長CEOによる講義録をもとに、同社の起業からマザーズ上場までの道のり、

本講義がロースクール学生も対象としていたことからベンチャー企業と法律家のかかわり、ベンチャーにかかわる人材や、FinTechにおける金融行政とのかかわりなど、ちょうど講義直前に東証マザーズ上場を果たした辻氏の熱い思いに基づく講義の概要がまとめられています。

　以上が第1部として、主としてFinTechとは何かを集中的に学ぶという観点から意図された講義を取りまとめたパートです。

第2部　FinTechに関する公共政策的・法学的論点と政策対応 （第6～8章）

　第2部（第6～8章）は、本書のテーマの核心により近づいていき、「FinTechに関する公共政策的・法学的論点と政策対応」ということで、実際の政策立案や法曹実務を担っている行政官（現役・OB）や法曹実務家の方々による講義の概要がまとめられています。

　第6章には、「FinTechの進展と金融行政」ということで、金融庁でまさにFinTech関係法制のあり方の検討実務の最前線で中心的な役割を担っている井上俊剛信用制度参事官による講義録をもとに、非法制面・法制面での金融庁の取組みやFinTech企業の育成支援（サポートデスク、実証実験ハブ、レギュラトリー・サンドボックス）、仮想通貨法制やオープンAPIに向けた銀行法改正などの最近の法改正、話題となっているICOに関する論点、今後の業態横断型金融法制の検討など、まさに金融法制検討の最前線で奮闘されている経験に基づく講義の概要がまとめられています。

　第7章には、さらに専門的に踏み込むかたちで、「スマートコントラクトについて」ということで、金融庁等での行政経験が長く、日本銀行理事も務められ、かつITにも非常に造詣が深い木下信行氏（アフラック・シニアアドバイザー）による講義録をもとに、FinTechに関連するスマートコントラクトとは何かというところから、わが国におけるデジタルイノベーションのための環境は整っているか（裁判所など司法サービス、企業制度、顧客特定等の課題）等に関する講義の概要がまとめられています。

第8章には、「FinTechに関する法規制と論点」ということで、FinTechに関する法律実務の最前線でご活躍され、関連する書籍等も多く著されている西村あさひ法律事務所パートナー弁護士の有吉尚哉氏による講義録をもとに、FinTechに係る法規制の概要、FinTechに関連して法的検討対象となりやすい行為（金銭のやりとり、送金・為替、預り金等）や仮想通貨法制・電子マネー、クラウドファンディング、ICOに関する考え方等について2回分の講義の概要がまとめられています。

以上が第2部として、実際の政策立案や法曹の現場において、金融とIT、FinTechに関する政策・法律実務についての豊富な経験を有する行政官や法曹実務家による講義を取りまとめたパートです。

第3部　資本市場・金融インフラにおける金融技術の進展と論点
（第9、10章）

第3部（第9、10章）には、引き続きFinTechの一部ではあるものの、やや趣向を変えて、「資本市場・金融インフラにおける金融技術の進展と論点」ということで、近年、金融市場で注目されているIT活用の先端事例であるHFT（高頻度取引）に対してどう対応すべきかという観点からの講義録の概要がまとめられています。

第9章には、「HFTを巡る論点と規制動向」ということで、HFTや株式市場に関する論文等も多数発表されていて、この分野に大変造詣が深い東京証券取引所の大墳剛士氏（株式部株式総務課長）による講義録をもとに、HFTとは何かといったところから、HFTに対する見方（不公正取引なのか、公平性、市場を不安定にしているのか、どう対処すべきか、といった論点）、HFT事業者の登録制導入を内容とする金商法改正等についての講義録の概要がまとめられています。

第10章には、「アルゴリズム・HFT取引の実態、資本市場への影響、法規制の現状と論点」ということで、HFTを含めた海外証券市場の状況に詳しい、みずほ証券株式会社の川本隆雄氏（市場情報戦略部上級研究員）による講

義録をもとに、HFTは規制すべきか、欧米諸国におけるHFTの不公正事例、フラッシュ・クラッシュ、ダークプールから考える課題や論点、欧米におけるHFT規制の動向等に関する講義録の概要がまとめられています。

　なお、本書の記述は、特に記載のない限り、原則として講義時点（2017年9〜12月）の内容となっているため、市場の変化や制度改正等によりお読みいただく時点と状況が異なる部分もあろうかと思います。また、各章は、基本的に実際の講義の流れに沿ってまとめられていますが、一部、紙幅の関係で内容を省略したり、編集の過程で内容を再整理し、他章との重複の整理や順序の入替えをしたりしているところもあります。それでも、FinTechやHFTという共通テーマのもとでリレー形式による講義を行ったことから、一部は重複して感じられるような部分もあるかもしれません。しかしながら、同じ論点であっても、識者によって見方が異なることもあり、公共政策的・法学的論点としてむしろ重要であることから、また理解を深めるという観点からもあえて記載しているところもあります。いずれも、リレー形式による講義録という性質をふまえて、ご容赦いただければ幸いです。

　また、本書の記述のうち意見にわたる部分は、執筆者の個人的見解であり、必ずしも所属する組織等の見解ではありませんのでご承知おきください。

【編著者紹介】 (注) 所属・肩書等は、基本的に講義時点のもの

神作　裕之 (かんさく　ひろゆき) 〔編集、はしがき〕

東京大学大学院法学政治学研究科教授。東京大学法学部卒業。東京大学法学部助手、学習院大学法学部教授、ドイツ連邦共和国テュービンゲン大学客員研究員等を経て2004年より現職。専門は商法・資本市場法。金融法学会幹事、金融審議会委員、スチュワードシップ・コードに関する有識者検討会座長、法制審議会会社法制部会幹事等も務める。

小野　傑 (おの　まさる) 〔編集、序章〕

東京大学客員教授、西村あさひ法律事務所代表パートナー。東京大学法学部卒業、ミシガン大学ロースクールLL.M.修了。1978年弁護士登録 (30期)、1983年ニューヨーク州弁護士資格取得。西村眞田 (現西村あさひ) 法律事務所パートナー等を経て2004年より現職。2007年より東京大学客員教授も兼務。金融法委員会委員、法制審議会信託法部会委員、種々の金融機関の社外取締役・社外監査役も務める。

湯山　智教 (ゆやま　とものり) 〔編集、序章〕

東京大学公共政策大学院特任教授。慶應義塾大学大学院政策メディア研究科修了、早稲田大学大学院商学研究科博士後期課程修了、博士 (商学)。三菱総合研究所を経て2001年金融庁入庁。監督局、証券取引等監視委員会事務局、日本銀行金融市場局、米国OCC等を経て2017年より現職。

河合　祐子 (かわい　ゆうこ) 〔第1章〕

日本銀行決済機構局審議役FinTechセンター長 (2018年3月より欧州統括役)。京都大学法学部卒業、ペンシルバニア大学ウォートン校MBA。外資系金融機関 (ケミカルバンク東京支店等) 等を経て2003年日本銀行入行。金融市場局企画役、同局為替課長、香港事務所長、高松支店長等を経て2017年より現職。

宮　将史 (みや　まさふみ) 〔第1章〕

日本銀行決済機構局FinTechセンター企画役。一橋大学大学院経済学研究科修

了、カリフォルニア州立大学サンディエゴ校大学院修了。2000年日本銀行入行後、考査局、金融市場局、金融機構局等を経て2016年より現職。

加納　裕三（かのう　ゆうぞう）〔第2章〕

株式会社bitFlyer代表取締役。東京大学大学院工学系研究科修了。ゴールドマン・サックス証券入社後、エンジニア、トレーダー等を経て2014年bitFlyerを共同設立し現職。日本ブロックチェーン協会（JBA）代表理事も務める。

金光　碧（かねみつ　みどり）〔第2章〕

株式会社bitFlyer取締役CFO。一橋大学経済学部卒業。ゴールドマン・サックス証券入社後、投資銀行部門資本市場本部を経て2016年bitFlyer入社（CFO、PR担当）。2017年より現職。

幸田　博人（こうだ　ひろと）〔第3章〕

みずほ証券株式会社代表取締役副社長（2018年4月より理事）。一橋大学経済学部卒業。みずほフィナンシャルグループグループ戦略第二部参事役、みずほ証券経営調査部長、総合企画部長、常務執行役員企画グループ長等を経て2016年より現職。京都大学経営管理大学院特命教授、一橋大学大学院商学研究科客員教授等も務める。

翁　百合（おきな　ゆり）〔第4章〕

株式会社日本総合研究所副理事長（2018年4月より理事長）。慶應義塾大学大学院経営管理研究科修了、京都大学博士（経済学）。日本銀行を経て1992年日本総合研究所入社。理事等を経て2014年より現職。金融審議会委員、税制調査会委員、慶應義塾大学特別招聘教授等も務める。

辻　庸介（つじ　ようすけ）〔第5章〕

株式会社マネーフォワード代表取締役社長CEO。京都大学農学部卒業、ペンシルバニア大学ウォートン校MBA。ソニー、マネックス証券を経て2012年マネーフォワードを設立し現職。新経済連盟幹事、経済産業省FinTech検討会合委員等も務める。

井上　俊剛（いのうえ　としたけ）〔第6章〕

金融庁総務企画局信用制度参事官。東京大学法学部卒業。1991年に大蔵省に入省し、IMF、金融庁総務企画局企画課調査室長、同監督局証券課長、保険課長等を経て2016年より現職。

木下　信行（きのした　のぶゆき）〔第7章〕

アフラック・シニアアドバイザー。東京大学法学部卒業。1986年大蔵省入省後、銀行局、日本貿易振興会フランクフルト事務所長、金融庁監督局銀行第二課長、同局総務課長等を経て金融庁証券取引等監視委員会事務局長。2010年日本銀行理事。2014年より現職。埼玉大学経済学部客員教授等も務める。

有吉　尚哉（ありよし　なおや）〔第8章〕

西村あさひ法律事務所パートナー弁護士。東京大学法学部卒業。2002年弁護士登録（55期）。2002年西村総合法律事務所入所後、金融庁総務企画局企業開示課専門官（出向）等を経て現職。金融法委員会委員、武蔵野大学大学院法学研究科特任教授、京都大学法科大学院非常勤講師、日本証券業協会「JSDAキャピタルマーケットフォーラム」専門委員等も務める。

大墳　剛士（おおつか　つよし）〔第9章〕

株式会社東京証券取引所株式部株式総務課長。慶應義塾大学経済学部卒業。2003年東京証券取引所入社後、派生商品部、上場審査部、ニューヨーク駐在員事務所、クレディ・スイス証券（出向）等を経て2010年より現職。金融庁金融研究センター特別研究員（2016年度）も務める。

川本　隆雄（かわもと　たかお）〔第10章〕

みずほ証券株式会社市場情報戦略部上級研究員。東京大学経済学部卒業、政策研究大学院大学修了。日商岩井（現双日）、モルガン・スタンレー・アセット・マネジメント投信等を経て2005年みずほ証券入社。2007年より現職。

目　　次

第1章	**FinTechの描く未来・技術・可能性とチャレンジ**

河合　祐子・宮　将史

1 **FinTechとは何か** ……………………………………………… 2

FinTechの進展とこれまでとの違い／「スマホ時代」に求められる便利さ

2 **中国におけるFinTechの現状** …………………………………… 4

スマホ・アプリ決済の仕組み／QRコードを使った決済のメリット／中国のモバイル・アプリ／個人信用スコア・相互評価／中国で起きていること（総括）／中国をみてどう思いますか　日本の反応

3 **日本で必要なFinTechは何か** …………………………………… 13

銀行の業務の効率化／企業経営の効率化：クラウド会計／小売事業の顧客拡大：決済手段導入／海外送金を安く：複数送金の組合せ／自分に合った金融取引：保険・運用

4 **FinTechのチャレンジ** ………………………………………… 16

何が課題なのかを利用者目線で特定することが必要／オープン・イノベーションは必須／大事なのは利用者のデジタル化／データ！　データ！　データ！／FinTechが描く未来／FinTechの本質的なことは何なのか

■質疑応答1 …………………………………………………………… 20

5 **FinTechの技術と可能性** ……………………………………… 21

ブロックチェーンの特徴／ブロックチェーン・マイニングの仕組み／ブロックチェーンの応用可能性と論点・課題／スマートフォンを通じた技術革新とその課題／AI・ビッグデータ分析とその

課題／金融サービスに対する影響

6　FinTech推進によるチャレンジ ……………………………………29

FinTech推進に際しての留意点・課題／オープン・イノベーションの重要性／バーチャルな世界でのガバナンス・規制

7　中央銀行の視点 ……………………………………………………31

中銀デジタル通貨をめぐる論点／日本銀行の今後の取組み／最後に「現金、好きですか」

■質疑応答2 ………………………………………………………………34

第2章　仮想通貨・ブロックチェーンの現状と課題

加納 裕三・金光 碧

1　はじめに ……………………………………………………………40

ロゴに込められた意味／ベンチャー企業の資本金／顧問弁護士事務所はなぜ多いのか

2　ビットコインの仕組みと急速な浸透 ………………………………44

仮想通貨の語源／ビットコイン、法定通貨、電子マネーの違い／ビットコイン・ブロックチェーンの急速な浸透／ビットコインの分岐

■質疑応答1 ………………………………………………………………50

3　ICO（イニシャル・コイン・オファリング）の盛り上がり ………54

IPOとの違い／ICOの隆盛／ICOに関する法的論点整理／仮想通貨・ICOに関する税務関係

4　ビットコインとブロックチェーン …………………………………59

ビットコイン・ブロックチェーンの実体／マイニングとマイナー／ブロックチェーンの技術と当社の取組み

■質疑応答2 ………………………………………………………………64

5　仮想通貨業の登録について …………………………………………69

仮想通貨の法律上の定義／交換業者が遵守すべき事項／世界で初

目　次　13

めての仮想通貨業の登録

　■質疑応答3 ……………………………………………………………76

第3章　FinTechと金融機関　　　　　　　幸田　博人

1 **はじめに** ………………………………………………………82

2 **FinTechとは** ……………………………………………………82

金融イノベーションの歴史／テクノロジーの産業革命的進化がも

たらしたもの／アメリカのFinTechベンチャーのエコシステム／

なぜFinTechが注目されるのか／オープンAPI（Application Pro-

gramming Interface）／日本のFinTech企業／従来型自前主義と

オープン・イノベーション／金融庁のFinTech実証実験ハブ

3 **みずほフィナンシャルグループにおけるFinTech** ……………92

スコア・レンディングモデルの構築／コールセンター高度化への

取組み／Blue Labの設立／証券分野のFinTech／証券会社のビジ

ネスモデルの変化と対応

4 **日本のFinTechの特徴** ………………………………………103

欧米・アジアでFinTechが台頭した背景／将来的なリテール証券

モデルの方向性：FinTechを含めたイメージ

5 **FinTechの事例** …………………………………………………105

AIを活用した株価予測／ロボットアドバイザー（ロボアド）／小

口投資の事例（おつり／ポイントの活用）

6 **まとめ——日本におけるFinTech** …………………………110

　■質疑応答…………………………………………………………111

第4章　ブロックチェーンについて―FinTechとこれからの金融―　　　　　　　翁　百合

1 **はじめに** ………………………………………………………118

2 **FinTechの潮流とこれからの金融をみるうえで必要な視座** ……118

インターネット・スマートフォンの普及／アンバンドリングの進
展／ビッグデータの分析が鍵／Society5.0は歓迎すべき動き／各
国の動きとRegulatory Sandbox／FinTechの市場規模／アメリカ
における金融ベンチャー投資／FinTechベンチャーと金融機能／
異業種事業者がイノベーティブなサービスを提供／FinTechと伝
統的銀行決済ネットワーク／新たな多様な担い手と金融業／Fin-
Techが金融サービスに持ち込んだ視点と既存金融業に対する懸
念

3 ブロックチェーンは社会をどう変えるか……………………………… 132

3.1 ブロックチェーンとは何か ……………………………………… 132
ブロックチェーンの特徴／ブロックチェーンの2つの分類——参
加者を限定するか、しないか

3.2 ブロックチェーンのメリット ………………………………… 136
障害に強い／データの改ざんが困難／仲介者を省いて低コスト
に／複雑な契約を自動化できるスマートコントラクト

3.3 ブロックチェーンの課題 ………………………………………… 138
大量の取引に対応できない（スケーラビリティ問題）／プライバ
シーの保護と分散管理の両立がむずかしい／即時性の必要な取引
には向かない／本当に低コストになるかわからない／周辺のアプ
リケーション機能の開発や標準化が必要／契約では想定しない事
態への対応がむずかしい（完備契約が結べない）

3.4 ブロックチェーンの実証実験・実用例 ………………………… 141
仮想通貨、ビットコイン型のパブリックブロックチェーン／商取
引・投資のインフラ／電子政府のプラットフォーム／The DAO
事件と仮想通貨の論点／ICOの隆盛と論点／中央銀行によるデジ
タル通貨の検討の動き／モノへのブロックチェーン応用：ダイヤ
モンド取引／ブロックチェーンとIoT（Internet of Things）／エス
トニア電子政府

目　次　15

3.5　金融システムの将来への示唆と課題 ……………………… 149

4　技術革新とこれからの日本の金融システム ………………… 150
　　■質疑応答 …………………………………………………………… 151

第5章　FinTechスタートアップの挑戦と展望　辻 庸介

1　はじめに ………………………………………………………… 158

2　マネーフォワードの起業と成長 ……………………………… 158
ソニー経理部で／マネックス証券への出向／MBA留学から起業
へ／起業、そして東証マザーズ上場へ／当社役員メンバー／役所
と民間の回転ドア／ミッション、ビジョン、バリュー／主要な
サービス

3　テクノロジーが未来をどのように変えていくのか …………… 166
FinTechの全体像／P2P送金の例／ロボアドバイザーの例／Fin-
Techと行政／金融庁の金融レポートにおけるFinTech
　　■質疑応答 …………………………………………………………… 175

第6章　FinTechの進展と金融行政　井上 俊剛

1　FinTechの現状認識 …………………………………………… 186
テクノロジーの進展と金融サービスをめぐる最近の動向／ITの
進化を活用した金融サービス／金融機関のIT投資とITエンジニ
ア数／何が起きているのか、どんな新たな価値を創造しうるか／
新しいネットワークの姿／当局はどのような考え方で臨むべきか

2　金融庁の対応の全体像 ………………………………………… 198

3　具体的対応（非法制事項） …………………………………… 200
決済高度化／FinTech企業の育成・支援に係る取組み／海外当局
との連携

4　具体的対応（法制事項） ……………………………………… 214
ITの進展に伴う銀行法等の改正／仮想通貨法制の整備の背景／

16

仮想通貨法制の概要／オープンAPIの促進に向けた銀行法改正／
ICO（Initial Coin Offering）／P2Pレンディング／ロボアドバイ
ザー／トランザクションレンディング／将来的なデジタル通貨の
可能性／保険業界におけるFinTech

<table>
<tr><td>5</td><td>**機能別・横断的な金融制度のあり方の検討**</td><td>234</td></tr>
<tr><td></td><td>■質疑応答</td><td>239</td></tr>
</table>

第7章　スマートコントラクトについて　　木下 信行

<table>
<tr><td>1</td><td>**はじめに**</td><td>250</td></tr>
<tr><td>2</td><td>**ブロックチェーンの特性**</td><td>250</td></tr>
</table>

情報セキュリティ／クライアント＆サーバー型システムの情報セ
キュリティ／コンセンサスアルゴリズムというコロンブスの卵

<table>
<tr><td>3</td><td>**ブロックチェーンとデジタルイノベーション**</td><td>253</td></tr>
</table>

事業からみたブロックチェーンのメリット／デジタルイノベー
ションの進展

<table>
<tr><td>4</td><td>**スマートコントラクトとは何か**</td><td>256</td></tr>
</table>

デジタル資産／IoTにおけるスマートコントラクトの活用／事前
のルールに従って自動執行／２つのパーツの組合せ

<table>
<tr><td>5</td><td>**スマートコントラクトの概念整理**</td><td>260</td></tr>
</table>

自動的な処理の契約／スマートコントラクトの性格

<table>
<tr><td>6</td><td>**スマートコントラクトを考える枠組み**</td><td>262</td></tr>
</table>

事前にはソフトウェアとして、事後には契約書として考える／要
素技術の基盤と実装（プラットフォームの階層）／事業化と顧客へ
の展開（アプリケーションの階層）／事業を行う組織と制度（エコ
システムの階層）／階層をまたがる論点／スマートコントラクトの
環境整備

<table>
<tr><td>7</td><td>**アプリケーションとしての採算**</td><td>268</td></tr>
</table>

取引の段階ごとにみた採算性／取引の形態別にみた採算性

目　次　17

8 ブロックチェーンによる情報処理のガバナンス ……………… 271

コンセンサスアルゴリズムの運営に関する問題／ブロックチェーンの基盤のガバナンスに関する問題

9 デジタルイノベーションの環境 ……………………………… 274

アイデアの創出支援／プラットフォーマーの必要性／レギュレーション（規制）に関する問題／企業制度に関する問題／顧客の特定に係る問題

10 スマートコントラクトの普及が法制度にもたらす影響 ……… 281

日本におけるスマートコントラクトの利用／企業関連制度への影響／取引規制への影響／司法サービスへの影響

■質疑応答 …………………………………………………………… 284

第8章 FinTechに関する法規制と論点　　　　有吉 尚哉

1 はじめに ……………………………………………………………… 292

2 FinTechビジネスと法規制 ……………………………………… 293

FinTechの動きの背景／FinTechが法規制にもたらす影響／FinTechビジネスの類型／FinTechにかかわる金融分野の規制／取引態様ごとに留意すべき規制／金融規制以外の関連法令

3 金銭のやりとりと金融規制 ……………………………………… 304

形式的要件の適用可能性／貸付／預り金／為替取引／ポイント、電子マネー／集団投資スキーム

4 「有価証券」にかかわる取引と金融規制 ……………………… 313

金融商品取引法の規制対象／金融商品取引法に基づく開示規制／金融商品取引法に基づく業規制

■質疑応答1 ………………………………………………………… 314

5 クラウドファンディングに関する法規制 …………………… 318

クラウドファンディングとは何か／クラウドファンディングの性質／投資型／貸付型／売買・役務提供型／寄付型／類型ごとの主

な規制／株式投資型クラウドファンディングに対する適用規制／ファンド型クラウドファンディングに対する適用規制／貸付型クラウドファンディングに対する適用規制／他のクラウドファンディングに対する適用規制／クラウドファンディング規制の課題／ICO（Initial Coin Offering）

| 6 | **決済・送金スキーム** ……………………………………………… 334

ITを活用した送金等の増加／為替取引／前払式支払手段／クレジット（信用購入あっせん）／収納代行・代金引換／資金の受領・引渡しのタイミングと適用規制／預り金の規制

| 7 | **仮想通貨、電子マネー、ポイント** …………………………… 342

仮想通貨／電子マネー／ポイント／仮想通貨の法的位置づけ

■質疑応答2 …………………………………………………………… 347

第9章 **HFT（高頻度取引）をめぐる論点と規制動向**
大墳 剛士

| 1 | **はじめに** ………………………………………………………… 358
| 2 | **証券市場とITのかかわり** ……………………………………… 358

証券市場におけるIT技術の進展／インキュベーターとしての証券市場／証券市場の枠組み／高速取引時代の到来

| 3 | **HFTの台頭** ……………………………………………………… 363

HFTとは何か／HFTに定義はあるのか／HFTは何をしているのか／マーケット・メイキングのイメージ／アービトラージのイメージ／どちらの取引戦略が多いのか／AI（人工知能）とHFT／HFTのシェアはどのくらいか／なぜHFTはスピードを求めていくのか／HFTはどうやって高速化を実現しているのか／コロケーションはどのくらい使われているのか

| 4 | **HFTをめぐる論点** ……………………………………………… 376
4.1 「速い投資家」が何か違法行為を行っているのではないか……… 377

目　次　19

証券市場における不公正取引／従来にない新しいタイプの不公正
取引

4.2 「速い投資家」が「遅い投資家」の利益を掠め取っていないか‥‥ 381

4.3 「速い投資家」と「遅い投資家」で不公平が生じているのではないか ‥‥‥‥‥‥‥‥‥‥‥‥‥‥‥‥‥‥‥‥‥‥‥‥‥‥‥‥‥‥‥‥ 383

4.4 「速い投資家」は真の投資家ではなく投機家ではないか‥‥‥‥‥ 384

4.5 「速い投資家」が市場を不安定にしているのではないか‥‥‥‥‥ 384

HFTに対する理解

5 HFTに対する規制‥‥‥‥‥‥‥‥‥‥‥‥‥‥‥‥‥‥‥‥‥‥‥‥‥ 386

HFTは規制すべきか／HFTの取引行動を制限するための規制／
HFTの実態を把握するための規制／日本におけるHFT規制議論
の状況／HFT登録制の枠組み

■ 質疑応答‥‥‥‥‥‥‥‥‥‥‥‥‥‥‥‥‥‥‥‥‥‥‥‥‥‥‥‥‥ 391

第10章 アルゴリズム・HFT取引の実態、資本市場への影響、法規制の現状と論点 川本 隆雄

1 はじめに‥‥‥‥‥‥‥‥‥‥‥‥‥‥‥‥‥‥‥‥‥‥‥‥‥‥‥‥‥ 402

2 アルゴリズム・HFT取引の実態‥‥‥‥‥‥‥‥‥‥‥‥‥‥‥‥ 402

アルゴリズム取引とHFT／HFTの定義／HFTの取引戦略／
HFTの取引商品／HFTの収益／HFTの収益環境の悪化／HFT
の合併とその他のビジネス領域への進出

3 資本市場への影響‥‥‥‥‥‥‥‥‥‥‥‥‥‥‥‥‥‥‥‥‥‥‥ 412

3.1 流動性・取引コストへの影響‥‥‥‥‥‥‥‥‥‥‥‥‥‥‥‥‥ 412

3.2 市場の安定性への影響‥‥‥‥‥‥‥‥‥‥‥‥‥‥‥‥‥‥‥‥‥ 414

フラッシュ・クラッシュの事例／ナイト・キャピタル社の破綻

3.3 投資家間の公平性に与える影響‥‥‥‥‥‥‥‥‥‥‥‥‥‥‥‥ 420

レイテンシー・アービトラージとフロントランニング／ダーク
プール／フラッシュ・オーダー

3.4 HFTは投資家か……………………………………………………………426

4 **法規制の現状と論点**…………………………………………………427

HFTの登録制とHFTの取引手法の把握／HFTの行動への直接的
な規制／市場の急変動防止策／HFTは規制すべきか

■質疑応答…………………………………………………………………435

目　次　21

第 1 章

FinTechの描く
未来・技術・可能性と
チャレンジ

日本銀行決済機構局 FinTechセンター長

河合 祐子[1]

日本銀行決済機構局 企画役

宮 将史

（2017年10月4日講義）

---

1 本章のうち1〜4が河合祐子、5〜7が宮将史による担当。

1 FinTechとは何か

　講義の前半は、FinTechとは何かということからご説明したいと思います。FinTechという言葉は、この1～2年ぐらいで急速に聞くようになりました。Financial Technologyなので、金融とITの融合ということですが、金融はいままでもITを使ってきました。たとえば、ATMもITですし、インターネットバンキングやモバイルバンキングも金融と技術の融合なので、なぜいまさらFinTechなのかという疑問があるかと思います。

FinTechの進展とこれまでとの違い

　何がいままでと違うのかというと、まずはスマートフォン（以下、「スマホ」ともいう）の存在です。スマホがものすごく普及したときの金融はどうあるべきかということが、FinTechの大きな話としてあります。また、スマホ以外のところで何がいままでと違うかというと、データがとにかく大量に集まる時代に何を考えるかということです。この2つについて、いままでとまったく環境が違ってきているのです。

　さらに、いままでは金融機関が金融をほぼ独占していましたが、スマホや、スマホ以外の情報技術、あるいはデータの蓄積をバックグラウンドにして、金融機関以外も金融ができることになります。いわゆる「参入障壁が下がった」という状態が現在のFinTechなのだと思います。

　若い世代では当たり前かもしれませんが、中年世代は、スマートフォンは電話だと思っています。イヤホンは絶対にしないです。なぜかというと、電話だと思っているからです。でも、実はスマートフォンは電話ではなくてコンピュータなので、スマートフォンはコンピュータだと正しく定義できたら、FinTechに限らず、何とかテックというのがいっぱいありますが、正体がみえてくると思います。

　昔の本当に大きいメインフレームコンピュータに相当するような計算機能

を、１人が１台、モバイルで持ち歩いているという時代にふさわしいサービスとは何なのか。環境の違いという意味でいうと、個人の情報処理能力、個人のつながる能力が高くなったということだと思います。これをベースに、いまの金融をどう再定義するかがFinTechということだと思います。

　もう１つは、情報処理の技術が進んでいます。インターネットもありますが、クラウドコンピューティング、CPU性能の向上、AIの進化、などが2010年代の前半に一気に進み、これをベースに金融を再定義しているという背景により、FinTechは新しくて、いままでと違うものになります。

　かなり昔の時代につくられたシステムをそのまま維持しているのがいまの金融ですので、いろいろなことが時代遅れなのです。その時代遅れなことを、どのように変えていくのか、あらためて議論しているのがFinTechと考えればいいのではないかと思います。

「スマホ時代」に求められる便利さ

　象徴的な言葉でいえば、はたして金融はスマホ時代に求められている便利さを実現しているのか。もともと金融機関にいる人たちは、いままでのやり方に固執して、この質問をなかなか自分に向けてはしません。そこへ、「不便だよね。金融って何かおかしくね？」という人たちが外から入ってきたのがFinTechと考えていただくと、これから説明することがわかりやすくなる気がします。

　つまり、FinTechにより、これまでになかったサービスも提供されるかもしれませんが、それ以上に、いままであったサービスがもっと簡単に、もっと安く提供されるという側面があります。既存の金融機関の人たちからみれば、テクノロジーが攻めてくるというわけです。アメリカの大手金融機関JPモルガンチェース銀行のジェームス・ダイモンCEOが「シリコンバレー・イズ・カミング」と言及したのがまさにその言葉で、シリコンバレーがウォールストリートに攻めてくるかのように、破壊をおそれたということです。

2 中国におけるFinTechの現状

　では、本当に破壊が起きているのはどこか。私は中国がそうだと思うので、中国の話をします。中国でいま何が起きているかというと、日常生活から現金が消えていっています。少額の支払はだいたいスマホのアプリで、QRコードを読み込むかたちで決済しています。金額が大きくなればデビットカードかクレジットカードを使います。決済だけではなくて、店やタクシーの予約もスマホで行い、自動で支払まで流れていきます。支払のためにわざわざ手続をとることも不要。個人送金や、割り勘もスマホとQRでできます。口座開設もスマホでできます。こうしたお金のやりとりがあったのですが、銀行を経由しなくなっています。

スマホ・アプリ決済の仕組み

　図表1－1は、電子財布（デジタル・ウォレット）という仕組みを示しています。Paypal（ペイパル）[2]、Venmo（ベンモ）[3]、Kyash（キャッシュ）[4]、paymo（ペイモ）[5]などを使ったことがある人はいますでしょうか。日本であまりいないんですよね。どういう仕組みかといいますと、自分の銀行口座やクレジットカードからスマホのアプリにお金を入れます。モバイルSuicaにお金を入れるのと同じ発想です。入れたお金を次のモバイル・ウォレットに送金します。この送金は、ウォレットのシステムのなかで右から左に電子データを付け替えるだけなので、間に銀行は入りません。だから、銀行の送金手数料は不要です。送金相手の口座情報を読み取るためにQRコードを使

2　Paypalは、アメリカに本社のあるPaypal社が提供するインターネットやクレジットカードによる決済サービス。

3　Venmoは、Paypal傘下のアメリカVenmo社が提供するモバイルでの個人間送金サービス。

4　Kyashは株式会社Kyash（東京）が提供する個人間送金アプリ。

5　paymoはAnyPay株式会社（東京）が提供する個人間送金アプリ。

図表１－１　電子財布（デジタル・ウォレット）の決済の仕組み

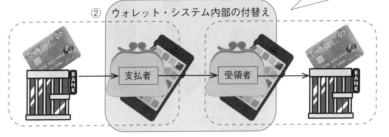

(出所)　日本銀行作成

います。このように、システムのなかでお金をやりとりしていくのがデジタル・ウォレットの考え方です。決済はキャッシュレスに行われるので、現金の利用は減っていきます。

お金をもらった人は、次の人のウォレットに払ってもいいのですが、お金を銀行口座などに引き揚げることもできます。プリペイドカードにいったん入れたお金を再現金化できるイメージです。

QRコードを使った決済のメリット

QRコードを使った支払は、日本ではあまりなじみがないので説明します。なぜ丁寧に説明するかというと、そのうちに日本でも毎日みるようになると思うからです。方法が２つありまして、１つ目は、支払う人がQRコードをつくる方法です（図表１－２の(1)図）。私が支払う人だとすると、自分のスマホの上に自分の決済口座の情報をQRコードでアプリにより表示します。表示したものを、お店の人が何かのデバイスや自分のスマホで読み取ります。私の口座情報がわかったところで、相手はその口座に対してこれだけお金を

第１章　FinTechの描く未来・技術・可能性とチャレンジ　5

図表1−2　QRコードを用いた決済の仕組み
(1)支払者が、QRコードを作成する

① 支払者がQRコード作成（多くの場合、コードは1分毎に自動変更）
② 受領者がコードを読み、金額を指定して引落し
③ 支払者はショートメッセージ、または口座明細で取引確認

(2)受領者（店）がQRコードを提示する

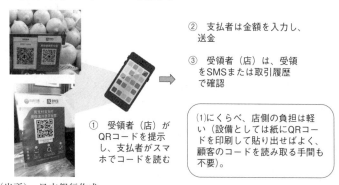

① 受領者（店）がQRコードを提示し、支払者がスマホでコードを読む
② 支払者は金額を入力し、送金
③ 受領者（店）は、受領をSMSまたは取引履歴で確認

(1)にくらべ、店側の負担は軽い（設備としては紙にQRコードを印刷して貼り出せばよく、顧客のコードを読み取る手間も不要）。

（出所）　日本銀行作成

払ってねと支払命令をかけ、私の口座からお金が引き落とされて、ショートメッセージが私のスマホに届くのです。これで支払が完了し、15秒ぐらいで終わります。

　もう1つの方法（図表1−2の(2)図）は、お店側がQRコードを提示し、そのQRコードを私（支払う人）がモバイルのカメラ機能で読みにいきます。読めばお店の口座がわかるので、お店の口座に対して送金命令をかけてお金を送るという方法です。私の口座から引き落とすためには、指紋などで認証します。認証し終わったところで支払完了です。30秒ぐらいで終わります。

日本で電子決済というと、SuicaやPASMOでワンタッチ形式する方法で
ほぼ一瞬で終わるので、それに比べると時間がかかるようにみえるかもしれ
ませんが、実はQRコードには大きなメリットがあります。その利点は何だ
と思いますか。これは安いのです。魚屋さんでも自動販売機でもレストラン
の出前でも、乗り捨て自転車などは1元（100円強）ぐらいのものを徴収す
るためにコストはかけられず、安いことはきわめて大事です。一方、ワン
タッチ決済は、ワンタッチするための機械を買わなければいけない。しか
も、仲介業者の決済手数料も、中国のシステムに比べれば高いのです。小さ
なお店に高価な機械を導入してくださいという話は無理ですが、紙を1枚貼
ってくださいというのは簡単です。あっという間にこのペイメントシステム
が広がった背景の1つは、何といってもコストの低さです。

中国のモバイル・アプリ

このペイメントシステムをだれが運営しているかというと、2つの大きな
会社のほぼ寡占で、いずれも銀行ではありません（図表1-3）。いままでの
決済は銀行が行うものだったのが、銀行以外が行っているのです。1つは
WeChatPay（ウィーチャットペイ）です。親会社のテンセント[6]は中国最大の
オンラインゲーム会社を傘下にもっています。もう1つがAliPay（アリペ
イ）という、中国最大、世界最大のeコマース、ネット通販の関連会社で
す[7]。

WeChat（ウィーチャット）は、日本でいうと、LINEやフェイスブックの
メッセンジャーに近いですが、10億人近いユーザーがいます。オンライン
ゲームには必ずデジアド（広告）がついてきて、デジアドにもデータを使え
ます。もう1つのアリペイは、eコマースにデータを使うことができます。

6　テンセントは持ち株会社（1998年創業）であり、傘下にはオンラインゲーム会社、
　SMSを提供するウィーチャットなどがある。
7　アリペイは阿里巴巴集団（アリババ・グループ）の関連会社であり、決済サービスを
　提供。

図表1－3　中国における決済プラットフォームの担い手

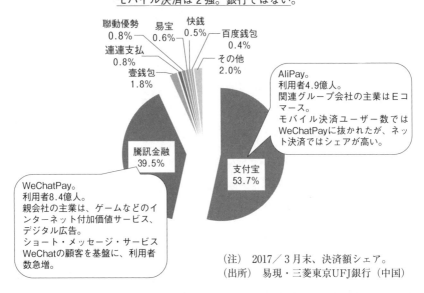

(注)　2017／3月末、決済額シェア。
(出所)　易現・三菱東京UFJ銀行（中国）

　つまり、決済手数料はほとんど無料にして、そのかわりにデータを集めて商売をするというビジネスモデルです。スマホでできるサービスは決済だけではありません。買い物も配車も出前もレンタル自転車も公共料金の支払も、信用スコアまでつけてくれて、いまではスマホで何でもできますという世界になっています。

　図表1－4は、アリペイのスマホの画面ですが、何でも載っていて、日常生活はこれでだいたいすんでしまいます。逆にいうと、ないと大変なので、電池の残量が30％を切るとパニックになるぐらいだそうで、皆が必ずモバイルの電源を持ち歩くのですが、このような世界がいま中国では広がっているということです。

個人信用スコア・相互評価

　運営会社がデータを集めて何をしているかという具体的な例の1つに、個

図表１－４　中国のモバイル・アプリ

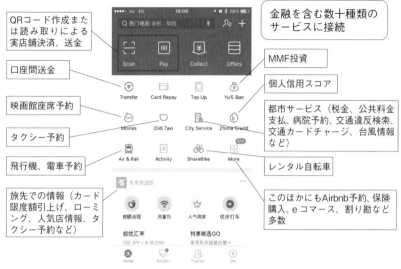

（出所）　日本銀行作成

人信用スコアがあります。毎日、モバイル・アプリを使って決済をし、買い物をし、お金を借り、お金を払い、いろいろなことをしているので、そのデータをもとにスコアリングされるのです。この信用評価の点数がよければ優遇措置が来るし、悪ければ、取引してもらえなくなることさえあります。

データ源の１つとして、中国版のウーバー（Uber）[8]もあります。個人運転手とユーザーをつなぐウーバー型のサービスでは、ドライバーを評価するのと同時に、ドライバーが客を評価します。こういうデータも蓄積されていくことで、個人の信用スコアまでつくることができ、しかも、ほとんどAIでやっているのです。こういう世界がいま中国では広がっています。

この個人信用スコアは、おもしろい広がりをみせていて、アルゴリズムは公開されていないのですが、取引履歴や交友関係、チャットもみているらし

8　ウーバーは、アメリカのサンフランシスコのUber Technologies社（2009年創業のベンチャー企業）が提供する自動車配車アプリ。

く、そういう情報で優良な顧客は、たとえば、金利を優遇してもらえたり、自転車を借りるときに頭金が要らなかったりします。最近、合コンでもこのスコアが良くないとダメというすごい世界が広がっているとも聞きました。こうなると、皆がこのスコアを良くしようと思って、行動するわけです。良いことをすれば良い評価につながっていくという循環が生まれていくということなので、これは社会や経済の改善という点で機能しているといえるかもしれません。

中国で起きていること（総括）

中国で何が起きているかをまとめるために、もう一度電子ウォレットの話に戻りますが、図表1-5の真ん中の丸がデジタル・ウォレットだと思ってください。ここに外部からお金を入れて、ウォレット・システムのなかでお金を払います。いろいろやりとりをしている間に情報がどんどんたまっていきます。ある程度のところでお金は外に出ていきます。このお金の流れで、従来の金融機関は手数料を稼ごうとしますが、新しいウォレット事業者はそうではなく、情報に価値があるので、お金の流れの部分はタダでもよいとい

図表1-5　個人・小規模事業者の効率性のアップ

（出所）　日本銀行作成

う発想です。

　ウォレット事業者がビッグデータを使って何をしているかというと、広告したり、eコマースで物を売ったり、保険を売ったり、ほかにトランザクションレンディングと呼ばれるようなお金の貸付など、信用評価を行うのです。信用評価をすればお金を貸すことができます。従来の金融とはまったく違うビジネスモデルの人たちが、テクノロジーを利用して金融業に入ってきたということです。いちばん困るのはだれかというと、当然、銀行です。銀行はいままでお金の流れで儲けようとしていたのですが、ビッグデータで儲けるから金融はタダでいいよという人が入ってきてしまった。これがFin-Tech、テクノロジーによる既存の事業の破壊（Disruption）につながっていることなのだと思います。

　どうして日本は中国のようにキャッシュレスにならないのかという質問をしばしば受けます。キャッシュレスという点では日本が遅れているようにみえますが、別に中国はキャッシュレスそのものを目指したわけではないと私は思います。中国で起きていることは、社会にいろいろな不便があり、タクシーがつかまらない、レストランの予約がとれない、そのような不便をとにかく全部Techで解消しましょう、その一部として金融もTechで提供しますということです。サービスを提供している会社は、既存の金融ではない、総合サービス事業者が行っています。ユーザーは、データを預けるかわりに、そのデータに即してカスタマイズされた取引を提供してもらえるということです。

　このように事業が大きくなってくると、資本も人もここに流れ込んでくるので、さらに技術が発展していきます。いまこういう循環にあるのが中国のFinTechです。中国の企業は、FinTechの分野でアジアの各国に進出しています。これが、いま中国で起きていることです。

中国をみてどう思いますか　日本の反応

　では、日本ではどうなのかというと、大抵リアクションが２つ返ってきま

す。1つのグループは、スマホ決済なんて要らないよ、現金でいいじゃないか、というものです。年配の方かもしれませんが、クレジットカードですら嫌なのに、どうしてスマホなのかと。自分のデータをだれかにもたれるのは絶対に嫌だし、中国など外国企業が入ってくるなら規制したほうがいいという反応です。もう1つのグループは、スマホで全部片づいたら楽で便利だよねというグループです。指紋1つで全部すむので、パスワードも覚えなくていい。FinTech企業の方々のなかには、こういうシステムをつくる側になりたいという人もいます。これを日本の基準で安全に使えるようにしたいという夢をもつ人は結構いるのではないでしょうか。

グループ1なのかグループ2なのかは、人によりけりです。どちらが増えていくかで、日本が将来どういうふうになっていくかが決まっていくのかなと思います。

日本は中国とどう違うのか。よくいわれるのは、日本では銀行が頑張っています、そもそもデジタル化されていません、情報保護が必要です、という話です。中国の現況のポイントは、ウィーチャットペイにしてもアリペイにしても、データを使ってお金儲けをしていることです。

その関連会社であるアリババとテンセントはとても大きな会社です。図表1-6の左側4つがアメリカのTechで、アリババとテンセントはそれに次

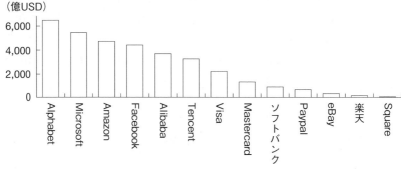

図表1-6　時価総額比較（2017年7月時点）

（出所）　Bloomberg

ぐ大きさです。日本でいちばん大きいソフトバンクでも彼らより小さい規模なので、残念ながら、日本の会社がデータを得たらマネタイズできるかといわれると厳しいかもしれません。いまのところはこういう状況です。

3 日本で必要なFinTechは何か

　日本でも、中国型のFinTechが発達することは考えられないのか、それとも、どこかで急速に状況が変化するのかはわかりません。ウィーチャットペイでは、ユーザーが数百万人から5億人になるのにたった2年しかかからなかったとのことでした。それほど技術の破壊力はスピードをもって起きるので、日本も今後大きく変わる可能性もゼロではありません。ただ、いまの状況でいえば、すぐに発達するとは考えにくいです。

　では、日本のFinTechにおいて、いま、何が主戦場なのか。Techの応用とは、何が不便なのかをみて、そこを解決するという話なので、いま、いちばん不便なのは何かを探してみましょう。それは、もうすでにデジタル化されているお客さんではなくて、アナログのお客さんではないでしょうか。そこにFinTechをどう適用していくのかが日本のFinTech分野だと思います。

　中国が世界の最先端とすると、日本は相当違うところにいます。遅れているということではなく、日本には日本なりのFinTechがあると思っています。

　では、日本では何をするのか。日本は人口減少時代なので、いろいろなことが不便になっていくから、その不便をどうやって解決するかという点と、これだけモバイル化が進み、個人の情報処理能力が上がっているのに、金融は昔と全然変わっていないというのを何とかしましょうという点、この2点ではないかと思います。

第1章　FinTechの描く未来・技術・可能性とチャレンジ　13

銀行の業務の効率化

　たとえば、銀行で待ち時間をゼロにしたい。そうすると、いくらでもテクノロジーは使いようがあって、ウェブ予約だってロボ受付だってできますし、ATMでできることは全部ATMを利用すればよいという話もあります。相談窓口にテレアドバイザーを置いたり、タブレットを置いてお客さんが物を書かないようにしたりするというのもあります。バックヤードの効率化もありますし、本当にいろいろなことができるのですが、これを真剣にやり始める銀行が少しずつ出てきているのが、現在の状況です。

　従来の銀行員の発想では、業務を効率化しなさいといわれると、作業工程はそのままにして１個１個の手作業を機械に置き換えようとしますが、これは業務の効率化にはあまり役に立ちません。本当にやらなければいけないことは、まず作業工程そのものを見直すことです。最短のプロセスにしたうえで、新しい執行方法を考えることです。この手直しに、いちばん手間がかかり、抵抗勢力がいるというのがいまの課題です。いったん行ってしまえば技術はいくらでもあります。特にロボティクスはいま、おもしろいです。

企業経営の効率化：クラウド会計

　日本のFinTechで期待される分野としては、クラウド会計もあります。バーチャル家計簿をつけたことがある人はいますか。人手がどんどん不足して、企業でも人手が足りなくなっているので、請求書・領収書、銀行口座、クレジットカードデータなどによる帳簿の自動作成をしてくれれば便利だと思います。いままでは、税理士や会計士に外注するのも高いので、なかなかできないねといっているところに、画像処理技術がかなり向上してきました。領収書などの読み込みが正確にできるようになり、クラウドコンピューティングでデータのストアレッジ（保管）も安くなり、人工知能で勘定科目の自動仕分けができるようになったので、とても安くこのサービスが提供されるようになっています。毎月、最新の帳簿が出てくれば、当然、企業経営

者はラクになり、銀行との対話も容易になります。

小売事業の顧客拡大：決済手段導入

小売事業の顧客拡大に関しては、中国からの観光客が増えているので、先ほどご説明したQRコードを導入している先も増えています。

また、高いカード決済端末を使わなくてすむように、小売店オーナーがもっているタブレットやスマホに小さな機械をつけると、そのままレジになり、クレジットカードをかざせば決済ができるようになるサービスを提供しているFinTech企業もあります。

海外送金を安く：複数送金の組合せ

また、海外に送金すると手数料がとても高いので何とかできないかと考えたFinTech企業もあります。すごいテクノロジーでも何でもないのですが、イギリスのFinTech企業で、もう日本にも来ています。送金者①はA国からB国に送る。送金者②はB国からA国に送る。いままではそれぞれに国際送金を執行するごとにコストがかかっていたのですが、いまはウェブサイト上でこういう情報の流通はいくらでもできるので、マッチングができます。マッチングするとどういうことが起きるかというと、①と②の送金ニーズを引き合わせて、①の人は②の取引相手に自国通貨で送り、②の人は①の取引相手に自国通貨で送る。そうすると、もともとやりたかったことと同じことを疑似的につくることができます。こういうマッチングは、いままでできなかったのですが、テクノロジーにより個人と個人がつながる力が強くなっているので、それを利用して送金コストを引き下げることができるのです。

自分に合った金融取引：保険・運用

テレマティクス保険も、次世代といわれながらも日本でも登場しました。たとえば、自動車にセンサーがついて、そのセンサーデータを利用して保険の保険料を変えていくというような契約です。走行距離の短い人や、安全運

第1章　FinTechの描く未来・技術・可能性とチャレンジ　15

転をする人は保険料を安くするという発想です。私も生体データをとるデバイスを身につけていますが、このデータが生命保険料に反映されるというのも将来は出てくる可能性があると思います。

運用では、ロボアドバイザーが、年齢・年収・投資リスク許容度、投資経験などの入力で、自動でデータを分析し、最適投資を提案してくれます。

4 FinTechのチャレンジ

何が課題なのかを利用者目線で特定することが必要

中国で起きていることはとても劇的な話ですが、そこまで劇的ではなくても、少しずつ自分の生活を便利にしていく、あるいはいろいろな課題、たとえば人手不足など、そういうものを解決していくところにテクノロジーが使われていくと思います。

いちばん大事なのは、何が課題なのかを利用者目線で特定することですが、実は、これが銀行は苦手で、従来の銀行はお客様ファーストではなく、銀行の都合ファーストのところが結構あると思います。したがって、お客様ファーストでどう課題を特定していくかというのがまずはチャレンジです。Techの人たちは、銀行員と考え方が違うので、それをどう折り合いをつけていくか。また、サービスを切り替えるためには当然お金がかかりますし、お客さんにも慣れてもらわなければいけません。

オープン・イノベーションは必須

最近のキーワードとして、銀行のなかだけで考えていてもうまくいかないので、「オープンAPI」、すなわち、自分たちのデータにアクセスをしてもらい、そのデータを利用して顧客サービスを第三者に構築してもらうという発想があります。今後、これをどのように進めていくかというのはFinTechの

１つの課題です。当然、情報セキュリティはいままでとは比べ物にならないレベルで必要になります。

大事なのは利用者のデジタル化

利用者のデジタル化も大変です。地域でFinTechの話をすると、地域金融機関の方は「うちはお年寄りのお客様が多いので無理です」とおっしゃるのですが、そんなことはないと思うのです。中国のお年寄りにできることが日本のお年寄りにできないというのは決めつけ過ぎだと思うので、少し考えてみませんかと私は申し上げています。まずは、とにかくATMを使っていただく。また、シニアの人たちもスマホ教室に通っていますので、スマホができないと決めつけないでくださいということもあります。中国のウィーチャットペイの急成長に際しては、お年玉の電子送金がキラーコンテンツとなりました。中国人は、日本人以上にお年玉を配ります。自分の部下にもあげます。これをチャットで送金できるようにして、そしてここがさすがオンラインゲーム会社だなと思ったのですが、くじ引きをつけたのです。そのくじ引きに当たると、あげた以上にお年玉をもらえるので、皆が使うようになって、一気に利用者が伸びたというのです。いままでの金融とは違う発想ですが、キラーコンテンツがあれば、十分に使ってもらえるということです。

データ！　データ！　データ！

データがとにかく重要です。どのようにデータを利用していくかという明確なビジョンがあれば、決済、送金を無料にすることぐらい何でもないわけです。中国で起きていることはまさにそういうことなので、日本でも、これからデータをどう集め、どう利用していくかを考えないといけません。

FinTechが描く未来

Techというのは、別にFinTechに限らず、中抜きになり、個対個の取引が無数に発生するので、全体像がみえにくくなっていくということがあると思

第１章　FinTechの描く未来・技術・可能性とチャレンジ　17

います。機能分化し、シェアリングし、データが大事だということになります。作業はどんどん自動化されます。AIでなくなる仕事のリストがよく出てきますが、日本は人口が減っていくので、正直なところ、これは歓迎なはずです。問題は、こういう時代に生き抜くだけの力をもっているかということだと思います。変化に対応する力が必要だということ自体は、昔からあまり変わらないと思います。

　Techの人たちの金融のイメージは、メールと同じようにお金を送れたらいいねということです。ビットコインはそういう発想で、現金なんか要らないよね、面倒だしということです。あるいは自分のデータを全部だれかがしっかりとみてくれて、それに即していろいろアドバイスしてくれればいいではないかということです。この世界に現実がどれだけ近づいていくかは、これからを担う皆さんの考え方次第ということになると思います。

　情報技術は画期的に発展しているので、個人の生活も大きく変わっていきます。FinTechやキャッシュレスということに注目すると金融しかみなくなってしまうのですが、そうではありません。サービスが総合的にデジタル化しているなかで、お金の流れとかお金の使い方が変わっているということだと思います。テクノロジーの人たちの発想はカスタマーファースト、顧客ファーストで、どんどん中抜きにして分散化しようとしますし、アジャイル型というのですが、小刻みにどんどん修正して進化していくことを考えています。いままでの中央集権的な発想とは全然違うかたちで物事が進んでいくということかと思います。いままでのような権威主義は、おそらくどんどん切り崩されていくのだろうと思います。何といっても鍵はデータなので、データの蓄積利用をどうしていくのかは真剣に考えないといけないと思います。

FinTechの本質的なことは何なのか

　FinTechの本質的なことは何なのか。ブロックチェーンやAIなどになぜ興味をもってもらいたいのかというと、昔に比べると世の中がいま本当に大き

く変わってきていて、その起点になっているのが情報技術だと思うからです。また、今後、従来の仕事は半分以上なくなるはずなので、中央銀行もそうですが、人々の仕事も変わっていくと思います。そのために、自分が何をしておけばよいのか、これから変わっていくなかで何が必要なスキルなのかを考えていただきたいと思います。

　皆さんがそれぞれ考えたことをやり抜いていただければいいと思うのですが、身につけておいて損はないなと個人的に思うことは3つあって、英語と中国語とプログラミングです。

　英語は、私は全然できないまま外資系の金融機関に入ったのですが、さすがに英語ができなくては身がもたなくて勉強し、ようやくできるようになるのに3〜5年ぐらいかかりました。その後、英語だけで全然仕事の幅が違うという経験をしています。

　中国語は、ニーズがある割には話せる人の数が圧倒的に不足しているので、英語よりも多分価値は上がると思います。お勧めです。私はいまもし大学時代に戻るとすれば、絶対中国語を習います。

　3つ目のプログラミングは、冗談でいっているわけではありません。最近のプログラミング言語はとてもやさしくなっています。ですから、1回触ってみることをお勧めします。AIに興味をおもちであれば、Pythonは昔の言語に比べると全然違って、話すように書けるそうですので、1回経験してみることをお勧めします。

　語学もプログラミングも、1回経験すれば、3歳の時に走り方を覚えたら80歳になっても走れるような感覚があると思いますので、何をすればいいか思いつかない人がいれば、いまのうちに身につけておくこととして、3つお勧めしたいと思います。

■ 質疑応答1

[質問]「中国をみて、どう思いますか？」という質問で、日本での反応が2つあるとのことでしたが、いま、日本で個人情報保護法が今年（2017年）施行され、匿名加工情報ができて、ビッグデータの形成には資するように改正がなされた一方で、要配慮個人情報については規制が厳しくなったと思います。この改正個人情報保護法について、中国をみた反応として、日本はどちらの反応に近いと考えられるでしょうか。

[答] むずかしい質問で、イエス・ノーで答えられる質問ではないと思います。情報の権利をもっているのはだれなのかという話が、大きな論点だと思います。いまの個人情報保護法は——世間の常識がそうだということなのかもしれませんが——たとえば、私が取引をしている情報をA銀行がもっていたとすると、A銀行は私の情報を自分のものだと思っています。一方、私からすれば、私の情報です。情報のオーナーが私だとすると、私はただ単にその情報をA銀行に預けているだけなので、オーナーである私がいいよといえば開示してもいいし、使ってもいいし、あるいは、B銀行に預け替えるということが簡単にできるようになります。個人情報保護法の関係では、このポータビリティ、モビリティのところが検討されています。実際に個人に情報が帰属するかたちを法制度としてつくることができ、それを実務に落とすことができれば、日本はかなりおもしろいことになると思います。

[質問] FinTechにより、銀行を介さなくても金融取引が可能になるのが特徴だということですが、銀行側にとっては手数料減少などのデメリットのように感じます。先ほどあげていた実店舗の経営の合理化などの具体例以外に銀行側としてメリットは何か考えられるでしょうか。

[答] 銀行自身がFinTechに取り組むことだと思います。いま現在データを

もっているのは銀行なので、プラットフォームを構築してアプリを載せていくように考えればいいと思います。銀行員にこの話をすると、自分が用意したものの上でいろいろな人が商売をするというのはいままでやったことがないからといいますが、やったことがないことをやらないと変わってはいけないので、私自身は、決済と情報のプラットフォームを銀行がつくればいいと思っています。

実際にそういう方向に舵を切っている銀行は海外にあります。まだ日本では少ないですがゼロではありません。場所を提供し、その場所に対してお金をとっていくという発想があってもいいと思います。多分銀行がやってはいけないのは、自分がテクノロジーを全面的に開発しようとすることです。自ら開発している金融機関で、世界で成功している例を私は1つしか知りません。その会社は、全従業員のうち3分の1がエンジニアだそうです。そのぐらい根性があれば開発してもいいと思いますが、そうでなければやっても成果は出にくいと思います。

5 | FinTechの技術と可能性

講義の後半では、大きく3つくらい考えています。まず、①FinTechの技術やその課題、FinTechの技術が金融や社会にどんな影響を与えるのかについてお話しします。その後、②FinTech推進によるチャレンジ、最後に、③中央銀行の視点、についてお話しします。

FinTechで使う代表的な技術には、大きく3つあります。①ブロックチェーン・分散型台帳技術（DLT[9]）、②スマホ・インターネット、それから、③AI（人工知能）・ビッグデータでして、それぞれ単独か、これらの組合せでFinTechのサービスが提供されているという理解です。

---

9 Distributed Ledger Technologyの略。

ブロックチェーンの特徴

　まずブロックチェーンのアイデアについて説明します。いまの世の中のシステムは、たとえば、銀行のATMや、大学の履修登録のシステムも多分そうだと思いますが、だれかが中心に立ち、利用者のためにシステムを運営し、中心にいる人を信用しているというかたちだと思います。これに対して、皆が同じ情報をもって、正しいと思われる情報を全員で共有し、お互い監視をしながら、このシステムの信頼性を担保していくというのが、ブロックチェーンの大きな発想の違いの１つです。

　なぜブロックチェーンと呼ばれるかというと、皆で共有している情報をブロックといわれるデータの固まりにし、デジタル化した情報としてつないでいき、それぞれのブロックに、前のブロックの情報をもたせるかたちをとり、チェーン状につながっているからです。それぞれのブロックがスクラムを組むようなかたちでつながっているので、どこかのブロックをいじりにいこうとすると、ほかにも影響が出てくるという意味で、改ざんもしにくいし、皆で共有するのに適しています。

　ブロックチェーンの特徴は３つあります。１つ目が、皆で分散管理していくので、改ざんがむずかしいことです。２つ目に、地震や災害で端末がダメになったとしても、ほかが同じ情報をもっているので、情報が同期されることができます。こちらのほうがシステム障害などに耐性があるということで、よくゼロダウンタイムといわれまして、システムがダウンすることが避けられるというメリットがあります。また、３つ目に、皆でシェアするので、安く開発できる可能性があるということがいわれています。

　このブロックチェーンという技術を使ったいちばん有名なユースケースがビットコインという仮想通貨ですが、この仮想通貨を例に、どういうことを行っているのかを皆さんに理解していただきたいと思います。

　図表１－７のケースは、AさんがビットコインをBさんに送る例です。普通の送金は銀行を経由し、銀行が残高や送金の完了を確認しますが、ブロッ

図表1-7　ブロックチェーン・マイニングの仕組み（ビットコインを例に）

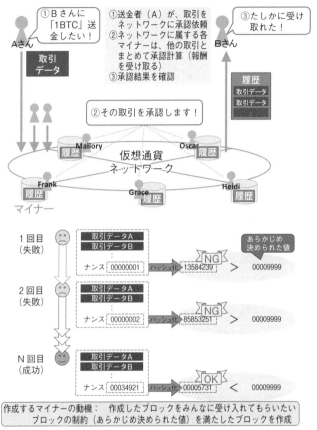

（出所）　日本銀行作成

クチェーン技術のなかでは、このネットワークに入っているいろいろな人に対して、AはBにいくら送るという情報を伝達します。たとえば1ビットコインであれば、1ビットコインを送り、Aさんは本当にいま1ビットコインをもっているのか、本当にBさんは存在するのかということを確認します。これがネットワークの承認という作業で、だれでもいいのですが、メンバーのなかのだれかが、これは正しい取引ですと確認が終わると、Bさんにきち

第1章　FinTechの描く未来・技術・可能性とチャレンジ　23

んとビットコインが送られるという仕組みになっています。そして、たとえば、図表 1 - 7 のFrankさんが確認したとすると、この人をマイナー（採掘者）と呼び、この作業はマイニング（採掘）と呼ばれています。

ブロックチェーン・マイニングの仕組み

取引データの正しさを皆で確認するために使うのがナンス（Nonce）という任意の数字です。まず、取引データにナンスという数字を含めてハッシュ化ということをします。ハッシュというのはハッシュドビーフのハッシュで、あるデータをぐちゃぐちゃにつぶして 1 つの数字にするという暗号化の技術ですが、ハッシュ化をすると、たとえば13584239という数字になります。確認する人は、あるハッシュ化されたデータ（ハッシュ値）が、ある条件を満たすようなナンスを見つけなければいけません。図表 1 - 7 は、9999よりも小さい数字にしてくださいという条件が与えられた例です。 1 というナンスを入れたときのハッシュ値は9999よりも大きいので、これはNG（不可）になります。これを繰り返し、ナンスをいろいろ変えながら、ハッシュ値が9999より小さくなるナンスを探していく。そして、最初に条件に合致したナンスを見つけたマイナーに報酬を与える仕組みにしていて、いま、12.5ビットコインがもらえるとなっています。いま、 1 ビットコインは4,000ドル[10]くらいの価値がありますから、みんな頑張ってマイニングをしているということです。

ここでマイナーがナンスを見つけることに成功したブロックが正しいブロックになります。そして、ハッシュ値を次のブロックにもたせるということを繰り返していくことによって、ブロックチェーンができあがっています。

このハッシュ化に用いるハッシュ関数が、実におもしろくて、ナンスを 1 から 2 に 1 つしかずらしていなくても、ハッシュ化された後の数字は全然違

10　2017年10月 4 日時点。

24

う数字になるのが特徴です。すなわち、ある数字（ハッシュ値）から元の
データに戻ることが非常にむずかしいわけです。このため、ブロックチェー
ンのなかに入っているハッシュの数字をいじりにいく、要は改ざんを考える
人がいたとしても、改ざんが非常にむずかしいということになります。改ざ
んよりも、正しい数字、ナンスを見つけにいったほうが儲けることができる
ため、マイナーの人たちは正直に数字を探し続ける。こういった行動経済学
的な——ゲーム理論ともいうかもしれませんが——インセンティブが与えら
れています。顔見知りでない人たちが、ある正しい数字を共有し合うという
仕組みができるということで、一大発明といわれているわけです。

ブロックチェーンの応用可能性と論点・課題

　ブロックチェーンに関しては、ビットコインのようにお金のやりとり以外
にも、情報を共有するという観点で、いろいろな応用の可能性が指摘されて
います。たとえば商流管理、サプライチェーンの管理、トラッキング管理、
あるいは医療などにも使えるのではないかということで、可能性としてはか
なりの広がりがあると思います。ただし、このブロックチェーン技術を使っ
た社会インフラの構築を考えたときに、いくつかの論点・課題があります。
1つ目は、「信頼」のデザインが必要ということです。すなわち、これまで
真ん中で管理をしていた人の信頼と同程度の信頼を維持しようとしたとき、
分散型管理を進めていくとその人の信頼を使えなくなるので、新しく信頼を
築くコスト、新しく信頼をつくっていくための努力が要るということになり
ます。

　たとえばビットコインですと、マイナーが頑張ってマイニングをする（ナ
ンスを探す）わけですが、そのためには電力がかかります。また、顔見知り
の人で集まっているわけではないので、何か揉めごとがあったときに、多く
の調整コストがかかります。ですから、仮に、もともとの信頼をもっている
人が十分な信頼を維持できているということであれば、それを中央に置いた
ほうが効率的かもしれません。言い換えると、信頼をゼロから築くのはコス

第1章　FinTechの描く未来・技術・可能性とチャレンジ　25

図表1-8　デジタル&分散型のインフラ

	分散型	集中型
紙・印刷技術	①現金（銀行券）、手形・小切手など券面ある有価証券	②手形交換所、チェッククリアリングハウス、帳簿上での決済
デジタル情報技術	④ブロックチェーン、分散型台帳、仮想通貨	③ブックエントリーシステム、大口資金決済システム、電子マネー

（出所）　柳川範之、山岡浩巳「ブロックチェーン・分散型台帳技術の法と経済学」
（日本銀行、2017年）

トが高くつきます。ですから、日本銀行や国の信用のもとにある円と、ビットコインを比べたときに、どちらのコストが安いかというと、新しく信頼のコストがかかるビットコインが日本ではなかなか流行らない一方で、たとえば、国に対する信頼が低く、通貨に対する信頼が低い国では、もしかすると仮想通貨が広がる余地があるかもしれません。

　現金や手形の歴史的な変遷を示したものが図表1-8です。①の紙の印刷技術を使った現金や手形は分散型のスタイルですが、不便なので、だんだん、②手形交換所のような集中型のものが出てきます。次に、紙では大変なのでデジタル化しようということで、いま、金融インフラが変遷しています。③まではすでに法律的な手当や、制度面のサポートがありますが、われわれは④へと飛び越えようとしており、デジタルかつ分散型の管理が、いま、法律面や制度面でのサポートができているかというと、まだまだ追いついていないところがあり、整備していかなければいけないのだと思います。

スマートフォンを通じた技術革新とその課題

　2つ目のFinTechの代表的な技術要素であるスマートフォンですが、前半でも説明があったように、1ついえるのは、これは電話ではあるものの、高性能なPCだということです。1人1台もっているので、一人ひとりの顧客ニーズにあわせたサービスを提供するデバイスとして、非常に注目されてい

ます。それから、スマホはいろいろな機能をもっていますので、たとえば位置情報、センサー、生体認証の技術などを組み合わせることによって、より便利なサービスが提供できるのではないかということで、FinTechの起爆剤になっています。

ただ、課題はあります。1つは、スマホなどのライトなデバイスが出てくると、いままでのATMや店舗などの固定的なインフラが要らなくなってしまう可能性があります。これをレガシー化といいます。いままでのシステムはどうしていくのかということです。それから、スマートフォンは、ウイルス対策などのセキュリティ面の対応はどうなのだろうかという指摘もあります。

また、スマホをもつ人を前提にしたサービスが広がっていったときに、もたない人にどのようにしてサービスを提供するのかという問題があります。金融・医療など、そのサービスの提供が継続的になされないと困る面があり、もたざる人に対する継続的なサービスの提供が1つの課題としてあるのだろうと思います。

AI・ビッグデータ分析とその課題

3つ目の技術要素としてAI・ビッグデータ分析があります。金融はもともと、データを使いながら将来の不確実性を下げていったり、金融仲介であれば、より高成長・生産性の高い分野に金融機関が預金を集めてお金を流したりするなど、情報を使ったいろいろな分析の高度化・効率化になじみやすい分野だと思います。たとえば、人間が新しい環境の変化なり動きをすべてみることはなかなかむずかしいなかで、AIを使って普段の分析の気づきであったり、サポートであったりに役立つのではないかということで、動きの激しい環境に対する分析はAIを通じてできるのではないかと注目されています。ただ、やはり課題があります。ビッグデータを使っていくなかで、プライバシーの確保の問題が1つ大きい問題としてあげられます。

それから、AI利用に伴うガバナンスの問題もあります。AIとして、たと

第1章　FinTechの描く未来・技術・可能性とチャレンジ　27

えば機械学習を想像すると、毎日AIがいろいろなデータを分析して成長していくわけです。今日のAIは昨日のAIと違うし、いまのAIをみても、あの時どうしてこういう判断をしたのかがわからないという問題が指摘されています。ですので、たとえば損が出たり、何か問題が起こったときに、AIに完全に依存した意思決定をしていると、だれが責任をとるのかということが問題になる。アカウンタビリティ（説明責任）やガバナンスの問題についても考えなければいけないということです。

金融サービスに対する影響

FinTechによって金融サービスはどのような影響を受けるのかお話ししたいと思います。まず参入障壁が下がってくるので、これまでのいろいろなインフラがなくても簡単に金融サービスが提供できるようになり、金融の担い手は国内に限定されなくなります。金融サービスがグローバル化するということです。この結果、これまで金融サービスにアクセスできなかった人たちも金融の世界に取り込んでいけるということで、金融包摂（Financial Inclusion）という効果があると思います。

それから、バーチャル化があげられます。店舗やATMが必ずしもなくても、いろいろなサービスが提供できるようになっていきますので、バーチャル銀行のようなものも想定できます。実際、実店舗をもたない銀行も出てきています。

また、パーソナル化があげられます。特にスマホを使いながら、それぞれの人たちの年代や職業に応じたきめ細かいサービスが提供できるようになっていきます。グローバル化、バーチャル化、パーソナル化というかたちで金融サービスが変わっていくと思います。

こういうことが起こると、新しい人が入ってきますので、競争が激しくなります。それから、新しい人がどんどんサービスを提供するようになると、金融をめぐるリスクも変わってきます。

経済にもプラスで、①先ほどの金融包摂（Financial Inclusion）が進めば、

これまでできなかった経済活動ができるようになるかもしれません。それから、②FinTechそのものが産業として1つの投資分野になっていくかもしれません。③eコマースやシェアリングエコノミーのようなもの、データを使って何かをしていくような新しい経済活動を刺激していくのではないかということで、これらの3つくらいのルートを通じて、経済にもプラスの影響があるのではないかと思います。

6 FinTech推進によるチャレンジ

FinTech推進に際しての留意点・課題

次に、FinTech推進に際しての留意点や課題についてお話しします。まず先ほど説明したように、従来のシステムが、新しいFinTechの動きのなかで、レガシー化していくというリスクがあります。

それから、グローバル・スタンダードという観点から、技術水準では日本は高いと思うのですが、グーグル、アップルのように、サービスのグローバル・スタンダードを押さえられているか、プラットフォームをしっかり押さえられているかというと、そうでもないのかなと思います。グローバル・スタンダードを1つ確立していかないと競争に勝てないと思います。

それから、1つ目の課題の裏面として、すでにかなり発達した金融システムがあるがゆえに、これからどのように伸ばしていくかという点では、なかなか伸びしろがないかもしれません。アジアだと、人口がどんどん増えている国、インドやインドネシア等のポテンシャルの高い国がありますが、日本はどうなのだろうかというとなかなか厳しい環境にあります。

図表1‐9は、日米企業のIT投資をタイプ別に分けたものですが、日本は守りのIT投資が多い状況にあります。一方で、アメリカのほうをみると、攻めの投資が多くなっています。日本がIT投資の分野でも、どんどん前向

第1章　FinTechの描く未来・技術・可能性とチャレンジ　29

図表1－9　日米企業のIT投資（全産業ベース）

IT予算を増額する企業における、増額予算の用途

米企業は「攻めのIT投資」に主眼が置かれている一方、日本企業は「守りのIT投資」が中心。

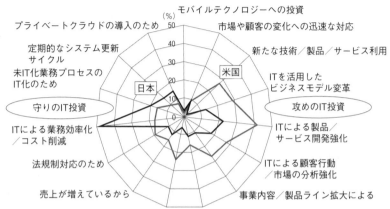

（出典）　一般社団法人 電子情報技術産業協会（JEITA）「ITを活用した経営に対する日米企業の相違分析」調査結果（2013年10月）
（出所）　経済産業省「日本の『稼ぐ力』創出研究会」第7回経産省資料（2014年10月24日）、p.55

きに取り組んでいかないといけないという数字です。

オープン・イノベーションの重要性

　ここで1つキーワードになるのが「オープン・イノベーション」です。自前主義のなかで考えていても、アイデア・技術やノウハウには限界があるので、積極的に外のノウハウを吸収していくという「オープン・イノベーション」が必要になってきます。

　そのなかでキーワードになるのが「組合せ」だと思います。金融だけではなくて、金融と他の産業を組み合わせるなど、物・情報・データを組合せて、新しいサービスを生み出していくといった組合せが大事だと思います。そのなかで意識しておかなければいけないことが3つあり、私は3つの理解

と呼んでいます。それらは、①トップの理解、②技術への理解、③カルチャーへの理解、ということです。新しいことを行うときは、トップの覚悟や、マインドセットの変革が必要で、金融機関の方々と話していて、前向きなことに取り組んでいる銀行はトップの意識がとても高いです。技術への理解は、新しい技術を取り込むときに、中身がわかっていないとなかなか取り込めません。最後に、銀行とベンチャーはカルチャーが全然違います。全然違うカルチャーの人と仕事をするのだという前提に立つことが大事だと思います。

バーチャルな世界でのガバナンス・規制

インターネットを通じたバーチャルなコミュニティを運営する場合には、なかなか意見がかみ合わないときに調整が非常に大変になります。何か規制を置こうとしても、結局、バーチャルな世界では、国のなかでの規制がどれだけ効果があるのかというところで、なかなかむずかしい面があると思います。揉めたときにだれが調整するのか、どの範囲で、だれが規制、エンフォースするのかというところは非常にむずかしいと思っています。

それからセキュリティです。ネットワークをオープン化して、オープン・イノベーションを進めると、一方でセキュリティはとても大事な論点となり、このバランスをとっていく必要があります。

7 中央銀行の視点

中銀デジタル通貨をめぐる論点

日本銀行の観点からは、よく中銀デジタル通貨などと報道されるお話に触れたいと思います。われわれがみているマネタリーベースは、銀行が日銀にもっている当座預金と、皆さんが財布のなかにもっている紙幣・硬貨、この

第1章　FinTechの描く未来・技術・可能性とチャレンジ　31

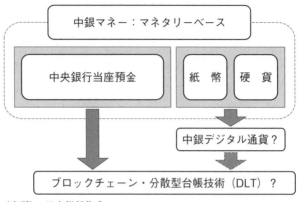

図表1-10　中央銀行とDLT（分散型台帳技術）をめぐる議論：全体像

（出所）　日本銀行作成

2つに大きく分かれます。中銀デジタル通貨を考えるときは、基本的には図表1-10の右側の紙幣・硬貨をデジタル化していくというところが対象になっています。逆にいうと、左側の中央銀行当座預金はすでにデジタル化されているので、これについて、新しくブロックチェーンのDLT（分散型台帳技術）が使えるのではないかという論点が出てくるわけです。なお、中銀デジタル通貨を検討しているところは、スウェーデンや中国など、少し特殊な背景をもった国がいままじめに検討しています。逆に、たとえばアメリカ、ユーロ圏、日本では、まだ中銀デジタル通貨に関する方針が出ているわけではないということです（図表1-11）。

日本銀行の今後の取組み

最後に、日本銀行の今後の取組みとして、われわれは、新しい技術を使った決済の変革に関連して、3つほど意識をしています。1つは、「触媒」としての役割です。われわれ日本銀行FinTechセンターは設立されて1年半ですが、いろいろなベンチャー企業やIT企業の方々との面談や勉強会を通じて新しい技術に関する知見を吸収しています。こうした知見を、金融機関に

図表1-11 中央銀行とDLT（分散型台帳技術）をめぐる議論：海外の取組み

(出所) 日本銀行作成

とってみれば、こういうところに応用可能性があるのではないかというかたちで、新しい金融サービスの動きにつながるよう働きかけること、それをわれわれは触媒と呼んでいます。

それから、日本銀行自身も日銀ネットという大きな決済システムをもつ「運営者」としての役割がありますので、そこに新しい技術を活用する余地がないかということを考えています。

最後に、金融システムに新しい人が入ってくることにより、リスクが変わるという話をしましたが、金融決済システムの「オーバーシーアー」として、新しい金融システムにおける新しいリスクにはどういうものがあるかということをモニタリングしていくうえで、新しい技術を調査研究する必要があります。

新しい技術やアイデア、デバイスを通じて金融サービスが向上していくと

いうことで、そこでのキーワードはオープン・イノベーションです。ただ、いろいろな留意点や課題がありました。中央銀行にとっても非常に論点のある領域ですので、自らも真摯に向き合っていく必要があると考えています。

最後に「現金、好きですか」

　最後に、日本は現金がとても多くて、主要国の統計をとると、日本は圧倒的に現金保有が多いです。しかも、カードの決済額はとても少ないので、いま、政府をあげてキャッシュレス決済比率という現金を使わない決済の比率を上げましょうと取り組んでいます。これを通じて世の中の効率性を上げていくということです。皆さんも現金を使うと思うのですが、少しずつでもたとえばカードを使っていく、あるいはスマホでの送金を使っていくということで、意外と便利で楽しかったりしますので、これを機会に何かアプリをダウンロードしてみるということを試してもらいたいと思います。

■ 質疑応答2

[質問] たしかに日本は現金が圧倒的に多いと思うのですが、その原因についてはどのような分析があるのでしょうか。

[答] よくいわれている理由として、1つは治安がいいことです。要は盗まれるリスクが低い。また、お札が綺麗なので、偽造券が少なく、お札自体に対する信頼が高いこともいわれています。逆に、カードが心配というか、カードの信頼性に懸念をもつ人や、よくわからないということで、現金による決済がいまだに残っている面もあると思います。

[質問] デジタルの分散型インフラに対して法制度によるサポートが追いついていないということですが、具体的に、現行法の存在が問題なのか、法律の不存在が問題なのか、何か例があればお聞かせください。

［答］両方あると思います。不存在の例でいくと、仮想通貨は、権利として
は物権なのか債権なのか、あるいはもっと新しい別の権利なのかというの
で、まだ整理されていません。ですから、仮想通貨を盗まれる事案があっ
たときに、それをどういう構成で取り戻しにいくのかというところで、ま
だ整理ができていないのだろうと思います。

［質問］日本では既存システムのレガシー化リスクがあるとのことですが、
それは他の国でもある程度同じ状態だとは思います。他の国ではどのよう
に取り組んでいるのでしょうか。

［答］日本と他国ではシステムのつくり方が少し違います。日本は、勘定系
といわれる中核システムを中心に、いろいろなシステムを結びつけていま
す。密結合というのですが、何か取引をした時に、すぐに通帳の残高に反
映できるので、顧客にとってはリアルタイムで自分の残高が把握できて便
利です。一方で、どこかに手を加えようとすると必ず中核システムに影響
が出てくるので、変化に柔軟に対応できないというデメリットがありま
す。

　一方で、欧米の金融機関は、そこまで顧客の残高をリアルタイムに把握
できなくてもいいと考えて、各サービスが使い勝手がいいようなかたちで
縦割りになっています。このため、どこかを変えようとしたときに、他に
影響が及びにくいつくりになっています。FinTechの流れのなかで新しい
サービスを提供するためにはシステムが必要なので、欧米のほうが割と柔
軟に対応しやすいことになります。一方で、日本は、勘定系システムに密
結合してしまっているので、何もなければ非常に安定的で便利なのです
が、何か変化をもたせようとするとむずかしくなります。そのため、相対
的によりレガシー化のリスクが高くなります。

［質問］法整備が追いついていない側面があるという話をされていましたが、
規制というとブレーキをかけるようなイメージがあります。むしろ仮想通

第1章　FinTechの描く未来・技術・可能性とチャレンジ　35

貨の利用を促進させるような法整備というのは具体的に検討されているのですか。

［答］規制も足を引っ張るばかりではなくて、境界線を明確にするなど、法律構成を明確にすることによって、不安や心配がなくなって、より利用が進むという面もあると思うので、必ずしもブレーキではないと思います。日本は、どちらかというと世界のなかでも前向きに法整備をしていて、2017年4月に仮想通貨に対する定義を明確化した改正資金決済法が施行されました。金融機関がFinTech企業とサービスを連携するときに、接続方式を公開する「オープンAPI」を促進するために、FinTech企業に登録制を入れて、ある程度信頼の置ける人たちと契約を結ぶことによって新しいサービスをしてくださいという制度も始まろうとしています[11]。利用者からすると、不安が少なくなるという意味で、後押しになっていく制度も日本にはあります。

［質問］デジタル通貨をつくることで、銀行の取引にどのようなメリットがあるのでしょうか。

［答］むずかしい質問です。ブロックチェーン技術自体は、だれか管理者を中央に置くスタイルではなくて、いろいろな人が負担を分かち合うということですので、障害や災害があってシステムが止まってしまったときでも、復旧が速いというメリットがあります。もしブロックチェーンを使ったデジタル通貨ができると、デジタル化されたお金のやりとりが、障害耐性が非常に高いなかで実現できます。金融機関にとっても運営面で良い面はあると思います。

　また、現金では、履歴など、だれが何に使ったのかというものは残りません。匿名性があって良い面もあるのですが、デジタル通貨によって、30代女性はこういうものを買っているなど、いろいろなデータ・情報とお金

11　2017年5月「銀行法等の一部を改正する法律」成立。

の動きが一体として管理できるようになれば、金融機関にとっても新しいサービスを提供する余地が出てくると思います。先ほどの組合せの議論ですが、金融とデータやモノの動きを組み合わせていくツールとして使えるかもしれないということだと思います。

[質問] ブロックチェーンの活用について、当初、銀行が大量のデータを扱うにあたって、サーバー等の維持に非常にコストを要するので、分散して情報を管理できるDLT（分散型台帳技術）の活用が期待されていたと思うのですが、他方で、ガバナンスやサイバー攻撃のリスクがあって、パブリック型からプライベート型への動きなど、結局、中央管理になっていくようにも思います。実際にブロックチェーンを使うことによってメリットがあるのでしょうか。

[答] いい質問です。金融の人たちは、基本的に顔見知りのメンバーで仲良くやりたいというマインドセットがあります。また、扱っているデータや情報が、ビジネスの面でも、金額的にも非常に大きくて、何かあったときの影響が大きいので、パブリックでいくことのむずかしさも出てきていて、顔見知りで集まったコンソーシアム型やプライベート型でいきましょうという話にいまなっていると思います。ただ、この方法で、本当にブロックチェーンのメリットを享受できるのかという点で、少し揺り戻しが来ています。パブリック型をうまく活用することで、本来のDLT（分散型台帳技術）に期待されていた効果がもっと得られるのではないかと、少し考え直すような動きもあります。技術的には多分3〜5年くらい、金融におけるブロックチェーンの本当の活用には少し時間がかかると思っています。

第1章　FinTechの描く未来・技術・可能性とチャレンジ　37

第**2**章

仮想通貨・ブロックチェーンの現状と課題

株式会社bitFlyer 代表取締役

加納 裕三[1]

株式会社bitFlyer 取締役CFO

金光 碧

（2017年10月11日講義）

1　本章のうち主に1〜4が加納裕三、5が金光碧による担当。

1 はじめに

　本日の講義は、仮想通貨・ブロックチェーンの両方を網羅していて、5つのパートに分かれています。最初に、①会社紹介をさせてください。その後、②仮想通貨の代表であるビットコインの仕組み、続いて、③ICO（Initial Coin Offering）、④ブロックチェーン、最後に、⑤仮想通貨交換業者登録について説明します。

　実は、私は、いわゆる仮想通貨法（改正資金決済法）[2]の成立過程にかなり関与してきました。私は2014年1月に起業したのですが、同年2月にマウントゴックス事件[3]があり、当時はビットコインが消失するかのように騒がれました。この事件を繰り返してはいけない、ルールが必要だと思い、自主規制団体をつくりました。ただ、それでもなかなかワークしませんでした。自主規制では守らない人がたくさん出てきます。違法でなければ何をしてもいいと考える人はいて、守らない。ルールを守る人もいますが、競争事なので守らないほうが大抵有利です。そうすると、不公平となり、不満が出てくるわけです。このため、法律をつくりたいと考えました。法律ができるワンサイクルの経験はとてもかけがえのないものでした。最初に問題提起から始まり、関係者、国会議員の先生がいて、行政の役人がいて、関連団体が多くあり、審議会を経て、法案になり、最終的には国会の衆議院・参議院で可決されました。このストーリーは、通常、実務ではなかなか経験できないと思いました。

　前置きが長くなりましたが、当社の事業内容を説明します。図表2-1が株式会社bitFlyer（以下、「当社」ともいう）ウェブサイトのトップページですが、左側にビットコイン購入、右側にビットコイン売却とあります。お客

2　本章では、改正資金決済法のことを、通称である「仮想通貨法」ともいう。
3　マウントゴックス社（東京・渋谷）は、当時、世界一のビットコイン取引所であったが、多額のビットコインを消失したとして破産。

図表2−1　株式会社bitFlyerのウェブサイト・トップページ

(出所)　株式会社bitFlyer

さんが購入するときは46万745円で、お客さんが売却するときは44万9,532円です。この差額がわれわれの収益になるビジネスモデルです。これはきわめて一般的な証券会社のビジネスモデルで、マーケット・メーカー・モデルまたはブローカー・ディーラー・モデルと呼ばれています。

このほかに、違った画面でプロ向けサービスも行っています。ビットコインは世界共通のお金なので、当社でも、他社でも、アメリカでも、アフリカでも使えます。物はまったく同じですが、買う方法が違うのが特徴です。このサービスを行っているところを一般的には仮想通貨取引所と呼んでいます。

仮想通貨取引所は、法的には仮想通貨交換業者（以下、「交換業者」ともいう）と呼ばれています。仮想通貨法に基づき、日本では、交換業者は金融庁の登録が必要となり、2017年9月、当社も無事に登録されました[4]。私はも

4　2017年9月29日、金融庁は、改正資金決済法に基づき仮想通貨交換業者として、株式会社bitFlyerを含む11社が登録されたことを公表。

ともと工学部にいた理系ですが、ベンチャー企業を経営すると法律に詳しくならざるをえない。もともとエンジニアなので、当然、法律の勉強もしておらず、詳しくなかったのですが、自分なりに勉強して、起業して多分私は弁護士に何十人もお会いしていて、顧問弁護士も含めて、いろいろ教えていただきました。

　日本の場合、届出、登録、そして免許という3つのグレードがあるので、仮想通貨交換業者の該当する登録は、難易度は真ん中です。免許は、たとえば銀行や証券取引所が対象で、厳しい審査があり、審査を通ったら免許がもらえます。登録は、審査はしますが、特に断る理由がなく、形式要件を満たしていて、審査を通れば登録ができます。届出は、その名のとおり届け出るだけです。

ロゴに込められた意味

　図表2-1右上の当社ロゴですが、何を意味するかわかりますか。四角がブロックチェーンのブロックで、真ん中の丸い部分がビットコインで、起業した時からビットコインとブロックチェーンはとても大きなテーマになると感じていて、このロゴにしました。ビットコインはブロックチェーンという新しい技術の上に乗った1つの応用です。ブロックチェーンはセキュリティが高く、改ざんができません。書換えができない新しいデータベースが発明され、このデータベースに数字を書き込んで仮想通貨だと言い張る。これにより、なぜか価値が生まれてしまったというのがビットコインの実態です。この2つは切り離せません。正確にいうと、このブロックチェーンはビットコインのブロックチェーンです。当初、ブロックチェーンは1つしかなかったのですが、いまたくさんの仮想通貨が出てきたので、どのブロックチェーンを指しているかわからなくなりました。ですので、ビットコインのブロックチェーンの上に、ビットコインというアプリケーションが動いているというのが正確な表現です。

ベンチャー企業の資本金

　当社の資本金は41億円です。資本金は会社規模の１つの指標としてよく使われます。一般的なベンチャーは資金調達をするわけです。なぜなら、お金がない。ベンチャーキャピタルや個人投資家から資金を調達して、人を雇ってビジネスを運営していく。うまくいけば大きくなる、失敗すると倒産・撤退するという、きわめてシンプルなモデルです。日本のベンチャーは多分数百社ありますが、当社は日本のFinTechの分野では３番目に大きい資本金です。社員数はいま80名程度で、大きいわけではないです。大きいベンチャーだと数百人います。

顧問弁護士事務所はなぜ多いのか

　法律の関係でいえば、当社には、顧問弁護士事務所がたくさんあります。なぜかというと、当初、業法がなかったので、当社の業務を法的にどう解釈するかが重要でした。たとえば、お金を預かる行為は、まずこの時点でアウトになるわけです。預金の受入れには銀行免許が必要となります。法律がない場合は、大抵の場合、一般法で巻き取られてしまうわけですが、大抵は出資法に抵触するといわれます。多くの弁護士は、困ると出資法か、ギャンブルの賭博法に当たるといいます。なぜかというと、非常に解釈が広いので、何かしら触れるためです。

　出資法に当たるか当たらないかという議論は３年前にしていて、預かったお金に金利がつくのかつかないのか——付利するという言い方をしていましたが——という議論をずっと行ってきました。出資法に触れないためにどうすべきか。明確な法律もないし、ガイドラインもないので、相談しながら進めます。そして、ファーストオピニオンだけでは足りなくて、セカンドオピニオン、サードオピニオンととっていくので、顧問弁護士事務所が増えていくことになります。

　意見が割れたらどうするかというと自己責任です。弁護士が正しいわけで

第２章　仮想通貨・ブロックチェーンの現状と課題　43

はなくて、裁判で勝てるかどうかがポイントです。結局、経営判断になります。 が、大抵の場合、意見は割れません。割れた場合は経営マターになり、決めてくださいといわれ、リスクをとりますか、とりませんかといわれて判断をします。間違っていたとしても、裁判を一緒に頑張りましょうとしかならないので、結局、会社が責任をもつことに変わりません。

2 ビットコインの仕組みと急速な浸透

仮想通貨の語源

ビットコインは仮想通貨の１つです。仮想通貨法（改正資金決済法）により、「仮想通貨」は法律用語になっており、内閣法制局も認めた用語です。もともとは価値記録と呼ばれていました。なぜかというと、法律用語が使えなかったからです。法令違反になってしまう可能性が高いので、勝手に、われわれが法定通貨を新発売などといえないわけです。法律用語が使えないなか、苦肉の策で編み出されたのが価値記録、価値がある記録だということです。実は2014〜2015年の半ばぐらいまで使われていました。

その後、なぜ暗号通貨ではなく仮想通貨と決まったかというと、2015年６月に、FATF（Financial Action Task Force）という国際団体がVirtual Currencies（＝仮想通貨）と呼び始めたのです。多分これに引っ張られたのではと思っています。暗号通貨（Crypto Currencies）にするのか、仮想通貨にするのか、そもそも通貨は「法定通貨」をイメージするので、ほかの言葉にしようといった議論を金融庁としたことがありますが、結果的に「仮想通貨」で日本は落ち着いています。

ビットコイン、法定通貨、電子マネーの違い

図表２−２で、ビットコイン、法定通貨、電子マネーを比較しました。ち

図表 2 － 2　ビットコイン、法定通貨、電子マネーの違い

特徴		ビットコイン	法定通貨 （日本円）	電子マネー （第三者型前払式 支払手段）
発行・管理	発行者	■システムが自動的に発行	■日本政府（通貨） ■日本銀行（紙幣）	■電子マネー事業者（第三者型前払式支払手段発行者）
	管理者	■P2Pネットワーク参加者が管理	■日本政府 ■日本銀行	■電子マネー事業者（第三者型前払式支払手段発行者）
価値	発行上限額	■決まっている（2,100万BTC）	■無し	■事前入金された金額（日本円）の範囲で発行
	価値の裏付け	■システムへの信用	■日本政府への信用	■供託された日本円（入金額の1/2） ■電子マネー事業者への信用
送金処理	送金の方向	■双方向	■双方向	■一方向（利用者⇒加盟店）
	送金の処理時間	■約10分間隔でブロックを作成 ■約60分で確定とみなす	■直接の受取であれば即時 ■長距離・大量だと時間がかかることもある	■加盟店に支払われるまで数日〜1.5カ月程度
	送金の手数料	■少額 ■送金者負担	■高額 ■場合によって両方負担	■受取者（加盟店）負担
匿名性	取引の匿名性	■取引履歴は明らかだが、匿名性がある	■高い	■低い（履歴は電子マネー事業者が管理）
	取引履歴の公開	■公開	■非公開	■一般に非公開

（出所）　経済産業省

なみに、五百円玉は財務省が発行していますので、政府発行です。この意味では、法定通貨は必ずしも中央銀行が発行しているわけではありません。

ビットコインがおもしろいのは、いわゆる通貨の3機能という、①価値が保存できること、②移転できること、③計測できることという、3つをすべて満たしているのです。他方で、電子マネーは満たしていません。たとえば、電子マネーのSuicaはJR東日本が発行していますが、基本的には第三者に移転ができません。だから、価値の移転ができません。一方、ビットコインは移転ができるのがおもしろい。発行体がないというのもおもしろい。非中央集権的といわれているのですが、中央集権である主体がないというのがポイントです。皆がバラバラに分散保持していて、だれも管理していないというか、皆が管理している状態というのが新しいのです。それでいて通貨といえる。これがビットコインの特徴です。

ビットコイン・ブロックチェーンの急速な浸透

ビットコインは急速に浸透していて、私が起業したのは約4年前ですが、最初の2年間はほぼ何も起こらないような時代でした。だれにも見向きもされない。ところが、直近の2年間は非常に注目されて、知名度も上がり、法律までできて、世界中でブームになっているというのが実態です（図表2－3）。ビットコインをつくったのはナカモトサトシという人物で、実は本人はまだ見つかっていません。彼は多分2,000億円分ぐらいのビットコインをもっていますが、まだあらわれていません。

仮想通貨は、実は現在1,100種類以上あるといわれています。ただし、厳密にいうと、日本法で定義される仮想通貨とは限りません。外国のもの、発行体があるもの、発行体がないもの、いろいろ混ざっていて、デジタル通貨のようなものを並べると1,100種類以上で、このなかの一部が日本法で定義される仮想通貨になります。

さらに、金融庁に登録された仮想通貨がまた別途あり、いまだとビットコインを含めて17種類あります[5]。これが、われわれが扱えるコインです。そ

図表2-3 ビットコイン・ブロックチェーンの急速な浸透

バーナンキによるビットコイン容認発言、改正資金決済法の施行等によって
ビットコインの取引量は急速拡大

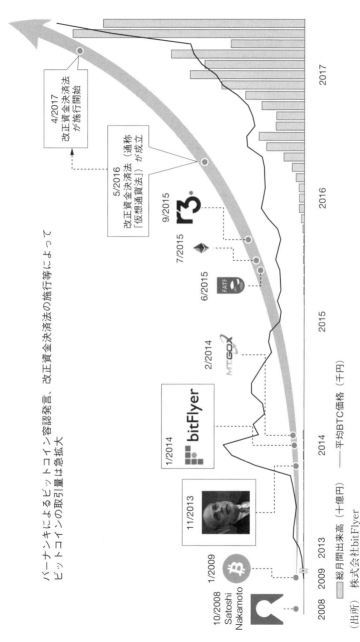

第2章 仮想通貨・ブロックチェーンの現状と課題 47

図表 2 － 4　ビットコイン価格の2009年以降の推移

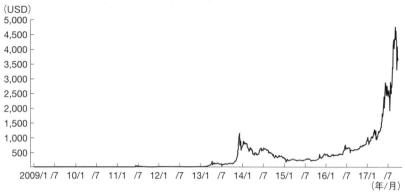

（出所）　Blockchain.Info（2017年10月（講義時点）まで）

れ以外のコインは、扱ってはいけないことになっています。だから、日本のお客さんに提供できるコインは非常に限定的です。

　価格はすごいことになっていると報道されていると思いますが（図表 2 － 4 ）、2013年あたりに買った人は億万長者で、私が知るなかでいちばん儲かった人は、多分100億円を超えています。周りに億万長者がいっぱいいて、2 年ぐらい前の2015年に買った人でも、やっぱり何十倍にもなっているコインがたくさんあり、熱狂といわざるをえません。バブルではないかとよく聞かれるのですが、バブルかどうかはわかりません。2013年の初めもバブルといわれていましたが、たしかにこの時までしかグラフがなかったらバブルのようにみえるだろうし、2014年前半もキプロス・ショックの時に上がったのですが、バブルといわれていました。バブルかどうかというのは終わってみないとわかりません。

　2017年をみると、仮想通貨は、伝統的アセットクラス（株や債券）を大き

5　具体的には、ビットコイン、ビットコインキャッシュ、イーサリアム、イーサリアムクラシック、ライトコイン、モナーコイン、リップル、ペペキャッシュ、カイカコインなど17種類（2017年10月11日時点）。
6　2017年10月11日時点。なお、2018年 1 月時点では7,000億ドルを超えた。

くアウトパフォーム、すなわち相対的に価格が上昇しています。全仮想通貨でみると、実に2017年は5倍くらいになっています。主要仮想通貨の時価総額も、1,000億ドル（11兆円）を超えました[6]。11兆円というと、日本の会社でいうとかなり大きいほうです。

ビットコインの分岐

2017年8月1日に、ビットコインは、ビットコインとビットコインキャッシュに分かれました（図表2－5）。なぜ分かれるのか、分かれたら価値はどうなるのかという点について、なかなか研究がなく、結果的には、分かれた後、もともとあったビットコインの価値よりも足したら増えています。当社では、もともとビットコインをもっていた人に対して、新しいビットコインとビットコインキャッシュの両方を付与しています。

では、なぜ分岐するのか。これはブロックチェーンの仕組みに要因があります。ブロックチェーンは合意形成モデルで走っていて、たくさんのコンピュータが同時に動いています。そのなかで、自分が正しい、相手は嘘つき

図表2－5　ビットコインの分岐について

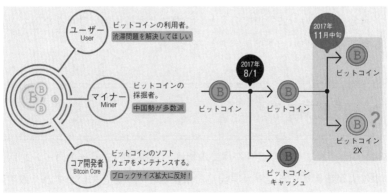

（出所）　NewsPicks「決定版　なぜビットコインは分裂を繰り返すのか」

だ、などといろいろなコミュニケーションがなされています。これが非中央集権型モデルといわれるゆえんです。たくさん話しているノードといわれるコンピュータがあります。このノードに対して取引を行うわけです。ウォレットといわれるものがありますが、ビットコインの取引をしたい時は、ウォレットでノードといわれる人に何かしら命令を送る。昔はこれでよかったのです。

　ところが、最近ユーザーが急増し、大渋滞している。皆が取引をしたいという命令を送り続けたら、何が起こったかというと、システム全体はダウンしないかわりに、ただ渋滞して、とにかく遅くなりました。もともと10分、5円で海外送金できるような魔法のお金のようにみえたのが、何時間もかかり、手数料も数百円を超える。そうなると、銀行送金と何が違うのかということになります。

　このため、もともとのビットコインの仕組みを変えようかといったときに、喧嘩が起こり、その仕様、容量の増加、スピードなどについていろいろな議論がなされ、意見が割れて２つが出てきた。また意見が割れていて、11月中旬にもまた新しいコインができるかもしれません。皆ビットコインをよくしようと思い、渋滞をなくしたいと思っています。なぜなら渋滞は不便で、だれも得をしないからです。ただ、渋滞の解決方法は、技術的に複数あります。この方法が、自分自身の方法と違うと、気に入らないからといって、自分は自分の方法で出ていくといったことが技術的には可能なので、分岐します。これをハードフォークといいます。

■ 質疑応答１

［質問］ビットコインの価格のバブル化は、投機目的でビットコインを取引する人が増えていることが原因だと指摘されていると思いますが、取引所として、ビットコインが投機商品としてみられていることについて、どの

ように考えているのでしょうか。

[答] 価格の動きにも関心はありますが、基本的に、取引所は、顧客AとB
のマッチングプレイスを提供しているので、価格の上げ下げには一喜一憂
しないということかと思います。

　なお、私は、バブルと言い切ってはいなくて、バブルのようにみえる
が、結果的にバブルかどうかは後で振り返ればいえることだと思っていま
す。現状がバブルにみえるからといって、投機的とはなかなか言い切れま
せん。投機的か、投資的かという定義はないですが、たしかに、短期的に
取引をして売り抜ける人を投機的と呼ぶのであれば、いまはそういう比率
は高いと思います。将来的には落ち着いてほしいと思っています。ビット
コインにより、決済や国際送金、店舗での支払など、利便性を提供できた
ほうが、新しい通貨としての価値はあると思うからです。

[質問] バブルだといわれる原因の1つに、ビットコインの価格の決定材料
が、株や債券などと比べてわかりにくいことがあると思いますが、いかが
でしょうか。何か決定材料はあるのでしょうか。

[答] ご指摘のとおり、ビットコインにはフェアな価格を決める材料は非常
に少ないです。株であれば配当率・金利、債券だったら金利などの、評価
の指標があります。これに対してビットコインは何もないので、需給だけ
で決まってしまう。株にも需給要因はあるのですが。では、ビットコイン
の需給が何で決まるかというとニュースが大きい。ポジティブニュースに
は、ある国が仮想通貨を容認した、大企業が採用した、ブロックチェーン
で新たな技術の革新がある、中央銀行が注目している、といったものがあ
ります。ネガティブニュースは、中国のようにICOを禁止する、マイニン
グも禁止するのではないか、規制が入る、ハッキングされる、などで、こ
ういったニュースフローで需給バランスが変わり、価格が変動していま
す。

第2章　仮想通貨・ブロックチェーンの現状と課題　51

［質問］通貨の3機能として価値の保存があるとのことですが、これだけ大
　きな価格変動があると、価値が保存されているといえるのでしょうか。

［答］通貨の3機能のうちの価値の保存というのは、価格の変動のことをい
　っているわけではないと思います。時間を経たとしても物理的性質が変わ
　らない、信頼の程度が変わらない等々により、ほぼ同程度に価値が保存さ
　れるということだと思います。昔は貝殻やお米、さらに昔はヤップ島の石
　だとか、そういうものが貨幣でした。そのなかで、物理的性質が非常に安
　定しているのが金で、熱に耐えたり、応力に耐えたりしているので、その
　意味での価値の保存だと思います。たとえば、途中で腐ったり、消えてな
　くなったり、液体だとか——お金として使うには、液体は使いづらいわけ
　です。その意味で、ビットコインは、価値自体は保存されていると思いま
　す。なぜかというと、絶対に消えないデータベースであるブロックチェー
　ンを使っているからです。仮に、このブロックチェーンが信頼できない、
　つまりデータが壊れてしまうのであれば、価値は保存されているとはいえ
　ません。よって通貨の3機能を満たさないし、信頼が生まれないと思いま
　す。

［質問］将来的にさらにビットコインが分岐する可能性はあるのでしょうか。
　また、分岐の際に、システム上の問題は起きないでしょうか。

［答］分岐は将来ありうるかということですが、永遠にありえます。どの瞬
　間もありえます。ビットコインは、2017年11月にも再びビットコインと
　ビットコイン2Xに分岐するのではないかといわれているのですが、10月
　にもビットコインから分岐してビットコインゴールドというものができる
　のではないかという話もあります[7]。

　　いま、懸念しているのは、分岐すると儲かるという風潮が若干あり、
　ビットコイン、アルトコインがどんどん分岐を始めるのではないかという

7　実際には2017年11月のビットコインの再分岐は行われなかった。

52

ことです。ビットコインが8月に分岐した時、分岐直前はビットコインが1BTC当り31万円ぐらいでしたので[8]、事前の下馬評では、ビットコイン28万円、ビットコインキャッシュが3万円ぐらいだろうと予測されていました。ところが、ビットコインキャッシュはビットコインとはまた違った価値をもつので、株式分割のようになりませんでした。分岐という懸念事項が無事にすみ、問題なく取引が開始されたということで、ビットコインが56万円まで上がり、ビットコインキャッシュも一時期12万円まで上がりました。分岐はリスクだと思っていて、われわれもこれにどう対応していくかという議論はしています。

分岐により混乱しないように、分岐したものが混ざらないように対策をするリプレイアタック防止策というのをわれわれは行っていますが、技術的にできる取引所とできない取引所がありまして、できない取引所だと混ざってしまい大変になることは起こりえますので、技術的にできる取引所を使っていただいたほうがよいかと思います。

また、プログラム上の問題というか、バグが入る可能性はあると思っています。まずバグは当然ありうるので、バグがあると、その分岐したコインが信頼されなくなって終わります。技術的には、これはリオーグ（Re-org）といい、リオーガニゼーションです。もともと分岐したと思っていたのが、分岐していない状態に無理やり戻され、行き止まりになり、コインがまったく使えない状態になります。コインが使えないということは、チェーンが存在しなかったこととまったく同じことなので、ロールバックしたかのようにみえます。これをリオーグといいます。ですので、バグがあると非常に危ないです。

8　BTCはビットコインの1単位を示す。

3 ICO（イニシャル・コイン・オファリング）の盛り上がり

IPOとの違い

　ICO（Initial Coin Offering）は、IPO（Initial Public Offering）という新規株式公開を由来とする名称です。スタートアップ企業は、株式で資金を調達することがあります。大抵の場合は、銀行で借金をしますが、会社をつくるときは、まず自分で種銭を出し、これが株式・資本になるわけです。この資金調達は、日本では会社法に従いますし、国際的にもルールが似ています。資金調達の際に、この株式を発行しない新しい方法がICOです。すなわち、コインで調達する。会社が勝手にコインを発行するのです。たとえば、A株式会社のAコインを発行し、そのAコインを売ることによって資金調達ができるという一見、魔法のようなスキームです。これは丸儲けではないかと考えた会社が怒涛のラッシュで、いま、ICO＆ICO、とにかくICOだといって盛り上がっています。一方で、IPOのように会社法にも縛られないし、これは何なのだという議論が続いています。

　株式で調達せずにコインで調達する。当然、当社bitFlyerもコインで調達できるのだったらコインで調達したほうが得なわけです。なぜなら、いまは創業者の株式を売ってお金に換えているので、どんどん創業者の株式比率が下がっていきます。所有株式が減っていくと何が起こるかというと、権力を失っていきます。ガバナンスが効いているともいえますが、自分で会社をコントロールができなくなり、自分の会社ではなくなっていきます。なぜかというと、いろいろな議題を通す権利を失っていくからです。だから、通常はなるべく株式を失いたくない。ただし、資金調達は必要。このはざまで、経営者は、自分の株式を売ることで自分の命を削っていく思いで資金調達をしていく。株式を売らなくて資金調達ができるのは素晴らしいので、皆、興味をもっているということです。

ICOの隆盛

ICOがどれだけ盛り上がっているかというと、ブロックチェーン関連の資金調達は、2017年第２四半期でベンチャーキャピタルが２億3,500万ドル（250億円）程度であるのに対し、ICOは７億9,700万ドル（900億円）程度です[9]。ICOでの調達がベンチャーキャピタルの３倍以上になっています。これは既存の証券会社や、会社運営をガラッと変える可能性があります。

2017年の大型ICOをみると、すごいことになっています（図表2－6）。たとえば、いちばん大きいのはファイルコイン（Filecoin）で、300億円ぐらい調達しています。スタートアップ、ベンチャーで300億円調達はありえない規模です。たとえば、３億円調達するのがどれくらい大変かというと数百社に１社です。日本のベンチャーの平均資金調達が5,000万円です。1,000万円は何とか調達できたとしても、何社かに１社しかできません。5,000万円調達するのも10社に１社程度です。それが300億円調達できるのは、もう熱狂です。

ICOに関する法的論点整理

ICOについての問題点は、簡単にいうと、法律がないというところになります。このため、また法律をつくるかという議論がいまなされていて、私は、法律はある程度あったほうがいいと思っています。個人的見解ですが、法律がないと、やはり規制されるし、一般法に抵触しかねないので、ある程度合理的な法律があったほうがマーケット全体は盛り上がるのではないかと思います。いまある法律でいうと、民法や出資法、仮想通貨法、金融商品取引法などいろいろ抵触する可能性があります。このため、たとえば、ICO法のようなものが将来できるといいと思っています。

ICOに関する法的論点については、当社の顧問弁護士が非常に詳しくて、

9　「Coindesk, State of Blockchain Q2 2017」による。

図表2－6　世界の大型ICO案件

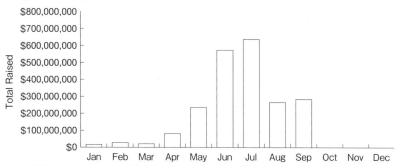

Total Raised: $2,128,936,697
Total Number of ICOs: 140
Top Ten ICOs of 2017

Position	Project	Total Raised
1	Filecoin	$257,000,000
2	Tezos	$232,319,985
3	EOS Stage 1	$185,000,000
4	Bancor	$153,000,000
5	Status	$90,000,000
6	TenX	$64,000,000
7	MobileGO	$53,069,235
8	Sonm	$42,000,000
9	Aeternity	$36,960,594
10	Monetha	$36,600,000

（出所）CoinSchedule

　助言をいただいていますが、なかなか整理されていないというのが結論です。直ちに違法とも、合法ともいえないので、モノによっては合法の可能性があるという整理です。たとえば、前払式支払手段に該当すると何がダメかというと、当然登録が必要ですし、供託金が必要となるなど、事業者からみるとあまり便利ではないので、これに抵触しないようにしようとします。金融商品取引法（金商法）、いわゆる証券会社等を規制する法律ですが、かなり厳しい法律ですので、抵触したくないということになります。配当を行う

図表2-7　ICOに関する法的論点整理

前払式支払手段規制	金商法（ファンド規制）	消費者契約法、民法など
・コインを何らかの物品の購入サービスの提供にあてることが出来る場合（企業発行のコインなど）→前払式支払手段（電子マネーや商品券）に該当？ ・該当すると未使用残高の1/2を供託	・配当等（配当、収益の分配）がないコイン：金商法の「有価証券」や「デリバティブ」の規定は限定列挙。少なくとも「配当等」がないコインは現在の金商法の定義上は、金商法規制に服する可能性は低い ・配当等が行われるコイン：ファンド（集団投資スキーム）として金商法規制の可能性 　・①他人から金銭を集め、②事業に投資し、③投資家に対して配当等を行う 　・BitcoinやEthereumで出資を受ける場合、法律の文言上はファンド規制に服さない。脱法的な場合、規制可能性	・特有の規制がない＝何でもやってよい、ということではない ・虚偽の説明、重要事実の故意による不告知、断定的判断の提供等は、取消しや損害賠償の可能性

（出所）　ICOの法的整理　（創法律事務所　齋藤創）

と金融商品取引法の集団投資スキームなどに抵触するのがだいたいわかっていて、配当を行うと証券とみられて、証券だと金融商品取引法に抵触するという論理で、これを避けようとする設計をだいたいしがちです。消費者契約法、民法などもあります（図表2-7）。

仮想通貨・ICOに関する税務関係

　仮想通貨・ビットコインに関する税務に関連して、所得税は、個人所得が累進課税で最高税率55％ですので、ビットコインで儲けた億万長者も、半分税金を払わなければいけないといわれて戦々恐々となっています。税務上

は、雑所得というカテゴリーで総合課税となっています[10]。法人でつくれば法人税で30%超を支払う必要があります。

ICOに関する税務は、非常に厳しいです（図表2-8）。ICOによる資金調達が売上げとみられるか資産とみられるかで違うのですが、たとえば、コインを売却して300億円調達したとしても、これは無から勝手につくりだしているので、全部売上げになると法人税がかかります。日本だと30%超ですが、これを税金でとられるときついので、税負担をどう緩和しようかという話になります。

消費税もかかります。消費税の例外は、基本的には法令で限定列挙されることが必要です。このため、仮想通貨に関しては、政令を改正いただいて、政令に例外として限定列挙をしていただいて非課税になりました。ただ、ICOは仮想通貨に該当しない可能性があり、消費税もかかる可能性があります。他方、仮想通貨に該当すると何が問題かというと、今度は交換業登録が

図表2-8　ICOに関する税務の考え方

　法人税

　コインの売却は原則「売上」と見られる可能性
　売上から経費を引いた残りが「利益」として法人税が課税（実行税率30.86〜34.81％）
　　①当期の開発費等でぶつけられるものがあるか
　　②前期までに利用できる赤字（繰越欠損金）があるか
　　③翌期の欠損金の繰戻しによる還付が想定できるか

　消費税

　仮想通貨法上の「仮想通貨」の定義に該当する場合には非課税
　同定義に該当しない場合、売上に8％の消費税
　　①設立1年目の会社等で消費税非課税？
　　②仕入税額控除で打消？

（出所）　ICOの法的整理　（創法律事務所　齋藤創）

10　国税庁ホームページ内「タックスアンサー」により、「ビットコインを使用することにより利益が生じた場合の課税関係」として示されている。

必要ですので、そこをどう整理するかという問題があります。

4 ビットコインとブロックチェーン

　ビットコインはどのように生まれたのか。ナカモトサトシと名乗る人物が2008年10月に「A Peer-to-Peer Electronic Cash System」という論文をインターネット上に投稿し、2009年1月にはビットコインの理論を実現するためのソフトウェアがオープンソースで開発・公開され、すぐにビットコインの最初の取引が行われました。2010年2月にはビットコイン両替ができる最初の取引所が誕生し、同年5月には初めて現実社会でビットコインを使った決済が行われています。素晴らしいのは、ビットコインのシステムは1回も落ちていないのです。ありとあらゆる攻撃・アタックを受けているのですが、まったく落ちない。つまり、ブロックチェーンは永遠に動き続ける。これがビットコインのシステムの素晴らしさで、金融機関が注目しているところです。

ビットコイン・ブロックチェーンの実体

　基本的にビットコインは既存技術の組合せだけでできています。電子署名、暗号化、あとハッシュという数学的な技術を使っています。これにより絶対に消せないというのを実現している。データサイズは130GB（2017年10月現在）で、2009年1月以降のすべての取引が記録されており、すべて公開されていることが特徴です。

　ビットコイン・ブロックチェーンの実体については、図表2－9の左側がビットコインです。よくビットコインをみせてくれといわれるのですが、仕方がなくコンソールを叩くしかありません。当然デジタル通貨なので有体物ではなく、コンソールを叩くと数字が出てくるだけです。民法上の所有権は否定されていて、これには2015年（平成27年）の東京地裁判決があります[11]。

第2章　仮想通貨・ブロックチェーンの現状と課題　59

図表２－９　ビットコイン・ブロックチェーンの実体

▲ P2Pでそれぞれのコンピュータ（Node）が情報を交換しています。

◀ ビットコインは有体物ではなく、電磁的記録です。ブロックチェーンは普通のデータベースです。

（出所）　株式会社bitFlyer

　左図の下がビットコインで、上がブロックチェーンです。ブロックチェーンといっても、ただのデータなので、データの固まりが表示されているだけで、何もおもしろくありません。

　図表２－９の右側はP2P（Peer-to-Peer）というもので、分散環境にある、ノードといわれているコンピュータ同士がずっと会話を続けています。これをみると、すごく速い速度でコンピュータ同士が会話しているのがわかります。会話といっても、おしゃべりをしているわけではなくて、プロトコルといわれているルールに従っています。「私はあなたと話したい。よろしいですか」「いいですよ」と返します。「いまから私はビットコインを送りたいが、よろしいですか」といった会話をします。「私はいま何もデータをもっていないので、あなたがもっているデータをください」「嫌です」「いいです」等々。それがP2P（Peer-to-Peer）の特徴です。

　この数字の羅列画面をビジュアル化したものが、当社がつくったchainflyerです。インターネットで「chainflyer」とタイプすれば、無料で使えるので、ビットコインのブロックチェーンがみえます。クリックするとなかがみ

11　東京地裁平成27年8月5日判決（事件番号：平成26年（ワ）第33320号、ビットコイン引渡等請求事件）において、マウントゴックス事件をめぐるビットコインの返還訴訟で、ビットコインは所有権の対象とはならないとの判断を示しています。

えるので、遊んでみると構造がわかると思います。ブロックチェーンのなかに登場するブロックというのはほぼ意味がなくて、パソコンでいうところのディレクトリー程度の意味しかないです。たくさんの取引記録であるトランザクションといわれるものがたくさん詰まっています。取引記録とは、AさんからBさんに送るという記録です。これがたくさん入った箱がブロックで、ブロックがたくさん並んでいるのがブロックチェーンです。

マイニングとマイナー

ビットコインには、マイナー（採掘者）という、マイニング（採掘）をする人がいます。マイニングを簡単にいうと、コンピュータを使ってある計算をさせ、運がいいと宝くじが当たってビットコインがもらえるという仕組みです。なぜマイニングをするかというと、コンピュータを買ってこのゲームに参加するとビットコインがもらえるので、自分もコンピュータを買おうということになり、皆がコンピュータに投資します。すると、自動的にコンピュータのネットワークがつながっていくことになります。現在、主なマイナーは約10社いて、総額1兆円程度の投資金額で利回りは5％程度と推察されています。個人でも無料でマイナーになれますが、コインを発掘できる可能性は150万年に1回程度といわれています。

われわれ利用者は、このネットワークに便乗させてもらい、送金システムを利用しているので、安いのです。銀行のネットワークには、日本だと全銀システム[12]や日銀ネット[13]、アメリカだとFedWire[14]とか、欧州だとTARGET[15]などがありますが、システム構築費用を普通は事業者が負担します。

---

12 全銀システムは、全国銀行協会が運営する銀行間の資金決済を行うための銀行間ネットワークシステム。
13 日銀ネットは、正式名称は「日本銀行金融ネットワークシステム」といい、日本銀行が運営している資金決済ネットワーク。
14 FedWireは、米国の連邦準備制度理事会（FRB）が運営する銀行間資金決裁システム。
15 ユーロ圏の資金決済システムであり、正式名称はTrans-European Automated Real-time Gross settlement Express Transfer system（汎欧州即時グロス決済システム）。

他方、ビットコインのブロックチェーンは、お金儲けのためにマイニングに参加した人たちが負担しているので、とても安くできるわけです。

ブロックチェーンの技術と当社の取組み

ブロックチェーンの影響が及ぼす潜在的市場規模は、67兆円と推計されています[16]。広い意味でみると、データベースにはたくさんありますが、それがいろいろ進化していって、いま、RDB（Relational Database）と呼ばれていて、これがほとんどです。このデータベースにいくつかの特徴を追加していくと、ブロックチェーンに進化していきます（図表2-10）。

ブロックチェーンの基盤となる技術のうち、Immutabilityという特性が、改ざん不可能性で、この特性を備えたものをDLT（Distributed Ledger Technology：分散型台帳技術）といいます。書換えができないという特徴は非常に重要な要件で、これがつくと新しい世界に行きます。次に、ビザンチン耐性、これは嘘つきがいても排除できるという耐性のことをいうコンピュータ

図表2-10　ブロックチェーン基盤の位置づけ

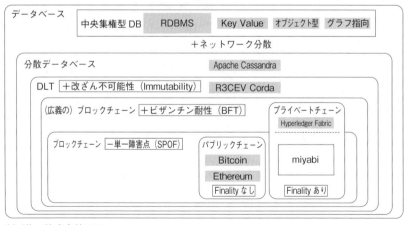

（出所）　株式会社bitFlyer

[16] 経済産業省「ブロックチェーン技術を利用したサービスに関する国内外動向調査」（平成28年4月28日公表）による推計値。

用語ですが、ビザンチンを嘘つきという意味で使っています。ビザンチン軍のビザンチンです。また、通常、単一障害点というのがあり、ある1カ所がダウンしてしまうと全体がダウンしてしまい、指揮系統が乱れて何も動かなくなります。こういった特性は普通のデータベースにはあるわけです。コントローラーと呼ばれていますが、コントローラーが壊れると全体に何も命令を送れなくなり、全体が壊れてしまう。逆に、単一障害点がないというのは非常に新しくて、そこにビットコインがあり、当社もmiyabiという製品を開発しています。miyabiは独自開発の新しいブロックチェーンです。

　ブロックチェーン階層構造も、いろいろな型があることがだいぶわかってきました。いわゆるインフラ、何で動かすかというのは関係ないです。マイクロソフトウィンドウズで動かそうが、マックOSで動かそうが、リナックスで動かそうが関係ないし、それがクラウドだろうが、ローカルコンピュータだろうが関係なくて、その上にいろいろなコンポーネントと型があります。ビットコインはUTXO型、当社miyabiはState型で、いろいろなレイヤーに分けられますという話と、ブロックチェーンというのは基盤技術とアプリケーションに分かれます。世の中でブロックチェーンというのは、ほとんどはアプリケーションの話をしています。日本の銀行ネットワークというのは、日本銀行のネットワーク（日銀ネット）と、全国銀行協会のネットワーク（全銀システム）で成り立っています。当社のオリジナルブロックチェーンmiyabiはこのように日本の銀行が参加しているネットワークを、ブロックチェーンにしたらどうなるのだろうという実証実験に参加させていただくことになりました[17]。

17　全国銀行協会「ブロックチェーン連携プラットフォームのパートナーベンダー選定について」（平成29年9月14日）。実証実験環境を提供するベンダーとして、株式会社エヌ・ティ・ティ・データ、株式会社日立製作所、株式会社bitFlyer、富士通株式会社の4社を選定することを決定。

第2章　仮想通貨・ブロックチェーンの現状と課題　63

■ 質疑応答2

[質問] ８月にビットコインの分岐がありましたが、分岐の決定権限はどこにあるのでしょうか。

[答] 決定権限はマイナーにありますが、特定のだれか１人ではなくて、多数決で決まっています。基本的にビットコインの世界は多数決で決まるのです。何が正しいか、何が悪いかというのはコンピュータには判断できません。単に多くの人がきっと正解だといっているものを採用しているだけです。性善説に基づいているので、全体の30％とか50％がハックされているとか、同時に嘘をつくということは考えていないのです。世の中の90％以上の人は正しいことをしている人で、10％以下の人が嘘つきだという前提になっています。

　決める際には、事前投票をします。まず、分岐したいという意思表示をします。分岐騒動になると、自分はこちらを支持する、あちらを支持するというシグナリングを始めます。自分はこちらがいい、あちらがいいという投票が始まります。実際にマイニング、コンピュータのパワーを使って、どちらかに投票するのです。その結果、コンピュータのパワーというのはコンピュータの台数でほぼ決まるのですが、多数決の結果、分岐が決まります。ですので、だれでも分岐できるわけではありません。賛同者がいないと分岐できません。2017年８月１日の場合は、たまたま賛同者が多かったということになります。

[質問] ビットコインは発行上限額が決まっていると聞きましたが、マイナーによる発掘との関係はどうなっているのでしょうか。

[答] 発行上限は2,100万枚です。2140年に発行が止まります。いま、ビットコインはマイニングによって１回当り12.5BTC（約600万円相当[18]）が付与されて、10分に１回、600万円分ぐらいのビットコインが出てきます。こ

れが徐々に減っていきます。４年に１回ほど半減期があり、いまの12.5が半分の6.25になります。どんどん増加率が減少し、増加率がゼロに限りなく近づくのが2140年です。実際には桁落ちがあるので、本当にゼロになります。二進数で表現されていて、最後に桁落ちして終わります。

　では、ビットコインをもらえなくなったらマイニングはどうなるかというと、もらえなくなってもシステムは維持されると考えられていて、なぜかというと、マイナーには２つの報酬があって、マイニング報酬（いまだと12.5BTC）と、これに加えて送金手数料がもらえるので、こちらは永遠に続きます。このため、2140年に突然システムがなくなるということはないだろうと予想されています。

　なぜこうなるのかというと、そうプログラムされているからです。では、プログラムを書き換えると何が起こるかというと、また先ほどの多数決に戻ります。自分だけ書き換えると、嘘つきと判定されるので、有効ではなくなります。自分だけにもらえるとか、12.5を100にしようとか、それはプログラム上ご自由に行って結構ですが、その状態で他のノードにつなごうとすると、「嘘つき、はい、終わり」となります。これを全体でやるためには、全体を同時に書き換えなければいけません。

[質問] ICOされる独自コインには市場価値があるのでしょうか。もしあるなら投資家が出資するのもわかりますが、もし市場価値がないなら、いったい投資家はどのようなインセンティブで出資しているのでしょうか。

[答] 市場価値を決めるのが投資家なので、投資家が出資するので市場価値が生まれるという言い方もできるかなと思います。他方、本源的価値があるかどうかというのはなかなかむずかしくて、通常、株の場合、いろいろな算出手法があります。たとえば、ディスカウントキャッシュフロー法というのがあり、将来のキャッシュフローをもとに、たとえば、今後100年

18　2017年10月時点。

間、毎年100円もらえるとすると、1万円の価値があります。だから、2万円払ってこの権利を買うのは割高、1,000円だったら割安と判断できます。ICOにも同じような算出手法を割り当てるのであれば、ICOによって調達した会社が、将来投資家に返すリターンの全体の割引現在価値がいまの価値なので、それに対して割安であればICOの投資家は出資するし、そうでないのであれば出資しません。

　理論上はこうなるのですが、不確定要素がもっとたくさんあります。実は、ICOの9割は詐欺ともいわれているので、そもそも詐欺か詐欺でないか、ここを見極めなければいけません。お金を返すといっているけれども、返さないということもありえます。ICOで調達すると、なぜか途端に皆さんお金持ちになり、南の島でパーティーをしたりするので、少し違うのではないかなというのもたくさんあります。こういうものに気をつけて、見極めて投資をしていくことが必要だと思います。

[質問] マーケットメイクによる鞘抜きやICOについて、既存の証券会社が行わない理由はあるのでしょうか。また、ICOでは、どのように巨額の投資を行う投資家を見つけているのでしょうか。

[答] 金融商品取引業者が行っていない理由は登録がないからです。仮想通貨交換業登録が必要ですので、このライセンスがないと、まず仮想通貨交換業は営めません。では、なぜライセンスをとらないのかというと、とっている会社もあるので、準備している会社はあると思います。では、何ですぐやらないのかというと、これはなかなか整理がむずかしくて、金融商品取引業と仮想通貨交換業を兼業すると、兼業規定が金融商品取引法に定義されていますので、整理が必要です。本人確認や分別管理が、金融商品取引法で行っているものと重複するときにどうなるかという整理が必要で、時間がかかるかなと思います。

　ICOをなぜ証券会社が行わないかというと、ICOが金融商品取引法に反するのかどうかわからないからです。証券会社は、信頼できる会社ですの

で、法令違反のようなことは大抵しないです。グレーゾーンを大手証券会社が行うとはとても考えられないので、ICOに関する法整備、もしくは金融庁のある程度の解釈がないと進まないと思います。

2つ目のICOはどのように投資家を探しているかというと、インターネットです。簡単にいうと、「ICOを行います」とツイッターやフェイスブックで宣言します。それが連鎖されていきます。通常はホワイトペーパーという技術書、もしくは発行に関するお金をどう使うかなどについて示します。通常のIPOならば、目論見書といわれている、非常に分厚くて、かなり大変で、お金もかかるものをつくるのですが、法律がないので、ホワイトペーパーという謎のPDFを自由につくり、これで周知徹底をしています。何度もいいますが、別にICO自体が現段階で法律に抵触するという判断はされていません。

では、何で何十億円も集まるのかというとなかなか謎で、すでに説明したとおり、普通の資金調達では、数千万円でもとても大変ですが、1つの理由は個人投資家にもアクセスしていることがあるかもしれません。普通のベンチャーキャピタルはプロですので、マーケットのパイが小さいです。日本のベンチャーキャピタルマーケットは年間で多分全体で数百億円もないと思います。それに対して、ICOマーケットは1件で数百億円の案件もありましたように、個人投資家がたとえば1万円出しただけでも70兆円あるわけです。その何％かでも何千億円というポテンシャルマーケットがあるので、個人投資家にアクセスできた、それもツイッターやホームページで告知するだけで簡単にできるというのが、大きな金額を調達できた理由なのかもしれません。

[質問] 所得税の課税の話がありましたが、どういうことでしょうか。また、多額のビットコインを個人から個人に移転するような場合にも、送金記録は残るのでしょうか。

[答] 税法では、資産の移転等が行われたときに収益認定されて、それに対

して各種税がかかることなので、仮にブロックチェーンの移転が単に自分のウォレットから自分のウォレットに移転しているのであれば、当然税金はかかりません。当たり前です。友だちにあげるのなら、贈与に当たるので贈与になります。支払に使うのならば支払です。ですので、ブロックチェーンで何かを移転させることと売買は全然違う概念です。当然、ブロックチェーンから引き出したところで、これは売買に当たらないので、税金はかかりません。銀行と一緒です。銀行から現金を引き出す、送金する。送金すること自体は別に税金がかかる行為ではなくて、送金の結果、これが贈与なのか、何か物を買っているのか、それとも、ドルと交換して利益を確定しているのかによって違います。だから、取引記録という取引情報をベースとして考えるのが税務で、基本的にはこれしかみません。ブロックチェーン上で送る、送らない、もしくは送らなくても取引しているという状態はありうるので、これは分かれています。

　1つのユースケースとして、ブロックチェーン上で、あるウォレットがあります。それをたとえば第三者に送ります。記録されているかというと、記録されています。ブロックチェーン上に記録されています。ただし、匿名なので、わからないです。当社の売買記録は、最初に本人確認をしますので、匿名ではなくて、本人がわかります。税務調査が入ったときも、だれがどれだけ取引して、どれだけ儲けているかわかります。ただ、ブロックチェーンだけをみた時は、だれがどれだけ儲けているかはわからなくて、単にAさんからBさんに送った記録が残っている。たまたまそれが何かしら売買を伴うもの、このビットコインの移転に対して円を受け取っている、ドルを受け取っているのであれば、取引が成立しているので、そこで収益認定されます。

　基本的に、税務では、この手の雑所得は確定申告なので、申告税です。こういう取引がありましたと正直に書き、円換算して儲かったので自分で申告をするというのが、いまの申告税の手続になります。

5 仮想通貨業の登録について

　続いて、仮想通貨交換事業者の登録関連のところを説明します。起業して
すぐマウントゴックス事件があり、非常に大変であったなかで、何とか日本
で生き残るために、しっかりとした法律をつくろうということで、政府も巻
き込んだ動きをしました。それを受けて仮想通貨法が成立し、その後、政府
令、事務ガイドラインの公布という流れになっています。このきわめて技術
的な仮想通貨を、法律や政府令、ガイドラインに落とし込み、監督官庁のも
とで動かしていくかたちにするのは、とてもおもしろいプロセスでしたの
で、実務的ですが、金融庁がどの辺に注目をしていたかというところを含め
てお話しします。

　すでに申し上げたとおり、2017年9月29日に、仮想通貨法に基づいて、当
社を含めて11社が仮想通貨交換事業者として登録されました。なお、同日時
点で、19社が申請はしたけれども、まだ登録されていない状況です。かつ、
実は5社が登録を諦めて廃業しています。図表2－11に、仮想通貨交換業者
の定義があります。どれが入るのか、入らないのかといった議論があったの
ですが、たとえば、街に置いてあるビットコインのATMも規制対象になり
ました。このため、六本木のピンクカウという店にビットコインATMがあ
ったのですが、奥にしまわれたと聞いています。通常、登録は拒否要件がな
ければ基本的には登録されるのですが、そんなに簡単ではないというのが、
われわれが感じた印象です。

仮想通貨の法律上の定義

　仮想通貨の法律上の定義は、改正資金決済法に新しく加わりました。仮想
通貨には、1号仮想通貨と2号仮想通貨があるのですが[19]、簡単にいうと、

19　資金決済法2条5項1号の規定による仮想通貨と、同条同項2号による仮想通貨によ
　る違い。

第2章　仮想通貨・ブロックチェーンの現状と課題　69

不特定多数で財産的価値があること、不特定多数で交換ができること、デジタルであること、という要件を満たしたものが仮想通貨、ただし、電子マネーを除くという規定です（資金決済法2条）。簡単にいうと、2号仮想通貨は1号仮想通貨と交換できるものと定義されています。

　ここで、注目したいのは⑤です。いま、MUFGコイン、Jコインなどが報道されていますが[20]、法定通貨にリンクしているので、仮想通貨に入らないのではないかといわれています。また、電子マネーは、第三者型前払式支払手段としてすでに資金決済法のなかで定義されていますが、③不特定の者を相手方として購入および売却を行うことができる必要があるので、電子マネーも外れます。どこまでが仮想通貨に入るのか、法律ができる前はかなり議論になっていましたが明確になりました。

　先ほど世の中には1,100種類以上の仮想通貨があると話がありましたが、このうち、いま、日本で金融庁に登録されている仮想通貨は17種類というのはすでに説明したとおりです。時価総額、流動性、仕組みもかなり違いますが、金融庁は結構しっかりとみていると思います。どこをみているかはあまり明確に教えてくれないのですが、たとえば、会計上、監査上、問題なく監査できるか、先ほどのICOだと詐欺的なICOではないか、といったところかと思います。

　今後は、仮想通貨交換業者が新しい仮想通貨を取り扱おうとすると、「この仮想通貨はこういう仮想通貨です」ということを説明したうえで、金融庁に届け出る必要があります。この17種類については、すでに仮想通貨交換業者が説明をして届け出ています。かなりテクニカルな内容ですが、金融庁もかなり勉強してみていたなという印象があります。

20　三菱UFJフィナンシャル・グループは2017年10月2日、ブロックチェーン技術を使った決済システム「MUFGコイン」を発表。また、みずほフィナンシャルグループは円と等価交換できる「Jコイン（仮称）」を創設する考えを表明（2017年9月20日、FIN／SUMウイーク2017における講演）。

交換業者が遵守すべき事項

　では、交換業者に求められた点についてですが、最初このガイドラインをみた時、割と一般的だなと思いました。特に財務規制については、純資産がゼロ以上ということで、債務超過でなければよく、資本金も1,000万円だったら調達できるベンチャーも結構いますので、形式要件はそんなに大変ではありません。登録時の提出書類も、取締役の履歴書、会社概要、事業計画、この辺は非常に一般的で、仮想通貨特有のものとしては、⑪取り扱う仮想通貨の概要、⑭仮想通貨交換業に関する社内規則、⑯仮想通貨交換業の一部を第三者に委託する場合の業務委託に関する契約書、になります。仮想通貨は、ブロックチェーンというかなり特殊なものを扱うので、この辺をどのように社内規則に落とすかというところも金融庁としてはみていました。なお、変更があった場合は変更届を出す必要があります。

　銀行・証券会社は、分別管理をしているように、仮想通貨交換業者にも分別管理が求められました。顧客資産と会社の資産を分けて保管してくださいというもので、現金と仮想通貨に関して、両方とも求められます。ただし、仮想通貨はいま、信託保全ができないので、現状は倒産隔離ができていない「なんちゃって」分別管理のような状況です。顧客預り口という名前の銀行口座に帳簿上顧客がもっている金額よりも大きな金額を入れておいてくださいとなっています。ブロックチェーンに関しては、ブロックチェーン上のウォレットに顧客がもっているはずの仮想通貨より多い仮想通貨を置いておいてくださいという決まりです。また、監査法人が分別管理監査を行い、顧客の資産と自社の資産を分けて管理しているかというのを確認することになっています。

　かなり金融機関に似てしまうのですが、もともとベンチャー企業として人も少なく始めた会社が多い仮想通貨交換業者ですが、仮想通貨交換業者として登録するうえで、コンプライアンス、内部管理、内部監査もしっかりしていることが金融庁から求められています。

第2章　仮想通貨・ブロックチェーンの現状と課題　71

また、金融機関のように、いわゆる取引時の本人確認も必要になりました。犯罪収益移転防止法（犯収法）により、仮想通貨交換業は特定事業者に指定され、2017年4月以降、犯収法上の特定事業者となりました。したがって、特定取引を行う場合には本人確認が必要となります。特定取引は、実務家からすると、割といろいろな解釈ができるかなと思います。

　本人確認の方法は、当社は店舗がないので、非対面で行う確認方法として、一般的な①の方法をとっています。基本的には、本人確認書類の写しの送付を受けて、本人確認郵便を送る必要があります。本人確認郵便は数百円程度のコストがかかりますので、これは仮想通貨交換業者にとってはコストの負担になるところです。

　その他もろもろ求められているのですが、安全管理措置等というのが求められています。銀行の紙幣・硬貨と違い、ビットコインは完全に電子上のお金になりますので、システム的に安全が保たれているかについてかなり金融庁にみられました。

　また、説明義務、利用者保護等についても、たとえば、ビットコインの分岐がある場合、ビットコインの分岐のリスク、何が起こるかについて利用者に説明しますが、どのように説明しますかということが聞かれます。ですので、これも金融庁に対して、どのような体制でやっているか、当社としてどのようなリスクを考えているかということを説明します。

　利用者に対する情報提供、利用者保護措置、後は社内規則も当然つくる必要がありますし、帳簿書類等を作成し保管する義務も生じます。

世界で初めての仮想通貨業の登録

　コンピュータテクノロジーとして始まった仮想通貨ですが、金融庁がかなりカチっとした体制をつくって、監督をしているという印象をもっています。実は仮想通貨法として、法律ができたのは日本が初めてです。ニューヨークでビットライセンスという規制があるのですが、州法なので、国家として法を定めたのは実は日本が初めてです。国による監督下で動いている取

引所は2017年9月29日に世界で初めてできたことになります。ですので、この規制およびこの規制で行われる監督について、世界中の取引所、関係者が興味をもっており、われわれとしてもしっかり取り組んでいこうと考えています。

図表２−11　仮想通貨法・政府令・ガイドラインのポイント−規制対象等

1．仮想通貨交換業の定義

・法律上の仮想通貨交換業の定義は下記を業として行う者（法２条７項）。
・これらの者は登録なく、日本で業務を営んではならない（法63条の２）
　　1．仮想通貨の売買又は他の仮想通貨との交換
　　2．前号に掲げる行為の媒介、取次ぎ又は代理
　　3．その行う前２号に掲げる行為に関して、利用者の金銭又は仮想通貨の管理を行うこと

2．仮想通貨の定義（法２条５項）

　　1．物品を購入し、若しくは借り受け、又は役務の提供を受ける場合に、これらの代価の弁済のために不特定の者に対して使用することができ、かつ、不特定の者を相手方として購入及び売却を行うことができる財産的価値（電子機器その他の物に電子的方法により記録されているものに限り、本邦通貨及び外国通貨並びに通貨建資産を除く。次号において同じ。）であって、電子情報処理組織を用いて移転することができるもの
　　2．不特定の者を相手方として前号に掲げるものと相互に交換を行うことができる財産的価値であって、電子情報処理組織を用いて移転することができるもの

　・第１号の関係
　①物品の購入・サービス利用等に際し、代価の弁済のために使用できる
　　→単純に機能のみを有するコインはこの定義からは除かれる
　②不特定多数の者に対して使用することができる
　　→企業内コイン等は除かれる
　③不特定の者を相手方として購入及び売却を行うことができる財産的価値
　　→特定の者のみで売買できる場合は該当しない。例えば、発行者が１人で売買ができない電子マネー
　④電子情報処理組織を用いて移転することができるもの
　　→移転が想定されていないものは該当しない
　⑤本邦通貨及び外国通貨並びに通貨建資産を除く
　　→通貨にリンクしたものは除かれる（例えばMUFGコインなどはこれに該当すると思われる。別途の論点として、通貨にリンクした仮想通貨の送付の委託を受けて業としてなすことは原則、資金移動業に該当すると思われる。）
　・第２号の関係
　⑥不特定の者を相手方として前号に掲げるものと相互に交換を行うことができる財産的価値であって、電子情報処理組織を用いて移転することができるもの
　⑦通貨建資産を除く

第２章　仮想通貨・ブロックチェーンの現状と課題　73

3. 仮想通貨業者が取り扱う仮想通貨

　仮想通貨交換業者は、登録に際し、取扱う仮想通貨の種類とその概要をFSAに届け出る必要があるとされた（規則5条1号）。

4. 交換業者が遵守すべき事項等

○財務規制（最低資本金、最低純資産規制など、規則9条）
　→資本金1000万円、純資産が0以上
○登録時の提出書類（規則7条）
　→登録時に下記のような書類の提出が必要である。
　　　①法63条の5第1項各号（登録拒否事由）に該当しない旨の誓約書
　　　②取締役等の住民票の正本
　　　③取締役が旧姓を使用している場合の書面
　　　④取締役等が成年後見、破産手続き中でない旨の証明書（無犯罪証明書は要件ではない、なお、禁固以上の刑に処せられ、その刑の執行を終わり、又は執行猶予の終了後、5年を経過していない者は取締役として不適格）
　　　⑤取締役の履歴書
　　　⑥株主の名簿（上位20名）、定款、登記事項証明書
　　　⑦外国仮想通貨交換業者の場合には、外国での登録等を証する書面
　　　⑧最終の貸借対照表、損益計算書
　　　⑨会計監査人設置会社の場合、会計監査報告書
　　　⑩事業開始後3事業年度の仮想通貨交換業に関する収支見込
　　　⑪取り扱う仮想通貨の概要
　　　⑫仮想通貨交換業に関する組織図（内部管理に関する業務を行う組織を含む）
　　　⑬仮想通貨交換業を管理する責任者の履歴書
　　　⑭仮想通貨交換業に関する社内規則
　　　⑮仮想通貨交換取引に使用する契約書類
　　　⑯仮想通貨交換業の一部を第三者に委託する場合、業務委託に関する契約書
　　　⑰指定仮想通貨交換業務紛争解決機関が存在する場合には、その者の名称、いない場合には苦情解決措置及び紛争解決措置の内容
　　　⑱その他、参考事項
　　　上記に変更があった時は規則11条で変更届出
○分別管理
　・金銭（規則20条1項）
　　銀行等への預金又は貯金（当該金銭であることがその名義により明らかなものに限る）
　　　→「顧客口」や「預かり口」等の名義にする又は信託銀行への金銭信託で元本補填特約があるもの
　・仮想通貨（規則20条2項）
　　自社での管理
　　　→ブロックチェーン上の顧客資産と実際の預かり資産を毎営業日比較し、不足が生じた場合、5営業日以内に解消する
　・分別管理監査（規則23条）
○必要な人的体制等
　・コンプライアンスを経営上の最重要課題の1つと位置づけ、基本的な方針、コンプライア

ンスプログラム・コンプライアンスマニュアル等を策定する必要
・内部管理体制の確立・整備を経営上の最重要課題の1つと位置づけ

5. 犯罪収益移転防止法

　仮想通貨交換業は、犯収法上の特定事業者に指定され、特定取引を行う場合には、本人確認が必要となる。

○特定取引　犯収法施行令7条1項1号に列挙
　　①仮想通貨の交換等を継続的若しくは反復して行う契約の締結
　　　→口座開設契約など、取引額が1円でも当たる
　　②仮想通貨の交換等であって、交換等に係る価額が200万円を超えるもの
　　③仮想通貨交換業に関して管理する顧客の仮想通貨10万円相当額以上を送付する場合
　　　→なお②及び③については金額を減少させるために一回ごとの取引を分割したことが明らかな場合には纏めて見る

○確認方法
　非対面取引の場合の本人確認の方法としては以下の3つの方法が認められている
　　①本人確認書類（免許証等）の写しの送付を受ける＋顧客の住居に宛てて取引関係文書を書留郵便かつ転送不要郵便物（特定事項伝達型）にて送付
　　②取引関係文書を本人限定郵便にて送付する方法
　　　郵便局員が免許証等をチェックして本人と確認して交付するサービス
　　③電子証明書（氏名、住居及び生年月日の記録のあるもの）及び電子署名が行われた取引に関する情報の送信並びに取引を行う目的及び職業の申告（公的個人認証法に基づく電子証明書を用いる方法も有り）

6. その他：各種の書面の整備など

○安全管理措置等（規則12条、13条、14条、15条）
　電子情報システムの管理の措置個人利用者情報の安全管理
　センシティブ情報の安全管理業務の外部委託の場合の措置
○説明義務、利用者保護等（規則16条、17条、18条、19条）
　利用者に対する誤認防止のための説明
　書面その他の適切な方法により、仮想通貨が通貨ではないこと、特定の者により価値が保証されていない場合にはその旨、保証されている場合は保証している者の氏名等の説明
○利用者に対する情報の提供
　書面その他の適切な方法により、①商号、住所、②登録番号、③取引内容、④リスク、⑤分別管理の方法、⑥手数料、⑦苦情処理の連絡先、⑧外貨建て取引の場合、円貨換算、等を説明
○利用者保護措置　犯罪があった場合の捜査協力
○社内規則、運営のための体制整備
　帳簿書類の作成等（規則26条〜）、規則26条、仮想通貨交換業に関する取引記録総勘定元帳、顧客勘定元帳

（出所）　仮想通貨法の政府令・ガイドラインについて　（創法律事務所　齋藤創）

■ 質疑応答3

[質問] 分別管理義務は、おそらくマウントゴックス事件を受けて規定され
たと思うのですが、分別管理することを行為規範として求めているにすぎ
ないのか、それとも、倒産した場合の倒産隔離効果が生じるような法的効
果があるのでしょうか。

[答] 答えからいうと、倒産隔離はされていません。分別管理のなかには、
いくつかあります。いわゆる倒産隔離を目的とした分別管理は、たとえば
金融商品取引法で求められているもので、通常、証券会社ですと、顧客預
り資産は信託銀行に預けることになります。株式は信託保全されます。証
券保管振替機構で分別されます。そうすると、証券会社が倒産した場合、
顧客の資産はほぼ保護される。信託のタイミングがあるので、必ず100%
信託銀行に全顧客資産があるという状態ではないですが、限りなく100%
に近い状態が保たれるということです。

　これに対して、仮想通貨法が求めている分別管理は、倒産隔離がされて
いません。1つは技術的にむずかしいことがあります。倒産隔離はあると
思うのですが、まず技術的に仮想通貨だけを信託保全することができませ
ん。信託会社が受けてくれないといいますか、サービスとしてない。当
然、信託をするからには信託法も整備されていないといけないのですが、
これもない。技術的には、金銭のほうは信託できます。ところが、何が起
こるかというと、倒産すると、倒産隔離されていない状態では、基本的に
顧客資産は一般債権化されるわけです。そうすると、倒産直前にたまたま
現金でもっていた人は保護される一方、たまたま仮想通貨でもっていた人
は運が悪いですねという不公平感が生まれるという議論もされています。
だから、基本的には倒産隔離はいまの段階ではできない。このため、分別
管理には2つあって、銀行なら銀行口座を分けること、仮想通貨なら仮想
通貨のウォレットを分けることと規定されています。

繰り返しになりますが、完全に一般債権化されるので、当然、いわゆる取引所に対するカウンターパーティリスクは生じます。この辺は、リスク説明で説明していますが、このリスクをとりたくない場合は自分で保管する。ご自身で、インターネットでウォレットをダウンロードして、ビットコイン等を移していただければカウンターパーティリスクは生じません。ただし、この場合、自分で管理が必要です。金庫に預けるか銀行に預けるかの差です。銀行もいまの時代は、仮に倒産したとすると1,000万円までしか保護されない。一長一短あるので、それは選んでくださいというのが当社の説明になっています。

[質問] 仮想通貨法の施行後、規制が厳し過ぎるなど、今後、改正してほしい点はあるのでしょうか。

[答] 成立にもある程度関与した身であるので、基本的には良い法律だと思っています。金融庁の金融審議会では、ある程度厳しくしたいという人たちもいましたが、未来の技術の発展があるのでバランスをとってほしいという要望はずっと出してきました。その結果できた仮想通貨法は、バランスがとれているのだろうと思っています。

　ただ、完璧ではないです。たとえば、具体的にいうと、ICOはあまり想定されていませんでした。勝手にコインを発行するところはまったくカバーされていない法律なので、実はここは事務ガイドラインから抜けています。発行体があるもの、発行体がないものについての整理が必要です。これに対しては自主規制団体が今後指定されるので、カバーしていくと思います。法律はなかなか臨機応変に対応できないので、ある程度大きなところをカバーし、政令や事務ガイドラインがあり、自主規制団体があります。業界団体として新たなものに自主規制をかけていく。そして、やはり法令化したほうがいいというのであれば、法令化していく流れになるのかなと思います。

　現時点で要望があるのは実は税制のところです。まさに雑所得となるの

第2章　仮想通貨・ブロックチェーンの現状と課題　77

が気に入らない、55％も払いたくないという要望が多くあるので、これを源泉もしくは申告の分離課税にしていただきたいというものです。そうすると、株式と同じで20％になる可能性があるのですが、財務省・金融庁にも軽くサウンディングはしたところ、むずかしいようでした。なぜかというと、仮想通貨はそもそも改正資金決済法という資金決済法のカテゴリーのなかにあるのに対し、株式のように分離課税にするためには金融商品取引法のカテゴリーに入らなければいけない。そもそもカテゴリーが違うという議論はしたことがあります。ただ、引き続き税制のところの負担が軽くなるように働きかけていきたいと思っています。

　また、もともと仮想通貨交換業者にはベンチャーしかいないので、規制はしても、ベンチャーを排しないかたちにしてほしいという要望があったと思います。それで、金融商品取引法とは違う資金決済法改正というかたちで法律がつくられたのが大きな特徴です。見方によっては少し緩くなっているということもできますが、登録業者リストをみると、金商業者も入ってきていて、金融商品取引法のほうが適切なのではないかという意見も一部にありますが、やはりベンチャーの技術あっての仮想通貨だと思いますので、バランスをとる必要があると思っています。

［質問］取り扱う銘柄を絞っている理由はあるのでしょうか。法律的な制限なのでしょうか。

［答］もともとは安全なコインを提供したいという思いがありました。技術的に問題がないかどうか、発行体があるものにも詐欺的なコインがたくさんあるので、慎重に選んでいました。もっとも、金融庁のホワイトリストといわれている、金融庁に登録された17種類のコインをみたら、「意外と広い」と思いました。金融庁に登録されたのであれば扱っていこうかなというコインもあります。法的な制限というのは、まさに前述のホワイトリストが制限になりますので、これを超えて扱うことはできません。

［質問］金融庁への登録過程で、技術の問題はどの程度お話ししましたか。

［答］当初は仮想通貨って何ですかという状況だったと思います。2014年から当方もインプットし、金融庁も情報収集していますから、いまはかなり大きいチームがあります[21]。金融庁には、専門家もいますし、プロパー職員もいますし、外部からの出入りもありますが、専門家を雇って研究されているという印象はあります。

［質問］ビットコインが支払手段として普及することに疑問を感じていて、具体的にビックカメラが導入しましたが、これは日本人の利用が目的なのでしょうか、海外旅行客の利用が目的なのでしょうか。

［答］ビックカメラでは、海外からの客を想定して、すでにいろいろな決済手法を取り入れていて、たとえば中国のウィーチャットペイ（WeChat-Pay）といった手段でも決済ができます。そのなかの1つとしてビットコイン決済を取り入れていただきました。サービスの開始が4月7日だったのですが、始まってみると、意外と日本人で使う方も多いです。

　日本で、いまから買い物に行くときに、私がいまここでビットコインを買って、ビットコインをウォレットに入れて、わざわざそれで払う必要があるかというと、おそらくないと思います。Suicaなどの電子マネーに置き換われるかというと、われわれはもともとそういったことをねらっていません。ただ、お店側にとってビットコイン決済はメリットがあります。クレジットカード等ですと2〜8％程度かかる手数料が、それよりかなり安い価格になるというところと、資金回収が最短翌日にできます。あとビットコインを皆さんもつとわかると思うのですが、何か使いたくなるのです。私も2015年に1BTC当り4万円ぐらいで買ったビットコインで何か買いたいと思い、ビックカメラでディスプレーを買ったのですが、そういう方も結構いるので、やはり使える場所はあったほうがいいのだと思いま

21　金融庁は2017年10月から「仮想通貨モニタリングチーム」を設置。

す。

［質問］パソコンがウイルスに感染して、ビットコインで身代金を支払うことを要求することがありましたが、そのことについてbitFlyerの立場はどうですか。あと、何か対策がありますか。

［答］それはワナクライというウイルスで、身代金を要求しました。ご自宅のコンピュータがまず感染し、ファイルを全部暗号化されてしまい、読めなくなります。ただし、あるビットコインアドレスにビットコインを払うと解凍するパスワードをくれるということです。当社としてはなかなかむずかしくて、顧客コンピュータで行われているので、注意喚起するしかありません。ウイルスソフトを入れたり、変なリンクをクリックしたりしないよう注意喚起をしていくということかと思います。

第3章

FinTechと金融機関

みずほ証券株式会社 代表取締役副社長

幸田 博人

（2017年10月18日講義）

1 はじめに

　今日は「FinTechと金融機関」ということでお話をさせていただきます。前半は、われわれとしてのFinTechに対する見方、あわせて今後FinTechに積極的に取り組むにあたってボトルネックをどう据えておくか、そうした観点でのみずほグループとしての取組みのご紹介をしたいと思います。後半は、各論ということで、みずほフィナンシャルグループ、みずほ証券で取り組んでいる事例、たとえばロボットアドバイザー（ロボアド）や、その他私どもとしてお付き合いしているベンチャー企業のなかで、おもしろいところがいくつかありますので、そういったところとどういう観点で取り組んでいるのかというお話をします。

2 FinTechとは

　最初に動画をみてもらいます。「LINEでかんたん残高照会サービス[1]」という、みずほ銀行の動画をみたことがある人はいますか（1人だけ挙手）。金融機関はやや保守的なところもあるので、みずほ銀行のなかでこの動画を作成して対外的に出していくには時間がかかったようですが、みずほとしてFinTechを広げていくという意欲がこの動画には示されていると思います。金融機関のほうもかなり変わっていこうとしていることがみてとれるのではないかと思い、冒頭ご紹介しました。

　私は証券会社の立場でFinTechをみていますが、本日は、みずほフィナンシャルグループ全体で進めている話も含めてお話しします。また、証券会社

1　「LINEでかんたん残高照会サービス」動画。実際の講義では以下リンクから動画を再生。
　https://www.mizuhobank.co.jp/sp/net_shoukai/line/movie/index.html

の切り口としてのFinTechとはどういうことなのかというところにも重点を置いてお話をしようと思っています。

金融イノベーションの歴史

図表3-1には、「金融イノベーションの歴史」についていくつかのステージに分けて示してあります。このなかで、いわゆる金融工学といわれるものを利用して金融イノベーションが発展したのは、1990年代の半ばぐらいからです。当時、金融工学はかなり花形で、特に、デリバティブのオプション理論などの広がりとともに、たとえば、クオンツを利用して金融商品の特性を分解して提供することや不動産等の証券化商品など、この時代は金融工学をベースとした金融商品がかなり広がるとともに複雑化してきた時代です。

この動き自体は、金融市場にとってマーケットの厚みを増すための1つの手法であったと思います。金融工学を利用しながら金融イノベーションが進んだ時代は、商品の多様化を通じたマーケットの拡大には非常に寄与したのだと思います。

図表3-1 金融イノベーションの歴史

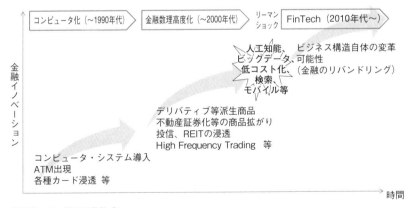

(出所) みずほ証券作成

一方で、いまから10年前にリーマンショックがあって、たとえば証券化商品の複雑なものについては、必ずしも金融市場にとってプラスにならないということも明らかになり、金融工学をベースにした商品の広がりよりはむしろ、金融としてはシンプルでわかりやすいものを提供すべきだという方向に戻ってきているということです。リーマンショックの経験をふまえて、"Back to Basics" という表現が使われるようになりました。グローバルベースで、金融機関として自己勘定で複雑な商品に投資をしていたことに金融危機を招いた一端があるということで、複雑なもの、あるいは流動性がきわめて低く取り扱う人が非常に少ないものに対しては、ルール上なんらかの制約をかけていくということにしたわけです。リーマンショックの後は、金融工学をベースにしたものにリソースを振り向けていくことは見直されることとなりました。

　今回のFinTechについて、こうした歴史の流れのなかでどうとらえていくかになりますが、これはITというプラットフォームのなかで、人工知能（AI）、ビッグデータ、モバイルなどの新しい技術を利用すること、またITのプロセスを含めて見直されていくことで、金融ビジネス構造自体の変革の可能性があることに大きな特徴があると思います。

　FinTechとして、銀行に大きな影響を与える可能性があると認識されているエリアとして、決済・送金などの銀行の基本的業務があり、こうした基本的業務にFinTechがチャレンジしているようなところがあります。ビジネス構造自体の変革可能性を視野に入れているということで、従来の金融業務のコンピュータ化や金融数理高度化というステージとは明らかに大きく変わってきていて、テクノロジーの進化を通じてイノベーションが金融業務に起きてきているというステージだと理解しています。

　金融のリバンドリングについても、金融はいろいろな機能が組み合わさって１つのビジネスフローができているわけですが、それぞれの機能を分解して認識するなかで、いろいろなテクノロジーの活用の余地が出てきて、かつ、そのサービスも分解できるということで、新しいイノベーションの可能

性を相当秘めていると思います。

テクノロジーの産業革命的進化がもたらしたもの

今回のFinTechについては、伝統的な金融サービス業の補完になる場合もありますが、競合してかなり大きな革新を促す可能性もあります（図表3－2）。テクノロジーとしては、デバイス、インターネット、スマートフォン、クラウド、AIなどの進化・拡大が要素技術的な部分として大きく進展しており、そういうものを取り込みながら、大量のデータを分析することを通じて、金融サービス業に新しいテクノロジーを活用したビジネスモデルがつくりやすくなっているという面もあります。それとともに法的な規制環境面の整備を進めながら、人材面でこうした分野に投入していくことを通じて、FinTechの推進を図っていく必要があると思います。

図表3－2　テクノロジーの産業革命的進化がもたらしたもの

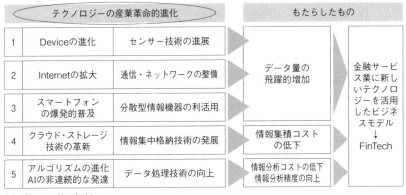

（出所）　みずほ銀行

第3章　FinTechと金融機関　85

アメリカのFinTechベンチャーのエコシステム

　図表3－3は、アメリカのFinTechベンチャーのエコシステムを示したものですが、エコシステムとしてきちんと循環するようになっていることが大きな強みとなっています。たとえば、ベンチャーの場合は、シードやアーリーといった生煮え状態の技術をベースにして、事業化がきちんと成り立つのかどうか、チャレンジしていく必要があります。技術があっても、社会ニーズに応じたかたちでそれが広がるのかということもありますし、技術の安定性や継続性などのサービス面でのチャレンジもあります。また、会社としてマーケティング等販売面の構築や、ガバナンス的な機能も必要になります。事業化していくなかで、きちんと成長していくことが1つの循環サイクルとして回るのかどうかが常に問われるわけです。アメリカでは多数の関係者が連携しながらベンチャー企業の成長に向けて取り組むためのシステムがつくられています。

　日本の場合は、こうしたベンチャーエコシステムが十分には確立していな

図表3－3　アメリカにおけるFinTechベンチャーのエコシステム

【イメージ】

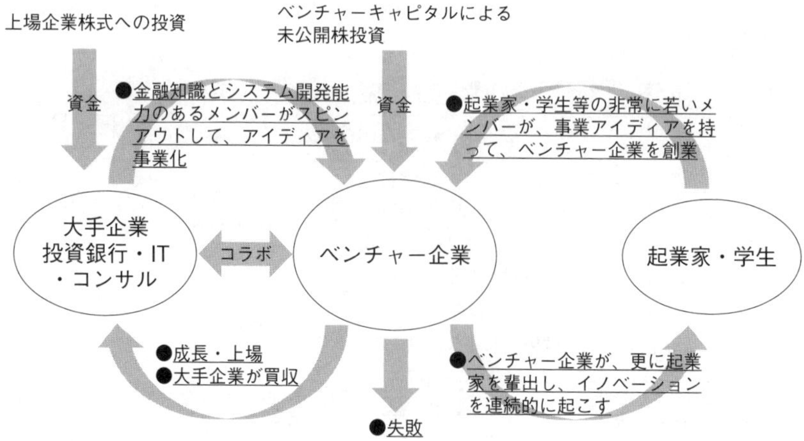

上場企業株式への投資　　　　　ベンチャーキャピタルによる
　　　　　　　　　　　　　　　未公開株投資

資金　●金融知識とシステム開発能
　　　　力のあるメンバーがスピン
　　　　アウトして、アイディアを
　　　　事業化

資金　●起業家・学生等の非常に若いメ
　　　　ンバーが、事業アイディアを持
　　　　って、ベンチャー企業を創業

大手企業
投資銀行・IT
・コンサル

コラボ

ベンチャー企業

起業家・学生

●成長・上場
●大手企業が買収

●ベンチャー企業が、更に起業
　家を輩出し、イノベーション
　を連続的に起こす

●失敗

（出所）　みずほ証券作成

いうことがあります。起業家や学生がベンチャー企業を創業していくことにはハードルが多くあり、また、アントレプレナーシップという起業家精神も含めて、必ずしも日本の場合は定着していません。アイデアや技術をシードとして事業化していくスピードについては、アメリカと比較して、まだまだ時間がかかるケースが多くありますし、また、大手企業とベンチャー企業とのコラボレーションが非常に弱く、自立成長型が求められる傾向が強い面があります。アメリカでは、FinTechベンチャーにおいても、エコシステムが１つの流れとして成立しているということで、FinTechベンチャーの事業化に向けたスピード感が強く感じられます。

なぜFinTechが注目されるのか

FinTechエリアでは、銀行・証券を問わずですが、金融機関を補完する機能と、代替する機能、両方の側面があると認識しています（図表３－４）。補完という意味でいうと、たとえば、ビッグデータの解析、AIなどを使って、われわれが提供している金融サービスの高度化やシステム化などが可能になるということで、効率化も含めて機能の補完という整理になります。

一方で、いま、行っているサービスが代替される可能性がある分野は、決済・送金のエリアや、レンディング、PFM[2]、ロボアドなどで、イノベーション的に広がっていくということがあります。

図表３－４の右側は、いま話題になっているブロックチェーン、仮想通貨ですが、新たな金融手段や金融インフラとなる可能性のあるエリアです。金融機関としては、こういうものを視野に入れて、われわれのいまのビジネスに当てはめて、補完をしていくものと、代替というところまで視野に入れて、取り組んでいます。

ビジネスモデルが変わっていく可能性があることについては、金融サービスのアンバンドリングという観点をよくふまえておく必要があります。金融

2　Personal Financial Management（個人財務管理）の略。

第３章　FinTechと金融機関　87

サービスを機能で分けることを通じて、サービスの内容について一つひとつ分けて、そのなかで、どのサービスが外部と提携して競争力がとれるのか、あるいはFinTechで代替できるのか、という整理になります。

　内部でFinTechとして自前で対応する場合もあれば、外部のベンチャーと連携・提携していく場合もありますが、いままで金融機関はフルラインのサービスを基本的には内製化してきているなかで、アンバンドリングで一部の機能だけ切り出すということはあまり議論されていなかったわけですが、FinTechが進展するなかでアンバンドリングに関する議論が増えてきました。金融機関のなかで利益相反的な業務の側面について、機能を分けることによって金融の機能が公正、あるいは透明性があるかたちで発揮できる可能性もあります。最近の金融政策や制度面で、このアンバンドリングという方向がそれなりに出てきているのがいまの政策的状況だと思います。アンバンドリングを考えたときに、従来の競争環境や金融機関のビジネスモデルがかなり変わってきています。たとえば、従来は銀行・証券・信託という金融サービスに応じたかたちで、それぞれ顧客接点をもって、サービスを行って

図表3－4　「補完」と「代替」の両方の側面

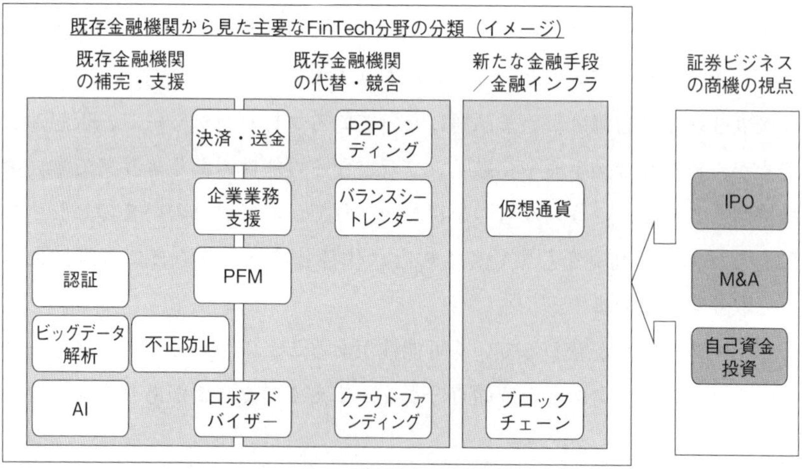

（出所）　みずほ証券作成

いたわけですが、FinTechが広がっていくと、顧客の接点は1つにして多様なサービスを多面的に提供できるというのがリバンドリングといわれる大きな変化です。

イメージがやや湧きにくいところもあると思いますが、1つのプラットフォームに多様な金融サービスを乗せて、お客様がどういうサービスを選べるのか、たとえば、入り口は幅広くゲートウェイ的に、いろいろなサービスを選びにいけるような顧客接点として設ける形態にしていくということです。

従来は規制単位としての金融機関の銀行・証券・信託・カードなどについて壁があって、それぞれにお客様とアクセスしていたものが、あたかも壁がないように顧客との接点で顧客のニーズを拾い、顧客に対して、1つの窓口でさまざまなサービスを提供していくということです。金融のコンサルタントが、お客様の生活、収入と支出、たとえば家計簿のようなことも含めて、幅広くアドバイスをしていくかたちに大きく変わっていくことが想定され、これがFinTechになじむということかと思います。

オープンAPI（Application Programming Interface）

最近APIという議論が活発になされています。APIとはApplication Programming Interfaceということで、自社のソフトウェアの一部を外部に公開し、外部からソフトウェアの機能を利用できるようにするものです。オープンAPIといって、要するに、金融領域でそれぞれもっている金融データ等を、情報として匿名化やカテゴリーに分類したうえで外部の企業が活用していくために、APIを用いてウェブサービスを幅広くできるようにしていこうということです。ある種の端末の入り口のようなものを共通化して、データを比較的早く加工して、総合的に扱うことができるための1つの仕掛けと理解していただければいいと思います。これにより、新しいアプリを迅速につくることができる、非常に重要な仕掛けです。

第3章　FinTechと金融機関　89

日本のFinTech企業

　日本のFinTechスタートアップ企業、いわゆるベンチャー企業のエリアとしては決済・送金、資金調達、PFM、業務支援、セキュリティ、ロボアドのような資産運用、ブロックチェーンと、アメリカ等ですでにビジネスが行われているFinTechのエリアが日本でもそれなりにカバーされはじめています。こういうベンチャー企業がだいぶ育ち始めている状況のなかで、金融機関とこれらのベンチャーが組んで、実際にビジネスがどの程度広がるのかというステージに入ってきている状況です。

従来型自前主義とオープン・イノベーション

　では、既存の金融機関にとって、ベンチャー企業とどう付き合っていくのかということですが、これまでの伝統的な金融機関としては、自前で取り組もうというのが基本的なスタイルです。たとえば、図表3-5にある伝統的

図表3-5　従来型自前主義とオープン・イノベーション

	伝統的金融機関の常識	イノベーション創出に求められる体質転換
リーダーシップ	・前例踏襲型 ・コンフリクトを避ける（予定調和） ・ミドルアップ見極め型	・経営トップが率先垂範 ・コンフリクトをふまえ判断 ・前例否定型、イノベーションありき
人材	・既存の枠組み内で物事を正確・効率的に ・均質性・同質性を重視（クローズド） ・画一的なタレントマネジメント	・既存の枠組みを壊す ・異質な才能の集団（オープン） ・多様なタレントマネジメント
組織	・既存のビジネスラインドリブン ・固定的 ・自前主義	・オープン・イノベーション ・クロスファンクション（全社横断） ・有機的に変化
プロセス	・ウォーターフォール ・責任分解 ・手続的	・アジャイル型 ・一体検討（ビジネス、IT、顧客体験デザイン） ・目的的
経営管理	・確実性を前提として計画ありき ・計画に沿って推進する	・不確実性を前提とした計画 ・継続的に計画を見直す

（出所）　Accenture資料よりみずほ証券作成

金融機関の常識というのは、前例踏襲型で、コンフリクトを避けて、基本的には均質性、同質性の人材を重視しながら、自前主義でやっていく、それから手続論も非常に堅確に行うということですが、イノベーションの企業とさまざまな金融サービスに取り組んでいくためには、そうした従来型のスタイルではうまくいきません。

図表3－5のなかで、たとえば、プロセスについて、イノベーション創出サイド（図表右側）にアジャイル型とありますが、これは欧米で、IT開発時にアジャイルという方法を用いるのが相当増えています。アジャイルとは、基本的には、ものをつくりながら動かしていき、トライ＆エラーのなかで全体のシステム化を整備していく手法です。全部要件定義をして開発していくという伝統的な金融機関とは、プロセスが当然あわないのですが、こういうものをあわせていかないと、イノベーションをきちんと取り込み、スピード感をもって新しいサービスを展開することなどができない状態です。従来型の伝統的スタイルから、図表3－5の右側のイノベーション創出スタイルに、橋渡しをしながらFinTechに臨んでいくのが金融機関としては非常に重要なことになります。ベンチャー企業との協働、すなわちうまく一緒につくりあげることができるかどうかは、金融機関にとってはかなりのチャレンジになってくると思います。

金融庁のFinTech実証実験ハブ

Regulatory Sandbox（レギュラトリー・サンドボックス）という議論が2017年の初めぐらいからわが国においても随分盛んになっています。いわゆる特区的なものをつくって実証実験をすることによって、ある種のトライアルができるということです。Sandboxとは砂場ということで、イギリスやシンガポールでは、FinTechのSandboxをここ2～3年始めて、いろいろなトライアルを行っているわけです。プロジェクトベースで半年ぐらいやってみて、たとえばコンプライアンスの問題がないか、あるいはルーリングがどうだということが検証されれば、それを展開するということで、一定のトライアル

第3章　FinTechと金融機関　91

をプロジェクトベースでやってみようというのがRegulatory Sandboxです。このSandboxは、まだ法制化されていません。金融庁のほうでは、FinTech実証実験ハブを関係省庁と連携して行ってみようということで、本人確認について、こういう実証実験ハブができないかということを進めているわけです。たとえば、ブロックチェーン上の顧客情報に取引内容を記録して、そのなかで本人の特定事項とスクリーニング情報を渡せば、それをもって本人確認とすればいいではないか、こういうチャレンジをFinTech実証実験ハブで行おうということで、本人確認の実証実験を実施するということです。

　こういうものをFinTechのエリアだけではなくて、ほかの産業エリアも含めて行おうとしているのがSandboxです。将来のイノベーション、あるいは規制改革の必要性のようなものを、このSandboxを使って検証していこうということで、私自身は非常におもしろい取組みだと思っています。

　今後、法案化のなかでSandboxという概念がきちんと整理されると、プロジェクトベースのトライアルは広がっていくのではないかと思っています。

　ここまでがFinTechの概論・全体の流れです。

3 みずほフィナンシャルグループにおけるFinTech

　次に、みずほグループとしてFinTechにどう取り組んでいるかということをお話しします。みずほフィナンシャルグループでは、2016～2018年度の3カ年の中期経営計画があります。「総合金融コンサルティンググループ」を目指していくなかで、リバンドリングということも意識すると、FinTechはとても大事になってきます。みずほグループとして、総合金融としての機能を顧客に的確に果たしていくことを目指して銀信証戦略とかOne MIZUHO戦略を進めているところです。そうしたなかで、事業戦略上、FinTechへの対応について、コアの軸として盛り込まれています。

　どのエリアにどう取り組んでいくのかというと、図表3-6にあるよう

92

図表３－６　みずほFG中期経営計画におけるFinTechの取組み

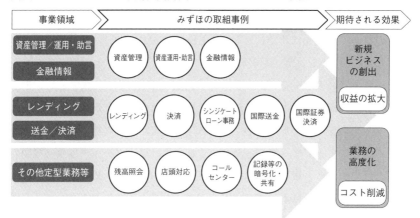

（出所）　みずほFG

に、資産管理、金融情報、レンディング、送金、その他業務ということで、冒頭に紹介したLINEの残高照会もこのなかに入っていますが、かなり幅広いエリアが対象になってきます。

　みずほグループの取組みとして、たとえば、音声認識とIBMのWatsonを使って、コールセンターにおける人工知能のオペレータ支援を2015年2月から実施しています。また、ロボアドとしての「SMART FOLIO」の提供を2015年10月から行っています。ブロックチェーン関連の取組みや、データやAIを活用したレンディングということで、ソフトバンクとスコア・レンディングを始めました。クラウドファンディングやブロックチェーンを使った実貿易取引のトライアルもあります。この実貿易取引というのは、現状はかなり紙が多い事務フローで、それを効率化できないかということで、ブロックチェーンを使った実貿易取引もチャレンジしています。それから、後ほど簡単に触れますが、新しい合弁会社、Blue Labをつくってオープンイノベーションを加速しようと取り組んでいます。このように、いろいろなプロジェクトを並行して走らせていまして、かなり幅広いエリアのFinTechへの取組みが出ています。

スコア・レンディングモデルの構築

　そのなかで、足元は新会社として「J.Score」というビッグデータ、AIを活用したFinTechレンディングのビジネスがソフトバンクとの間でスタートしています。図表3－7にあるように、FinTechとしてのスコア・レンディングモデルの構築は日本初ですが、アメリカではかなり広がっています。みずほフィナンシャルグループとソフトバンクが組んで、両社の取引情報を融合することによってビッグデータがつくれます。ビッグデータは金融機関の情報だけでつくると限界があり、ソフトバンクの情報も含めて、両社の取引情報を融合することによってビッグデータになるというのが1つのポイントです。

　もう1つは、お客様自身に入れていただく情報を増やすことによってスコアが上がっていくというようなことが、スコア・レンディングモデルのなか

図表3－7　スコア・レンディングモデルの構築
　　　　　ビッグデータ・AIを活用した国内初の本格FinTechレンディング

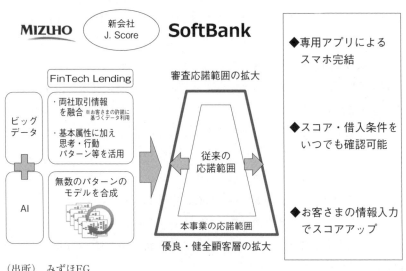

（出所）　みずほFG

である程度できるようになっています。基本属性だけではなく、いろいろなデータを入れていただくことによって、レンディングの条件が、スコアというかたちに変わり、だんだんレベルが上がっていく可能性がある。スコアが上がれば自動的に金利が下がり、レンディングのメリットができるわけです。

さらに、もう1つのポイントは、スマホだけで完結することです。スマホでFinTechレンディングができるということは、非常に新しいレンディングのモデルだと思います。AIを組み合わせて、無数のパターンのモデルの合成のなかでスコアをはじき出してレンディングをする。このスコア・レンディングモデルは、2016年にみずほとソフトバンクで提携して新会社をジョイントベンチャーでつくって準備していましたが、足元スタートしていて、かなりアクセスも増えています。

コールセンター高度化への取組み

図表3-8は、FinTechとしてのコールセンター高度化への取組みをまとめています。WatsonというIBMのAIを使って、このテクノロジーをコールセンターで提供できるようにするというものです。

図表3-8 コールセンター高度化への取組み

音声認識とWatsonテクノロジーを組み合わせ、
コールセンターにて、お客さまにスピーディーかつ適切な回答を提供

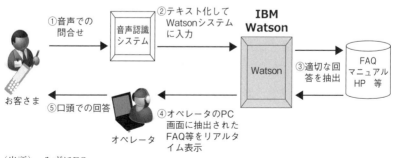

(出所) みずほFG

通常、オペレータは、電話がかかってくると、いままではいろいろなマニュアルをみながら、お客様の問合せにお答えしていました。今回、Watsonのなかにマニュアルを取り込んで、かつ、オペレータがお客様に対してどういう答えをするのかというデータも取り込んでいき、たとえば、電話がかかってきて、FAQとして、お客様がこういうことを聞いてきているから、質問に対するいちばん的確な答えを画面のなかにすぐポップアップして表示して、オペレータは、その答えをみながら口頭で回答していくことで機動的にお答えできます。いままでは、オペレータの訓練やトレーニングに頼っていたものが、かなり統一化したかたちで標準化できるようになるので、時間的な節約にもつながっていくことになります。もちろん、金融機関だけではないですが、コールセンターの取組みにAIを使う事例は増えてくると思います。

Blue Labの設立

　みずほフィナンシャルグループでは、FinTechのなかで新しいオープン・イノベーションとしての取組みをスタートさせようということで、株式会社Blue Labを設立しています。みずほフィナンシャルグループと、サンフランシスコにあるWiLというベンチャーキャピタル会社と、さまざまな企業と組んでこの会社をつくって、金融、農業、旅行あるいはそれ以外も含めて、ベンチャーが育つような協業を行い、事業化を推進していこうという新しい試みです。

　いろいろなアイデアや事業化のための種があるわけですが、これらを事業化するために、いままでは大手企業がそれぞれの話を聞きながら、自分の事業との関係性のなかで行っていたわけです。こういう会社をつくることによって、さまざまな企業との間で事業化をスピーディに行うことができます。しかも、この会社がビジネスの卵を発掘したうえで、コンサルティング的にアドバイスをしていくことで、事業化を進めていくことについて背中を押してあげることができる。大手企業との連携メリットとしては、顧客基盤を活

用する、信用力がある、資本力があるということで、ベンチャーと大手企業を１つのエコシステムで組み合わせたビジネスモデルとして、この新会社を今年（2017年）スタートさせています。このなかから事業化され、将来IPOがされる会社がかなり出てくると、こういう取組みが日本経済や資本市場に目にみえるかたちでつながっていくのではないかと思っています。

証券分野のFinTech

　ここから、資本市場との関係でのFinTechについてお話をしたいと思います。証券会社のさまざまな仕事は株式や債券というプロダクトのバリューチェーンでつながっています。たとえば、発行体が株式や債券を発行すると、それを証券会社が引き受けて販売するというような１つのビジネスのバリューチェーンがあります。図表３－９は、そのバリューチェーンのなかで、実際にFinTechの機能をどういうかたちで使えるかということを図解しています。

　たとえば、投資家に対して金融商品に関するリサーチレポートをつくりますが、それを一定程度自動作成できないかということ、また、リテール分野としては、個人が株式や投信を購入するというビジネスの流れがあるわけです。金融商品を提供するに際して、たとえば、投資情報についてFinTechの技術を使う可能性があるということで、証券としては、こういう機能ごとにFinTechとの接点を考えていく必要があります。

　FinTechというイノベーション自体は、金融のリバンドリングを通じて既存の業務の補完、あるいは代替として行うことができるようになっていくので、お客様のニーズをよくみておく必要があるというのが一番大事な側面ではないかと思います。お客様が何に不満であり、どういうサービスを必要としているのか、そういうニーズに応えられる技術をどうやってつけていくか、を考慮してサービスを構築していくということだと思います。

　資本市場における取引のスピード確保、流動性の問題等について、どのようにして技術とあわせて新しいサービスにして展開する等、既存業務を意識

図表3－9 バリューチェーンにおけるイノベーションの可能性

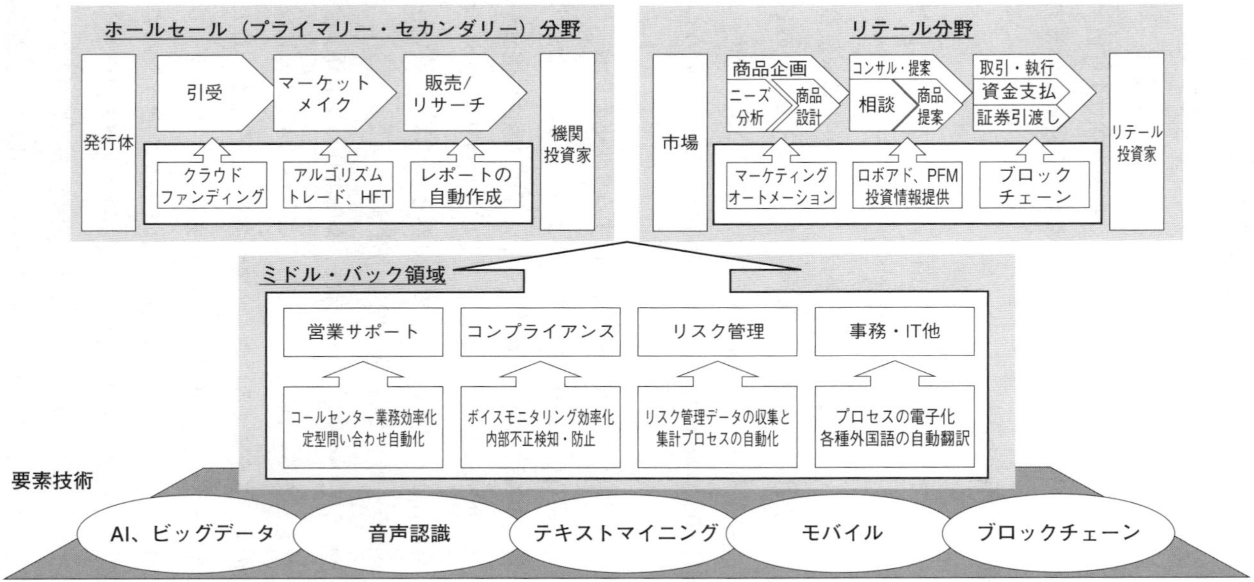

ホールセール（プライマリー・セカンダリー）分野

発行体

- 引受 → クラウドファンディング
- マーケットメイク → アルゴリズムトレード、HFT
- 販売/リサーチ → レポートの自動作成

機関投資家

リテール分野

市場

- 商品企画（ニーズ分析／商品設計） → マーケティングオートメーション
- コンサル・提案／相談（商品提案） → ロボアド、PFM／投資情報提供
- 取引・執行／資金支払／証券引渡し → ブロックチェーン

リテール投資家

ミドル・バック領域

- 営業サポート → コールセンター業務効率化／定型問い合わせ自動化
- コンプライアンス → ボイスモニタリング効率化／内部不正検知・防止
- リスク管理 → リスク管理データの収集と集計プロセスの自動化
- 事務・IT他 → プロセスの電子化／各種外国語の自動翻訳

要素技術

AI、ビッグデータ／音声認識／テキストマイニング／モバイル／ブロックチェーン

（出所）みずほ証券作成

図表3-10　証券会社ビジネスにおけるイノベーションの概観

(出所)　みずほ証券作成

しながら変革していく部分と、新しいものをどうやって取り扱っていくのかということです(図表3-10)。

　図表3-11は、左側にある新しいサービスエリア、たとえば、ロボアド、チャットボットというような取組みと、右側にあるように、業務の効率化の二本立てでFinTechを進めていく必要があります。最近までの金融機関の業務は、手作業などのプロセスが非常に多く組み込まれていますので、定型業務化・標準化することによって効率化ができます。

　図表3-11で、「業務の効率化」の右側から2列目3段目にテキストマイニング(モニタリング業務)とありますが、お客様と商品の取引関係で話している電話件数は1日当り数万件を超える規模となっています。そうした電話について、コンプライアンスの観点から、お客様との間で適切に行われているかどうか、毎日サンプリング調査してチェックする作業も必要になります。こうした電話モニタリング作業について、たとえば、テキストマイニングによって、必要な事項を話しているかどうかだけをピックアップして、チェックしてということができるようにFinTechを使って効率的に行えない

第3章　FinTechと金融機関　99

図表3−11　IT技術の進展と活用範囲（新規・効率化）

新規ビジネスの創出		業務の効率化
①リテール向け	②ホールセール（含む運用ビジネス）	③業務効率化

マーケティング（ビッグデータから機械学習による商品レコメンドなど）	取引システムの高度化（マーケット予測や取引リスクの低減による運用パフォーマンスの改善）	定型業務（RPA；Robotic Process Automation）　社内問合わせ（チャットボット）
ロボアド（簡易な質問により商品提案／投資一任）	レポート分析高度化（ビッグデータのレポート活用）	セキュリティ（生体認証）　レポート作成の自動化・簡略化
問合わせ対応（チャットボットによる顧客対応）		テキストマイニング（モニタリング業務）　システム軽量化（API）
外部連携によるサービス拡充（API）		

| ビッグデータの活用 | ・これまでにない頻度・スピードで、様々なデータが発生（Webログなど）・音声、画像・動画、位置情報などデータの多様性 | ⇒ | ・膨大なデータ（量）を蓄積し処理できるIT基盤（ハードウェア、クラウド基盤）・分析手法の高度化とデータサイエンティストの登場 | ⇒ | 解析データのビジネス展開（データとして価値を生む） |

| IT技術の進展 | クラウド、データ処理性能 | スマホの普及、通信環境 | API | AI（深層学習） | 自然言語処理、音声認識 | 生体認証 |

（出所）　みずほ証券作成

か検討しています。音声の認識をテキスト化するところで、正確に言語の処理ができるのかという課題もあり、難易度が高い面もありますが、業務の効率化に向けた取組みとしての意味があるものです。

　図表3−12は、証券会社としてデータ活用の重要性をどのように意識しているかを示しています。たとえば、みずほ証券でいうと、全国に支店が105あります。105支店で、お客様と電話や対面でマーケットの話や、商品の説明をしているわけです。こういうマーケットの動き方だから、すごく関心があるのではないかとかいうことが、将来的にはマーケットのデータと、たとえばお客様の取引を分析したうえでデータを提供して、それが営業員のサポートにできないかを、考えていく必要があります。顧客のデータ、マーケットデータ、音声認識も含めて、各種データをトータルに分析して、たとえばマーケティングのレコメンデーションのようなデータを営業員に渡すことができる可能性があります。いままでは経験や研修を通じていわば職人的

図表3−12 データ活用の重要性／外部との連携／イノベーション

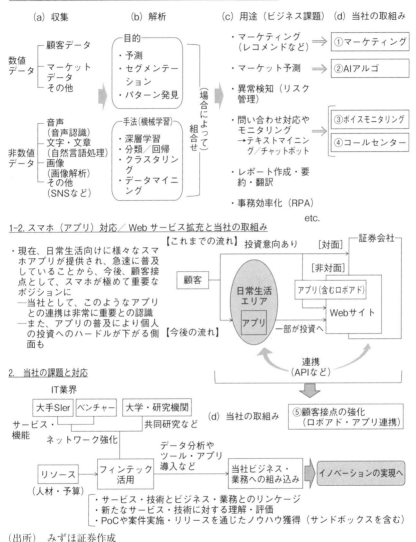

(出所) みずほ証券作成

に営業員の能力高度化を進めてきていましたが、今後はデータをベースに
マーケティングができないかということが重要になってきます。

　スマホの重要性についても、顧客接点としてのスマホの重要性をふまえ、
日常接点のスマホとのリンケージをわれわれのビジネスである証券投資とど
う絡めていけるのかが非常に重要になってきています。このあたりもFin-
Techのテーマとして強く意識をしています。

証券会社のビジネスモデルの変化と対応

　図表3－13は、データ分析との関係で少し整理をしているのですが、商品
もたくさんあって、チャネルもネット、コールセンター、あるいは対面とさ
まざまなものがあります。

図表3－13　証券会社のビジネスモデルの変化と対応

ビジネスモデル・営業スタイルの変更によるデータの増加

商品・サービスの拡充・広がり
- ラップ、保険、外国株式、FX
- NISA、持株会
- グループ連携（銀行・信託）
- 取引手法（VWAP、ダークプール）

マルチチャネル化
- ネット、コールセンターの機能拡充
  - 取引、情報参照、手続きなど

営業スタイルの変革
- 顧客情報の蓄積と個別アプローチ
- 営業員によるタブレット活用

データ量の増加／システム構成の複雑化（データソースの散在）
- 特にWebログのデータ量は大
  （また、今後は、テキスト情報などの非構造化データも）

技術進捗
- ハードウエア（クラウド）
- 演算処理能力
- 分析ツール

データ分析の必要性

本社
- チャネル／マーケティング施策
- 顧客セグメント動向

支店（営業員）
- 担当する顧客動向
- 地域・店舗特性

分析基盤構築・人材確保の必要性
- データの蓄積
- 分析環境
  - 統合して抽出・分析できるシステム環境
- 分析ツール
  - BI／BAツール導入
- 人材
  - データやビジネスの理解、スキル

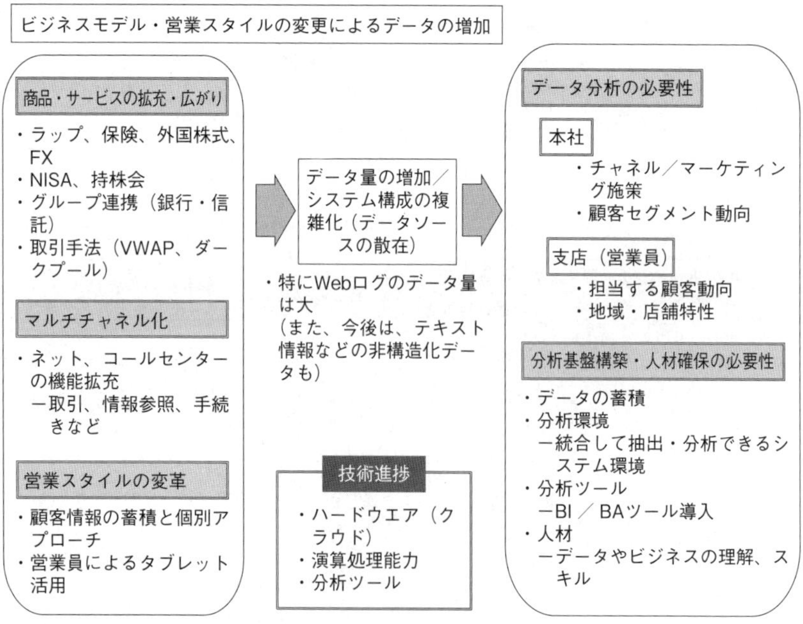

（出所）　みずほ証券作成

貯蓄から投資への流れやフィデューシャリー・デューティのもとで、証券会社としてビジネスモデルの変革を進めていくなかで、データ分析を営業ともリンクすることが大事になってきています。図表3－13の右上をみていただくと、チャネル／マーケティング施策と顧客の動向、それに地域や店舗の特性、こういうものをデータ化するなかで、アプローチをどうしていくのかということを、FinTechを通じて行える可能性が出てきます。今後の証券会社のビジネスモデルの変化にも対処できるのではないかと思います。

4　日本のFinTechの特徴

欧米・アジアでFinTechが台頭した背景

　日本と欧米あるいはアジアとのFinTech台頭の背景の違いを意識しておく必要があります。まず欧米では既存の金融サービスに対する不満やニーズの変化を1つのテコにしてFinTechが広がってきています。銀行サービスを十分利用できない層を前提とした場合に、FinTechの金融サービスだったら、たとえばスマホで使える、QRコードで使えるなどあるので、金融サービスが広がる下地があります。それから手数料が不透明、あるいは手続が非常に煩雑であるということをベースとして、FinTechが広がっています。

　銀行サービスを十分に利用できない層がそれなりにいることに加えて、最近では、特にアメリカでミレニアル世代の金融サービスに対する考え方としてだれが提供するかは関係なくなっている、といったことがあらわれていることも認識していただく必要があると思います。

　一方、アジアの途上国では、地方に銀行支店やATMが非常に少ないこと、貧困のために口座開設が困難などの状況があり、Financial Inclusion（金融包摂）を促進する流れとして、FinTechサービスが急速に発展したという構造的な状況があります。

第3章　FinTechと金融機関　103

将来的なリテール証券モデルの方向性：FinTechを含めたイメージ

　日本は、個人の金融資産残高の内訳として預金が５割程度あり、投資の比率が少ないというのはよくご承知のとおりです。その金融資産構造を変えていくということがかねてから求められています。長年証券会社はプロダクトを中心に据えた営業アプローチで、短期的にパフォーマンスが上がるかどうかでお客様との関係を構築していたようなところが伝統的にあるのですが、コンサル型のビジネスモデルに変えていくなかで、資産管理型営業として長期的な投資のパフォーマンスを得ましょう、あるいはお客様が将来どういうことを求めているのか、ゴールベースのようなことを意識しながら、中長期のパフォーマンスが上げられるようにしていく方向にあります。徐々にビジネスモデルを切り替えているわけです。そういったことを意識すると、リ

図表３－14　将来的なリテール証券モデルの方向性

【コンセプト】
- ■ヒューマンタッチな顧客接点は、引き続き、リテール証券モデルの差別化の鍵
- ■フィンテック関連技術活用により、『利便性』、『低コスト』という付加価値を提供するとともに、自社のプロセス効率化を実現し、捻出された人的資源を顧客接点の強化に振り向ける、という好循環の実現

①フィデューシャリー・デューティ／コンサルティングサービスの高度化
- ■顧客接点では、営業員が顧客のパーソナルデータに基づき、データサイエンスや人工知能等のサポートも受けて、より顧客ニーズにフィットする透明性の高いコンサルティングサービスを提供

②利便性
- ■自社プロセスの効率化で創出したマンパワーを活用し、対面や電話のみならず、Webでのビデオチャット、テキストチャット等の導入も行い、高齢世帯、過疎化地域も含め、ヒューマンタッチの相談サービスを拡大

③低コスト
- ■定型化された問い合わせ業務や、ヒトを介したミドルバック業務（コンプライアンスチェック）等の人工知能化等により、業務の堅確化と低コスト化を実現

（出所）　みずほ証券作成

テールの証券モデルとしては、コンサルティングサービスの高度化、利便性、低コストなどをかなり意識しなければいけないということになりますので、その時にFinTechは大きな要素になると思います（図表 3 −14）。

5 FinTechの事例

AIを活用した株価予測

　最後に、FinTechの事例をいくつかご紹介したいと思います。みずほ証券では、株価予測にFinTechを使ったサービスを行っています。MAGI（Mizuho Artificial Generalized Intelligence）と呼んでいますが、AIを用いてアルゴリズムトレード戦術の改善を行い、1分ごとに30分後の株価を予測するモデルをつくって、お客様に提供を始めています（図表 3 −15）。

　株価データを入力してサーバーを動かして、学習して予測をするということです。たとえば、主要30銘柄の市場情報、日経225先物の市場情報、気配・出来高、過去の株価の動きも全部データとして人工知能に学習させて、株価が短時間に大きな変動が起きるかどうかを予測します。いまは30分後ですが、30分後の株価がしきい値との比較で上昇なのか下落なのかを予測します。

　予測してどういう行動に出るかというと、しきい値より上がると予測すれば、なるべく手前でたくさん安く買っておくことで、平均的に買った場合よりはパフォーマンスが良くなりますよということをこのトレードのなかで実現するということです。

　このように、ある種のトレード戦術にAIを組み込むことを行っていまして、この日本株の予測については、それなりにおもしろいということで、ヘッジファンドや機関投資家からニーズもいただいております。

第 3 章　FinTechと金融機関　105

図表3-15 みずほ証券の事例：AIを活用した株価予測

MAGI　Mizuho Artificial Generalized Intelligence

AI（ディープラーニング）を用いた、アルゴリズムトレード戦術の改善（株価のトレンド予測）を実施

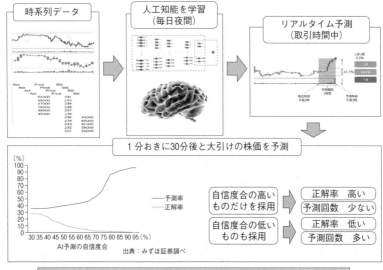

MAGIの主な特徴

- ディープラーニングを用い、上昇／平衡／下落を予測
- 従来の統計モデルと異なり、より複雑な株式市場の特徴を発見
- 学習過程で多量の過去データを収集し、予測モデルの微調整を繰り返す
- 日々学習することによって、相場の変化に追従
- 上昇／平衡／下落を分類するしきい値「0.5%」、予測対象期間「30分」は、十分シミュレーションを行った上での最適な値を適応

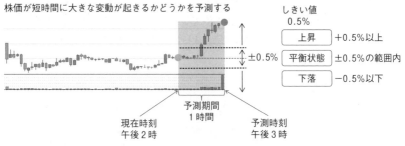

（出所）みずほ証券作成

ロボットアドバイザー（ロボアド）

　図表 3 −16にありますが、いま、みずほ銀行でやっている「SMART FO-LIO」というロボアドは、アドバイスを行う形態のロボアドです[3]。従来、対面営業の場合は、営業員がアドバイスをしながら顧客判断による商品取引を行うということです。ロボアドとは、まずお客様の情報、たとえば、リスクをどの程度とっていいのかどうか、あるいは年齢がどのぐらいで、どういうことを希望しているかという基本情報をいただいて、プロファイリングをして、そうであればこういうモデルポートフォリオがいいでしょうと分析したうえで、金融商品の提案を行うというものです。執行・運用、あるいはリバランスまで含めてやると、ロボアドによる一任運用ということになります。一任運用までやっている会社としては、たとえば「THEO（テオ）」と

図表 3 −16　みずほ銀行のロボットアドバイザー「SMART FOLIO」

「SMART FOLIO」の特徴紹介 〜 投資目標の達成まで継続サポート 〜

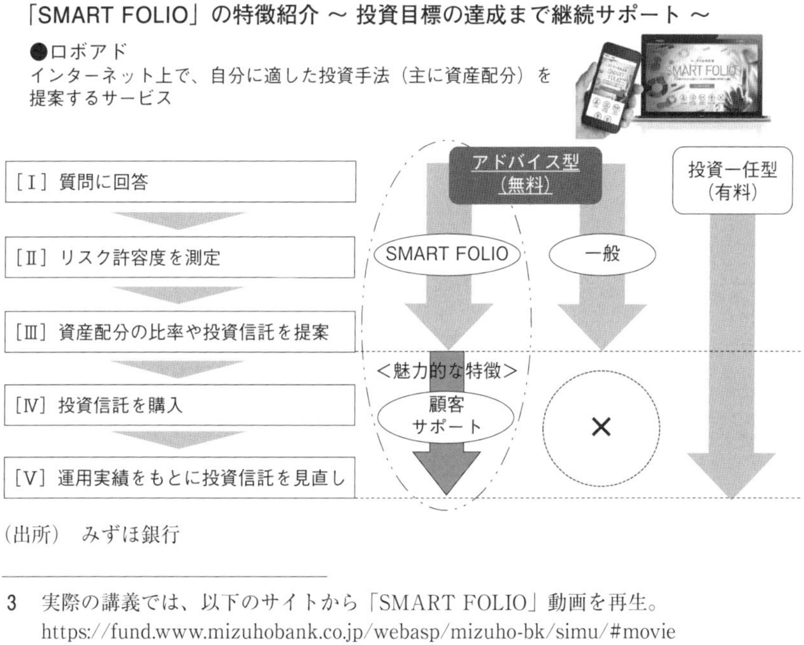

（出所）　みずほ銀行

3　実際の講義では、以下のサイトから「SMART FOLIO」動画を再生。
　　https://fund.www.mizuhobank.co.jp/webasp/mizuho-bk/simu/#movie

第 3 章　FinTechと金融機関　107

いう商品があります(図表3-17)。「THEO」は、「お金のデザイン」というベンチャー企業が提供しています。こういったロボアドのサービスが徐々に広がり、投資をする方々の裾野が広がることが将来の資産形成につながるのではないかということで進めています。

図表3-17 ロボットアドバイザー：「THEO」

ロボアドTHEOがやること

❶診断
❷運用スタート
❸お任せ運用

- スマホでいつでも、どこでも
- 簡単な5つの質問に答えるだけ
- アルゴリズムがユーザーに最適な運用を提案

- 世界中の株・債券・実物資産の中から約30種類のETF(上場投資信託)を購入
- スマートベータ・戦略的資産配分など、最新鋭の運用アルゴリズムを実装

- 毎月「リバランス」を行って、適正な資産配分を維持
- 経済状況の変化に伴い、株・債券・実物資産、それぞれのポートフォリオの配分を組替

スマホで簡単にいつでもスタート　　THEOが人にかわってセレクト　　すべてTHEOにお任せ

プロファイリング	資産配分	トレーディング	リバランス・リアロケーション
THEO リスク／リターンのみならず、資産運用に何を求めているか？をAHPで解析する	最大30種類以上のポートフォリオを、株、債券、実物資産に分けて配分する 231通りのポートフォリオの組合せを実現	アルゴリズムにより、ビッド／アスクスプレッドを縮小させる	月1回のリバランシングに加えて、それぞれのポートフォリオの中身も適宜入れ替える
一般的なロボアド 数個の質問でリスク・リターンを分析	近代的ポートフォリオ理論などで数種類のETFを構成	成り行き、その他機械的な発注	年に1-2回のリバランス

(出所)　株式会社お金のデザイン

小口投資の事例（おつり／ポイントの活用）

　FinTech関連のベンチャー企業をさらに2社ご紹介します。資産形成と関係があるものとして、「STOCK POINT」（図表3-18）と、おつりで投資をする「TORANOCO」（図表3-19）があります[4]。これも資産形成のために、将来の貯蓄から投資への流れを、裾野を広げてつくっていくための1つの新しいビジネスモデルです。「STOCK POINT」は、ポイントを投資に使っていくということです。

　もう1つは、おつりで投資を行うベンチャー企業です。これはアメリカでもはやっているビジネスモデルで、日本でもTORANOTECというところが事業化を進めています。

図表3-18　小口投資の事例：「STOCK POINT」：ポイントの活用

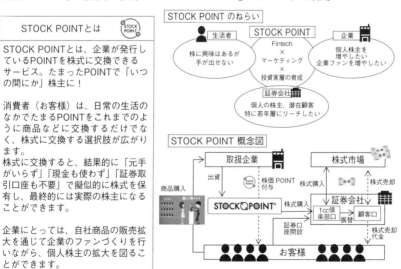

（出所）　STOCK POINT資料よりみずほ証券作成

4　実際の講義では、以下のサイトから「STOCK POINT」の動画を再生。
　https://www.stockpoint.co.jp/service.html

第3章　FinTechと金融機関　109

図表3−19 「TORANOCO」−おつりで投資

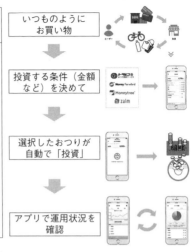

長期で続けられるコツコツ資産形成 「おつりで投資」とは
おつりで投資とは… お買い物をしたときのおつりをためて、毎月少額ずつコツコツと自動的に投資に回す仕組み。いつも通りに買い物をするだけでいつの間にか投資ができる仕組みです。
おつりで投資の仕組みは… クレジットカードやデビットカード、提携している「家計簿アプリ」を通じてお買い物のデータを集めます。 事前に1,000円未満の金額の端数を投資に回すと設定していれば、1,850円の買い物では、150円がおつりとしてカウントされます。 1ヵ月間の買い物のおつりの金額を合計して、たとえば36,550円になったとすると、その金額を銀行口座から引き落とし、投資を行います。

(出所) TRANOTEC資料よりみずほ証券作成

6 まとめ——日本におけるFinTech

　「金融機関におけるFinTech」ということで、イメージがつかめればということで、FinTechが出てきた流れやその意義、今後の展開等についてお話ししました。最後にまとめとして、3つのポイントについて申し上げます。①異業種からの新しい金融サービスという観点からは、ICTの発達により、テック企業などがICT技術を活用し、顧客目線でこれまでにない新しい金融サービスを提供し始めています。特に決済・送金、PFM（LINE Pay、Money Forward等）といった分野への参入が顕著で、証券分野ではロボアド（THEO等）の導入が目立ちます。

　それから、②日本におけるFinTech企業は「破壊者」ではなく「共創者」ということです。先ほどお話ししたように、欧米のFinTechは、顧客の不満を汲み取ったサービスを提供する企業が、既存金融機関と競合し、取って代

わるような破壊型ともいえるFinTechが比較的多くみられました。アジアのFinTechは、レガシーシステムがなく、新しい技術をそのまま活用できる素地があります。銀行などの利用が低いため、FinTechによりFinancial Inclusionを目指すというものでした。これに対し、日本では、破壊型というよりも、既存金融機関を補完するようなサービスを提供する企業とのコラボレーションを通じたオープン・イノベーションの実現を図っていこうというものです。

最後に、③オープン・イノベーションに向けての制度・環境整備が必要です。銀行では中間的事業者とのAPI連携が義務づけられましたが、FinTechスタートアップが新サービス提供に向け、既存金融機関とともに実証実験を行い、早期のサービスインを可能とする、Regulatory Sandboxのような制度・環境整備も必要かと思います。

これからFinTechの世界が動いていくということで、金融機関の大きな変革へのチャレンジと、同時に制度の安定性のようなものをどうつくっていくのかということが課題だと思っていますので、最後にまとめとして整理しました。

■ 質疑応答

[質問] スコア・レンディングを、レンディング以外の他の金融サービスに利用することも検討しているのでしょうか。また、企業を将来的にスコア化して、そのスコアを利用することなども検討されているのでしょうか。

[答] オープン・イノベーションとして考えれば、こういうスコアというものを、他のサービスで生かしていく可能性は十分あると思います。将来的には共通のインフラにしてビジネスの展開、サービスの展開が出てくる可能性はあるのではないかと思います。

後段の質問については、FinTechで企業データあるいは決算情報のよう

第3章　FinTechと金融機関　111

なものを取り込んで、AIのようなものでスコアリングしていくことについては、将来的にはそれなりの可能性があると思います。企業審査としては、ハイブリッドのようなかたちになってくるのではないかなという感じはします。

［質問］FinTechにより株価もAIで予測できるようになると、いままでそういう予測をしていた人々の役割はどうなるのでしょうか。

［答］証券会社のセールス、トレーダーやディーラー、リサーチアナリストといった仕事は、それぞれFinTechの技術進展をふまえると、相応に侵食される可能性が高いエリアだと思います。FinTechが広がってくれば、マーケット関連の仕事をしている人たちが、将来、どのような付加価値で仕事をしていくのかがポイントになると思います。

［質問］紹介いただいたロボアドや「TORANOCO」「J.Score」などは、スマホに大きく依存していると思うのですが、多くのお金を貯蓄している高齢者はスマホに慣れ親しんでいない方が多くいます。非スマホ世代の高齢者に対して、FinTechがアプローチする方法はあるのでしょうか。

［答］現在は、高齢者の方々のかなりの部分は対面のコンサルティングがベースですし、スマホになじんでいない方々は、やはり対面あるいは電話がベースになるのはあまり変わらないと思います。ただ、スマホを使う人たちは、もはや65歳ぐらいまでは来ていると思います。また、スマホ・インターネットをベースにしながらも、やはり人のアドバイスがほしいという方は結構いらっしゃると思うので、ハイブリッドな組合せの世界になると思います。あと5～10年すれば、様変わりになる可能性はそれなりに高いのではないかと思います。

［質問］さまざまなベンチャー企業との連携に関して、外部に委託すると倒産などのリスクがあります。銀行業務の特殊性から、そういうリスクは好

ましくないと思いますが、どのようなリスク管理をしているのでしょうか。

［答］基本的には、サービスのアイデアの提供を受け、それを金融機関の自社のサービスに取り込んでいくことになるのですが、サービスの提供を受けるという意味においては、たとえば共通のブランドをつくってどこまで一緒にやるのか等の踏み込み方で違ってきます。たとえば、みずほとソフトバンクは、ジョイントベンチャーとして一緒にリスクをとるということなので、こういう方法はできます。他方、若い企業のシード、アーリーの場合、内製したサービスとして提供していく方法にすれば、相対的にはリスクが軽減されます。あるいは、ファンドなどを通じて資金調達等のサポートをしながら、将来性がある企業だったら少し踏み込んで一緒にやるということを考えていく。相手の信用度や可能性をみながら、レベルを分けてやっていくのかと思います。

［質問］銀行でブロックチェーンを使う意義として、いままで紙ベースでやりとりしていたものを、ブロックチェーンを活用することによって共有することができるというメリットがあるとのことでした。具体的に、シンジケートローンや、実際に事例で出てきた実貿易取引において活用するのは素晴らしいと思うのですが、ブロックチェーン上の書類の法律的な証拠能力や、貿易での信用状の確認など、非常に厳しいルールがあるなかで、ブロックチェーンを使っていけるのでしょうか。

［答］いま、みずほ銀行で、海外の実貿易取引についてのトライアルを商社と組んでスタートさせています。取引のフローが複雑で、たくさんチェックポイントがあるので、どこまでをブロックチェーンで管理できるのか、検証しています。ここ1年ぐらいで実証実験ができれば次の段階に進めるのではないかというイメージの段階だと思っています。

［質問］小口投資の事例にあった「TORANOCO」のシステムは、投資の最

第3章　FinTechと金融機関　113

初の敷居を低くしたという点に革新性があるのでしょうか。どこが新しさ
として評価されているのでしょうか。

［答］投資をコツコツ行うということがおもしろいねと思う人がそれなりに
いて、まさに、そういうものが広がっていくという想定を具体化させてい
る点に革新性があると思います。

［質問］金融庁のFinTech実証実験ハブを紹介いただきましたが、ほかに政
府と協働で行っているFinTechに関する取組みはあるのでしょうか。

［答］たとえば、「TORANOCO」や「STOCK　POINT」も、サービスを業
務としてできる範囲はどこまでか、資金決済法との関係はどうか、など法
的な論点はあります。ベンチャー企業の取組みは、金融庁の相談窓口とも
連携してそのなかでできることを特定しながらビジネスの形態をつくって
います。そういう意味では、実証実験ハブ以外のエリアも、金融庁のFin-
Techの窓口と相談しながらの部分はあると思います。

［質問］最近、銀行法改正で出資比率の上限が上げられるなど、銀行が外部
へ働きかけていく環境が少しずつ整ってきた印象があるのですが、今後、
金融機関が外と一緒にやっていくうえで、他の制度上の障害はあるのでし
ょうか。

［答］銀行法改正によって、従来、銀行および銀行関連業務にしか出資でき
なかったものが広がってきたということで、金融機関、銀行にとっては、
FinTechをうまく取り込むための素地はできたのではないかと思います。
制度面では、他業禁止との関係での制約や、足元横断法制のようなものを
つくる、業態別に規制しているものから変えていくことをテーマとするこ
となどが出てきましたので、そのあたりが論点だと思います。

［質問］各メガバンクは仮想通貨のようなものを発行しようとしていると思
いますが、あえて仮想通貨をつくるのはどういう目的なのでしょうか。

［答］MUFGはMUFGコインを、みずほの場合はＪコインをオールジャパン
　で行いたいと準備を進めています。Ｊコインでたとえば送金・決済ができ
　るようにすると、とても利便性が上がるのではないかということです。利
　便性が上がるという意味は、現金を使わなくなることがプラスに働くこと
　を想定しています。

［質問］みずほのような大金融機関はいろいろな投資ができるのですが、一
　方で、体力のあまりない地方銀行などは、FinTechの波に乗れなくて、ど
　んどん提供できるサービスの差が広がり、既存の金融機関の格差が拡大し
　ていくようにも思われたのですが、いかがでしょうか。
［答］たとえば、地銀は、FinTechでいろいろなサービスが具体化とか実現
　していったときに、影響を受ける可能性はあります。一方で、地域での
　シェアを相応にもっているので、顧客との接点を生かすことができます。
　一定程度確立した新しいFinTech等のサービスをどう利用するかという２
　次利用みたいなものをうまく取り入れていくということで、対処できる面
　はあると思います。漫然と待っていると結構格差が大きくなるのではない
　かと思います。

第３章　FinTechと金融機関　115

第4章

ブロックチェーンについて
―FinTechとこれからの金融―

株式会社日本総合研究所 副理事長

翁　百合

（2017年10月25日講義）

1 はじめに

　今日は、FinTechのなかでも特にブロックチェーンについて講義をしたいと思います。ブロックチェーンの応用、最近のICO（Initial Coin Offering）、いろいろな動きがありますが、ブロックチェーンのさまざまな分野への広がりの可能性を皆さんに少しでも理解していただければと思っています。

　ブロックチェーンは、FinTechの１つという位置づけもあるのですが、ベン図のようなかたちになっていて、金融だけでなく、さまざまな産業や、あと電子政府化、そういったところにも広がりをもつものです。ですので、金融の側面から入っていきますが、必ずしも金融だけの話ではなく、広がりのある話でして、だからこそ、ブロックチェーンが金融システムに与える影響も広がりがあると思います。

　最初に、FinTechの潮流がどういうもので、これからの金融をみるうえでどういう視座が必要なのかということを考えていきたいと思います。次に、ブロックチェーンは社会をどう変えるかということを少し長めにお話しします。それから、最後にFinTechとこれからの日本の金融システムについて考えていきます。

2 FinTechの潮流とこれからの金融をみるうえで必要な視座

インターネット・スマートフォンの普及

　なぜ最近これだけFinTechが議論されるようになったのかということですが、１つは、1990年代以降のインターネットが底流にあると思います。加えて、2000年代以降にスマートフォンが世界的に普及し、個人のライフスタイルが大きく変わったことが非常に大きな変化です。たとえばｅコマースなど

118

で、決済や資金の送金がすべてスマホでできて、非常に便利になってきていますが、個人のライフスタイルの大きな変化もFinTechが盛り上がっている背景といえると思います。

加えて、クラウドも普及し、データ処理能力が非常に大きくなってきています。AIの活用で、ビッグデータのさまざまな分析をするようになり、データ処理能力が向上し、どんどん新しいビジネスが多様な事業者によって生み出され、近年、急拡大しています。

アンバンドリングの進展

たとえば銀行業というサイドからみますと、いままでの金融機関、特に銀行につきましては、機能は決済と資金仲介が中心であったといえるわけです。資金仲介という分野につきましては、もうすでに証券、直接金融も発展しています。また、市場型間接金融といわれていますが、特に証券化などは、いままであった金融の融資という機能を、資金の提供とリスクの提供に分解して提供することを可能にしたといわれています。そういった構成要素を分解することをアンバンドリングといいます。まさに証券化などの技術革新で、融資の分野、資金仲介の分野はもうアンバンドリングが進んでいました。近年になって決済の分野についても、ファイナリティのある部分は銀行が行うのですが、顧客とのインターフェースのところにはどんどんFinTech業者が入ってきて、便利なツールを提供するようになっていて、構成要素が分解されて提供されるような方向になってきていると思います。

銀行以外の担い手は、これらのいままで銀行が担っていたような決済、資金仲介といったサービスにさまざまな付加価値をつけて、組み合わせて提供するようになっています。たとえばP2Pレンディングなどは、さまざまな企業がどういう取引をしているかをデータで集めて、このトランザクションのデータからみると、そろそろ新しい設備投資をする機会が必要なのではないかという提案をしていて、いままで銀行は相手の企業のバランスシートと損益しかみていなかったのが、ビッグデータでトランザクションの動きをみて

第4章 ブロックチェーンについて　119

新たな提案ができるというような付加価値を提供して、顧客に喜ばれていると思います。

ビッグデータの分析が鍵

FinTechを、銀行・保険会社など金融機関だけの流れととらえるのは間違いで、いま、社会全体としてIoT（Internet of Things）が進み、ビッグデータを分析して、人工知能などを活用してさまざまな新しいビジネスを出していく、生産性を上げていく、そういった動きは、製造業やさまざまな非製造業でも進んでいるといえると思います。ここにはブロックチェーンも関係してきます。

たとえば、いま、インダストリー4.0という第四次生産性革命といわれているものが、ドイツのシーメンスなどの製造業で進んでいます。ビッグデータを活用し、AIで判断し、サプライチェーンを効率化していく、生産工程を効率化していく、そして顧客に対して一人ひとりにあったカスタマイズドなサービスや品物を提供していく、そのような新しい動きが出てきていますが、そこもまさにビッグデータの分析が鍵になっています。金融でもまったく同じで、ビッグデータなどを活用して新しいビジネスが出ているということで、その意味では大きな流れのなかでFinTechをとらえる必要があります。データ、IoT、人工知能を活用する、そういった技術革新が広く産業全体に広がるなかで、FinTechも進んでいるととらえるのがいいと思います。

Society5.0は歓迎すべき動き

日本では、2016年度からの科学技術基本計画でSociety5.0という言葉が使われるようになりました。先ほどのインダストリー4.0はドイツ発の言葉です。一方で、日本の未来投資戦略という成長戦略が2017年6月に出ましたが、その副題が「Society5.0の実現に向けた改革」となっています。つまりSociety5.0というのは、実は日本発の言葉で、G7などで安倍総理も話しておられるようです。どういう意味かというと、Society1.0は狩猟社会、Society2.0が農耕社会、Society3.0が工業化社会、Society4.0が情報社会、そしてSociety5.0が超スマート社会ということで、デジタル化、IoT、さまざまなビッグデータを活用していく社会です。

インダストリー4.0は製造業だけと考えられますが、Society5.0というと、たとえば医療・介護などにも、私たちの健康情報などをうまく活用して、利便性の高い、安心なサービスを提供できる。そういった意味で、Inclusionというのはいま1つの大きな流れで、金融包摂のときにもFinancial Inclusionといいますが、所得の低い人も含めて、社会全体を包括して新しいサービスや住みやすい社会を提供していく、そういうコンテキストのなかでFinTechも語られているということです。

実は未来投資戦略では、医療・介護も重要な柱になっているのですが、5つある柱の1つがFinTechになっていて、そのほかにも自動走行や、老朽化した設備をセンサーでチェックして、老朽化の進行を察知し、早く公共設備をリニューアルしたほうがいいという警告を出すためにもセンサーデータを使っていくことなど、いろいろなかたちで技術革新を活用していこうという動きになっています。そういうコンテキストのなかでもFinTechは語られています。実はブロックチェーンは、医療などにも応用可能性のある技術であり、その意味で、金融が相対的な位置づけになっているということにも関心をもっていただけるといいかなと思います。

Society5.0は、あらゆる場面で私たちの個々のライフスタイルを便利にする潜在的な可能性を秘めています。金融も同様で、FinTechも私たちの生活の利便性を非常に高くしていく可能性を秘めているということで、歓迎すべき動きとしてとらえられています。基本的に、どの国でもFinTechは推進しているといえます。

各国の動きとRegulatory Sandbox

たとえば、中国の話も聞かれたと思いますが、中国政府もある意味、ビットコイン・ICOなどに最近規制はかけているのですが、たとえばアリペイな

どはどんどんやってよいと最初から自由にさせています。後から少し規制を
かけたりしていますが、基本的に、生産性を高くしていくという経済の大き
な効果もありますので、サポートしているというのが各国の動きです。

　イギリスは、いちばん最初にRegulatory Sandbox（レギュラトリー・サン
ドボックス）というものをつくりました。Regulatory Sandboxは「規制の砂
場」といいますが、医療などの治験と少し似ています。つまり、新しいトラ
イアルをしたいという業者がいます。だけれども、いまの規制だとできな
い。しかし、リスクはあるけれども、しっかりとそのビジネスに参加するこ
とに納得した人たちが、限られた場所、限られた時間内で、まずトライアル
してみましょうと。砂場のようなところで、まずトライアルをしてみましょ
うという試みがRegulatory Sandboxで、今回、日本でも実施することが未
来投資戦略2017で決まりました。いちばん最初はイギリスですが、その後、
シンガポール、オーストラリア、アブダビ、こういったところでどんどん
Regulatory Sandboxをつくるという動きが進んでいて、日本はそういった
国々よりは少し遅れがちだったのですが、今回、Regulatory Sandboxを入
れるということになったわけです。

　イギリスは、今回、ブレグジットもありますが、シティというのは、何と
いっても非常に多くのベンチャーが集まってくる活力のある金融市場です。
そこでFinTechをサポートしようという動きが以前からありまして、Regula-
tory Sandboxをつくったり、イングランド銀行は中央銀行で、金融監督も
行っていますが、アクセラレータープログラムというのを民間と組んでやっ
たりしています。たとえば、PwCのような会計事務所とブロックチェーン
のトライアルをやってみましょうということで、AI・ブロックチェーンな
どのテーマを決めて、民間と組んで、自らが一緒になってトライアルをして
みるという動きを強めています。

FinTechの市場規模

　図表4－1は、FinTechの市場規模の最近の状況を示しています。上図が

全世界におけるFinTechへの投資で、2014年が大幅に伸びて、さらに2015年が伸びて、2016年の段階では少しピークアウトしている状況だと思います。ずっと伸びてきてはいるのですが、ここへ来て投資がとても多くなっているということがわかると思います。

　下図が2015年時点の地域別のFinTech投資の見通しです。ですから、2016年に少し小さくなっているのが反映されていないのですが、全世界で広がっています。2015年の段階での見通しですが、中国が2015年、2016年と非常に発展していますので、アジアはさらに大きくなっていくと思います。2020年までをみていますが、全体としてFinTech投資は広がっていくと考えられていることがみてとれると思います。アジアのなかでは、もちろん日本もあるのですが、投資額としてはまだわずかです。やはり中国、そしてシンガポールも、投資が大きい国々ではないかと思います。

アメリカにおける金融ベンチャー投資

　特にアメリカが非常に大きいわけですが、図表4−2の上図が金融サービスへの投資、下図はベンチャーに占める金融サービスの割合を示していて、ITバブルの直前ぐらいに匹敵するような規模で投資が行われてきて、少しバブル気味であったということがわかると思います。下図のベンチャー投資額に占める割合は、ITバブルの時を超えるぐらい金融サービスへの投資が進んでいて、それでバブルのような部分が少し落ちたかなと思います。

　アメリカと日本のFinTechについての違いがありまして、アメリカ・欧州は、リーマンショックの時に、大手銀行にかなり公的資金を入れたことで反感を招き、ウォールストリートの人たちが儲けてばかりいるということでデモが起こりました。それに加えて、リーマンショックの後にバーゼル規制と呼ばれる自己資本比率規制が強化されました。トランプ大統領になって、少し規制を緩める方向になるかもしれないといわれていますが、リーマンショック後はバーゼル規制だけでなく、アメリカ独自でも規制強化を行って、銀行が中小企業向けにあまり融資ができなくなったという事情があります。

第4章　ブロックチェーンについて　123

図表4－1　FinTechの市場規模

［全世界におけるFinTechへの投資］

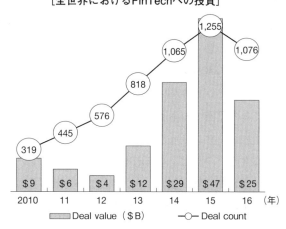

［地域別FinTech投資］

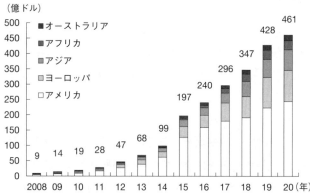

（出所）　上：KPMG、下：MarketResearch.com "Five Banking Innovations from Five Continents: USA, Europe, Asia, Africa, Australia" February 2015

図表4-2　アメリカにおける金融ベンチャー投資

[「金融サービス」への投資]

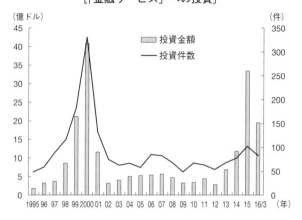

[VC投資全体に占める「金融サービス」の割合]

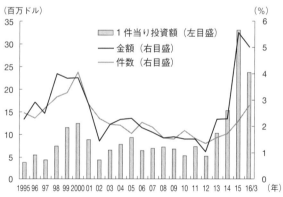

(注)　2015年は1月～9月までの実績。
(出所)　PWC/MoneyTree

そういったところにFinTechベンチャー企業が多く出てきたということで、たとえばツイッターやアマゾンなども融資をしていますが、小さなベンチャーや金融以外の事業者が、P2Pレンディングなどを行っています。すなわち、お金がほしい人、お金を運用したい人をインターネット上で結びつけるP2Pレンディングという資金の仲介を始めているのです。いままで大手金融機関には振り向いてももらえなかったような小さなコーヒーショップや、小さな自転車屋さんなどがP2Pレンディングでベンチャー企業から融資を受けることができるということで、非常にサポーティブにみている人たちもいます。このように金融サービスを受けられるようになることをFinancial Inclusion（金融包摂）といいますが、ベンチャーが発展しているということが、日本とは少し違います。日本では、リーマンショックの後は、日本の銀行はそんなに批判されたわけではなかったので、銀行とベンチャーは連携してFinTechを進めている印象がありますが、こういった違いが背景にあります。

FinTechベンチャーと金融機能

図表4-3はベンチャースキャナーというサイトで、皆さんもインターネットですぐ検索できるのですが、いろいろなベンチャーがどういう機能を担っているかということがみてとれます。バンキング、レンディング、パーソナルファイナンス、ペイメンツ、エクイティファイナンスなど、いろいろな分野で多くのベンチャーがいろいろなことを始めています。

異業種事業者がイノベーティブなサービスを提供

少し決済のことをお話ししたいのですが、特に銀行業は、決済は従来独占的にやっていました。為替取引は、最高裁の判決も出ているとおり、隔地間の現金を伴う資金移動となっているのですが、資金移動業が数年前にできるまでは、日本の銀行は、基本的には為替取引を独占していました。実はコンビニエンスストアで公共料金が払えたり、少しグレーゾーンはあるのです

図表 4 − 3　ベンチャースキャナー

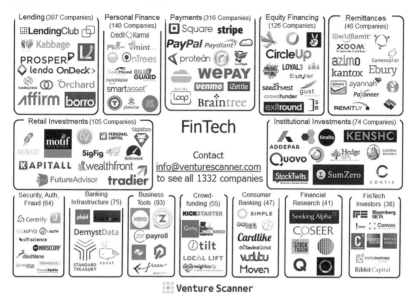

（出所）　Venture Scanner https://www.venturescanner.com/sector_maps/financial-technology.pdf

が、基本的には銀行が独占していたのです。しかし、最近の決済は、銀行以外のいわゆる異業種といわれる事業者がイノベーティブなサービスを提供するようになっています（図表 4 − 4）。ペイパルは昔からあったオンライン決済システムですが、そのほかにもアップルはApple Payを出していますし、グーグル、アリババ、アマゾンなども決済手段を出すようになり、いわゆる異業種がどんどん新しくビジネスを提供する状況になっています。

FinTechと伝統的銀行決済ネットワーク

　FinTechと伝統的な銀行決済ネットワークの関係を考えますと、私たちがたとえばみずほ銀行から三井住友銀行に送金するときには、いま、全銀システムを使っていて、この全銀システムがいまの私たちの送金システムの根幹にあるわけです。それは、1980年代ぐらいにはもう堅牢なものができていた

第 4 章　ブロックチェーンについて　127

図表 4 - 4　異業種事業者がイノベーティブなサービスを提供

分　　野	企 業 名	概　　要
オンライン決済	PayPal	1998年設立、メールアドレス利用のオンライン決済システム 全世界の利用者１億6,500万人
m-POS	Square	2009年ツイッター創業者のジャック・ドーシー設立 スマホにカード読取端末を装着、カード決済可能に
モバイル・ウォレット	Apple	iPhone内蔵のNFCを利用した決済サービス "Apple Pay"、セキュリティは指紋認証
モバイル・ウォレット	Google	NFCを利用した決済サービス "グーグルウォレット" 提供 Appleと同様の仕組みで "Android Pay" を提供予定
モバイル・ウォレット	NTTドコモ	携帯電話搭載のFeliCaチップによる「おサイフケータイ」
E-Commerce	Alibaba	決済⇒融資⇒銀行 電子モール利用者の取引状況をもとに融資
E-Commerce	Amazon	決済⇒融資
E-Commerce	楽天	決済⇒融資、「楽天経済圏」で総合金融サービス提供
電子マネー	JR東日本等	Suica（JR東日本）、nanaco（7&I）、WAON（イオン）等

（出所）　野村敦子「FinTechをめぐる競争と協業」日本総合研究所

ということで、確実です。間違いがない。安全で確実で、リアルタイム性があるものが実現しているのですが、そういった堅牢な仕組みは1980年代にすでにできていた。ただ、これはまさに中央集権型の決済ネットワークです。入っている人たちは金融業界の人たちだけ、つまり、銀行関係者だけが入って、中央集権型で大型コンピュータを中心につくられている非常に堅牢な仕組みです。

インターネットは、実は1990年代以降に広がった多数の参加者に開放された分権ネットワーク、まさにP2Pということを可能にするネットワークです。しかも、利用者自身が、こういったビジネスができないかなと考えます。いままでの全銀システムは金融機関の人たちだけで考えていたのですが、インターネットは、さらに利用者たちが新しいサービスをつくっています。しかも、大型コンピュータなどを必要としないので、コストパフォーマンスも非常に高い。そういう世界が銀行システムの外縁に広がり始めているということなのだと思います。

百貨店をみていただければわかるように、百貨店ビジネスもいまのネットの商取引の分野では大きな影響を受けていて、ネットの商取引が大きな広がりをみせているのと同じコンテキストで、既存の銀行業、その外縁に広がったインターネットでの取引が、銀行業にも非常に大きな影響を与えることが（銀行業からみると）懸念されていると思います。技術革新のスピードは非常に速いということが背景としてあります。

新たな多様な担い手と金融業

新たに多様な担い手がどんどん入ってくるのに対し、たとえば決済の部分は、銀行業はすでに装置産業になっている。固定費が高い。まず大きな本店があって、たくさんの支店・ATMがあって、大きなコンピュータセンターがある。そして、そのコンピュータセンターが万が一壊れてしまうと困るということで、バックアップのために、BCP（Business Continuity Plan）といいますが、たとえば東京の銀行だったら、大阪や横浜に非常にコストをかけ

第4章　ブロックチェーンについて　129

て危機対応のためのものをつくっている。そういう中央集権的、かつ、固定費の高いビジネスをいままで行ってきているのですが、FinTechは、いま、まったく新しいコンセプトを入れようとしています。しかも、簡易なモバイルペイメントの利用者が新しく決済のイニシアチブを握り、新しいビジネスにトライアルしようとしています。

そして、とにかく技術革新は非常に速いスピードで、コストも低下させ、パフォーマンスも改善する。多くの場合、ビッグデータを活用し、イノベーション、そして企業と企業、企業と金融機関、または既存の金融機関とFin-Tech企業が一緒になって、コラボレーションするビジネスモデルをどんどん展開するようになっています。これをエコシステムというのですが、新しいビジネスとビジネスの連携、コラボレーションが進み、どんどん新しいビジネスモデルが出るようになってきています。

アメリカで最大手のJPモルガンチェース銀行のCEOは、最近、ビットコインは詐欺ではないかと発言して有名になっていますが、この方は前から非常に示唆的なことを発言していて、2014年の株主向けのメッセージでは、「われわれのライバルは大手銀行ではなく、これからはフェイスブックやグーグルになる」といって、かなり注目されました。つまり、銀行のこれからのライバルは銀行ではない、フェイスブックやグーグルといったジャイアンツとこれから対峙していかなければいけないと述べたわけです。

それから、2015年の段階では、"Silicon Valley is Coming. There are hundreds of Start-ups with a lot brains and money working on various alternatives to traditional banking"と警告をしました。いままで伝統的な機能を担っていたが、シリコンバレーのベンチャーにたくさんの投資金額が集まっていて、とても優秀な人たちがどんどん新しいものを考えて入ってくる。危機感をあらわにしているということで、新たな担い手が伝統的金融機能の一部を代替し、分担するようになり、いままでの銀行業、保険業、証券業といった金融の業界区分的な発想に潜在的に大きなインパクトをもつ動きといえると思います。これからの法制にも非常に大きな影響を与える動きだと思い

ます。ですので、金融業の概念、競争状況を非常に大きく変える動きと考えられます。

FinTechが金融サービスに持ち込んだ視点と既存金融業に対する懸念

Apple、グーグル、アマゾン、こういったところがどんどん新しいビジネスを金融で展開してくる。ベンチャーがどんどん新しく入ってくるというのも既存の金融業にとっては脅威ですが、アマゾン、グーグル、ツイッター、こういったところはグローバルに何億人といった人たちが顧客基盤としてあります。ですから、そういう人たちが金融サービスを担うようになるということは、金融業にとっては大きな脅威になると思います。ビットコインもグローバルで国境がない。FinTechの特徴はそういったところにあるわけですが、グローバルで、技術革新のスピードが速く、どんどん進展していく。それから、イニシアチブをとっているのが顧客・利用者で、その人たちがビジネスを考えるので、徹底的なユーザー視点だということです。ですから、金融機関も本当に徹底的なユーザー視点をもたないと競争に勝てないという状況になってきていると思います。

それから、非常に大きなテーマになっているのはセキュリティだと思います。セキュリティ技術を飛躍的に向上させていくことが大きな課題になっている。これは事業者にとってもそうですし、当局にとってもこれが求められていくということだと思います。

ですから、銀行業にさまざまな人たちが入ってきて、特に、2017年5月に銀行法が改正されて、オープンAPIが進むことになりました。オープンAPIというのは、次回講義で説明されるマネーフォワードなどの家計簿アプリがありますが、今後、家計簿アプリはオープンAPIで行うようになっていきます。いま、家計簿アプリはオープンAPIではないので、いままではセキュリティコードと口座番号をFinTech業者に伝えなければいけなかったのですが、オープンAPIになっていけば、それを伝えなくても家計簿サービスを得ることができます。

第4章 ブロックチェーンについて　131

銀行と顧客の間にFinTech企業が入ってきて、オープンAPIを進めていくことによって、銀行のデータを活用してFinTech企業がいろいろなことができるようになっていき、銀行の口座データなどが使われることになると、銀行は顧客とのインターフェースをなくしてしまう可能性があって、むしろ社会インフラ的な存在になってしまうリスクもあると議論されています。通信業などでも土管化という言葉で語られたことがあるのですが、そのようになってしまうリスクがあるともいわれています。

　もう1つ、重要なのがブロックチェーン技術で、これは金融機関だけでなく、産業のビジネスモデルも大きく変える。経済社会システム、公共サービスのあり方などにも大きな変化をもたらす可能性がある技術だといえると思います。

3 ブロックチェーンは社会をどう変えるか

3.1 ブロックチェーンとは何か

ブロックチェーンの特徴

　少しだけ復習の意味も込めてブロックチェーンとは何かについて説明します。ブロックチェーンとは、図表4 - 5のように、データのブロックの要約がずっと連なっていくということで、ブロックチェーンという言い方をします。このブロックの一つひとつには取引データが集約されて、それがブロックとしてつながっていく。ただ、重要なことは、この取引データの要約が次のブロックに入る。そして、その取引データの要約がさらに次のブロックに入る。このため、改ざんがすごくむずかしくなるというのが1つの大きな特徴になっています。

　ブロックチェーンのもう1つの特徴は、分散であるということです。先ほ

132

図表4-5 ブロックチェーンとは

［ブロックチェーンイメージ］

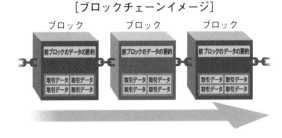

［集中管理と分散管理のイメージ］

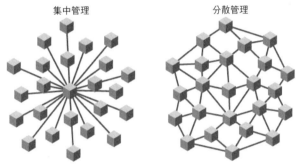

（出所） 翁百合・柳川範之・岩下直行『ブロックチェーンの未来』日本経済新聞出版社、2017年

ども話しましたように、いままでの金融システムは集中管理が中心であったのですが、ブロックチェーンは一人ひとりのパソコン、一人ひとりのスマートフォン、ノードといいますが、こういった人たちが台帳を持ち合うようなものになっていて、カネ・モノの取引履歴情報をブロックチェーンネットワークに参加する全員が相互に分散して保管維持する。そして、それらの台帳が同じでなくてはいけないので、それが正当であるということを合意しながらデータを持ち合う仕組みになっていて、Distributed Ledger、分散型台帳ともいわれています。このような特徴をもっていて、分散して台帳を持ち合う。台帳管理のイノベーションともいわれていますが、これが1つ特徴としていえると思います。

ブロックチェーンの2つの分類──参加者を限定するか、しないか

図表4－6は、2つのタイプのブロックチェーンをあらわしています。当初、ブロックチェーンはビットコインの裏側にある技術でした。ですので、まさにUnpermissioned、つまり、だれにも許可を得なくて、だれでも参加

図表4－6　ブロックチェーンの分類─参加者を限定するか、しないか

	Unpermissioned 管理者は不在で だれでも参加可能	Permissioned 参加するために管理者から 許可されることが必要
ノード参加者	不特定の参加者	特定の参加者
類型	パブリック型	プライベート型 コンソーシアム型
コンセンサス・ アルゴリズム	PoW （プルーフ・オブ・ワーク） PoS[注1] （プルーフ・オブ・ステーク） PoI[注2] （プルーフ・オブ・インポータンス）など	PBFT[注3] （プラクティカル・ビザンチン・フォルト・トルランス）など
使用例	ビットコイン、イーサリアム ファンダービーム社	NASDAQ（一部の未公開株取引） JPX（日本取引所グループ）（実証実験）

（注1）　PoS（プルーフ・オブ・ステーク）は、PoWの代替システムに当たるもので、コインをもっている割合（Stake）によってブロック承認の権利を決める方法のこと。

（注2）　PoI（プルーフ・オブ・インポータンス）は、ノードごとの取引額や残高を指標とした分析により、個別のノードの重要性を計算し、より重要なノードに承認の優先権を与える方法のこと。

（注3）　PBFT（プラクティカル・ビザンチン・フォルト・トルランス）は、参加者のうち約3分の2の合意により書き込みが行われる仕組みで、高速な合意形成が可能。なお、PermissionedでもPoW、PoS、PoIなどを使うこともある。

（出所）　翁百合・柳川範之・岩下直行『ブロックチェーンの未来』日本経済新聞出版社、2017年

できるものであって、不特定の参加者、だれでもオーケーというブロックチェーンだったわけです。それをパブリック型という言い方をすることもあります。ただ、一人ひとりの台帳の正当性についてコンセンサスをとっていかなければいけないので、それをコンセンサスアルゴリズムというのですが、たとえばビットコインの場合はプルーフ・オブ・ワークということで、電気代をたくさんかけて、複雑な計算の問題を解いて、解いた人には報酬を与える。計算を解くというかたちによって改ざんされないようなデータをブロックに記録させることで不正を防ぎつつ、インセンティブを与える合意のメカニズムを入れているのがビットコインです。ただ、このほかにも最近は同じパブリック型を使った仮想通貨がいろいろ出てきていますし、また、こういったパブリック型を使ったビジネスも出てきています。

ただ、最近多くの金融機関または日本の証券取引所がトライアルしている実証実験は、主に右側のPermissionedのほうです。つまり、特定の参加者だけが参加するタイプのブロックチェーンです。もともとブロックチェーンはPermissionedではない、だれでも参加できるという、草の根的で民主主義的な発想に基づいています。だからこそ中央集権でないというイメージがありますので、この新しい管理を伴うブロックチェーンは何か少し違うのではないかと考えられがちですが、同じ分散型台帳をもっているということで、ブロックチェーンというくくりのなかで議論されています。

たとえば証券取引所や、限られた人たちの間で通用する送金や通貨なども、参加するために管理者から許可される、特定の参加者だけのタイプのブロックチェーンが多くて、実証実験はPermissionedが多いです。日本のメガ３行などが取り組んでいるのもPermissionedが多いと思います。

このうち、特定の企業が行っているものをプライベート型、コンソーシアムを組んで行っているようなものをコンソーシアム型といいます。こういった場合でも、やはりなんらかの合意をとって取引履歴をつくっていかなければいけませんので、コンセンサスアルゴリズム、合意を得るための方法が考えられています。ですので、ネットワークの環境さえあればだれでも利用で

第４章　ブロックチェーンについて　135

きるのが本来のブロックチェーンだったのですが、いまはこういった管理されたかたちで多くの実証実験がなされているということです。

　ブロックチェーンは、もともとビットコインに使われていた技術なので、それだけをもってブロックチェーンというように議論して、こういった幅広いものを分散型台帳技術（Distributed Ledger Technology：DLT）ということもあります。これをブロックチェーンと分けて考える人もいるのですが、今日は、ブロックチェーンと分散型台帳技術をイコールのものだとして議論していきたいと思います。

3.2　ブロックチェーンのメリット

障害に強い

　それでは、ブロックチェーンのメリットについて少し考えていきたいと思います。まず、障害に強いということです。これは皆さんそれぞれがパソコン上に台帳をもっているというイメージでとらえていただく。たとえば中央集権型だったら、東京にある大型コンピュータにハッカーが入ってしまうと使えなくなってしまう。そういうことを避けるために、非常に高いコストをかけて大阪にBCP用のバックアップセンターをつくっていたのですが、ブロックチェーンの場合は、1つのところがアタックされても、皆が分散してもっているので、非常に障害に強いといわれていて、可用性という言い方もします。そして、1回ドンと何かあってもダウンタイムが少なくてすむということで、障害に強い。これは分散型であることが大きな特徴になっているといえると思います。

データの改ざんが困難

　それから、データの改ざんがむずかしい。これは先ほど申し上げたとおり、たとえば、ビットコインのブロックチェーンは、原理的には10分ごとにブロックができていきますが、前のブロックのデータの要約が次のブロック

に入っている。その時間の取引のデータの要約が次につながるということなので、後から改ざんしようとすると非常にコストがかかってしまって、データの改ざんが基本的にできない。このデータの改ざんができないということで、政府でも不動産の元帳などにもこれは使えると、かなり注目されている1つのメリットです。同時に、ビジネスの面でも、いろいろな取引のトレーサビリティ（追跡可能性）がある。後でダイヤモンド取引の話をしますが、まさにブロックチェーンでダイヤモンドの取引履歴が追えるということで、新しいビジネスチャンスが生まれているといえると思います。

仲介者を省いて低コストに

3つ目は、P2P、先ほど分散型といいましたが、ビットコインもだれか仲介者を通して国際送金するというわけではありません。いまは銀行から海外送金をしようとすると高いお金がかかります。10万円送るために何千円かかるというような非常に高いお金がかかりますが、ビットコインはだれも仲介者がいません。仲介者はいないので、仲介コストがなくてすむ。そういう意味で、仲介者を省いているのでコストが低くてすむメリットもあるということで、国際送金の分野などで注目されています。

複雑な契約を自動化できるスマートコントラクト

あと、いま、ブロックチェーン2.0とも呼ばれているのですが、ビットコインには載っていないのですが、イーサリアムと呼ばれているパブリック型の仮想通貨にはスマートコントラクトというものが載っています。スマートコントラクトとは何か。これは自動的に処理ができるようプログラム上に載せておくということです。ですので、IoT（Internet of Things）の世界でいろいろなビジネスを展開することができる。複雑な処理、いろいろな人との契約などを、自動的にプログラムに載せることによって共有化して新しいビジネスにつなげていくことができる。これがさまざまなビジネスに使われる可能性を秘めているといわれています。後ほど、どういうビジネスが存在

第4章　ブロックチェーンについて　137

し、検討されているかをお話ししていきたいと思います。

3.3 ブロックチェーンの課題

大量の取引に対応できない（スケーラビリティ問題）

　ただ、ブロックチェーンにはさまざまな課題があります。ブロックチェーンはまだまだ未熟な技術で、いま、技術革新がどんどん進んでいる技術であると理解していいと思います。まず「大量の取引に対応できなくなる（スケーラビリティ問題）」ことがあげられます。最近、ビットコインの分岐がありましたし、第二の分岐があるともいわれます。さらに第三の分岐で、2017年11月には4つに分かれるのではないかともいわれています[1]。そもそもの原因は、大量の取引に対応できないということが背景にあります。つまり、いまあまりにもビットコインの取引が多くなってしまっていて、基本的にはビットコインは10分ごとにブロックができて取引ができるかたちになっているのですが、その時間が非常にかかるようになっていて、大量の取引には全然対応できなくなってしまった。それで、ブロックサイズを大きくするか、どうするかということがなかに入っている人たちのなかでさんざん議論されて、1つの結論が出たのですが、それに従えない人がビットコインキャッシュというかたちで分岐するということが最初に起こったわけです。

　それから、つい最近のビットコインの分岐は、中国とは違う香港のほうで新しいタイプの、もっと簡易なものをつくるということで分岐したわけですが、とにかくパブリックのブロックチェーンの決定的な問題は、取引が大量になると対応できなくなるということが大きいわけです。ですので、たとえば銀行にかわるような決済を行おうと思っても、とてもとてもそれに対応できるような能力をもっているブロックチェーンはまだない。ビットコインの

1　ビットコインは、2017年8月1日にビットコインとビットコインキャッシュに分岐
　し、同年10月にもビットコインゴールドに分岐。同年11月にも再度分裂すると懸念され
　ていたが、実際には分岐は行われなかった。

138

最初の分岐は、まさに大量の取引に対応できなくなることから起こったということが1つで、技術的にもまだまだ大きな課題があるということがいえます。

プライバシーの保護と分散管理の両立がむずかしい

それから、「プライバシーの保護と分散管理の両立がむずかしい」という課題です。たとえば日本取引所では、証券取引にブロックチェーンを入れてみようと考えていて、取引が成立してから決済のほうまで、いろいろな手続をブロックチェーンでできないかと議論しているのですが、ただ、だれが証券を保有しているかなど、プライバシー保護が必要な部分があります。特に、先ほど説明したPermissionedのブロックチェーンは、プライバシーの部分については知られたくないようなビジネスをブロックチェーンで展開しようという場合が多々あります。ただ、ブロックチェーンはそもそもパブリックというかたちで、透明である、皆が台帳を持ち合って、どういう取引がなされているか、皆がわかっている。そういう発想でできた民主主義的なもので、透明性が1つの特徴だったわけです。ですので、新しい管理されたブロックチェーンのほうでいろいろなことを行おうとすると、プライバシーの保護とどのように両立するのかが非常に大きな課題になっていて、いま、技術の面でいろいろ考えられています。

即時性の必要な取引には向かない

3つ目の課題が、「即時性の必要な取引には向かない」ということです。ビットコインは、10分ごとにブロックができていく。それから、もしかしたらそのブロックが分岐してしまうことがあって、確実にこの人に渡ったと確認できるのが通常であれば1時間ぐらいかかるといわれています。いま、私たちが銀行で振込みをすると、ほぼリアルタイムで着金できるようになってきています。それに比べると即時性がないといわれていて、即時性がないということは、ファイナリティが確保しにくいという言い方をします。たとえ

第4章　ブロックチェーンについて　139

ば、銀行もデジタル通貨などを入れてみようと実証実験をしていますが、これもどうやって即時性を確保するかが課題になっていますし、ビットコインについては、どうしても10分から1時間かかってしまうので、決済を確実にするものではないということで、少し時間がかかってしまうから、取引のリスクが存在しているといえます。ここが、いま、私たちが日常的に使っている資金決済システムとの1つの大きな違いということがいえるかと思います。

本当に低コストになるかわからない

それから、ブロックチェーンの実装がトータルで本当に低コストになるかわからない。パブリックブロックチェーン、たとえばビットコインの場合は、本当に多くの電気コストを使っていますし、コンソーシアム型は管理者が必要になり最終的に低コストなのかはわかりません。Permissioned型を使っている人たちとUnpermissioned型を使っている人たちで結構論争があって、あなたたちのほうは結構コストがかかるのではないか、本当に低コストになるかまだわからないという議論がされています。

周辺のアプリケーション機能の開発や標準化が必要

また、ある部分だけブロックチェーンを入れよう、たとえば銀行の決済に一部入れようと思っても、周辺にもいろいろなアプリケーションがあって、そういった機能を開発していくことも必要ですし、だいたいブロックチェーンをどこかで一緒に入れようと思ったら、いろいろな金融機関同士が標準化を行っていかなければいけないということで、コストの面も含めて非常に重要な検討課題になっています。

契約では想定しない事態への対応がむずかしい（完備契約が結べない）

それから、契約では想定しない事態への対応がむずかしいということです。先ほどスマートコントラクトの話をしましたが、これは自動的に処理が

履行されていくわけです。ですが、想定外のことが起こることがあります。そういったときに、そのプログラムを書き換えることはできるのかということが非常にむずかしい課題になっていて、実際にそうしたことが原因で起こったThe DAO事件という事件もありました。これは後でお話しします。

3.4　ブロックチェーンの実証実験・実用例

仮想通貨、ビットコイン型のパブリックブロックチェーン

次に、実例や実証実験としてはどのようなものがあるかということをお話しします。まず、仮想通貨、ビットコイン型のパブリックブロックチェーンがあります。日本では仮想通貨が決済手段、交換手段として位置づけられ、仮想通貨交換業者が登録制で活動するようになり、いま、日常的にもいろいろな店で使えるようになってきています。そうしたなかで、最近、ビットコインの分岐やICOの隆盛が起こってきています。

商取引・投資のインフラ

2つ目は、金融のみならず商取引のインフラにも使われる。まず金融の部分は、仮想通貨はまったく中央銀行のないところで使っていますが、実は中央銀行自体もブロックチェーンを使ってデジタル通貨発行を検討してみようという動きが出てきています。それから、たとえばMUFGコインなど、民間銀行でもブロックチェーンを使うという動きも出てきています。

それから国際送金です。P2Pでできるということで、少し時間がかかってもいいタイプの国際送金はブロックチェーンが向くのではないかということで、いま、銀行業界が実証実験をしようとしています。それから貿易取引です。貿易取引には、いろいろな取引業者がいて、そこの間の契約の書類がとても煩雑です。それを皆で持ち合って、信用状のやりとりなどを共有し、スマートコントラクトで自動的に行うことによって相当効率化できるということで、もうすでにベルギーでは実用化が進んでいます。国際送金も、日本で

第4章　ブロックチェーンについて　141

はまだ実証実験ですが、スペインのサンタンデール銀行などでは、実用化が進んでいます。シンジケートローンについても、これは何行も一緒になって融資をするタイプのものですが、情報管理を統合してブロックチェーンでできるのではないかということで、いま、実証実験が行われています。

KYCでも検討されています。KYCというのはKnow Your Customerという個人認証の略ですが、個人情報を金融機関間で共有して、個人認証を容易にしていくこともブロックチェーンでできるのではないかということが議論されていて、実証実験が始まろうとしています。

それから証券取引です。たとえば、アメリカのNASDAQという証券取引所では、未公開株をブロックチェーンに載せて取引が行われています。いま、東京証券取引所でも、証券取引の一部をブロックチェーンに載せるということを実証実験しています。

それから、商取引などの産業への発展ということですが、ダイヤモンド取引や、サプライチェーンの効率化、たとえば医療や農業、流通、製造業などのあらゆる部分で、スマートコントラクトを実装して、ブロックチェーンを入れて行っていこうという動きが出てきています。シェアリングサービス、貿易取引もそうですが、たとえば電力のやりとりをブロックチェーンに載せているドイツの電力会社などもあります。そういうかたちで、まさにIoT（Internet of Things）というなかでブロックチェーンが使われようとしているということです。このように、金融だけでなく商取引にも使われていますし、サプライチェーンのなかに決済や、保険を付保するということで、ブロックチェーンの世界では、IoTのなかに金融が1つの要素として入り込むというかたちになってくる可能性が非常に高いといえます。

電子政府のプラットフォーム

3番目の実用例が、電子政府のプラットフォームです。後ほど説明する、エストニアは非常に有名で、電子政府化が進んでいます。電子政府は、それぞれデータベースをいろいろな省庁がもっているのですが、そこをインター

ネットで結ぶX-Roadというものがあり、そこにブロックチェーン技術が入っていて、改ざんを検知する仕組みが入っています。これもブロックチェーン技術を使って政府の情報の信用性を高めるという方向に作用しています。

それから、不動産登記も履歴が追えますし、また改ざんができないということで、スウェーデンなどで実証実験が行われていて、日本でも最近、政府での実証実験が始まろうとしているということです。

The DAO事件と仮想通貨の論点

次に、仮想通貨のむずかしさについてお話をしたいと思います。仮想通貨で2016年に大きな事件が起こったのです。ドイツのブロックチェーンのベンチャー企業が、分散型自立組織、つまりスマートコントラクトで何でも自動的に処理できるというコンセプトを実証しようとしたのですが、結局、うまくいかなくて、何億円もの資金がハッキングされてしまいました。スマートコントラクトで自動的にできる仕組みでいこうとしたのですが、プログラムにバグがあったということで、バグをねらったハッキングが起きて、このため、この問題にどう対応するかということで、新しいプログラムで更新してください（ハードフォークをする）といって、皆に配ったのです。ただ、それに賛成する人、反対する人がいて、結局、いまも賛成する人と反対する人と２種類の人たちが同じプログラム上にいるという問題が起こっていて、これでブロックチェーンは結構問題があるのではないか、まだまだ未熟だということがかなり議論された象徴的な事件だったのです。

この示唆するところはいくつかあります。まず、あらかじめ完備な契約を結ぶことはむずかしい。それから、想定外のことが起こったときの解決をどうするのか。これはビットコインの分岐でもみえるのですが、だれかが統治しているわけではないので、どういうガバナンスにするのかというのは、結局、多数決で決められていて、それに文句がある人は出ていき、分岐するという構造になっていて、そこで競争が起こるというイメージかなと思います。

第4章　ブロックチェーンについて　143

そして、こういったサイバー上の分散型自立組織がいろいろできてきているのですが、法律はどうかかわるのかということがいま最大のテーマになってきています。たとえば、アメリカの証券取引委員会（SEC）は、こういったところが発行するトークン——トークンというのは仮想通貨の場合もあります——は、連邦証券法の規制を受ける証券の1つである投資契約の募集であるという見解をつい最近2017年7月に出しています。分散型自立組織といっても、法律はきちんとかかわっていきますという見解を出して、いま、大きな議論になろうとしているということです。

ICOの隆盛と論点

　これに関連するのがICO（Initial Coin Offering）です。IPOは新規株式発行ということですが、コイン、つまり仮想通貨で資金を調達する。従来からこういった動きはあったのですが、2017年5月ぐらいから非常に増えてきまして、欧米を中心に急速に拡大しました。これに伴い、特にイーサリアムと呼ばれる仮想通貨の取引が急拡大して、ビットコインも含めて仮想通貨の価格がバーッと上がるという状況になってきて、日本でもすでにICOを行った企業もあるわけです。

　ICOはどういうものかというと、調達側がトークンを発行して、投資家がそれを仮想通貨で購入し、調達主体は資金を円やドルと交換して調達することができるわけです。ですから、こういうもので調達しますというと、とても短時間で、低コストで、国境を越えてお金を集めることができるようになっています。たとえば、アーリーステージの企業、出てきてすぐのベンチャーは、なかなか資金調達ができないので、そういったところが適切な資金使途のために集めるのであればメリットはあるのではないかといわれているわけです。

　一方で、情報開示が非常に不徹底であり、詐欺、もしかしたらマネーローンダリングに使われるような可能性のICOもあるように思われる。まだ法律がまったく整備されていない分野です。それから、ICOというかたちで調達

するものはいったい株式なのか債券なのか。議決権はまったくありません。こういった論点がたくさんあって、いま、投資家保護の仕組みがまったくないではないかという議論になっています。そんなこともあって、中国では、国内のICOを2017年9月に禁止したわけです。アメリカも、先ほど申し上げたように、連邦証券法の規制対象と考えていますということで、これから議論が進むと思います。

いまの段階では、ICOによって発行されたトークンは高値で取引されて、応募によって値上り益を享受する投資家がどんどん出てきて、ICOバブルのようになっていて、そういった問題が非常に懸念されるようになってきています。日本でも、この問題は、金融庁がどのようにするか、はっきりしたスタンスはまだ出していませんが、いずれどのように考えていくかということが議論になっていくのではないかと思います。

中央銀行によるデジタル通貨の検討の動き

中央銀行はブロックチェーンに非常に関心をもっています。日本銀行も欧州中央銀行と一緒に実証実験を行っています。中央銀行のもっている負債は、銀行券、私たちがもっているお札、それから当座預金です。私たちが銀行に預金を預けているのと同じように、銀行は日本銀行に当座預金を預けていて、そのネットワークがあります。ですので、中央銀行の負債は銀行券ですが、銀行預金も私たちのファイナルな決済手段として非常に大きなものであるということがわかると思います。

銀行券と銀行預金とデジタル通貨を比べてみて、どういう特徴があるのかということを考えてみたいと思います。銀行券は、すごく匿名性が強い。だれと取引しても全然わかりません。ですから、ブラックな世界でも使われますし、マネーローンダリングには対応が困難だといわれています。だけれども、プライバシーは保護される。一方で、銀行預金は、全部通帳に記入されますし、プライバシー保護には対応困難であって、必ず銀行が介在することになります。しかし、デジタル通貨は、デジタルに履歴がずっと残っていく

第4章　ブロックチェーンについて　145

ので、マネーローンダリングやプライバシー保護は技術的に対応可能で、銀行が介在しなくていい、新しい通貨であるといえると思います。

いま、デジタル通貨の発行を検討しますといっているいちばん先進的な国は、スウェーデンと中国などです。それから、発行はしないけれど、検討しているといっている国はたくさんあります。たとえばオランダ、カナダ、イギリスなどはデジタル通貨を研究しているようです。

ブロックチェーン技術を本当に用いることになるかどうかわからないですが、スウェーデンはATMがほとんどなくなるぐらい現金を使わなくなっています。銀行預金の取引がスマホでできるという社会に変わってきているので、そうすると、銀行券が使えなくなって、支払決済システムが結構不便になってきていると中央銀行は受け止めていて、そのかわりとして、減少した銀行券を補完するものとして、デジタル通貨を中央銀行が発行してみようかと考えているようです。中国では、銀行券の代替としてブロックチェーンを使ったデジタル通貨を発行してみたらどうかという議論が進んでいます。

このように、ブロックチェーン技術の活用は、いままであったデジタル通貨だけでなく、中央銀行がデジタル通貨を発行するという新しい時代になるかもしれないということで、金融システムに大きな影響を与える可能性があります。ほかにも、先ほど申し上げたように、民間銀行のデジタル通貨もこの技術を使って発行される可能性もあり、いったいどのように競合していくのか、どれが生き残っていくのか、中央銀行がデジタル通貨を発行したら民業圧迫になるのではないか、といった議論も含めて、議論が活発化している状況です。

モノへのブロックチェーン応用：ダイヤモンド取引

モノへの取引の典型として、たとえばダイヤモンド取引があります。これは2015年にスタートしたイギリスのベンチャーのエバーレッジャー社が行っているビジネスですが、ブロックチェーンの帳簿技術を使ってダイヤモンドの履歴情報を管理しています。どのようにしているかというと、各ダイヤモ

ンドにe-IDをつけて、属性をデジタル化して、つまり鑑定情報などをしっかりとつけておくのです。ダイヤモンドの鑑定情報は、紙だとすぐなくしてしまいますが、それをしっかりデジタルに記録しておきます。それで、取引履歴を記録管理する。まさにブロックチェーンの特徴である、だれが取引したかを元帳で記録管理していく。ダイヤモンドは小さくて、マフィアなどの取引としてブラックマーケットで使われていたこともあったのです。そういった違法行為、保険金詐欺にも使われるのですが、不正行為を検出するシステムを警察・保険会社が参照できるようなプライベートブロックチェーンを構築したということで、取引自体のビジネスモデルもうまく構築しつつ、社会的な問題も解決しようとしている。だれから収入をもらうのかというと、それを参照する銀行、保険会社、鑑定所などから収入を得て、ビジネスモデルとして成功させ、倫理的な取引を可能にしていて、次はルビー・絵画などの新しい取引にも応用するビジネスをつくろうとしています。

ブロックチェーンとIoT（Internet of Things）

IoTについては、信頼性が高く、カネだけでなくモノの情報も共有できるプラットフォームがつくれます。そして、最後に決済をするというスマートコントラクトを絡めることによって、さまざまなサービスを自動化して行うことができます。特に貿易取引・貿易金融では、非常に多くの人たちがかかわるビジネスなので、このサービスの自動化・効率化がかなり進むということで非常に注目されている分野です。企業や個人が非常に連携しやすくなる。連携してビジネスがシームレスに行われる。決済や、保険の付保が取引のなかに必ず入っていく世界になるので、金融と産業の境目がどんどんあいまいになっていく可能性があり、製造、流通、医療、農業、さまざまな情報を扱う産業で情報の共有を促進し、連携する可能性がある。ですので、たとえばウーバー（Uber）のようなシェアリングの車や、自動運転などに最後に決済をスマートコントラクトで入れるというかたちでビジネスが進んでいく可能性があるということです。

第4章　ブロックチェーンについて　147

エストニア電子政府

　エストニアは世界で最も進んでいる電子政府の国です。ロシアの隣にあり、ずっと支配を受けていたので、自分たちはサイバー空間に政府としての情報をしっかり管理して備えておこうということで、電子政府を推進するに至ったといわれています。住民登録、税（税は97％がe-Taxです。ほとんどの人がみんなe-Taxで納税しています）、医療も一人ひとりの情報はすべてデータのなかに載っかっています。私もエストニアへ行ったのですが、医療データのひな型をみせてもらったら歯の1本1本の図が出てきて、それをどのように処置したかという履歴が全部残るようになっている。そういうかたちで、医療情報も全部履歴で残っています。教育についても電子化が進んでいます。人口が130万人と少なくて、川崎市ぐらいの国ですが、国外にファンを増やそうということで、e-ResidencyというデジタルIDを国外の人にも発行して、国内のデジタルサービスを受けることができるような仕組みをつくって海外の人による起業などを促進している国です。

　特徴は、分散しているデータベースをX-Roadと呼ばれるインターネットで結び、相互参照ができるようなシステムを構築していて、そこにKSI（Keyless Signature Infrastructure）という、分散保有はしていないがトレーサビリティがあり、改ざん検知を可能とするブロックチェーン技術を実装し、電子政府の信頼性を高めています。つい最近、e-ResidencyというデジタルIDのプラットフォームがあるので、それを活用してエストコインを発行したいと政府機関の人がブログでいって、先進国のなかで初めてデジタル通貨を発行するのではないかといわれたのですが、欧州中央銀行のドラギ総裁が反対して、ここはユーロ圏なので、ユーロの国はユーロだといって、その勢いがしぼんでいます。もしかしたらエストコインを発行するのではないかということで注目されました。

　本当にデジタル政府が進んでいて、一生のうち多くて3回しか役所に行くことはないとのことです。多くて3回で、結婚、離婚、不動産取引、それだ

けしか行かなくて、生まれたらすぐ、名前をつけるよりも先にIDが配られるという社会です。インビジブルガバメントということで、本当に便利な政府を目指していて、日本も学ぶことが多いです。

3.5 金融システムの将来への示唆と課題

　ブロックチェーンは今後社会をどう変えるか。改ざんが検知できたり、改ざんを防止できたり、また障害に強いということで、安心して使えるいろいろなサービスが実現できる。そういうことがブロックチェーンのメリットとして大きいと思います。それは金融の分野でもいえて、特に社会インフラが十分整備されていない国でも、ブロックチェーンを使った決済システムを入れて、銀行がまだないようなところでもそういった課題を解決する可能性が広がるなど、安心して使える公的サービスの実現ができるというメリットがあります。

　2つ目は、取引履歴を活用して、民間のビジネスでもビジネスチャンスや効率化が非常に期待できます。これにより、産業構造が大きく変化していきます。IoTが進んでいますが、それにブロックチェーンが入っていって、新たなビジネスがどんどん生まれていく。ネットワーク化していく。金融も自動的につながっていき、産業と金融の分かれ目がむずかしくなっていくというか、むしろシームレスなかたちで金融が位置づけられていきます。まさにFinTechというよりもTechFinの世界がどんどん広がっていくということだと思います。

　それから金融ビジネスは、もちろんメリットとしては取引の効率化があると思いますので、既存のオペレーションを改善したり、金融のビジネスモデルを変えたりする可能性があると思います。たとえば、証券取引については、いま、株式は証券保管振替機構（保振：ほふり）に情報が全部登録されているのですが、証券会社が行う証券取引のビジネスや、保振が行うビジネスに大きな影響を与える可能性もあって、ビジネスを大きく変えるかもしれないということがいえるかと思います。

第4章　ブロックチェーンについて　149

ただ、先ほど申し上げたとおり、まだまだ技術が未熟で、実証実験の段階のものも多いです。ですので、課題がいくつかあります。まず、分散であることに伴うものです。いままで中央銀行や証券取引所などは中央集権の金融システムでいたものが、ブロックチェーンは分散型である。これで、どのように金融システムの安定性を確保していくのか。あと、インターネットを使うことが多いので、セキュリティをどう確保していくかということが課題です。

　それから、先ほどのThe DAO事件をどうとらえるか。分散型自立組織で、中央にだれかがいるのではない民主主義的なもので、私的に自治をしようとしている人たちに対して、どのように法的なアプローチをとっていくのか。

　仮想通貨について、ビットコインは詐欺だという銀行のCEOもいますが、ICOはいろいろな問題を含んでいると思います。うまくいく資金調達もあるかと思いますが、詐欺などいろいろな問題も含んでいるので、法的に、どのようにルールとして考えていくのかという課題があります。

　それから、中央銀行のデジタル通貨が発行されたら、銀行システムはどのように影響を受けるのだろうか、金融システムにも非常に大きな影響を与える可能性があります。

　実は、アメリカのシリコンバレーでは、いま、ブロックチェーンについては、いちばんどのビジネスが向くのだろうかという懐疑的な見方もあって、まだ落ち着かないところはあるのですが、実用化に向けて、技術革新を進めながら、いろいろな実証実験が進んでいくと思います。ですので、ブロックチェーンという技術は、いろいろな意味で金融システムを大きく変化させる可能性がある技術なのではないかと思います。

4　技術革新とこれからの日本の金融システム

　経済成長、競争促進の観点からは、政策的にみていったときに私たちはど

のように考えるべきか。やはり技術革新、イノベーションをサポートしていくことが非常に重要であると思います。なぜならば、ブロックチェーンが企業、金融業の生産性を上げることは十分考えられますし、先ほどのダイヤモンド取引のような新しい多様なビジネスモデルを生むことを可能にすると思います。もちろん、そのためには、金融機関や産業界にとっての課題として、ISOなどでもいま議論していますが、標準化が重要な課題になってくると思います。

金融システムの安定性の確保の観点からは、中央集権から分散システムに変化するなかで、どのように目配りしていくかということが必要になってくる。中央銀行、民間銀行のデジタル通貨がどのような影響を与えていくかということも非常に重要になる。

それから、利用者保護、投資家保護、公正な取引の確保の観点からは、新しい仮想通貨による資金調達などのルールづくりや、詐欺、マネーローンダリング対応が非常に大きな課題になるということがいえると思います。新しいFinTechは、日本の金融機関にとっても課題であるし、金融庁や日本銀行にとっても、まさにいままでの銀行業・保険業などのくくりで考えていた業法を横断的に考えなければいけない時代に入ってきていると思います。

■ 質疑応答

[質問] エストニアのように、日本政府で電子化が推進されるとしたら、具体的にはどの分野から電子化がスタートすると思われますか。

[答] いま、一生懸命なのは税ですが、スピードは遅いです。e-Taxをどう進めていくかが1つ課題になっていて、マイナンバーをいかにデジタルにつないでいくかだと思います。官民のデータのオープン化も進めようとしていますし、たとえば医療について、医療IDを活用して進めていくという議論もあります。まず税・医療のデータをどのようにつないでいくかと

いうことを、いま、議論しています。政府調達についてブロックチェーン技術を使って実証実験をするという議論ももうすでに起こっています。教育についてはあまり聞いていません。

[質問] エストニアは人口も少ないし、優秀な技術者もそんなにいないと思うのですが、電子政府が進んでいる要因は何でしょうか。

[答] インターネットも軍事から始まりましたが、ロシアの隣にあって、ブロックチェーンは軍事技術から発生したといわれています。ですから、ビットコインの起源とはまったく違うかたちで改ざん検知技術が出てきた。ソ連の支配下にあって、ようやく独立したのですが、大国の隣の小国なので備えをしっかりしていきたいということで、技術者を外からも招いて、エストニア自体にも技術者が育っています。このため、技術レベルも高いし、背景は軍事技術から技術の発展につながったようです。

[質問] エストニアのように、医療情報などをブロックチェーンを利用して管理していくのにも、大量取引・スケーラビリティの問題や即時性の問題は課題となるのでしょうか。

[答] エストニアでは、ブロックチェーン・ダッシュのような感じで、モノ・カネの取引がそのまま載っているわけではなく、まさに省庁などのデジタル情報へのアクセスログの改ざんをスピーディーに検知するというところに重きがあるので、スケーラビリティの問題が大きな問題にはなっていません。しかも、130万人と人口が少ないので、情報自体もそれほど多くありません。しかも、パブリック型ではなく、Permissioned型のブロックチェーンを使っているので、参加している人が全部をみられるようにはなっておらず、かなり工夫していると聞いています。

[質問] スウェーデンや中国では国家レベルでデジタル通貨の検討を進めていて、結構キャッシュレスな状況で生活ができるというお話ですが、

152

キャッシュレスな社会とブロックチェーンが究極的に両立できるのかというう疑問があります。というのは、ブロックチェーンの課題で、即時性の必要な取引には向かないということが指摘されていましたが、どのように課題を乗り越えようとしているのでしょうか。

［答］いまでも、ブロックチェーンの即時性・ファイナリティをどのように付与するか、技術的に克服できるかは1つのイシューになっていると思います。ですので、中央銀行のデジタル通貨を考えていく場合には、即時性は必須になっていくと思うので、そういう技術がクリアできるかということが1つの重要なテーマになるのではないかと思います。

スウェーデンは、まだ実証実験の段階で、つい最近レポートも出ているのですが、ブロックチェーンという技術を使うか使わないか、デジタル通貨でもブロックチェーンを使わない可能性もあるようです。仮に、ブロックチェーンを使うとしても、技術によって少しでも時間を短くしていく可能性はあるし、またほかの技術を使う可能性もあるし、どちらを優先するかということだと思います。スウェーデンは本当に銀行券が少なくなってしまったので、デジタル通貨を導入する必要があるとの認識をもっているようです。中国では、アリペイなどが非常に広く使われていますが、銀行券はまだ残っていて、銀行券がなくなっては困るからデジタル通貨を導入しようということではないようです。中国は、むしろ銀行券の代替として導入したらどうかと検討していると中国の中央銀行は発表しています。

［質問］ブロックチェーンの1つの課題として、プライバシー保護との両立という話がありましたが、エストニアの電子政府の場合は、医療・教育など非常にセンシティブな情報を扱っていて、ブロックチェーンとの相性は一見悪いように思えます。なぜ中央集権的な手段ではなくブロックチェーンにしたのでしょうか、あるいはプライバシーを保護するために何か特別な手当がなされているのでしょうか。

［答］医療情報はたしかにセンシティブなものなので、まず本人が同意しな

第4章　ブロックチェーンについて　153

い限り、共有することを認めないという仕組みにしています。それから万々が一、自分が認めた人以外の人がそこに入ったらデジタルに記録が残るようになっています。エストニアでは、一人ひとりのIDに全部メールアドレスが紐付けられていて、犯人がすぐわかるというかたちになっているようです。紙はだれがみたか痕跡が残らないですが、デジタル情報は全部痕跡が残る。だから、むしろデジタルのほうがそういう犯罪を防げるし、許可されない人がみると高いペナルティをかけることによって、プライバシーを保護しているといっていました。

[質問] FinTechを導入するにあたって、セキュリティについて具体的な対策というのはもうすでに何かとられているのでしょうか。

[答] セキュリティにもいろいろなレベルがあります。悪用しないで取引することについては、たとえば目の虹彩・静脈など、技術革新で個人認証ができるような仕組みを金融機関レベルではかなり行っています。ネットワークレベルでは、BCPをどのように、いざという時にどう対応するか、サイバーアタックがあったときにどう対応するかということを、金融庁が金融機関と一緒に訓練も行っています。それから、今回、銀行法が改正されまして、電子決済等代行業者はセキュリティがしっかりと整っているところを登録制というかたちにしていますし、仮想通貨のほうでもセキュリティ確保を義務化しています。金融庁としても、仮想通貨交換業者について、登録制をとり、監視できるような仕組みをつくっていくというかたちで、新規参入するところにも求めています。あと、金融庁自身も、セキュリティについては、ハッカーがどんどん入ってくるなど、いろいろな問題があるので、人材を育成していて、職員も、セキュリティレベルを上げるためにどのような技術革新が必要なのか、どういうことを金融機関に求めることが必要なのか、というように監督レベルも上げようとしています。技術革新との追いかけっこなのですが、セキュリティ確保はルールだけでなく技術革新自体も一生懸命行おうとしているということかなと思いま

す。

[質問] ICOのメリットとして、多分経営者は経営支配権を維持したまま資金調達ができるという点にもメリットがあると考えていると思うのですが、そのメリットを享受する方法として、既存の枠組みでも無議決権株式を発行することでも実現可能なのかなと思うのですが、ICOが盛り上がっている背景には何があるのでしょうか。

[答] あっという間に、瞬間的にグローバルに資金が集まるというところにあるのかと思います。非常にコストが低く、容易です。証券取引だと全部証券会社を通して手続をしてというコストがあります。そういうものをいっさい省いて資金調達ができるので、低コストである、迅速である、そういったメリットが非常に大きいと考えられているのではないかと思います。

[質問] ICOを行う場合に、投資家を探すのに結構コストがかかるのかなと思うのですが、それは意外と低いのでしょうか。

[答] パブリックブロックチェーンを使っていれば、多くの人がそれをみることができますので、投資家は容易に見つけることができるというのが1つのメリットではないかなと思います。

[質問] ICOに関して、キャッシュレス化が進んでいて、仮想通貨大国とされる中国が全面的に禁止した特別な理由があれば教えてください。

[答] 投資家保護に加えて中国は以前から資本移動を規制しています。そのようなコンテキストで考えると、中国で、ICOにより国際的に資金を集めるのは、その規制と平仄があわないというところも1つの背景かなとみています。日本は、基本的にはFinTechをサポートしようとしているので、それと両立するようにICOの問題点をどう整備していくかという考え方をしているのだと思います。いずれなんらかのルール整備は行われるとは思

第4章　ブロックチェーンについて　155

うのですが、イノベーションのサポートもしたいので、そのバランスを考えているのではないかと思います。

[質問] ICOに関して、発行された仮想トークンの保持者に対してなんらかの配当はあるのでしょうか。投資家が買う動機がなかなかわからないですが、転売できる以上、価値があるのでしょうか。

[答] 配当はないケースが多いようです。私が知る限りは、むしろ値上り転売するということを考えて投資家は投資をしているのだと思います。

転売できることは非常に大きいと思います。実はエストニアのスタートアップ企業のトークンの話を聞いたのですが、日本ですと、投資家はだいたいずっと持ち続けるのですが、パブリックブロックチェーンだとトークンを売買でき、流通できる。そういうメリットも大きいといっていました。だから、売買ということが1つの鍵になっていて、つまり価格上昇ねらいだろうと思います。

[質問] 個人的には、配当がないものを買うのは理解しがたいです。

[答] おっしゃるとおりです。ですから、皆何を考えて投資をしているのだろうということで、当局も懐疑的にみているということす。値上りだけを待っているのでしょうと。おっしゃる趣旨は、当局とか関係者がもっている懸念と同じだと思います。

第 5 章

FinTechスタートアップの
挑戦と展望

株式会社マネーフォワード 代表取締役社長CEO

辻　庸介

（2017年11月 1 日講義）

1 はじめに

マネーフォワードの辻です。最初に簡単に自己紹介をしますが、この講義の第1回目にいらした日本銀行の河合祐子さんは、米ペンシルバニア大学ビジネススクールのウォートン・スクールの大先輩、第2回目にいらしたbit-Flyer CFOの金光碧さんは、ゴールドマン・サックス証券出身ですが、僕が前職でマネックス証券に勤めていた時に、アルバイトでマネックス証券にいらっしゃいました。マネックス証券の松本大社長は、蕎麦が大好きで、毎日の昼は蕎麦なのですが、金光さんがよく蕎麦を運んでいたのが15年ぐらい前です。ですので、FinTech界隈のいまのプレーヤーは、結構近いコミュニティのメンバーが起業してやっているのだなあと思います。

あと、いま、新経済連盟のFinTechプロジェクトのリーダーや経済産業省のFinTech検討会合の委員も担当させていただいています。前回の講義にいらした翁百合さんも委員の1人でご縁があります。

今日は、少しでも皆さんのお役に立てる話ができればと思うのですが、起業してからこれまで、どういうふうに成長してきたのかについて、ご紹介します。今後、FinTechにより大きく未来が変わっていくと思います。皆さん、これから社会人になられると思うので、何か1つでも職選びなどのお役に立てればと思っています。

2 マネーフォワードの起業と成長

ソニー経理部で

僕は初めソニーに入りました。3年ほどおりまして、社会人の基礎勉強をしました。もともと僕はネットビジネスをしたくてソニーに入ったのです

が、ソニーでは希望のところに行けませんでした。ソニーは、部署名にコーポレート何とか、プラットフォーム何とか、など片仮名が多いのですが、僕は辞令をもらったら漢字しか書いていなくて、本社経理部経理課。もともと僕は農学部で、バイオテクノロジーを勉強していましたが、大学時代に先輩が大学進学塾を起業して、それを手伝っていたら、「ああ、ビジネスはおもしろいな」と思い、研究者の才能もなかったので、ビジネスをやろうと思ってビジネスに入りました。どうせ行くならグローバルで活躍できるソニーにという単純な発想でソニーに入って、でも、「おまえは理系だから数字に強いだろう」という理由だったかはわかりませんが経理部に配属されました。

ここで身につけたことは経理・財務の知識でして、その勉強はしっかりしました。ソニーの業績は2001〜2004年は絶好調でした。ただ、僕は、このままではいけない、とにかくビジネスをやりたいと思って、たまたまソニーが半分出資していたマネックス証券出向の社内募集があって手をあげました。

マネックス証券への出向

マネックス証券社長の松本大さんもまたすごいキャリアで（笑）、開成・東大で、30歳でゴールドマン・サックス証券のグローバルの役員になられました。債券トレーダーで、当時の日本のゴールドマンの売上げの多くを1人で稼いで、30歳でグローバルの役員になられて、6年ぐらい活躍されていました。ネット証券はFinTech1.0といわれることが結構あります。松本さんは、手数料の自由化で、インターネットに出会って、これは世の中が変わると思われて、ソニーと半分ずつ出資をしてマネックス証券という会社を立ち上げました。

1999年に設立後、1年半ぐらいで上場されましたが、おそらく最短上場だと思います。とても素晴らしい方で、僕はCEO室などで9年ほど学ばせていただきました。ここで、買収、新規事業などを経験させてもらい、その後、買収した企業の立て直しを担当させてもらいました。この時FinTechという言葉はなかったのですが、ビジネスはとてもおもしろくて、ITで変わ

っていく、テクノロジーで金融がこれだけ変わるのだという衝撃を受けて、「金融とIT、テクノロジーの進化は本当におもしろい。ここで僕は1回軸を決めて、ビジネスをやっていこう」と思いました。

ただ、起業は全然考えていませんでした。マネックスは、アメリカのNASDAQに上場したトレードステーションという会社を買収したりしていて、結構グローバルで、僕が入社した時は40人ぐらいでしたが、出る時は1,000人ぐらいになっていて、6〜7割がグローバルな外国人という状況でした。そこで、「英語を使えないと話にならない。農学部出身なので、ビジネスのインプットもしたい」と思いMBA留学しました。

MBA留学から起業へ

MBA留学は2009年、33歳の頃に行きました。クラスで2番目に年齢が高かったです。皆さんも大学院で勉強していらっしゃるので同じだと思うのですが、アメリカの大学院はとても大変で、めちゃくちゃ勉強しないと卒業できません。MBAではわざとグローバルでいろいろな人を採用します。ですので、メンバーも、ウォールストリート大好きで資本市場の権化のような投資銀行出身者、とても背の高い軍人、コンサルタント、NPO出身者などまとまりがない、わざと価値観が違う人たちを一緒のチームにして、勉強でも強いストレスをかけて、チームワークをどのようにつくっていくかを学ばせるというプログラムでした。この2年間は僕のなかではとてもおもしろくて、知識のインプットもできて、苦手だった英語も、いまも超ブロークンイングリッシュですが、あまりたじろがなくて話せるようになりました。何よりいろいろな価値観に触れることができて、とても楽しい時間でした。

やはりアメリカが素晴らしいなと思うのは、チャレンジする人をとても応援してくれる文化で、授業中、発言しないと単位をとれないので、僕も下手な英語で発言します。いい発言をしたら褒めてくれるし、チャレンジしたら失敗してもナイスチャレンジといってくれるし、その辺はとてもフェアで、新しいものをつくっていくパワーがあると思いました。

MBAでストレス耐性を身につけて、多様性を感じながら、日本はいい国だな、ともいろいろ思いました。そして、日本に帰る飛行機のなかで、何をしようかなと考えました。多分、皆さんもいま、世界最高峰の勉強をされていると思うのですが、「勉強したからインプットはもういいかな」「アウトプットをしたい」と思ったのです。皆さんもたとえばMacとかiPhoneをお使いだと思うのですが、これはスティーブ・ジョブズがつくったから僕たちが使えるわけです。Macはとてもよくできているじゃないですか。強いこだわりをもって、スティーブ・ジョブズほかメンバーがつくった素晴らしいプロダクトです。僕もつくる側、皆に価値を提供する側になりたいと思って、自分は何で社会に貢献できるのかを考えた時に、やはり僕はIT×金融が軸で人の役に立つサービスをつくろう、テクノロジーの力でお金の課題を解決したい、と思って飛行機のなかで起業を決意しました。いまだに覚えています。

　皆さんは、最近、使っていて感動されたサービスはありますか（「あすけん」[1]「アマゾン」「マネーフォワード」という声）。素晴らしい。そういう素晴らしいサービスは世の中に結構あって、これをいうとだいたいすべるんですけれども、僕が最近感動しているのは、ユニクロのパンツです。はかれている方はいらっしゃいますか。失笑していますが、物をつくっている立場からすると、ユニクロはフリースから始めて大ヒットして、ヒートテックなど、あらゆるイノベーションを起こしていると思うのです。山口県にあった1軒の衣料品店からグローバルに会社を大きくされた柳井社長はすごいと思います。モノをつくる際に、「これは無理だ」「現場的にこの繊維があるからこのコストにならないと」などディスカッションがあるなかで、もっとユーザーのためにできることを必死に掘り下げたからこそ、他社につくれない商品があるのだと思います。僕も人が、「ああ、これはあってよかったな」というサービスをつくりたいという思いで、この会社を起業しました。

1　「あすけん」という名前の無料ダイエットアプリ。

起業、そして東証マザーズ上場へ

　会社は５年半ほど前に立ち上げて、いちばん初めのオフィスは、１階が居酒屋の高田馬場のワンルームで、家賃は10万円ぐらい。初めは、とにかくモノづくりをしようということで、「User Focus」と「リーン・スタートアップ[2]」という２つにフォーカスして、モノづくりをひたすら頑張っていましたね。いまは250名で、エンジニア・デザイナーが４割ぐらいの会社になりました。

　先々月、2017年９月29日に東証マザーズに上場させていただきました。上場は結構大変で、東証審査、主幹事証券の審査、上場するにあたって、パブリックで取引される会社として本当に問題はないのか、管理体制はどうなのか、ビジネスモデルはどうなのか、とかなり審査いただいて上場というかたちになりました。当社がFinTechベンチャーとして最初の上場だといわれていたので、僕たちが失敗すると、後のFinTech企業に迷惑がかかるのではないかというプレッシャーがあって、結構、緊張しながら取り組みました。おかげさまで、現時点で、株価は初値から２倍ぐらいに上昇して、時価総額は500億円超ぐらいの会社になっています。市場からご期待いただいていると感じています。

当社役員メンバー

　現在の当社役員メンバー（図表５－１）ですが、取締役の瀧は、大学卒業後に、野村資本市場研究所の研究者でしたが、スタンフォードのMBAをとって僕と知り合って一緒に起業しました。市川は、最終学歴が辻調理師専門学校で、フランスでシェフの修業をしていたのですが、「これからはITの時代だ」とITの分野に転向し、いま、当社のインフラやセキュリティの責任者という少し変わった経歴です。金坂は、マネックス証券の松本さんと同じ

2　ベンチャー起業の方法論の１つであり、最低限の機能をもつ商品から、顧客の反応をみながら徐々にステップアップさせていくという考え方。

図表 5 － 1　マネーフォワードの経営陣（当時）

金融×ITに深い知見ある経営陣

瀧　俊雄
取締役執行役員
マネーフォワードFintech研究所長

慶應義塾大学経済学部卒業後、野村證券株式会社入社。野村資本市場研究所にて、家計行動、年金制度、金融機関ビジネスモデル等の研究に従事。スタンフォード大学MBA修了。2012年に株式会社マネーフォワード取締役に就任。2016年4月金融庁「フィンテック・ベンチャーに関する有識者会議」にメンバーとして参加。

市川　貴志
取締役執行役員CISO

マネックスグループ株式会社にて証券取引システムの開発・運用、子会社合併等の各種プロジェクトマネジメントを担当。その後、大手金融システム開発会社にて、インフラ部門の責任者として為替証拠金取引サイトの新規構築に従事。2012年に株式会社マネーフォワード入社。2017年に取締役に就任。

金坂　直哉
取締役執行役員CFO

東京大学経済学部卒業。ゴールドマン・サックス証券株式会社の東京オフィス、サンフランシスコオフィスにて、テクノロジー・金融業界を中心にクロスボーダーM&Aや資金調達のアドバイザリー業務、投資先企業の価値向上業務に従事。2014年に株式会社マネーフォワード入社。2017年に取締役に就任。

都築　貴之
取締役執行役員

横浜国立大学大学院工学部電子情報工学専攻修了後、ソニー株式会社入社。5GHz帯無線LANルータ開発、PlayStationシリーズ向けコンテンツ配信サービス立ち上げ、著作権保護システム開発、製品セキュリティ対策業務等に従事。2013年に株式会社マネーフォワード取締役に就任。

（出所）　株式会社マネーフォワード

で東大卒業後に、ゴールドマン・サックス証券、中高は開成というキラキラした経歴の持ち主です。

　都築は、僕のソニー時代の同期でテニス仲間です。皆さんは起業したいかどうかわからないですが、僕が起業して思ったのは、友だちは大事にしたほうがいいということです。ゼロから立ち上げる時はだれも来てくれないので、友だちぐらいしか誘えません。都築は、子どもも2人いて、ソニーはとても良い会社なので辞める気はなかったのですが、理念に共感して来てくれ

ました。

社外取締役にもLINE元社長の森川亮さん（当時）、ボストン コンサルティング グループの御立尚資さん（当時）、元三井住友銀行副頭取の車谷暢昭さんなど素晴らしい方々に来ていただいています。余談ですが、当社は取締役会を月1回行っていますが、社外取締役の皆さんにも来ていただいて活発に議論させていただいています。ガバナンスはとても大事ですし、経験豊かな方々からの本質的なご意見にはとても助けられています。

役所と民間の回転ドア

もう1つ、最近、おもしろい動きとして、役所から民間にという流れも少しずつ出てきています。日本銀行に23年間いて、うち金融庁に2年間出向して、FinTech担当をしていた神田潤一が今年9月に入社しました。「元・日銀マンがフィンテック企業に転身、安定人生を捨てた理由」[3]という記事にも取り上げられました。まるでマネーフォワードが不安定な会社みたいですが（笑）。地域創生や、地域銀行とどうやって一緒に新しいエコシステムをつくるか、ディスラプター（破壊者）というかたちもあるが、日本のビジネスモデル的に、ディスラプターというよりは、一緒にコラボレーティブ（協調的）で新しいエコシステムをつくっていこう、そのために、役所ではなくプレーヤーとして参加したいという思いで来てくれて、いま、全国の地方銀行を回っています。

アメリカには役所と民間の回転ドアがあります。大統領が替わったらスタッフも替わるので、民間に行ったり政府に入ったりしますよね。これはとても大事で、お互いの立場がわかっていると現場もよくわかりますし、世の中のイノベーションが進んでいく。日本には、回転ドアがあまりなかったので、僕はぜひこれを成功事例にしたいと思っていて、何とかこういう流れを日本でもつくっていければと思っています。

---

3 「週刊ダイヤモンド」2017年9月19日号。

ミッション、ビジョン、バリュー

ミッション、ビジョンは、やはり会社を起業するうえでとても大切です。当社は、個人のお金の悩みや不安の解消、事業者の経営改善に貢献し、日本でNo.1の「お金のプラットフォーム」になることを目指しています。そういった思いから、「お金を前へ。人生をもっと前へ。」というミッションと、「すべての人の「お金のプラットフォーム」になる。」というビジョンを掲げています。

バリュー（行動指針）も規定しています。実生活を送っていて、自分の核となる価値観は何なのかを明確にするのはとても大事だと思います。日常生活で、0対100のような意思決定はあるのですが、51対49といった意思決定はなかなかむずかしいので、そのとき意思決定の軸になるのがバリューだと思います。僕らは「User Focus」「Technology Driven」「Fairness」という3つをあげています。とにかくユーザーのことを考え、ユーザーファーストでというのが1つ目。テクノロジーで世界を変えていこうというのが2つ目。最後は、すべてのステークホルダーにフェアであろうという会社を目指しています。

主要なサービス

PFM（Personal Financial Management）といわれる家計簿・資産管理のサービスと、中小企業や個人事業主向けのクラウドサービスの主に2つの事業を展開しています。

ちなみに、マネーフォワードを使っているという、素晴らしい方はいますか（何名か挙手）。素晴らしい。学生時代はなかなか管理するほどのお金がないかもしれませんが、社会人になられたら忙しくなると思うので、いまのうちからお金を管理する習慣をつけておくのはいいと思います。

いま、金融機関との連携もかなり強めていまして、メガバンク、ネット銀行、地域銀行など、いろいろな会社と業務提携を進めながら、新しい金融

サービスをつくっていこうとしています。

3 テクノロジーが未来をどのように変えていくのか

FinTechの全体像

　起業の経緯はこれぐらいにして、テクノロジーが未来をどのように変えていくのかということをご紹介させていただきたいと思います。

　図表5-2が、FinTechの全体像です。これは、森・濱田松本法律事務所の増島雅和さんというFinTech業界でとても有名な弁護士が作成した資料です。増島先生はテクノロジーにもとても詳しくて、何より思考がベンチャー起業家のようなロックな人です。増島先生がいらっしゃるから日本のFinTechは大きく進んでいるといっても過言ではないと僕は思っています。僕が起業した5年半前に、サービスをつくるうえで法解釈がとても大事なポイントだったので、当時、増島先生に相談に行きました。

　当時は本当にお金がなくて、顧問料を払えませんでした。増島先生が所属されている森・濱田松本法律事務所は超一流の法律事務所ですが「顧問料を払えないです」という話をしたところ「出世払いでいいです。それより僕はこの国の金融サービスを変えたい」と熱くいってくださり、当時、本当にいろいろな相談を格安で行っていただきました。いまでこそ増島先生はどこでも引っ張りだこですが、当時は、そんなお金にもならないビジネスをやってと事務所にとても怒られていたようです。そういう思いのある方が日本のFinTech業界を初期から引っ張ってくださったことに、僕は本当に感謝しています。

　図表5-2をみてもわかりますように、FinTechというのは、いろいろな分野のことをひっくるめていまして、決済、送金、交換、融資、投資、保険などで分かれています。

図表５－２　FinTechの全体像

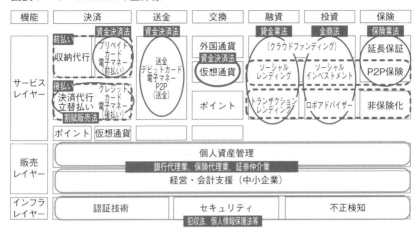

（注１）　銀行は銀行法に基づく銀行業として決済、送金、融資を営むことが可能である。
（注２）　各法律の適用は原則的なものを示すものであり、適用除外に該当する場合には適用を受けないサービスもある。
（注３）　クラウドファンディングについては、融資型、投資型に分類されるもののほか、売買型や寄付型に分類されるサービスもある。
（出所）　森・濱田松本法律事務所増島弁護士資料、その他公表資料をもとにマネーフォワード作成

　また、サービスレイヤー、販売レイヤー、インフラレイヤーとも分かれています。法律もあり、たとえば決済だと資金決済法、割賦販売法があります。送金も資金決済法、融資だと貸金業法、投資だと金融商品取引法、保険だと保険業法があります。販売レイヤーは、金融免許がないプレーヤーが販売をする場合は、銀行だと代理店、証券だと証券仲介業という枠組みになります。セキュリティだと犯収法（犯罪収益移転防止法）や個人情報保護法があります。ところで、いま、FinTechでいちばんの課題だと僕が思っているのは本人確認です。スマホで何でもできる時代なのに、住所を確認するために本人限定郵便という仕組みで送るのは、本当に非効率的です。これを何とかしないとスマホで全部できる世界にならないと思って、いま、たくさん働きかけています。
　FinTechで「アンバンドリング」という言葉をお聞きになられたことがあ

るかもしれませんが、いままで銀行や証券が提供していたサービスが分解され、銀行や証券以外のプレーヤーが担っていくというのが図表5－3です。いろいろなプレーヤーが出てきて、全部が網羅できてはいないですが、こういうカテゴリーになります。

P2P送金の例

P2P送金ですと、LINE Pay、paymo（ペイモ）、Kyash（キャッシュ）などが出てきています。当社は社内の飲み会ではこういったアプリで割り勘の精算をするケースが多いです。特にエンジニアは効率を求める種族なので、社内でのやりとりに現金はほぼ使わないという、少し特殊な環境です。

図表5－3　FinTechのサービス・プレーヤー

機能	決済	送金	交換	融資	投資	不動産
サービスレイヤー	電子マネー Suica nanaco WAON 楽天Edy SPIKEコイン	海外送金 各種銀行サービス	仮想通貨 bitFlyer Coincheck	P2P貸付 maneo Aqush	クラウドファンディング Readyfor CAMPFIRE Makuake	賃貸・売買 ソニー不動産
	決済代行 GMO-PG ベリトランス	P2P送金 LINE Pay paymo Kyash	外国通貨 FX各社	商流ファイナンス クレディセゾン GMOイプシロン 楽天	ロボアドバイザー THEO ウェルスナビ Folio	シェアリング 移住住みかえ支援機構
情報レイヤー	自動家計簿・資産管理サービス　　Money Forward					
インフラレイヤー	会計経営ツール　MFクラウド		経営ツール		業務支援	
	認証技術		セキュリティ		不正検知	

（出所）　森・濱田松本法律事務所増島弁護士資料、その他公表資料をもとにマネーフォワード作成

ロボアドバイザーの例

ロボアドバイザーを使っている方はいますか（挙手なし）。結構、おもしろいサービスなのでご紹介したいのですが、マネーフォワードも投資させていただいている「お金のデザイン」という会社が運営している、THEO（テオ）というサービスがあります。最低投資金額がサービス開始当初は100万円でしたが、今は最低1万円でできます。（スクリーンをみながら）これは僕のリアルな口座ですが、2016年に100万円投資して、いま、1年半ぐらいで117万円なので、17％ぐらい増えています。ドルに直すと、円安効果もありますが、14％ぐらいで運用されている結果になっています。

仕組みをご紹介したいのですが、投資なので絶対儲かるというのではなくて、基本的に投資はリスクとリターンは一緒です。ですので、10％得する可能性があったら、10％損する可能性もありますというのが金融商品の考え方です。ところが、モダンポートフォリオ理論で、たとえば、Aという金融商品とBという金融商品を50％・50％もつと、相関係数を考慮すると、リターンは10のままで、リスクは7にまで抑えられるという組合せができます。それを考えて計算するのがモダンポートフォリオ理論です。いままで富裕層の資産運用は人が計算して、プライベートバンクで提供していました。手数がかかるので、なかなか一般の人がリーチしにくかったのですが、ロボットが行えばいいではないかというのがロボアドバイザーです。

たとえば、僕の場合は積極的投資で、少し損してもいいよというのを選んでいます。質問に答えると、それぞれの人によってポートフォリオを選んでくれるのです。ですので、48％をグロース（成長）重視で、33％をインカム重視で債券中心に運用して、インフレヘッジを19％ぐらい考えておきましょうといったポートフォリオを勝手に組んでくれています。

あくまで過去のデータに基づくシミュレーションですが、未来はどうなる可能性があるかというと、未来のことなので当然損する可能性もありますから、2018年に100万円だと2022年に72万円まで減っている可能性がある一方、

アップサイドは237万円まで増えている可能性があります。これを、過去データをもとに計算しています。

実際に買っている保有銘柄をみるのが僕はとても好きで、農作物の先物、金（現物）、韓国など数え切れないほどのETFを買っています。これを定期的に組み換えて、適切なリスク・リターンになるようにしてくれるのがロボアドバイザーです。

ロボアドバイザーは参入がどんどん増えていて、フォリオ、ウェルスナビなど、いろいろなプレーヤーが出てきていて選択肢が増えてきています。僕がしたことは100万円の入金だけで、後は勝手に運用してくれています。自分で株式を運用するのは結構大変です。マーケットもみないといけない。そういう意味では、とても今風で、時間もとられなくて、資産形成に適したものだと思います。

ちなみに、当社で過去のリスク・リターンを全部株式で分解して、どの銘柄の、どの国のものがいちばんいいのか、100年ぐらいのデータで研究したことがあるのですが、結論的には、日本の株式市場は本当に上がっていません。米国株は基本的にずっと上がっていて、株式に投資している人はとても資産が増えています。ですので、過去のデータをみる限りはグローバルに投資するべきです。あと、中小型株、大型株、グロース株、バリュー株があります。グロースというのは成長を期待する株、バリューというのは割安な株ですが、過去のデータをみると、グローバルの中小型株のバリュー株のETFがいちばんリターンは良いです。今後どうなるかわからないですが、過去のデータをみると、そういうものが出ています。

結局、何を申し上げたいかというと、日本の資産運用に関して、貯金にずっとあるというのは健全ではなくて、成長資金に回していくべきだと思います。そして、グローバルに投資する。日本市場は、基本は少子高齢化で、マーケットは小さくなっていきますから、個人消費がGDPに占める割合は6〜7割なので、当然人口が減っていくとGDPは減ります。そう考えると、僕らの年金が出るかどうかもわからない時代に、自分たちの資産運用は、や

はりグローバルで分散投資をする必要があるのではないかなと僕は強く思います。そういう意味では、ロボアドバイザーは社会課題を解決できるものになりうると思っています。

こういった社会課題に対してテクノロジーで解決するようなサービスは素晴らしいと思います。個人が個人に投資するC2C領域では、クラウドファンディングが注目されていて、Readyfor（レディーフォー）、CAMPFIRE（キャンプファイヤー）、Makuake（マクアケ）などさまざまなプレーヤーが活躍しています。こういった動きも、今後の新しい金融の流れになっていくのではないかと思っています。

FinTechと行政

次に、行政との関係について説明します。図表5－4は、2017年6月に内閣官房から出た未来投資戦略2017の資料です。就職活動をしている方がいたら、今後の成長分野がどこであるかが非常によくわかるので、ぜひご覧ください。僕は社会人になるまでわかっていなかったのですが、伸びていくマーケットに就職するというのはきわめて大事です。マネックス証券にいた時に、一時期、株式市場が非常に悪くなったことがありました。マーケットが4分の1ぐらいになった時に、頑張ってシェアを2倍にしても2分の1です。自分の努力で何とかなるファクターと、何ともならないファクターがあって、その意味では、業界がどうなるかというのは自分の努力では何ともならないファクターなので、成長する業界に就職されるのがいいと思います。

もう1つは、成長する業界は人が足りないので、上のポジションの人もいないです。ですから、若いうちに結構重要な仕事ができる。先ほどご紹介した当社CFOの金坂も、33歳で上場企業のCFOができるという経験はなかなかないと思います。そういった意味で、未来投資戦略の資料は、今後の日本はどこが成長分野として考えられているのか、伸びるのかというのをみるうえでとてもヒントになるのではないかと思います。

第四次産業革命（IoT、ビッグデータ、人工知能、ロボット）の先端技術をあ

第5章　FinTechスタートアップの挑戦と展望　171

図表5－4　未来投資戦略2017

［第四次産業革命の技術導入による、Society5.0の実現］

> **今後の課題**
>
> 民間の動きは力強さを欠き（設備投資・消費性向）、先進国共通の課題がある
> ・「長期停滞」（Secular Stagnation）
> ・需要面：新たな需要創出の欠如
> ・供給面：生産性の長期伸び悩み

> **いま求められるもの（成長戦略第二ステージの課題）**
>
> 第四次産業革命（IoT、ビッグデータ、人工知能（AI）、ロボット）の先端技術をあらゆる産業や社会生活で導入

> **［Society5.0］の実現**
> ・革新的技術を生かして一人ひとりのニーズにあわせたサービス提供による社会課題の解決
> ・成長のフロンティア（新たな需要の創出と生産性革命）

［FinTechが未来投資の戦略分野に］

> **5．Fintech**
> **オープン・イノベーション／キャッシュレス化の推進**
>
> ・銀行によるオープンAPIの推進
> ・クレジットカードデータの利用に係るAPI連携
> ・新たな決済サービスの創出（電子記録債権の発生・譲渡に対するブロックチェーン技術の活用を通じた中小企業の資金調達の円滑化・低コスト化等）
> ・FinTech実証実験ハブ（仮称）を通じたチャレンジの容易化
> ・海外当局との協力枠組拡大、フィンテック・サミットの開催

（出所）　未来投資戦略2017（内閣官房日本経済再生総合事務局）をもとにマネーフォワード作成

らゆる産業や社会生活で導入しましょう、それで社会課題を解決しよう、新たな需要をつくりましょう、というのが国の施策です。最近、僕は官僚の方とご一緒に働かせていただくこともありますが、皆様本当に優秀で、この資料もいろいろな情報がきれいにまとまっています。第四次産業革命のなかで、Society5.0に向けた戦略分野が5分野あげられているのですが、そのうちの1つがFinTechです。オープン・イノベーション、キャッシュレス化の推進、銀行によるAPI公開などです。

われわれも政府に対していろいろな働きかけをしていて、経済産業省や金融庁の有識者会議などで、FinTechプレーヤーとして、いまこういった課題があって、国としてはこうしていったほうがいいのではないかと提言しています。いま、日本のFinTechはとても良い環境にあって、金融庁も森長官が素晴らしくユーザーフォーカスでリーダーシップをもった施策を出していらっしゃいます。そして、増島弁護士をはじめ、素晴らしい弁護士の先生方もいらっしゃいますし、大企業もオープン・イノベーションを推進しています。ですので、FinTechのエコシステムがいまとても良い状態に育ってきています。これをどんどん推進して、世界に勝てるようなエコシステムをつくっていかないといけないと思います。

金融庁の金融レポートにおけるFinTech

この関連では、先日、平成28事務年度の金融レポートが、金融庁から出ました。いま、金融庁がわが国の金融についてどう考えているのか、現状と課題、それをソリューションでどう解決していくか、がよくまとまっているレポートです。金融行政の進捗状況などの実績を継続的に評価して、現状分析、問題提起を毎年行っていきます。今年で2回目のレポートで、金融行政のPDCAサイクルがしっかりと回っているかもチェックしています[4]。

当社のみるところによれば、今回のレポートの特徴は、まず146ページも

4　金融庁「平成28事務年度金融レポート」（2017年10月25日公表）

第5章　FinTechスタートアップの挑戦と展望　173

あり長いことと、前回と比較するとFinTech関連のページが5.5ページから8.5ページに増えたことです。また、これはとても大事なポイントですが、「顧客」という単語の出てくる回数が、92回から176回へと2倍近くに増えています。そのうちFinTechが1回だったのですが24回に増え、FinTechの考え方について2ページから4.5ページの分量で説明が増えています。これは金融庁の森長官の思いを色濃く反映しているとともに、ユーザーフォーカスも強調されています。フィデューシャリー・デューティ（顧客本位の業務運営）というのがありますが、「本当にユーザーのための商品ですか」と問うています。昔の金融が、手数料が高くて、回転売買で、分配型ファンドをある意味、押し付けて売っていた面もあると思うのですが、「それはユーザーフォーカスですか」ということが強調されています。

FinTechをめぐる状況では、IT化、ライフログの蓄積、AIによるビッグデータの処理・深層学習（ディープラーニング）が進歩し、それにより、供給側の論理に基づくマス定型商品の提供から、CtoC、個人にサービスが提供されるように変化してきています。要は、いままでは提供者論理で金融サービスが提供されてきましたが、テクノロジーやデータなどによって1to1の商品ができるようになり、お客さんもインターネットによって情報収集・発信ができるようになったので、フェアな関係をつくらないといけないというのが時代背景です。

ですので、どのような価値を創造するかというと、たとえば消費者金融で、ライフログの蓄積を用いて家計簿を作成して、家計管理のアドバイス、サービスをやりましょう、いままでだと借りられなかった個人や会社にお金を貸せるようにして、お金を回していきましょう、中小企業の融資もいままで時間をかけて銀行が判断していましたが、それをデータに基づいてすぐ提供できるようにしましょう、などそういう価値を提供していきますといっています。そして、新しい金融ビジネスの鍵となりうる要素というのは、顧客本位のビジネスモデルで信頼関係を形成していくことが大事ですというようなことが書かれています。

また、金融機関がハブになって提供していたものから、ブロックチェーンを活用して分散型になっていくとされています。

　そのなかで、金融当局はどのような考えで臨むべきか、ユーザーフォーカスでいこう、レガシーアセット化は金融機関のフォワードルッキングな経営を促すことによって対応しよう、オープンAPIを進めよう、規制体系のあり方をもう1回考えよう、決済高度化の推進、金融EDIとかブロックチェーンを強めていこう、ということが書かれています。

　僕は、森長官の時代を見据えるリーダーシップというのは素晴らしいと本当に思っていて、日本はリーダーが良ければ、その下の実行能力は素晴らしいので、いま、僕たちは、森長官のようなビジョンある金融庁長官がいるのはとてもハッピーなことだとあらためてこの金融レポートをみて思いました。

　これで、第1部の私の講義は終わらせていただきたいと思います。

■ 質疑応答

[質問]　会社立ち上げ以降、さまざまな決断をする機会があったと思いますが、この決断は非常に重要であった、もしくは非常に大変であったという、代表取締役としての決断はどういったものでしょうか。

[答]　マネーフォワードというサービスを立ち上げる前に、マネーブックというサービスを立ち上げまして、これは恥ずかしいのでいいたくなかったのですが、フェイスブックのお金版、要は自分の資産や家計情報を、匿名でオープンにしますというものでした。自分がオープンにすると相手もみられるというサービスです。金融教育はとても大事なのですが、日本は金融教育がない、だったら、うまくいっている人をみて勉強すればいいではないかという発想です。ただ、過激過ぎてだれもオープンにしなくて「これはだめだ」と思い、せっかく頑張ってつくったのですがクローズしたと

第5章　FinTechスタートアップの挑戦と展望　175

いうのが１回目です。その時、僕らは大企業を辞めて、ベンチャーを興して世の中を変えるぞといっていたのですが、実際はサービスのユーザーが１日10人ぐらいで、僕は友だちを７人ぐらい誘っていたので、３人しか真のユーザーはいないという状況でした。とても暗くて、お通夜のようでしたが、その時に諦めたのが１つ大きな決断だったかなと思います。

　もう１つは、個人向けの家計簿サービス開始の１年後にクラウド会計も開始した時の決断です。10人ほどしかリソースがないなかで、クラウド会計をやりたいといった時に、当然、社員は全員反対でした。「辻さん、選択と集中って知っていますか」と社員からいわれて、「俺は一応MBAをとったから、そのぐらい知っているわ」といった笑い話がありました。その時も、「クラウド会計に参入すべきポイントだ、勝負どころだ」と思い、毎年１度しかない確定申告に乗り遅れると１年後になるからと、３カ月でシステムをつくって参入しました。その２回が結構大きな意思決定で、だいたい皆反対していたが、やるべきだと思って、皆を説得したというものです。

[質問] ベンチャー企業のサービスを世間の人々に受け入れてもらうのはとても大変だと思うのですが、どういうことを意識していましたか。

[答] いいプロダクトは必ず広がるというのは幻想で、いいプロダクトをつくるのと、広げるための戦略は全然別です。広げるための戦略は、たとえば営業戦略、マーケティング戦略、広報戦略ですが、それぞれやっていかないといけません。

　あと、ネットワーク外部性があるサービス、たとえば、フェイスブック、インスタグラム、LINEなどは、１人が使うと相手も使い出すので、どんどん広がっていきます。コアユーザーをつくれば広がっていくのですが、金融サービスはネットワーク外部性をつくるのがなかなかむずかしいサービスなので、結構地道に行っています。口コミがいちばん大きくて、僕らはGoogle Playのベストアプリで、ファイナンスで３年連続ベストア

176

プリに選んでいただいていますし、テレビCMも結構流しています。

　たとえば、メルカリのサービスは、もともとフリルというサービスが先にありましたが、山田進太郎さんがメルカリを立ち上げた際は、起業家なので戦い方がわかっていました。資金調達して、大量にお金を使って、ユーザーを大幅に伸ばして、メルカリはネットワーク外部性が効くCtoCのサービスなので一気にフリルを抜き去りました。

　今回の当社上場もそうですが、競合がある場合には、先に上場した会社がやはり知名度が上がります。クラウド会計ではわれわれはいちばん初めに上場して、知名度を上げてユーザー数を増やそうという戦略もありました。

［質問］政府への働きかけで、従来の印象ですと民間は利益を求めて、政府はなんらかのネガティブな問題に対処する、そこに同床異夢の問題があるという意識の違いがあったと思いますが、FinTechの場合はどのような空気感があったのでしょうか。

［答］基本的にポジティブな雰囲気です。僕は、民間も国も国民の生活を良くするという1つの目標に向かっていると思っています。カスタマーペイン、すなわちユーザーの不便を解消しよう、というのが僕らプレーヤーが目標としていることです。行政も同じように、この国を豊かにして、皆さんの生活を良くしていこうという志がある方が多いので、結構同じ方向を向いて話ができていると思います。ただ、僕もいろいろな金融機関の方々とお話ししていて「こことはうまくいかないな」「うまくいくな」というのがあります。何が違うのかなと考えたのですが、会話のなかに、お客様やユーザーのためという言葉が出てくる会社とは結構うまくいきます。

［質問］日本では本人確認が課題とのことですが、本人確認郵便以外にも課題の実例があれば教えていただけますでしょうか。

［答］セキュリティです。個人情報をお預かりするので、たとえば当社の

第5章　FinTechスタートアップの挑戦と展望　177

サービスがハッキングされたら大変なので、経営の最大の優先事項としています。ベンチャー企業も脇を締めて、信頼されるサービスを提供していかないといけないというのが大前提です。

そのうえで、法律をどう変えたらより便利になるかだと思うのですが、本人確認のほかに、たとえば貸金業法で、いま、エアビーアンドビー（Airbnb）やウーバー（Uber）のように個人が個人にリーチできる世の中になってきています。ただ、現在の法律では、人にお金を貸そうと思ったら中国はできますが、日本は1人ずつ貸金業登録が必要になってしまいます。法律はテクノロジーの進化を想定していないので、これらのサービスが普及するためには、貸金業法改正が必要になってきます。

あと、たとえば、スマートフォンでマネーフォワードから全部振込みができるようにしたいとすると銀行代理業が必要です。そうすると、全銀行の銀行代理業をとらないといけない。僕らはいま、連携している先が銀行だけでも100以上あって、全部銀行代理業をとるのは不可能なので、1社1社とらなくてもいいような包括的なものが必要かもしれません。このように、いっぱい出てきます。

[質問] 最近上場されましたが、上場に伴うメリットは、資金調達のほかにどういうことがあるのでしょうか。

[答] 株式交換もできやすくなり、M&Aがしやすくなり、知名度向上に伴って、優秀な社員が来てくれます。後は会社としての信用が上がるので、金融機関との連携・提携のときに信頼いただけるという面もあると思います。上場は通過点にすぎませんが、さはさりながら、信用がないと上場できないですし、FinTechという大きな枠組みのなかだと、そういう成長企業がどんどん出ていかないといけないと思うので、FinTech第1号として、何とか後ろに続く人に迷惑にならないように、良い結果にしないといけないと思います。おかげさまで、いまのところ、すごく好感をもってマーケットが受け止めてくれているので、日本のFinTechがどんどん前に

進む、いいきっかけになればいいなと思っています。

[質問] 先ほどフリルとメルカリのお話がありましたが、先行してほかの企業が自分と同じことをしている場合、どういうところに判断の重きを置いて、まだビジネスチャンスがあると考えるのでしょうか。

[答] 業態・業界によっても違いがあるので一概にお答えするのはむずかしいですが、コミュニケーションやネットワーク外部性が効くサービスは、ウイナー・テイク・オールになります。たとえば、フェイスブックの台頭により、ミクシィやグリーはSNSとして勢いを失いました。ネットワーク外部性が効くインターネットサービスは、ナンバーワンにならないといけなくて、ユーザー数がすべてというところがあると思います。

　一方で、会計ソフトのようなBtoBサービスは意外とたくさんあって、ネットワーク外部性が効かないので、何社かは残ると思います。そういう意味で、業界をみて、いまから追いつけない、追いつけるというところを考えて、追いつけるのだったら何を差別化要因とするのか。基本、ビジネスはヒト、モノ、カネの三要素なので、この三要素でもって競合に勝てるのかを分析するのかなと思います。

[質問] 事業会社の社内弁護士と、ベンチャー企業の弁護士の働き方には、違う点があるでしょうか。

[答] ベンチャーで働く場合は、まずやることがとにかく広い。当社の社内弁護士は、日々の契約書のやりとりもしますし、上場の時は東証との窓口も担当しました。また、たとえば新しいサービスをつくるときに、FinTech関連のいろいろな法律がありますが、今度のサービスは○○法に多分抵触するからどう対応しようか、世の中にないものをつくるためには法律に適用した範囲内でどのようにつくればいいか、当然リスク・リターンがあるので、ある程度リスクがあっても、これはやるべきではないか、会社がとれるリスクであると判断する、などビジネスの現場で日々判断する

第5章　FinTechスタートアップの挑戦と展望　179

ことが多々生じています。法律を読んで、これはいいです、悪いですという次元ではなく、もっとリアルにプロダクトをつくるためにどうするか、という判断が必要になるんです。ですので、アドバイザーというよりはプレーヤーとして、日々新しいことを判断しているし、悩みながらマーケットを新しくつくっていると思います。あと、コンプライアンスもとても大事で、社内弁護士が窓口になってくれています。

[質問] FinTechの普及によって地方銀行はピンチだとよくいわれますが、地方銀行のFinTechとどのようにかかわっていくのでしょうか。

[答] 僕らは、かなり地方銀行と密に提携させていただいています。たとえば、地方銀行のお客様向けに家計簿アプリを提供しています。そうすると、地銀の店舗で、「これをダウンロードして使ってよ」といってくれて、僕らだと絶対リーチできないご高齢の方も結構使ってくれているのです。僕らが得意なのはモノづくりです。金融機関は、巨大なBS、お金、店舗、信頼があります。それがちょうどマッチするところでウィン・ウィンの提携ができると思います。家計簿アプリに加え、MFクラウド会計も中小企業のお客様向けに導入していただき、中小企業の生産性向上を促進するような取組みも行っています。

　さらに、データとアルゴリズムを使って、「MFクラウドファイナンス」という、いままで融資の審査に1～2カ月かかっていたのが、最短即日で審査が完了するサービスを地方銀行などと始めました。僕らはアセットがないので、お金を貸せないですが、銀行のアセットを使えばできますし、中小企業の財務状況のリアルタイムに近いかたちでの把握は僕らが得意なので、お互いの得意なところを組み合わせて、ユーザーに新しい価値を提供していく取組みをしています。地方銀行も、店舗に来る人が減ってきますから、危機感があって、一緒にやっていこうという動きはあると思います。

［質問］マネーフォワードのサービスは非常に便利ですが、新しいサービス
　やアイデアは、どのようにして着想を得ているのでしょうか。

［答］「こんなのがあったらいいな」と結構ノートに書きます。人間は想像で
　きる範囲のものはつくれると思っていて、想像できないものはつくれない
　です。「日常で面倒くさいな」ということを簡単にするにはどうしたらい
　いか、日常の不便をテクノロジーでどうやったら解決できるか、というの
　が僕の思考回路のスタートです。そこから、いまの技術ではここまではで
　きるのではないかとノートに書いて、メンバーとディスカッションしてい
　ます。

　　あと、情報です。とにかく情報をとりまくる。最近のお勧めは、
　NewsPicksというニュースアプリでして、プロピッカーと呼ばれる専門家
　のコメントがとても参考になります。いちばん先を行っている人の情報を
　みておくと、だいたい世の中はこうなるのではないかというのがみえてき
　ます。

　　僕がいつも思うのは、世の中はこうなる、こういうサービスがある、と
　いうのはだいたいわかるのですが、時間軸だけわからない。3年か、10年
　か、読めないところで、ベンチャーのむずかしいところです。早くやり過
　ぎると失敗するし、遅くても皆がやってしまう。だから、0.5歩ぐらい先
　がいいといわれるのですが、その時間軸がむずかしいと思います。

［質問］キャッシュレスのどのような点にメリットを見出していらっしゃる
　のでしょうか。

［答］なぜキャッシュレスを進めるべきかという議論がまずあります。決済
　の仕組みが滑らかに自由に簡単になるというのは、お金が動いていくうえ
　でとても大事です。ぐるぐる回っていくと経済の進化も成長率も上がって
　いくので、とにかくお金を回していくのがとても大事です。ですので、現
　金という固体物を出して払うというのは、まずスピード感的に遅れます。
　たとえば、駅で水を買いたい時に、自動販売機がSuicaに対応していたら、

第5章　FinTechスタートアップの挑戦と展望　181

僕は買いますが、現金だと買いません。より決済が簡単になっていくのが大事です。

　また、いまの現金は多大なるコストがかかり、紙のコスト、管理コストなどですが、そういうコストがもっと低くなります。

　そして、いちばん大事なのはデータです。キャッシュレスで何ができるかというと、データが残ります。何が買われて、どこでお金が落ちているか、データでみえることになって、世の中の効率化がどんどん進んでいきます。データ化のためにもキャッシュレスが必要だと思います。

［質問］起業の初期段階ではお金のフェイスブックのようなものをつくろうとしていたとの話でした。いまの家計簿アプリにたどり着くまでにどのようなプロセスをたどったのでしょうか。また、ある程度具体的なプロダクトが初めに固まっていないと銀行や投資家への説明などがむずかしいですが、どう解決したのでしょうか。

［答］本当にいちばんむずかしいところです。僕にはやりたいことはいっぱいあるので、「やってみて、ダメだったらやめればいいじゃん」と思っているのですが、新しいことをやろうと思ってもすぐ成功するとは限りません。すぐに成功することなら皆やっているので、逆説的にいうと、何の価値もないです。うまくいかないときに、どうするかというのを考えていくというのがイノベーションだと思うので、失敗するスピードをいかに速くするかということをよく考えます。やってみないとわからない、ユーザーが使ってみないとわからない、それをどれだけ短いスパンでできるか、ということです。

　先ほども申し上げたリーン・スタートアップの考え方として、Minimum Variable Product（MVP）という考え方があって、皆サービスをつくるときに、この機能も、あの機能もつくりたいと思うのですが、10の機能を1年かけてつくってリリースしたら、ユーザーの考えと全然外れていましたというのは結構あります。そうではなくて、10ある機能のなかでい

ちばん使われると思う機能だけ、まず出してみよう。そうすると、2カ月ぐらいでつくれるかもしれない。その2カ月で仮説の検証をして、データが集まるので、学びがあって次に進めていく。リスクをコントロールするうえで、ステップを区切っていくというのはとても大事です。

　何をやるか、僕も会社で意思決定しますが、いろいろな情報を集めて、マーケットがどうなるか、カスタマーペイン（ユーザーの不便）はどうかをひたすら考えます。マネーフォワードをつくった時には、著名なベンチャーキャピタリストの方に、「こんな危険なサービスは1万人も絶対使わない」といわれました。とても悲しかったです。落ち込んだのですが、一方で、この人はターゲットユーザーではないと思いました。ターゲットユーザーの声を聞くのが、モノづくりではとても大事でして、フォーカスして、この人のためにつくるというようにしています。

　たとえば、「しらたま」というサービスを最近出しました[5]。家計簿をつけていると自動で貯金ができるサービスです。たとえば、1,000円と設定すると、400円使ったら残りの600円が銀行口座から自動的に貯金専用口座に移動されるんです。人間は意志が弱いのでなかなか自分の意志だけでは貯金ができない。ならば、自動でできる仕組みをつくろうということでつくりました。4名のチームで3〜4カ月ぐらいでプロダクトをつくりました。

　実は、これは無料です。社内でも損益をよく検討したほうがいいという意見もありましたが、マネタイズポイントが現時点ではありません。一応考えてはいるのですが、それよりスピード感をもって、まず出してみよう、ユーザーの反応をみて考えよう、という考えのもとサービスを始めました。当然、資金調達をする際などは、しっかりと事業計画を書いて、KPI（Key Performance Indicator）を設定しています。時と場合によっていろいろな対応をしています。

5　「マネーフォワード、"（しら）ずにお金が（たま）る"人生を楽しむ貯金アプリ「しらたま」を提供開始」プレスリリース（2017年9月19日）。

［質問］FinTechを加速させるために、今後、政府と共同でこのような事業
　をやっていきたいというような構想がありますでしょうか。

［答］これは僕の完全な私見ですが、政府はルールをつくる側として、でき
　るだけいろいろなプレーヤーが自由にできる土壌、環境をつくるというの
　が役割だと考えています。その土俵のなかでいろいろな民間企業が自由競
　争を起こして、その自由競争のなかで勝ち残ったいいサービス、ユーザー
　に受け入れられるサービスが出てくるような環境づくりが重要だと思って
　います。

　　直近の日本はマクロでみると、株価も上がり、失業率も減少し、GDP
　も上がっていますので、素晴らしいのですが、もう１つ必要なことは、よ
　り成長が期待できる分野に人やリソースを振り分けていくことだと思いま
　す。

　　成長分野の規制改革によってその分野がより開かれ、自由競争が起こ
　り、経済が発展していくというサイクルを政府につくってもらえると、わ
　れわれ民間はチャレンジすることができます。その自由競争のなかで、勝
　つ、負けるというのは企業の実力なので、そこを政府が守る必要はないと
　僕は思います。FinTechにおいても、ネット証券が出てきた1999年に政府
　が株式売買手数料の自由化を行ったおかげで、いろいろなプレーヤーが出
　て、競争して、ネット証券のおかげで手数料もとても安くなり、グローバ
　ルな商品が手に入るようになり、機関投資家並みの情報も受け取れるよう
　になりました。そういったことが今後もどんどん起こると良いなぁと思い
　ます。

第6章

FinTechの進展と金融行政

金融庁総務企画局 信用制度参事官

井上 俊剛[1]

（2017年11月10日講義）

---

1 本章の意見にわたる部分は、個人的な見解であり、必ずしも所属する組織の見解では
ありません。

1 FinTechの現状認識

　今日は、私が担当しているFinTech（フィンテック）に関する金融行政について主にお話しさせていただきますが、法科大学院の方もかなりいらっしゃるので、法律的な側面に焦点を当ててお話ししたいと思います。

テクノロジーの進展と金融サービスをめぐる最近の動向

　FinTechが、FinanceとTechnologyを合わせた造語ということはもうご存じだと思いますが、4〜5年ぐらい前から、欧米の銀行では、最近の環境変化に危機感をもってとらえていて、こうした変化に戦略的に対応する動きが出てきています。他方、図表6－1のビル・ゲイツ氏の発言はとても古くて1994年のものです。ですから、いまから約20年前ですが、"Banking is necessary, banks are not"、要は銀行サービス、銀行業は必要ですが、「銀行」という組織は必要ないのではないかと、その当時から見通していたということです。また、ゴールドマン・サックスのレポートには、伝統的金融機関への影響として4兆7,000億ドルの収入がFinTechによって失われる可能性があると指摘されていて、さらに、アメリカの一般利用者の意識調査の結果をみると、銀行はまったく必要なくなるのではないかという人が33％程度いるという環境変化があります。

　また、アメリカの銀行のトップ、JPモルガン・チェースCEOのジェイミー・ダイモン氏が、2014年に、グーグルやフェイスブックが競合相手であって、既存の金融機関ではなくなっていくであろうといっています。外部連携による革新、オープン・イノベーションということが欧米の金融機関では非常に意識されていて、ITイノベーションの取り込みを目的とした、IT・ネット企業との戦略的な連携・協働が活発化している状況にあります。

　最近のテクノロジーは、要素技術としてはいろいろあると思うのですが、いちばん広くいわれているのは仮想通貨の基盤技術であるブロックチェーン

186

図表６－１　テクノロジーの進展と金融サービスをめぐる最近の動向

［銀行業についてのコメント］

○ビル・ゲイツ氏（Microsoft社創業者）の発言

"Banking is necessary, banks are not"　（1994年、Microsoft社が決済関連IT系企業のIntuit社を買収した際のコメント）

○伝統的金融機関への影響についての指摘

　"4.7 trillion in revenue for traditional financial services is at risk of being displaced by new technology-enabled entrants."

（出典）　2015年12月、Goldman Sachs社リサーチ・レポート

○一般利用者（米国）の意識調査（2014年3月公表）の結果

これからの５年で、お金の支払方は根本的に変わる	＝ 70%
銀行よりも、GoogleやAppleの新しい金融サービスのほうがおもしろそう	＝ 73%
銀行はまったく必要なくなる	＝ 33%

（出典）　全国銀行協会説明資料をもとに作成

［米銀トップの問題意識］

ジェイミー・ダイモン氏（JPモルガン・チェースCEO）

われわれは、グーグルやフェイスブック、その他の企業と競合することになるだろう
2014年5月6日　Euromoney（サウジアラビア）での発言

オープン・イノベーション（外部連携による革新）

○欧米銀行では、ITイノベーションの取り込みを目的とした、IT・ネット企業等との戦略的な連携・協働が活発化

usbank
・FSV Payment Systems：プリペイド・カード・プラットフォーム開発・サービス提供業者。

CapitalOne
・Level Money：複数口座の収支管理や資金計画策定をサポートするスマートフォン用アプリケーション開発・提供業者。

BBVA Compass
・Simple：PCやスマートフォン等専用の銀行サービスを提供する業者。

citi
・PayQuik：金融機関等向けの送金プラットフォーム開発業者。
・Econut：小売業者向けのプリペイド・カード・プラットフォーム開発業者。

JPMORGAN CHASE & CO.
・Bloomspot：小売業者向けのポイントプログラムの提供・管理システム開発業者。

SOCIETE GENERALE（仏）
・OnVista：金融情報ポータルサイトの提供業者。

CRÉDIT AGRICOLE S.A.（仏）
・Fianet SA：インターネット決済に係るセキュリティ・システムの開発・提供会社。

Santander（スペイン）
・Zed Group：デジタル・マーケティングシステム、モバイル・インターネット決済システム等の開発・提供会社。
・iZettle：専用アプリと端末を利用したスマートフォンによるカード決済会社。

BARCLAYS（英）
・RS2 Software：銀行、カード会社、小売業者向けのカード決済用ソフトウェア開発会社。
・Analog Analytics：インターネット業者や広告代理店向けのクーポンの発行・管理システム開発業者。

BNP PARIBAS（仏）
・FLASHiZ：スマートフォンによる決済アプリ開発及びサービス提供会社。

（出所）　平成27年２月５日　金融審議会・決済業務等の高度化に関するスタディ・グループ（第10回会合）翁委員説明資料

第６章　FinTechの進展と金融行政　187

が１つの注目点だと思います。ただ、ブロックチェーンというのは、仮想通貨や送金・決済という分野だけではなく、金融に関してみても幅広い領域で応用できるということです。送金・決済だけではなくて、貿易金融、ローン取引、デリバティブ、行内インフラ、コンプライアンス、たとえば、本人確認の時の情報共有などにも応用できるというところが１つの特徴だと思います。

ITの進化を活用した金融サービス

図表６−２の左図は、ITの進展を活用した金融サービスの例をいくつかあげてみたのですが、どちらかというと日本が海外よりも進んでいると思われるところをピックアップしたものです。ATMは40年以上前に導入して、単なる入出金の機能以外に、振込み・通帳記入や生体認証を使うものもできていて、世界的にもきわめて高機能です。私も欧米に住んだことがありますが、キャッシュ・ディスペンサーとしての出金機能だけのものが大半で、それに比べるとサービスはきわめて進んでいます。

あるいはネット系銀行の利用拡大というところでも、日本は比較的口座数が多いですので、比較的受け入れられています。右側の電子マネー・プリペイドカードも交通系電子マネーをはじめとして、多分諸外国に比べても先進的な部分といえるかと思います。

他方、諸外国のほうが進んでいて、日本がキャッチアップしていかなければいけない部分も結構ありまして、図表６−２の右図が一例ですが、海外ではキャッシュ・マネジメント・サービス（CMS）のような分野でサービスの付加価値の増大が目指されています。CMSというのは、グループ全体の資金管理を総合的に請け負うようなサービスで、この分野では、右図の上にあるように、日本の銀行は、直近の調査で三菱東京UFJ銀行が７位に出てくるのですが、それ以外は欧米の金融機関に独占されている状況です。図表６−２の右図の下のマルチバンクのモバイル送金は、イギリスなどでは複数の銀行にまたがって携帯電話の番号で相手先に送金できるようなサービスが登

場・拡大していますが、この分野も日本ではまだまだ実用化されている段階には至っていないと思います。

金融機関のIT投資とITエンジニア数

欧米と比べて、決定的に遅れているのが人材とIT投資の部分だと思っています。図表6－3の上図はIT投資の戦略性ということですが、アメリカの銀行は、IT投資をする場合にも、新しいこと、変化への投資に非常に大きく振り向けています。この例だと58％程度ですが、日本の銀行はレガシーシステムといわれるような過去の巨大な金融システムの維持経費に大きくお金を割いているかたちになっていて、新規開発に向けられる投資額は大手銀行でも20％程度しかないというところは、大きく違うかなと思います。

その背景になっているのはITエンジニアの層と厚みが全然違うということだと思っていまして、アメリカの大手の金融機関だと、社内に30％程度はITエンジニアを抱えているのですが、日本ではメガバンクでも３％程度しかいないというところが大きく違います。

何が起きているのか、どんな新たな価値を創造しうるか

このようななかで、FinTechへの対応は戦略的にどのように考えていかなければいけないかということで、「平成28事務年度金融レポート」[2]の内容の一部をご紹介したいと思います。FinTechへの対応ということで１つ考えられるのは、金融ビジネスのモデル自体が大きく変わっていくのではないかということです。

１つの仮説として、図表6－4にありますように、現在の金融機関のビジネスモデルは、供給側の論理によるマス定型商品の提供、つまり巨大な金融機関が自分の都合で商品を開発して、顧客に大量に売り込むというところが現状なのかもしれないと思っていますが、それが人間生活のデジタル化とい

2　金融庁「平成28事務年度金融レポート」（2017年10月25日公表）

図表6－2　ITの進化を活用した金融サービス（日本と海外の状況）

[高機能な ATM]

○40年以上前に導入。単なる入出金
　の機能以外に、
　✓他行宛ての振込み、
　✓税金振込み、
　✓通帳記入、
　✓定期預金や外貨預金対応　等のサービスを発展。
世界的にもきわめて高機能との評価。

（出所）　平成27年2月5日　金融審議会・決済業務等の高度化に関するスタディ・グループ
　　　　（第10回会合）柏木委員（三菱東京UFJ銀行（全銀協会長行））説明資料

[ネット系銀行の利用拡大]

○ネット系銀行等の口座数・預金残高の推移（ネット専業銀行・流通系銀行）

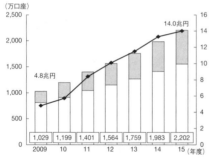

（注1）　イオン銀行、セブン銀行
（注2）　じぶん銀行、ジャパンネット銀行、住信SBIネット銀行、ソニー銀行、大和ネクスト
　　　　銀行、楽天銀行
（出所）　各社HP公表資料（年次報告書等）をもとに作成

[プリカ・電子マネーの拡大]

　　　　○プリペイドカード年間発行額
　　　　　　2009年度　約13.2兆円　2015年度　約23.9兆円（約1.8倍）

　　　　○主要5電子マネー（※）
　　　　　　発行枚数 約2億9559万枚　利用可能拠点 約116万ヶ所
　　　　　（いずれも2016年7月末）
　　　　　※ 楽天Edy、PASMO、Suica、nanaco、WAON

　　　　○資金移動業取扱高
　　　　　　2010年度 約140億円　2015年度 約5400億円（約39倍）

（出所）　日本資金決済業協会HP、月刊消費者信用（2016年9月）

[CMSの国際ランキング]

順位 2016	国名	銀行名
1位	英	HSBC
2位	米	シティバンク
3位	独	ドイツ
4位	仏	BNPパリバ
5位	伊	ウニクレディト
6位	英	スタンダードチャータード
7位	日本	BTMU
8位	米	バンクオブアメリカ
9位	米	JPモルガン
10位	仏	ソシエテ・ジェネラル

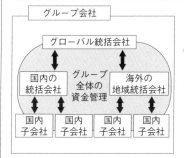
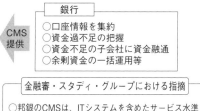

（出所）　Euromoney Cash Management Survey 2016

[マルチバンクのモバイル送金]

欧米では、複数の銀行にまたがって携帯番号やEmailアドレスで送金できるサービスが登場・拡大

（出所）　金融審議会・決済業務等の高度化に関するスタディ・グループ（第3回会合、平成26年10月29日）中島教授説明資料をもとに作成

第6章　FinTechの進展と金融行政　191

図表 6 － 3　金融機関のIT投資とITエンジニア数

[IT投資の戦略性]

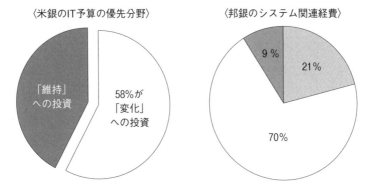

〈米銀のIT予算の優先分野〉　　〈邦銀のシステム関連経費〉

(資料)　Technology Business Research
(注1)　2014年時点。
(注2)　左：総資産額10億ドル以上の北米地域の大手金融機関とITベンダの幹部ら約200人を対象に実施。
(出所)　右：金融審議会・決済業務等の高度化に関するスタディ・グループ（第2回会合）株式会社日本総合研究所説明資料、左：FISC「金融機関業務のシステム化に関するアンケート調査」（平成26年3月）

[ITエンジニア数・比率]

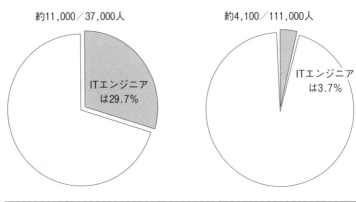

　　　アメリカ・　　　　　　　　　日本・
　　大手金融機関の例　　　　　　大手銀行の例
(出所)　各社公表資料等

192

う変化によって、顧客のライフログを自動蓄積する、あるいはAIによる
ビッグデータの処理・学習が進めば、将来の方向性としては、顧客情報を蓄
積して、テーラーメイドのマス化が可能になるのではないか。それによっ
て、顧客サイドが主導するような顧客情報に根ざすC to B型のビジネスモデ
ルが起きてくるのではないかという1つの仮説です。

そして、図表6-4の真ん中の図ですが、そのような変化が起こってきた
ときに、インプットされる情報も、従来ですと消費者信用機関、いわゆる貸
金業者においては、勤め先・年収・信用履歴しか情報がなかったわけです
が、これからは貸出にあたって、顧客のライフログ、生活習慣、たとえばど
ういうものを電子モールで買っているかといった情報も全部把握したうえで
貸すことができる、これまでとはまったく異なるサービスが提供できるので
はないかというのが1つの仮説です。

そういう意味では、金融機関側も変わらざるをえないと思っていまして、
担い手も、従来型のフルラインの金融機関、マス型の定型商品を提供してい
たメガバンクのような金融機関は、従来は店舗網やシステムなどバランス
シートの資本集約型の生産要素が力の源泉になっていて、伝統的な品揃えに
よる総合採算をとっていました。ですから、儲かる部分と儲からない部分が
あったわけですが、電子化・デジタル化が進むことによってアンバンドリン
グが起きてくるのではないか。アンバンドリングというのは、フルラインの
金融機関が提供していたサービスのうち超過利潤を生むようなもの、たとえ
ば決済、カード、あるいはP2Pの融資などについて、モノラインの業者が出
てきて切り出していくのではないか。そうなると、アンバンドリングによる
価格破壊が進み、フルラインの金融機関が土管化してしまうのではないかと
いう仮説があります。かつて電気通信事業で日本でも起きていたことです
が、今後、金融機関が引き続き担い手となっていけるのかどうかもみていか
なければいけないと思っています。

第6章　FinTechの進展と金融行政　193

図表6－4　何が起きているのか

供給側の論理による
マス定型商品の提供
B⇒C型のビジネスモデル

顧客情報に根ざす
共有価値の創造
C⇒B型のビジネスモデル

インプットされる情報

消費者信用：勤め先・年収・信用履歴 中小企業融資：出入金・財務諸表・担保・ 　　　　　　　保証 自動車保険：年齢・運転歴・事故歴 生命保険：年齢・自己申告の病歴等 資産運用：自己申告の選好	顧客ライフログ 取引・物流・生産・在庫のデジタル情報 テレマティクス ウェアラブル端末 顧客ライフログ

提供されるサービス

・限定的な種類の金融サービスのみを提供 ・入口審査中心、情報の非対称性やモラル ハザードのため、狭い範囲の顧客に高い 金利・保険料・手数料でサービスを提供 ・生活／経営改善のためのインセンティブ やアドバイスは提供しにくい	・金融サービスと非金融サービスを組み合 わせて提供（アンバンドル・リバンドル） ・事後モニタリングの活用により情報の非 対称性やモラルハザードを克服、広い範 囲の顧客に低い金利・保険料・手数料で サービスを提供 ・生活／経営改善のためのインセンティブ やアドバイスを提供

現状　　　　進展しつつある変化　　　　将来の方向？

人間生活のデジタル化

限られた顧客情報の蓄積　　→顧客の「ライフログ」の自動蓄積→　深度ある顧客情報の蓄積

富裕層と大企業向け以外の
テーラーメイドはコストに
あわない　　→AIによるビッグデータ処理・学習→　テーラーメイドのマス化が可能に

供給側の論理による
マス定型商品の提供
B⇒C型のビジネスモデル

顧客情報に根ざす
共有価値の創造
C⇒B型のビジネスモデル

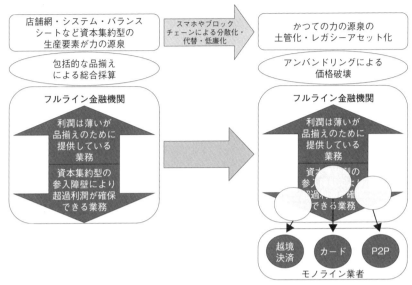

(出所) 森金融庁長官講演資料 (2017年5月25日)

新しいネットワークの姿

　図表6－5にありますように、現在の金融機関のネットワークは、左上にある金融機関が仲介者として顧客の間に立って決済をして、最後は金融機関同士で決済尻をあわせる、金融機関ハブ型と呼ばれるようなビジネスモデルだと思いますが、FinTechが進んでいくことによって、左下のようなインターフェイス企業中心型のビジネスモデルへと転換していくのではないかと考えられます。つまり、顧客との間を金融機関でないものが代表してつないで、金融機関・非金融機関も含めてつながっていくようなビジネススタイルです。さらに、証券取引の分野では先に進んでいますが、決済その他についても取引所型ということで、仲介者が顧客を結びつける、プラットフォームビジネスのようなものが今後出てくる可能性があります。

　さらに、ブロックチェーン、仮想通貨がどんどん進展していくと、その仲

図表6-5　新しいネットワークの姿は？

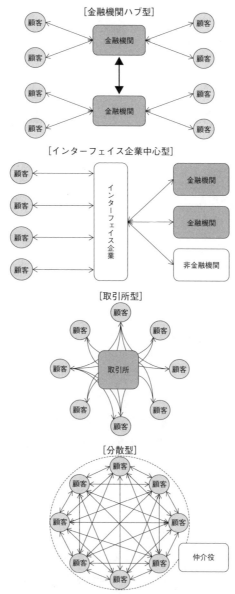

（出所）　森金融庁長官講演資料（2017年5月25日）

介者さえも必要なくなり、顧客同士が直接つながるような分散型のビジネスモデルも将来想定されるかもしれない。そういうときに規制をどのように考えるかというのが1つの課題だと思っています。

当局はどのような考え方で臨むべきか

われわれとしては、金融行政の基本的な考え方を常に見失わないようにしたいと思っています。それは「経済の持続的な成長と安定的な資産形成を通じた国民の厚生の増大」という基準です。そのために、図表6－6の左下にあるように、前広に環境整備や障害除去をして、顧客とともに新たな価値を創造する担い手の成長を期待する、あるいはタイムリーかつ過不足のない弊害防止策をとって、利用者保護上の課題を克服していく、金融機関に対してはフォワードルッキングな経営を慫慂して、そのような経営判断に基づくレガシーアセットの処理を促す、そういったことが1つ考えられるのではないかと思っています。これが基本的なコンセプトとして金融レポートで公表したことです。

図表6－6　当局はどのような考え方で臨むべきか

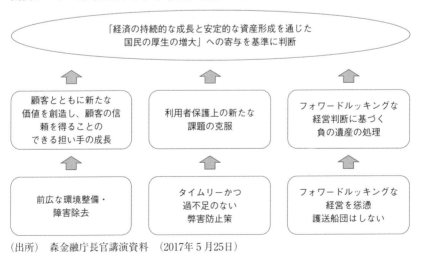

（出所）　森金融庁長官講演資料（2017年5月25日）

2 金融庁の対応の全体像

　次に、金融庁の政策的な対応についてご紹介します。まず全体像ということで、図表6－7にあるように大きく3つの分野に分けています。1つ目は「オープン・イノベーション」といわれるようなFinTech企業と銀行との連携・協働を促すような仕事をしています。2つ目は、IT分野の技術革新をどのように実用化していくかです。ブロックチェーンをはじめとしたさまざまな技術について、金融にどのように生かせるかということを自ら研究し、あるいはFinTech企業のサポートをしていくという仕事です。3つ目は、決済について、ブロックチェーン等が出てきて効率化される余地が出てきているということもあって、「決済高度化」という1つの固まりを施策として考えています。そのときに、利用者利便の向上や企業の生産性向上に結びつけていきたいのですが、同時に、利用者保護・不正の防止・システムの安定性の確保といったことにも目配りをして、その両者のバランスをとっていくというのがわれわれの仕事の少しむずかしいところかなと思っています。

　図表6－8が、「未来投資戦略2017」という政府の成長戦略のFinTechの部分を切り出したものです。2017年6月に閣議決定されたものですが、成長戦略の5本柱の1つとしてFinTechが位置づけられています。FinTechを活用したイノベーションに向けたチャレンジの加速として、「実証実験の推進」「オープン・イノベーションの推進」ということで銀行法の改正、あるいは「横断的な法制の整備等について検討」、さらに「国際的な人材や海外当局との連携・協働」、「企業の成長力強化のためのFinTechアクションプラン」などが掲げられています。また、「規制のサンドボックス（Regulatory Sandbox）」の創設、これは必ずしも金融分野に限らないのでカッコ書をしていますが、FinTechにも大きくかかわる分野ですので、後でご説明します。

198

図表6－7　決済高度化・FinTechをめぐる取組み

(出所)　金融庁

図表 6 - 8 「未来投資戦略2017」における金融庁関連の主要施策

✓イノベーションのための環境整備等
・FinTechを活用したイノベーションに向けたチャレンジの加速
　―実証実験の際のコンプライアンスや監督対応上の躊躇・懸念を払拭する観点から、関係省庁と連携・協力し、金融法令以外の障害の解決を含め、実証実験の容易化を図る（FinTech実証実験ハブ（仮称））
　―電子記録債権取引・本人確認等に係るブロックチェーン技術の実証実験の推進や、国際共同研究の実施
・オープン・イノベーション（FinTech企業と金融機関等との連携・協働）の推進
　―改正銀行法等を施行するとともに、オープンAPIの推進や銀行代理業に係る課題について検討
　―金融業における新たな技術の活用や、金融機関がIT等によりサービス・能力を機動的に開発・展開していく必要性等を十分にふまえ、決済業務等をめぐる横断的な法制の整備等について検討
　―FinTechに対応した効率的な本人確認の方法について検討
　―IT技術を活用して、官民が効果的・効率的に規制監督に係る対応を行う「RegTech」の推進に向けて検討

✓国際的な人材や海外当局との連携・協働
・海外当局との協力枠組の活用・拡大によるFinTech企業の海外展開の支援や、フィンテック・サミットの開催

✓企業の成長力強化のためのFinTechアクションプラン
・金融EDIを起点として企業の財務・決済プロセス全体を高度化（企業会計のIT・クラウド化、XML新システム等のデータを活用した融資サービス・税務対応支援の容易化、電子手形・小切手への移行等）

✓規制の「サンドボックス」の創設
・参加者や期間を限定して、実証内容とリスクを説明したうえでの参加の同意を前提に、試行錯誤によるビジネスモデルの発展を促す規制の「サンドボックス」について、政府横断的な体制の構築

（出所）「未来投資戦略2017」より金融庁作成

3　具体的対応（非法制事項）

決済高度化

　次に具体的な対応について、非法制事項から順次ご紹介します。まずは決済高度化についてですが、決済高度化官民推進会議を設置し、決済のアクションプランの実施状況をフォローアップしています（図表6－9）。2016年6月から半年に一度程度のペースで開催しています。ポイントは官民が連携

200

図表 6 − 9　決済高度化官民推進会議について

［趣　旨］
○決済業務等の高度化は、経済の発展に大きな影響を及ぼすものであり、フィンテックの動きが進展するなか、利用者利便の向上や国際競争力強化の観点から、強力に決済インフラの改革や金融・ITイノベーションに向けた取組みを実行していくことが重要。
○平成27年12月に金融審議会「決済業務等の高度化に関するワーキング・グループ」でとりまとめた報告においても、こうした決済業務等の高度化に向けた取組みを官民あげて実行に移していくための体制の整備が課題とされた。
○同ワーキング・グループ報告書で示された課題（アクションプラン）の実施状況をフォローアップし、フィンテックの動きが進展するなかで決済業務等の高度化に向けた取組みを継続的に進めるため、官民連携してフォロー・意見交換することを目的として、「決済高度化官民推進会議」を設置。

［開催状況］
第1回会合（平成28年6月8日）：事務局説明、全銀協における取組状況（全銀協）
第2回会合（平成29年1月11日）：全銀協における取組状況（全銀協）、XML・金融EDIに関する取組み（経産省）、情報セキュリティに関する取組み（金融情報システムセンター）
第3回会合（平成29年6月21日）：事務局説明、全銀協における取組状況（全銀協）、中小企業のフィンテック対応・活用に関する提言（日本商工会議所）、情報セキュリティに関する取組み（金融情報システムセンター）、FinTechビジョン（経産省）、外為報告および非居住者円送金の見直し（財務省）

（出所）　金融庁

しているというところで、通常の金融庁の審議会のように役人・学者だけというわけではなくて、むしろ民間でイニシアチブをとっていただく必要のある事項がアクションプランのなかにかなりあり、官民一緒になってフォローアップしていきましょうという会議体です。図表 6 −10に、官民推進会議でフォローアップしていく主要事項を掲げています。当初、13項目、上の①〜⑬でしたが、2017年 6 月の第 3 回官民推進会議で⑭と⑮、「電子手形・小切手への移行」「税・公金収納の効率化」も加えて、今後検討していきますというかたちになっています。

このなかからいくつか主だったものについて簡単に触れさせていただきたいと思います。図表 6 −11は、FinTech等を活用した企業の財務・決済プロセス全体の高度化で、先ほどの全体像で下のほうにあった部分です。そのな

第 6 章　FinTechの進展と金融行政　201

図表6−10　決済高度化官民推進会議における主要フォローアップ事項

①XML電文への移行
②送金フォーマット項目の国際標準化
③ロー・バリュー国際送金の提供
④大口送金の利便性向上
⑤非居住者円送金の効率性向上
⑥携帯電話番号による送金サービスの提供
⑦ブロックチェーン技術の活用等に関する検討
⑧オープンAPIのあり方に関する検討
⑨全銀ネットの体制整備
⑩電子記録債権の利便性向上
⑪邦銀のCMS高度化
⑫外為報告の合理化等
⑬情報セキュリティのあり方に関する検討
⑭電子手形・小切手への移行
⑮税・公金収納の効率化

（出所）　金融庁

かで、企業の財務・決済プロセス全体を高度化する、電子化していくことを
促進するということです。

　そのときにキーワードはXML電文化というところで、新しいシステムを
全銀システムという銀行間の決済システムのなかに組み込むことが2018年か
ら始まります。このXML電文化を起点として、手形・小切手の電子化、あ
るいは税・公金収納の効率化を含めて、企業の財務・決済プロセス全体を電
子化してシームレスに処理していくことを目指すというものです。

　XML電文というのはイメージがつきにくいかと思うのですが、図表6−
11の真ん中に若干イメージ図を載せています。そもそも全銀システムはだい
ぶ昔にできたシステムで、固定長で20文字のカタカナしか電文に載せられな

いということが前提になっていて、それだと商流情報が載らないわけです。
この決済の裏側に、どれだけのものをいくつ買ったか、いくらで買ったかという情報がなかなか載らないということで、結局、それと別にファックスによって企業間でやりとりをして、いわゆる消し込みという作業をすることが手間になっていたわけですが、XML電文という方式を使うことによって無制限に商流情報を付記することができるようになります。

　それによって、図表6－11の下図にありますように、企業の財務・決済プロセス全体を高度化することができる。「送金電文に商流情報を登載することが可能に」というところで、川上側として受発注・経理を電子化できるというのが1つのきっかけになるのではないか。さらに、川下側、先ほど申し上げました電子手形・小切手への移行、あるいは税・公金収納の効率化まで進めていければ、企業の財務・決済プロセス全体が高度化、IT化していくことになります。これによって中小企業の生産性の相当な向上が見込まれるということでもあります。

　次の取組みは、ブロックチェーン連携プラットフォームというものです（図表6－12）。これはブロックチェーンという技術をどのように活用していくかということについて、全銀協（全国銀行協会）が中心になって行おうとしている実証実験のプラットフォームでして、銀行、FinTechベンチャー企業、IT企業等が一緒になって実証実験する枠組みを全銀協がつくり、そのなかでパートナーベンダー、金融界が手を携えて、規制面その他の論点について検討していきましょうということです。検討テーマの例としていくつかありますが、「でんさいネット」について少し詳しく説明します。

　電子記録債権は、非常に簡単にいうと、手形を電子化したようなものです。紙を媒体とする手形にかわり、電子記録債権ということで、電子債権記録機関が電子的な記録で債権の発生・譲渡を行う仕組みです。現在は中央集権的なシステムで運営されているわけですが、将来的にブロックチェーンに置き換えることが可能であれば、その運営コストもだいぶ安くなるのではないかと考えられます。他方、その際に、現在の実務、あるいは法制との関係

第6章　FinTechの進展と金融行政　203

図表 6−11 FinTech等を活用した企業の財務・決済プロセス全体の高度化

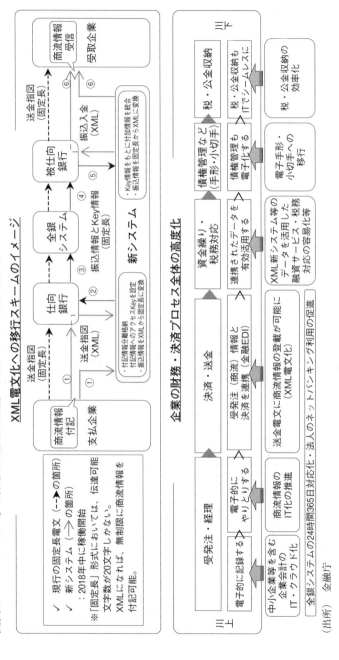

(出所) 金融庁

図表6−12　ブロックチェーンを活用した電子記録債権取引の高度化

○電子記録債権とは、紙を媒体とする「手形」等に代わり、でんさいネットシステム等の電子債権記録機関における電子的な記録で債権の発生・譲渡を行う仕組み。
○今後、でんさいネットは、「全銀協の『ブロックチェーン技術の活用可能性と課題に関する研究会』での議論等もふまえ、ブロックチェーン技術／DLT等の利用可能性やそのメリット・デメリット、利用に当たっての課題や影響等について検証」し、インフラコスト削減の可能性を見極めつつ、「システムの抜本的効率化を目指した取組みを進めていく」方針。

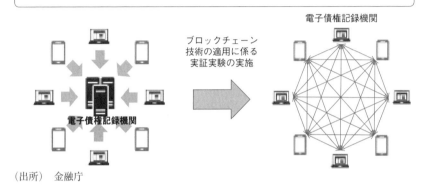

（出所）　金融庁

は今後検討していかなければいけない。その時に、先ほどのブロックチェーン連携プラットフォームで、社会共通インフラ的な部分について、関係者が集まって実証実験をやれるような仕組みが期待されているということです。

　もう1つ、ブロックチェーンの活用の領域として、本人確認があると思います。本人確認は、犯罪による収益の移転防止に関する法律等に基づいて、銀行口座の開設、あるいは多額の現金を送金するために、銀行窓口で運転免許証などを提示して本人であるかどうかを確認します。これは、いわゆるマネーローンダリングやテロ資金供与の防止目的があるわけですが、それが実際FinTech時代にはあわなくなってきているのではないか。要は、スマートフォンで決済取引が完結する時代に、対面での本人確認だと大きな障害になってきているのではないかという問題意識があります。現在、金融庁でFinTech協会あるいは新経済連盟等と「フィンテック時代のオンライン取引研究会」を設置して、FinTechに対応した効率的な本人確認方法の検討を行っ

ています。

FinTech企業の育成・支援に係る取組み

続いて、FinTech企業をサポートする枠組みをいくつかご紹介します。1つ目は、「フィンテック・ベンチャーに関する有識者会議」（図表6－13）でして、FinTechエコシステムといわれるような、FinTechベンチャーが出てくる環境が日本でなかなか育っていないのではないか、それができていく方策を検討していこうと、勉強のために立ち上げた組織です。いままでに3回の会合を行い、1回目はMITメディアラボの伊藤穰一所長に、ブロックチェーン、仮想通貨についていろいろとお伺いしました。2回目は東京大学の松尾豊特任准教授に人工知能、AIの話をお伺いし、3回目は銀行経営に与える影響や、あるいは欧米の金融機関での取組みについて、A.T. カーニーの佐藤勇樹パートナー等からヒアリングをしたというかたちです。これ

図表6－13 「フィンテック・ベンチャーに関する有識者会議」について

┌─[趣　旨]─
│○近時、FinTechの動きが注目を集めている。他方、欧米等に比べ、わが国では、先進的なFin-
│　Techベンチャー企業やベンチャーキャピタルの登場がいまだ必ずしも実現していないとの指
│　摘。
│○わが国の強みを生かしつつ、海外展開を視野に入れたFinTechベンチャー企業の創出を図って
│　いくためには、技術の担い手（研究者、技術者等）とビジネスの担い手（企業、資金供給者、
│　法律・会計実務家等）など、幅広い分野の人材が集積し、これらの連携のなかで、FinTechベ
│　ンチャー企業の登場・成長が進んでいく環境（エコシステム）を整備していくことが重要。
│○有識者による検討の場を設け、「FinTechエコシステム」の実現に向けた方策を検討するとと
│　もに、こうした動きが金融業に与える影響等について議論することを目的として、「フィン
│　テック・ベンチャーに関する有識者会議」を設置。

┌─[開催状況]─
│　第1回会合（平成28年5月16日）：事務局説明、ヒアリング（伊藤穰一氏 MITメディアラボ
│　　　　　　　　　　　　　　　　　　所長）
│　第2回会合（平成28年6月14日）：ヒアリング（松尾豊氏 東京大学大学院工学系研究科特任准
│　　　　　　　　　　　　　　　　　　教授、金子恭規氏 スカイライン・ベンチャーズ社代表）
│　第3回会合（平成28年10月5日）：ヒアリング（山上聰氏 NTTデータ経営研究所研究理事グ
│　　　　　　　　　　　　　　　　　　ローバル金融ビジネスユニット長、佐藤勇樹氏・矢吹大介氏 A.T.
│　　　　　　　　　　　　　　　　　　カーニーパートナー）

（出所）　金融庁

は今後につなげていくという意味で、あの会議では、カリフォルニアのシリコンバレーのように、FinTechベンチャーが起業するような環境、あるいはそれが上場企業に成長していくようなプロセスのなかで、エコシステムといわれるような関係者の協力関係ができあがっていっているわけですが、そういう枠組みを日本につくるためにどういうことが必要かということについて議論しました。

図表6－14は、「FinTechサポートデスク」といって、FinTech企業に対応する金融庁のワンストップサービスについてです。これは2015年12月から行っている取組みですが、FinTech企業は、技術はあっても法律関係がよくわからない、たとえば、金融商品取引法の適用になるのか、銀行法の適用にな

図表6－14 「FinTechサポートデスク」について

(出所) 金融庁

第6章 FinTechの進展と金融行政　207

るのか、よくわからないが、技術はありますといったベンチャー企業が結構あります。そういうときに担当部局を割り出して電話をかけるのは結構ハードルが高いので、金融庁に１つの電話番号ですべてのご相談に対応する窓口をつくり、既存の法令との関係などについてお答えしているものです。

　開設以来１年半で222件ほどお問合せがあって、左下の円グラフにありますように、開業規制に関するものが８割弱です。そのなかで、既存の法律でできますよとお答えしたのが47％程度で、規制対応が必要ですと、いろいろとアドバイスができたのは46％程度です。金融庁にこういった相談をすると、通常は相当時間がかかるのが普通ですが、この枠組みですと１週間程度で回答できています。

　また、図表６−15の「FinTech実証実験ハブ」を2017年９月から立ち上げています。先ほどのFinTechサポートデスクはベンチャー企業を対象にしていたわけですが、既存のメガバンク、あるいは大手のIT企業、ベンダーの方々も含めて、FinTechについて大がかりな実証実験をするときにも対応できるような枠組みということで新たにつくったものです。実証実験を行おうとする事業者が抱きがちなコンプライアンス上の懸念のようなものを払拭するために、計画段階から具体的にいろいろとアドバイスをしていくというチームを金融庁につくってサポートしていくもので、11月２日に第１号の支援案件を決定して発表したところです。

　第１号の支援案件は、本人確認という手続について、３メガバンクなどで共同の実証実験をするという枠組みで、金融機関のどこかで本人確認をしている顧客については、他の参加機関と新規取引を行う場合でも再度の本人確認を不要とするような枠組みを検討していくというものです。具体的には、図表６−16の右図にあるように、顧客情報や取引履歴をブロックチェーンで共有することによって、一度本人確認がすんでいる場合には、参加する他の銀行では本人確認はなくても口座開設などができるようになるのではないかということで、これに向けて既存の犯罪による収益の移転防止に関する法律等の適用関係について支援していくという枠組みです。

図表6-15 「FinTech実証実験ハブ」の開設

- ✓「未来投資戦略2017」（平成29年6月閣議決定）をふまえ、金融庁は、フィンテック企業や金融機関が、前例のない実証実験を行おうとする際に抱きがちな躊躇・懸念を払拭するため、9月21日、「FinTech実証実験ハブ」を開設。　tel：03-3581-9510　email：pochub@fsa.go.jp
- ✓①明確性、②社会的意義、③革新性、④利用者保護、⑤実験の遂行可能性の観点から、支援の可否を判断。
- ✓個々の実験ごとに、
  - ▷ 金融庁内に担当チームを組成し、必要に応じて関係省庁とも連携し、フィンテック企業や金融機関がイノベーションに向けた実証実験を行うことができるよう、支援。
  - ▷ 実験中および終了後も、継続的にアドバイスを行うなど、一定期間にわたってサポート。

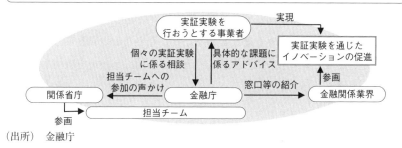

（出所）　金融庁

図表6-16 「FinTech実証実験ハブ」初の支援決定案件について

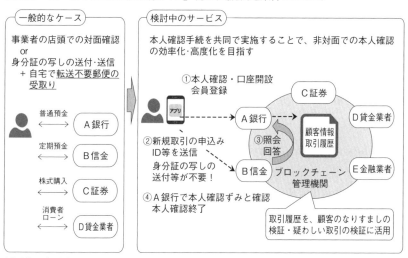

（出所）　金融庁

第6章　FinTechの進展と金融行政　209

また、少し将来的な話ですが、Regulatory Sandbox（レギュラトリー・サンドボックス）といわれるものがあります。先ほど「未来投資戦略2017」のところで若干触れましたが、Regulatory Sandboxは、日本語に訳すと、Sandboxは子どもが遊ぶような砂場というイメージで使われる言葉ですが「規制の砂場」といわれています。規制の適用を一定期間停止、たとえば免許参入条件を緩和するというようなかたちにして、新規事業を立ち上げようとする方に対してサポートをする枠組みです。

　これは立法過程に携わると分かると思いますが、何か立法するためには立法事実が普通は必要です。こういう規制があるので困っている人がたくさんいますということのデータをまず集めないと、なかなか規制改革はできないのですが、新規ビジネスを立ち上げようとする人は、データを収集するのがそもそもむずかしいという悪循環があるので、まずやってみることを許容するような枠組みができないかということです。これは既存の法律との適用関係があるので、おそらく法改正が必要ということで、内閣官房を中心に、現在、2018年の通常国会に法案を提出すべく検討中という段階です。

　先例を２つほどご紹介しているのですが、有名なところではイギリスとシンガポールで先行事例がありまして、イギリスですと2016年11月に18社、2017年６月に24社、いま３回目も多分行っていると思います。シンガポールも2017年３月に１社、いま２社目が多分回り始めているところだと思いますが、既存の法令との適用関係等にアドバイスを与える、あるいは一部、適用除外も可能な制度ということです。いまこれを採用する国は世界で結構増えていまして、日本もこういうことを目指していってはどうかということがFinTechの分野で初めにいわれたのですが、先ほどご紹介した日本におけるRegulatory Sandboxの制度の１つの特徴は、FinTechに限っていないということです。分野横断的に、たとえばドローンや自動走行といったようなことも含めて、革新的なものはいくらでもあるわけで、そういうところにも適用できるような業態横断的な枠組みをつくれないかということで、内閣官房で担当していただいています。

図表6-17 Regulatory Sandboxに関する各国取組事例

イギリスのRegulatory Sandbox	シンガポールのRegulatory Sandbox	アメリカのProject Catalyst
✓イギリスでは、免許制や認可制を採用したうえ、当局が策定した規制について個々の機関に対する修正・免除や、認可等の要件等について当局に広範な権限が法律上付与されている（ただし、法律等は当局の権限の対象外） ✓これを前提に、運用上の対応として、当局が革新的であると認めた企業について、①〜④の措置 ①個別事案に関連する法規制についてノーアクションレター ②個別事案のガイダンス ③上記の広範な権限を利用して実証実験がFCAの規則に抵触する場合であって、その遵守コストが過度に大きいような場合には、利用者保護等の規則を修正、または適用を除外 （ただし、法律等はこの制度の対象外） ④上記の広範な権限を利用して、革新的な企業に条件付認可を与えている ✓①〜④とも、また、利用者保護について適切な出口戦略等の措置をとることが必要 （昨年11月に18社（第1回）、本年6月に24社（第2回）が選定企業として公表）	✓シンガポールでは、免許制等を採用したうえ、当局が策定した規制について、対象となる銀行等の種類や個別行の状況に応じて、適用のあり方を変更する等、当局に広範な権限が法律上付与されている（ただし、法律等は当局の権限の対象外） ✓これを前提に、運用上の対応として、当局が革新的であると認めた企業について、①〜④の措置 ①個別事案に関連する法規制についてノーアクションレター ②個別事案のガイダンス ③上記の広範な権限を利用して、MASは、MASで定めた規制を修正、または適用を除外 （例 資産保全義務や現金残高、債務支払余力・自己資本基準等の財務規制、取締役会構成、免許に係る費用、技術リスクマネジメントガイドラインや委託ガイドライン等のMASのガイドライン） （ただし、法律等はこの制度の対象外） ④上記の広範な権限を利用して、革新的な企業に条件付認可を与えている ✓実験が失敗した場合の影響を抑え、金融システムの健全性が維持できるよう、適切なセーフガードが設けられていなければならない。また、金融サービスの提供を打ち切らなければならない場合の撤退戦略や、サンドボックスを終了した後に当該サービスをより広い範囲で展開していく際の移行戦略が定められていなければならない （本年3月に対象となる企業を1社選定）	✓フィンテック企業を始め、既存金融機関やテクノロジー企業、他の規制当局との連携 ✓消費者の意思決定や金融商品の利用方法に係る民間企業との共同調査 ✓Dodd-Frank法において消費者金融保護局は商品のリスク等についての情報公開ルールを独自に定めることができ、革新的な情報公開手法を試行する企業について当局が認めた場合その方法によることも認められており、この制度を活用する ✓ノーアクションレターの活用

（出所）　金融庁作成（2017年11月時点）

海外当局との連携

次に、海外当局との連携について若干触れたいと思います。もちろん、FinTechはインターネットベースですので、あまり国境がないということも含めて、海外対応も非常に重要になってくるということが前提です。図表6－18は、その研究分野について金融庁も国際共同研究を立ち上げていますというご紹介です。2017年3月に準備会合を行ったのですが、国内からは金融庁、日本銀行、東京大学、あるいはIT企業にもいくつか参加していただいて、海外からはMITメディアラボ、カナダ、シンガポール、香港の方にも参加していただいて、国際間で実証実験のネットワークを立ち上げて、ブロックチェーンの実際の取引において利用者保護上のリスクがないか、プライバシー上の問題がないかどうか、あるいは決済システム等に活用した場合の処理能力は問題がないかどうかを今後検討していくこととしています。

図表6－18　国際的な研究機関等と連携した共同研究

主な参加者
○国内から、金融庁、日本銀行、東京大学らが参加
○海外から、アメリカMITメディアラボ、カナダ中銀、シンガポールMAS（金融管理局）、香港の研究者らが参加

今後の実証実験の概要

実験用ネットワークの構築	実験的な取引の実施	検証・検討
・各国間で、ブロックチェーン技術を用いた実験用のネットワークを構築	・構築したネットワークを使って、国際送金など、実際の金融取引を実証実験	・取引データを収集し、利用者保護上のリスクへの対応など、研究課題について検討

研究課題の例
○利用者保護上のリスクへの対応
○プライバシー・機密性の確保
○ブロックチェーンを決済システム等に活用した場合の処理能力の確保　等

（出所）　金融庁（2017年11月時点）

図表 6 - 19にも、もう 1 つ協力枠組みについてご紹介しています。こちらは当局間の研究というよりは、むしろFinTech企業に対するサポートという枠組みが主なものでして、イギリスのFCA、シンガポールのMAS、オーストラリアのASIC、そして中東アブダビのFSRAといった金融当局との間で、2017年 3 月以降、協力枠組みを構築しているところです。

　内容は、FinTech企業を相互に紹介するもので、たとえば、日本のFinTech企業がイギリスに出ていきたいというときは、イギリスのFCAにわれわれから紹介して、海外進出に際して相手国の当局からサポートを受けることを可能にするという制度になっています。この枠組みを用いてFinTech企業の支援もしていますし、当局間の情報共有もしています。このようなかたちで、FinTech企業の海外展開やイノベーションに向けたチャレンジをサ

図表 6 - 19　FinTechに係る協力枠組みの構築

英FCA・星MAS・豪ASIC・アブダビFSRAとの間でフィンテックに係る協力枠組みを構築

FCA：Financial Conduct Authority（金融行為規制機構）2017年 3 月書簡交換
MAS：Monetary Authority of Singapore（金融管理局）同年 3 月書簡交換
ASIC：Australian Securities & Investments Commission（証券投資委員会）同年 6 月書簡交換
FSRA：Financial Services Regulatory Authority（金融サービス規制庁）同年 9 月書簡交換

協力枠組みの概要

① フィンテック企業の相互紹介
○自国のフィンテック企業を相手国当局に紹介
　海外進出に際して、相手国当局からサポートを受けることを可能に

② フィンテック企業に対する支援の提供
○フィンテック企業の支援に特化した窓口の提供
○許認可申請前のサポート
○許認可申請中の手続の支援や担当職員の紹介　等

③ 当局間の情報共有 
（参考）FCA、MAS、ASICの間でも、それぞれ互いに同様の協力枠組みを構築ずみ
　　　　FSRAは、MASおよびASICとの間でも、それぞれ同様の協力枠組みを構築ずみ

フィンテック企業の海外展開やイノベーションに向けたチャレンジをサポート

（出所）　金融庁（2017年11月時点）

ポートする枠組みを順次構築中です。

　図表 6 -20につきまして、FinTech関連のイベントとして、「フィンサム・ウィーク2017」を2017年 9 月の中旬に東京の丸の内を中心とした場所で開催しました。日本経済新聞社とFinTech協会との共催で、去年に続いて 2 回目です。 9 月21日に金融庁主催で国際シンポジウム「フィンテック・サミット2017」を行いまして、麻生大臣による挨拶をはじめとして、開会の挨拶で内閣府の村井大臣政務官に先ほどの「FinTech実証実験ハブ」の設置について発表していただきました。あるいはアブダビの当局とのFinTechの推進協力の書簡交換を行っています。そのほかに、「オープン・イノベーション」「ブロックチェーン」「規制・当局の役割」、銀行・保険・証券などの「金融技術の新領域」あるいは「アジアのフィンテック・フロンティア」ということで、各セッションに分かれて活発な議論が行われました。このような枠組みを通じて、金融庁としては国際的なネットワークの構築を進めていきたいと考えています。

4　具体的対応（法制事項）

ITの進展に伴う銀行法等の改正

　ここまでが主に非法制面の対応ですが、ここから法律的なお話をしていきたいと思います。まず、金融グループをめぐる環境変化、ITの急速な進展等をふまえた制度面での手当を行うということで、「銀行法等の一部を改正する法律」を2016年通常国会に提出・成立いたしまして、2017年 4 月から施行されています。

　内容は 4 本柱で、図表 6 -21の左側の 2 つは主に金融グループに関するものです。メガバンクのようなものにおける経営管理、あるいは金融仲介機能の強化がテーマですが、FinTechに関するところは右の 2 つでして、まず

214

図表 6－20 「フィンテック・サミット2017」の開催

○昨年に引き続き、フィンテック国際ネットワークの形成に向けて、「フィンテック・サミット2017」を東京丸の内にて開催〈2017年9月19日から9月22日を「フィンサム・ウィーク」(日本経済新聞社、フィンテック協会との共催)としてさまざまなイベントを開催〉

9月19日(火)20日(水)	9月21日(木) フィンテック・サミット2017	9月22日(金)
・シンポジウム ・アイディア・キャンプ (学生向けコンテスト) ・ピッチ・ラン(企業向けコンテスト) ・ワークショップ ・ラウンドテーブル など		・トークイベント ・コンファレンス(Fintech Japan 2017) ・ピッチ・ラン決勝など フィンサム・ウィークの各イベントへの延べ来場者は1万人超

【9月21日フィンテック・サミット】
(＊:セッションモデレーター)

・開会挨拶
　村井英樹(内閣府大臣政務官)
　Fintech実証実験ハブの設置について発表
・オープン・イノベーション(金融機関とフィンテック企業の協働)
　Michael Harte(英バークレイズ)、
　Matt Hancock(英デジタル担当国務大臣)、
　丸山弘毅(フィンテック協会代表理事)、
　亀澤宏規(MUFG執行役常務CIO)、
　森下哲朗＊(上智大学法学部教授)
・ブロックチェーン(変革への助走)
　Carl Wegner(R3)、
　松尾真一郎(MITメディアラボ)、
　佐藤康博(みずほFGグループCEO)、
　山岡浩巳(日本銀行・決済機構局長)、
　Martin Arnold＊(Financial Times)
・アブダビ金融当局(FSRA)とのフィンテック推進協力(書簡交換式)
　越智隆雄(内閣府副大臣)、
　Richard Teng(FSRA・CEO)

・規制・当局の役割(金融当局によるイノベーションの加速)
　David Geale(英FCA)、
　Sopnendu Mohanty(星MAS)、
　Cathie Armour(豪ASIC理事)、
　Richard Teng、
　松尾元信(金融庁参事官)、
　翁百合＊(日本総合研究所副理事長)
・金融技術の新領域(証券・保険など)
　Dirk Jaench(BearingPoint)、
　谷崎勝教(SMFG執行役専務)、
　浦川伸一(SOMPOホールディングス常務)、
　山藤敦史(日本取引所)、
　滝田洋一＊(日本経済新聞編集委員)
・アジアのフィンテック・フロンティア
　Sukarela Batunanggar(インドネシア金融庁副理事)、
　Sundara Iyer Ganesh Kumar(インド準備銀行理事)、
　河合祐子(日本銀行審議役)、
　Buncha Manoonkunchai(タイ中銀)、
　井上俊剛＊(金融庁信用制度参事官)
・閉会挨拶
　麻生太郎(副総理・財務大臣・金融担当大臣)

(出所)　金融庁

第6章　FinTechの進展と金融行政　215

図表6−21　情報通信技術の進展等の環境変化に対応するための銀行法等の一部を改正する法律の概要

金融グループにおける経営管理の充実	共通・重複業務の集約等を通じた金融仲介機能の強化	ITの進展に伴う技術革新への対応	仮想通貨への対応
○金融グループの経営管理のあるべき「形態」はグループごとにまちまちであることを前提としつつ、グループとしての経営管理を十分に実効的なものとするため、持株会社等が果たすべき「機能」を明確化 ‣グループの経営方針の策定およびその適正な実施の確保 ‣グループ内の会社相互の利益相反の調整 ‣グループの法令遵守体制の整備等	○各金融グループの効率的な業務運営と金融仲介機能の強化を図るため、グループ内の共通・重複業務の集約等を容易化 持株会社による共通・重複業務の執行 ‣システム管理業務や資産運用業務などのグループ内の共通・重複業務について、持株会社による実施を可能とする 子会社への業務集約の容易化 ‣共通・重複業務をグループ内子会社に集約する際の、各子銀行の委託先管理義務を持株会社に一元化することを可能とする グループ内の資金融通の容易化 ‣グループ内の銀行間取引について、経営の健全性を損なうおそれがない等の要件を満たす場合は、アームズ・レングス・ルールの適用を柔軟化する	○ITの進展を戦略的に取り込み、金融グループ全体での柔軟な業務展開を可能とする ‣金融関連IT企業等への出資の容易化 ‣決済関連事務等の受託の容易化 ○ITの進展に対応した、決済関連サービスの提供の容易化と利用者保護の確保 ‣ICチップを利用したプリペイドカードにおける表示義務の履行方法の合理化 ‣プリペイドカード発行者の苦情処理体制の整備 ○電子記録債権の利便性向上 ‣異なる記録機関間でも電子記録債権の移動が可能となるよう制度面の手当	○仮想通貨について、G7サミットにおける国際的な要請等もふまえ、マネーローンダリング・テロ資金対策および利用者保護のためのルールを整備する 登録制の導入 ‣仮想通貨と法定通貨の交換業者について、登録制を導入 マネーローンダリング・テロ資金供与対策規制 ‣口座開設時における本人確認の義務づけ　等 利用者保護のためのルールの整備 ‣利用者が預託した金銭・仮想通貨の分別管理等のルール整備　等

（出所）　金融庁

「ITの進展に伴う技術革新への対応」として、銀行の業務範囲規制を一部緩和し、金融関連のIT企業へ出資することを容易にする法改正、あるいは電子記録債権の利便性の向上ということで法律上の手当をしたものです。

仮想通貨法制の整備の背景

もう1つのIT面の柱が、図表6−21のいちばん右にあります「仮想通貨への対応」です。法制度の整備の背景として（図表6−22）、1つ目はMTGOX社の事案があります。新聞でも相当報道されたので、ご存じの人も多いかと思いますが、2014年に当時渋谷にあったビットコイン交換所のMTGOX社が破産手続を開始したという事件がありました。当時、世界最大のビットコイン交換所といわれていたわけですが、代表者が業務上横領容疑で逮捕されました。すなわち、ビットコインの顧客が預けた資金を流用してしまったということで、利用者保護上の1つのポイントになっています。

もう1つは国際的な議論の状況ということで、マネーローンダリング・テロ資金供与防止のための議論が始まっていました。2015年、G7エルマウ・サミットで、「仮想通貨およびその他の新たな支払手段の適切な規制を含め、すべての金融の流れの透明性拡大を確保するためにさらなる行動をとる」という首脳宣言が出ました。それを受けるかたちで金融活動作業部会（FATF）というマネーローンダリング対策を行う国際機関のガイダンスで、「各国は、仮想通貨と法定通貨を交換する交換所に対し、登録・免許制を課すとともに、顧客の本人確認義務等のマネーローンダリング・テロ資金供与規制を課すべきである」という国際的な合意ができたということです。この時点でG7各国のうち対応していなかったのはイギリスと日本だけということもありました。このため、2016年に資金決済に関する法律を改正して、仮想通貨と法定通貨の交換業者に対して登録制を導入するという仕組みをつくっています。

第6章　FinTechの進展と金融行政　217

図表 6 −22　仮想通貨に係る法制度の整備

[1．MT GOXの事案について]
○平成26年、ビットコインの交換所であるMT GOX社が破産手続開始（破産手続開始時、約48億円の債務超過）
○同社代表者は、平成27年、業務上横領（ビットコイン売買のため顧客が預けた資金の着服等）等の容疑で逮捕

[2．国際的な議論の状況]
○FATF（金融活動作業部会）ガイダンス（平成27年 6 月）
「各国は、仮想通貨と法定通貨を交換する交換所に対し、登録・免許制を課すとともに、顧客の本人確認義務等のマネロン・テロ資金供与規制を課すべきである。」

[3．日本における法制度の整備状況]
〈法制度の概要〉
○仮想通貨と法定通貨の交換業者について、登録制を導入
○利用者の信頼確保のため、利用者が預託した金銭・仮想通貨の分別管理等のルールを整備
■利用者が預託した金銭・仮想通貨の分別管理
■利用者に対する情報提供
■分別管理及び財務諸表についての外部監査
■最低資本金・純資産に係るルール
■当局による報告徴求・検査・業務改善命令、自主規制等
■システムの安全管理
○マネーローンダリング・テロ資金供与対策として、口座開設時における本人確認等を義務づけ
■口座開設時における本人確認
■本人確認記録、取引記録の作成・保存
■疑わしい取引に係る当局への届出
■社内体制の整備

〈消費税の課税関係に関する整理〉
○これまで、「仮想通貨」は、消費税法上、非課税対象取引と規定されていなかった（消費課税の対象）。
○消費税法施行令において、資金決済に関する法律に規定する仮想通貨の譲渡について、消費税を非課税とする改正を実施（平成29年 7 月 1 日施行）

（出所）　金融庁

仮想通貨法制の概要

　仮想通貨法制についても、もう少し詳しく示したものが図表 6 −22の 3 つ目です。マネーローンダリング・テロ資金供与対策としては、口座開設時等に顧客の本人確認をしてください、その本人確認記録、取引記録の作成・保存をして、疑わしい取引については当局へ届け出てくださいという銀行等と同じ枠組みを仮想通貨交換業者に導入したということです。

218

もう１つの大きな柱が利用者の信頼確保ということでして、先ほどご紹介したMT GOX社の事件を背景にして、利用者に対する適切な情報提供、システムの安全管理体制の構築、最低資本金等のルール、後は、ここが１つ重要だと思いますが、利用者が預託した金銭・仮想通貨の分別管理をしっかりとしてくださいということ、外部監査を導入すること、当局の監督対象にしているということです。

　また、消費税の課税関係が整理されているというのも重要なことだと思います。これまで仮想通貨は、消費税法上、非課税対象取引と規定されていなかったので、金などと同様に、税法上、交換する時に業者のほうで消費税を収納しなければいけないということになっていたのですが、2017年度の税制改正で、資金決済法に規定する仮想通貨の譲渡については、消費税を非課税とする改正を実施して、2017年７月１日から施行されています。

　また、図表６−23にありますように、仮想通貨交換業者については登録要件が定められていて、株式会社であり、最低資本金1,000万円等の財産的基礎があり、仮想通貨交換業を適正かつ確実に遂行する体制の整備が行われていること、前科等がないこと、公益に反しないこと等の登録要件が求められています。これに基づいて、現状、2017年９月末に第１号となる登録業者が登録されたところです。

　仮想通貨交換業を法律上位置づけるにあたって、仮想通貨とは何かということを定義しています。基本的に３つの要件に分かれるのですが、資金決済に関する法律２条５項により「不特定の者に対して代価の弁済に使用でき、かつ、不特定の者を相手方として法定通貨と相互に交換できる」「電子的に記録され、移転できる」「法定通貨又は法定通貨建ての資産ではない」とされています。これは先ほどご紹介しましたFATF（金融活動作業部会）における定義とほぼあっているということですが、実際にいろいろな種類のデジタル通貨が出てくるなかで、仮想通貨の定義に当たるかどうかというのは非常に微妙な、むずかしい解釈問題になることがあります。

　後でも触れますが、一例をあげますと、たとえば、MUFGコインという

図表 6 −23　仮想通貨交換業者の登録と仮想通貨の定義

●仮想通貨交換業者の登録要件について
- 株式会社であること
- 仮想通貨交換業を適正かつ確実に遂行するために必要と認められる
- 内閣府令で定める基準に適合する財産的基礎を有すること
- 内閣府令において、財産的基礎（最低資本金・純資産）の具体的基準は、最低資本金1,000万円、最低純資産は負の値でないことと規定。
- 仮想通貨交換業を適正かつ確実に遂行する体制の整備が行われていること
- 仮想通貨交換業者の登録を過去に取り消されていないこと（登録の取消しの日から5年を経過した場合を除く）
- 取締役等が過去に禁錮以上の刑に処せられていないこと（刑の執行が終わり、5年を経過した場合を除く）
- 他に行う事業が公益に反すると認められるものではないこと　等

●仮想通貨は以下の性質を有する財産的価値と定義（資金決済に関する法律2条）
- 不特定の者に対して代価の弁済に使用でき、かつ、不特定の者を相手方として法定通貨と相互に交換できる
- 電子的に記録され、移転できる
- 法定通貨又は法定通貨建ての資産ではない

（出所）　金融庁

　三菱東京UFJ銀行がいま実証実験をやっているブロックチェーンを使った仮想通貨は、法定通貨とリンクさせて、1MUFGコイン＝1円にしようとしています。そうすると、法定通貨建ての資産ではないという定義に当てはまるかどうかという議論が出てくるということです。

　金融庁としては、仮想通貨が安全・安心に利用できるような環境をつくっていくというのは1つのミッションだと思っていますが、同時に利用者保護ということも考えていく。それとイノベーションの促進とのバランスをどのように考えていくかというのは、常にむずかしい論点だと思っています。

オープンAPIの促進に向けた銀行法改正

次に、2017年の銀行法改正についてですが、その背景・問題意識としては、FinTechの動きが世界的な規模で加速するなかで、利用者保護を確保しつつ、金融機関とFinTech企業とのオープン・イノベーション（連携・協働による革新）を進めていくための制度的な枠組みを整備するということがあります。もう1つの背景として、日本は、中国やアフリカとは少し違っていて、銀行システムによるネットワークが非常に発達していて、電子マネー等のさまざまな決済サービスが新しく登場するなかでも、決済の最終化、すなわちファイナリティの付与という意味では銀行預金の決済機能が広く利用されているという状況にあります。このため、日本で今後FinTechを発展させていくときに、銀行のネットワークを生かしてFinTech企業の先進的なアイデア、技術を実際の金融サービスへつなげていくことが重要ではないかという問題意識がありました。

そこで、今回の銀行法改正により手当したものが図表6-24です。真ん中にあるFinTech企業（電子決済等代行業者）が、顧客と金融機関の間に立つ中間的な事業者ですが、顧客から委託を受けて、金融機関のシステムに接続して、口座管理サービスや電子送金サービスを提供している会社です。前回講義でいらっしゃったマネーフォワードは、家計簿アプリを提供していて、非常に便利なサービスですが、現在、普及に際していくつか課題はあると考えていまして、その1つがスクリーン・スクレイピングといわれる技術を使っているということです。これは、顧客からスマホのアプリを通じてインターネットバンキングの口座番号とパスワードを預かって、顧客になりかわって金融機関にアクセスしているというところが多分現状の主流の技術だと思っていますが、これだと、情報セキュリティ等、利用者保護上の懸念があったり、あるいは金融機関側からすると、FinTech企業からアクセスしてきているのか、顧客からアクセスしているのか区別できないという話があって、そもそも両者間に契約関係もないので、オープン・イノベーション、連携・協

第6章　FinTechの進展と金融行政　221

図表6－24　銀行法改正の概要

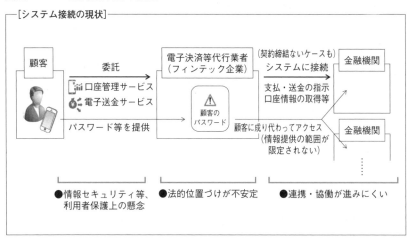

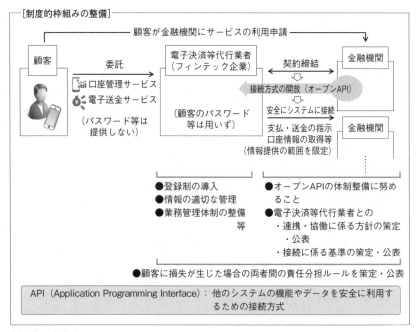

(出所)　金融庁

働が進みにくかったり、あるいはFinTech企業のほうからみても法的な位置づけが不安定だという問題点が指摘されていました。

これを解決する方法として、オープンAPIという技術を導入して、金融機関とFinTech企業との間で安全にシステム接続できるようにしようというところが、この制度的な枠組みの肝になる部分です。

そのために、電子決済等代行業者に登録制を導入して、情報の適切な管理や業務管理体制の整備等の義務を課すとともに、金融機関側には、若干のシステム改変が要りますので、オープンAPIの体制整備の努力義務を課す。さらに、電子決済等代行業者との連携・協働に係る方針を策定・公表して、接続に係る基準もつくっていただくという枠組みを設けています。そのうえで、電子決済等代行業者を登録した後に、実際にサービスを開始する前に、金融機関と契約を締結することを義務づけています。これにより、オープンAPIという接続方式で接続する。契約関係をしっかりとつくったうえで、金融機関側から情報を提供してもらうような枠組みによって、FinTech企業は顧客のパスワードを用いない、預からなくてもいいようになる。顧客が金融

図表6−25　法施行のスケジュール

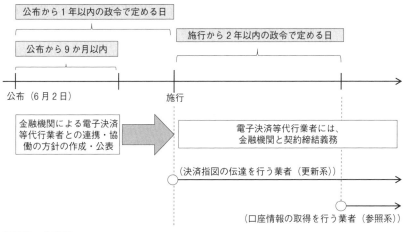

(出所)　金融庁

機関にサービスの利用申請をして、金融機関からFinTech企業の送金の指示等をベースに必要な情報だけを渡せるという枠組みができあがるということです。両者の契約締結を義務づけることによって、顧客に万が一損失が生じた場合の両者間の責任分担ルールをあらかじめ策定・公表することもできるようになる。そのような枠組みを今回の法律で整備させていただきました。

法施行のスケジュールだけ簡単に触れますと、2017年6月2日の成立後に公布されており、それから1年以内の2018年の6月までのタイミングで施行日を迎えます。施行から2年以内の政令で定める日まで、すなわち公布の時から3年以内に、銀行のほうでは電子決済等代行業者との接続のため、オープンAPIの体制整備をしていただき、更新系、いわゆる決済指図の伝達を行う業者については施行日からですから、公布から1年後から契約を締結していただく。口座情報の取得を行っている、いまスクリーン・スクレイピングという技術を使っている業者については、銀行に広くAPIが行き渡る公布から3年後から契約締結を義務づけて、事業をしていただくという法施行の枠組みです。

ICO（Initial Coin Offering）

ここからは、今後の課題をいくつかご紹介していきます。法制事項のなかで、個別の法律問題にわれわれは常に向き合っていまして、いくつか最近話題になっていることも含めて、皆さんと考えていきたいと思います。まず、図表6-26に、ICO（Initial Coin Offering）というものを紹介しています。IPO（Initial Public Offering）は、企業が上場することによって資金調達をしていくことで、その当初の売り出しのことをIPOというわけですが、それと同様のことを電子的なトークンを使うことで電子的に行ってしまおうというのがICOという仕組みです。

図表6-26にありますように、Aという発行者がトークンといわれる仮想通貨のようなものを発行して、利用者が法定通貨、あるいはビットコイン等の仮想通貨でそれを購入するというものです。利用者間でトークンを売買す

224

図表6-26　ICO（Initial Coin Offering）について

○ICOとは、電子的な「トークン」（証票）を発行することで、インターネット上で**法定通貨**や**ビットコイン等の仮想通貨**を調達することの総称。

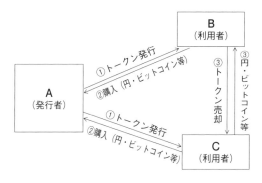

①発行者がトークンを発行。
②利用者が法定通貨またはビットコイン等の仮想通貨で購入。
③利用者間でのトークンの売買も可能。

現状、トークンには、以下のようなものが存在。
(1)**イベント参加権**等を表象するもの
(2)**人気投票の印**のように、トークン自体は何の権利も表象しないが、実態として流通しているもの
(3)**収益の分配**を受ける権利を表象するもの

（出所）　金融庁作成

ることも可能になっていて、いろいろなものがあります。日本では、資金調達に使われる事例が最近出始めてきて、現状、われわれが認知しているものを分類すると、次の3つのようになると思います。

1つ目は、イベント参加権のようなものを表象するものとしてトークンが発行されて、それを購入するもの。たとえば、どこかのイベントに参加するという権利を買うもので、これはクラウドファンディングになぞらえると、おそらく購入型のクラウドファンディングのような位置づけかと思います。

2つ目は、人気投票の印のようなものです。トークン自体は何の権利も表象しないのですが、実態として流通しているものもあると思います。これはなんらかの対価を期待しているものではないので、ある意味、寄付型のクラウドファンディングと整理できるかもしれません。

3つ目は、Aの発行者がなんらかの事業を行うとして、その事業の収益の

第6章　FinTechの進展と金融行政　225

分配を受ける権利を表象するもので、ある意味、経済的には金融商品取引法の集団投資スキーム持分と似通ったものになっているということで、金融商品取引法の適用関係が1つ課題になってくると思います。

　もう1つ、法律関係として押さえておかなければいけないのは、資金決済に関する法律の仮想通貨交換業者に当たるかどうかという論点があります。法定通貨と仮想通貨が交換でき、電子的で、通貨建て資産でないものが基本的に仮想通貨の定義だったわけですが、この例のように、トークンを発行して、その対価としてビットコイン等で支払われる場合は、発行者が仮想通貨交換業者に当たる可能性はあると考えています。個々のビジネスモデルをみていかないと、シロかクロかなかなかすぐには判別できないですが、仮想通貨交換業に当たるかどうかという論点と、金融商品取引法上の集団投資スキーム持分に当たるかどうかという論点があります。

P2Pレンディング

　もう1つ、図表6-27が、P2Pレンディングです。P2PというのはPeer to Peerということで、貸し手と借り手を直接結びつけてしまう業者です。いちばん有名なのは、上図のアメリカのLending Club（レンディングクラブ）という会社で、Borrowers（借り手）から申請をもらって、下図のInvestors（投資家）などにつないで、双方をウェブ上で結びつけることによって、直接個人間の貸付をアレンジするというイメージです。日本でも、いくつかの事業者がこういうサービスをすでに行っています。

　これにどういう法律が関係するかというと、日本では、典型的には貸金業法という法律があります。貸付を業で行う人は登録を行ってくださいという法律で、上限金利規制、あるいは総量規制、すなわち年収の3分の1以上を貸してはいけませんという規制がかかってきます。この例だと、本当にP2Pレンディングで貸し手側のほうを登録させるということになりますと、一人ひとりの貸し手、個人を全部登録させなければいけないのではないかという論点が1つあると思います。

226

図表6-27　P2Pレンディングについて

○レンディング業者が自身のウェブサイト等を通じて資金の貸し手から少額・短期の資金を集め、資金需要者（個人・中小規模の事業者）に貸付を行う。

○アメリカでは、事業者が、連邦証券法上の登録を行ったうえ、銀行免許を有する者と提携し、ビジネスを展開（銀行が銀行法の規制に従って貸出を行う）。日本でも、事業者が金融商品取引法・貸金業法上の登録を行い、ビジネスを展開している（事業者が貸金業法の規制に従って貸出を行う）。

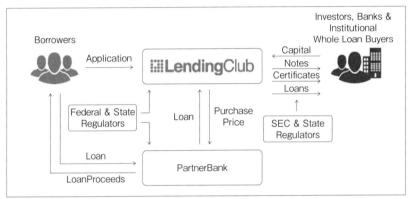

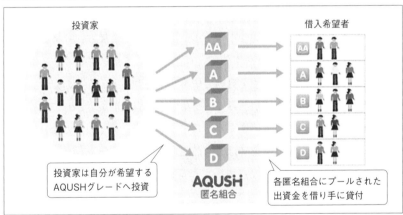

(出所)　上図：米国証券取引委員会ウェブサイト、下図：みんなの株式ウェブサイト

日本でも、この事業を始めるにあたって、いろいろご相談いただいたと思うのですが、その点をクリアするために、日本の事業者は、金融商品取引法上の集団投資スキームを活用していまして、資金の出し手のほうを一人ひとりの投資家として扱うというかたちで、登録する業者は、真ん中に入っているプラットフォーム事業者が貸金業法上の登録を行って、ビジネスを展開するというかたちで行っています。

アメリカもこの点は少し工夫していて、先ほどのLending Clubもそうですが、事業者が連邦証券法上の登録を行ったうえで、貸付については、銀行免許を有する者と提携して、銀行が銀行法の規制に従って貸出を行うということで、法律に対応したビジネスモデルを工夫しているようです。ですから、このようにビジネスモデルを少し工夫することによって、現実の法規制に適用して新たなビジネスを行っている1つの例といえると思います。

ロボアドバイザー

もう1つのケーススタディとして図表6-28にあるロボアドバイザーがあります。その名のとおり、ロボットに投資のアドバイスをさせるというイメージですが、顧客が自身のプレファレンス（好み）に従ってリスク許容度を設定したうえで、AI等を活用して、ロボアドバイザーがそのリスク許容度にあわせてポートフォリオを自動で構築してくれるというものです。アメリカではもともとビジネスがあって、事業者が投資顧問業者としての登録を行ってビジネスを展開していますが、日本でも最近、いくつかの会社が出てきています。日本でも、事業者は金融商品取引法上の登録を行ってビジネスを展開するというかたちになっていて、将来有望なFinTechの一領域だと思います。

トランザクションレンディング

もう1つ、図表6-29にケーススタディを載せていますのは、トランザクションレンディングというもので、中小の事業者のオンラインバンキングの

図表 6 −28　ロボアドバイザーについて

○顧客は、自身の選好に従って、リスク許容度を設定。ロボアドバイザーが、リスク許容度に
あわせて、資産規模・流動性・コストなどの客観的な基準により、最適なポートフォリオを
自動で構築。

○アメリカでは、事業者が、投資顧問業者（investment adviser）としての登録を行い、ビジ
ネスを展開。日本でも、事業者が金融商品取引法上の登録を行い、ビジネスを展開している。

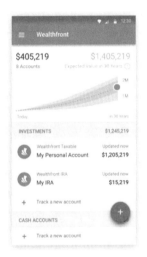

（出所）　上図：Wealthfrontウェブサイト、下図：WealthNaviウェブサイト

第 6 章　FinTechの進展と金融行政　229

図表 6 −29　トランザクションレンディングについて

○中小の事業者のオンライン・バンキングの利用状況や決済情報等の分析を通じて、融資審査を実施。ほぼ即時に審査結果を表示し、オンライン完結の融資を行う。

○アメリカでは、事業者が、銀行免許を有する者と提携することにより、貸付債権を証券化して売却するために連邦証券法上の登録も行ったうえ、ビジネスを展開。日本でも、事業者が貸金業法上の登録を行い、ビジネスを展開している。

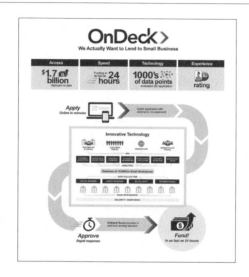

〔トランザクションレンディング（融資サービス）の特徴〕

イプシロン加盟店様限定で安心の融資サービス
決済代行会社だからできる、日次の売上実績をもとにご返済可能な範囲のご融資上限金額を設定します。月々の売上げから自動で相殺するのでご返済の際も安心いただけます。
シミュレーション・お申込みや提出書類も簡単
管理画面上でいつでも、簡単にシミュレーション・申込が可能です。担保や保証人も不要で申込みから最短 5 営業日で融資実行できます。
加盟店様限定の低金利を実現
イプシロンとお取引実績のあり、ご愛顧いただいている加盟店様だけの低金利金利は 3.5％からの応援金利。

（出所）　上図：SmallCapNetwork.com.ウェブサイト、下図：GMOイプシロンウェブサイト

利用状況や決済情報を集積して、それに基づいて融資審査を実施する。オンラインで申し込むと、ほぼ即時に審査結果を表示して、オンライン完結の融資を行うというものです。アメリカでは、事業者が、先ほどのLending Clubのように銀行免許を有する者と提携することによって、連邦証券法上の登録を行ったうえでビジネスを展開しています。日本でも、事業者が、貸金業法上の登録を行ったうえでビジネスを展開しているという例があります。

将来的なデジタル通貨の可能性

ここまでがいくつかのケーススタディとして、現実の規制に対応したようなかたちで新たなビジネスを展開していただいている例ですが、ここからもう少し将来的な話をしたいと思います。

図表6−30にありますように、デジタル通貨として、民間において、ビットコイン、リップル、イーサリアムのような仮想通貨から、銀行発行コイン、たとえばUtility Settlement Coinや、日本でもJ-Coin、あるいはMUFGコインのように、いくつか仮想通貨・デジタル通貨の取組みが進められている状況にあります。各国中央銀行もデジタル通貨の発行に向けた研究を行っている状況です。

こういうことが進むと、将来、そもそも金融法制の根幹から、貨幣の概念自体、金銭の概念自体が変わってくるということになりますので、法制的にどう対応するかというのは1つの課題だと思っています。また、そもそも銀行自体のビジネスモデルも大きく変化します。銀行は、いまは決済システムにおいて巨大な現金搬送システムをもっているわけですが、そのあたりが、レガシーアセット化してくる懸念もあるかと思っています。

保険業界におけるFinTech

図表6−31で保険について触れておきたいと思います。保険分野でもFinTechの影響は語られていまして、IAIS（保険監督者国際機構）が、この3月にFinTechの発展についてレポートを出しています。いくつかビジネスモデ

第6章　FinTechの進展と金融行政　231

図表6－30　将来的なデジタル通貨の可能性

○民間においては、ビットコインなどの仮想通貨の取引が活発化しているほか、国内外銀行において銀行発行コインの開発も進められている。また、各国中央銀行等においては、デジタル通貨の発行に向けた研究が進展。

[民間における取組み]

仮想通貨

○ビットコインやリップル、イーサリアムなど、仮想通貨の流通が拡大。商品購入や送金の際の支払決済手段としての利用。

Utility Settlement Coin（UBS等）

○海外を中心に検討が進められている銀行発行コイン（中央銀行において価値を保証）。銀行間の決済・清算の効率化を目指す。UBSやBNY等のほか、三菱東京UFJ銀行が参画。

J-Coin（みずほ銀行等）

○みずほ銀行が中心となり、全邦銀共通の電子マネー「J-Coin」の発行を検討。

MUFGコイン（三菱東京UFJ銀行）

○銀行の信用力を基盤に、さまざまな決済に利用できる「MUFGコイン」（ブロックチェーンを活用）の発行を実証実験中

[各国中央銀行等の取組み]

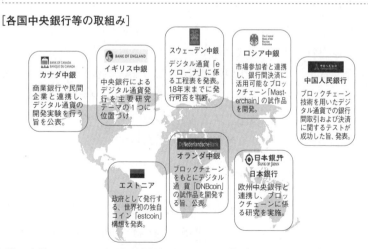

（出所）　各社ホームページ、各中央銀行ホームページ等（2017年11月時点）

図表6－31　IAIS「保険業界におけるフィンテックの発展」（2017年3月）

- ●保険監督者国際機構（IAIS）は、本年3月、「保険業界におけるFintechの発展」を公表。同レポートで、Insurtechは保険会社のビジネスモデルに重大な影響を及ぼすとされている。
- ●Insurtechの主要な例としては、以下が掲げられている。

 ✓デジタル・プラットフォーム、IoT
  －スマートフォン上のアプリやウェブサイトで、保険の加入や保険金の請求等を行う
 ✓テレマティクス
  －通信情報端末から収集したデータをもとに保険料等を算出
 ✓ビッグデータ、データアナリティクス
  －ビッグデータ技術（ライフログ等）を利用して、保険商品の開発、保険料の算出、保険金の不正請求の発見等を行う
 ✓機械学習、AI
  －データから特定のパターンを見つけ出し、保険料の算出、保険事故の発生防止、保険事故の認定等を行う
 ✓分散型台帳技術（DLT）、スマートコントラクト
  －分散型台帳技術等を利用することで、情報連携の高速化、契約情報の整合性の維持、事務コストの削減等を行う
 ✓P2P保険、オンデマンド保険
  －利害の一致する者がグループを形成し、支払う保険料金の一部をプール。保険請求が一定期間ない等の場合には、保険料がディスカウント（P2P保険）
  －必要な物に対して必要な期間だけ保険をかける（オンデマンド保険）

（出所）　IAIS「Fintech Developments in the Insurance Industry」2017年3月公表

ルが図表6－31の下のほうに示されていますが、このなかで有力なところでは、テレマティクスという2つ目に書いてあるもので、自動車にあらかじめ通信情報端末、たとえばスマートフォンとかを通じてドライバーの安全運転のデータを収集して、それによって保険料を割り引くというものです。もう1つは、オンデマンド保険もあるかと思います。たとえば、このパソコンみたいなものに出張期間だけ保険をかけるというものも出てきています。

　これらが将来的に発展していくとどうなるかというのを同レポートは分析していまして、保険業界、マーケットに与える影響について、3つほどシナリオを出しています。1つ目は、保険ビジネスの各機能が既存の保険会社に残存するケースで、その場合であっても、テクノロジーの進化に対応できた保険会社が生き残るであろうということと、商品の個別化が進行して、業務の効率化に伴って保険料が低額化していくかもしれないということが記載さ

第6章　FinTechの進展と金融行政　233

れています。

2つ目は、保険ビジネスの各機能が分解（アンバンドリング）されて、保険会社はリスクの引受けに専念していく。それ以外の部分は、いわゆるプラットフォーマーのような企業がどんどん出てくる。たとえばアマゾン、グーグルなどがリスクの引受け以外の部分を他のサービスとバンドルして提供するということが進んでいく。保険商品がサービス・商品に組み込まれているために、保険商品間の比較可能性が減少するのではないかということも指摘されています。

3つ目は、既存の保険会社が退出してしまうケースで、大手のテクノロジー系企業が、各種サービスや商品のなかに保険をシームレスに組み込んで提供していくというシナリオが描かれています。その場合には、個人データの取扱いが課題になるのではないかということです。まだシナリオ分析しかしていませんが、各保険会社もこういうことを現実の経営課題として徐々にとらえつつある段階かなと考えています。

5 機能別・横断的な金融制度のあり方の検討

本日の最後の話題ですが、金融庁として今後どういうことを考えていくかということについて若干触れたいと思います。未来投資戦略の一節として、「決済業務等をめぐる横断的な法制の整備等、金融機関等をめぐる法制のあり方について、更に検討を進める」ということを閣議決定していますが、これに基づいて、機能別・横断的な金融制度のあり方を金融庁として検討していかなければいけないという課題をご紹介させていただきたいと思います。

実は、本日（2017年11月10日）夕方に平成29事務年度「金融行政方針」を公表していまして、そのなかの大きな1つのパーツになっています（図表6-32）。将来、横断的な金融制度を幅広く検討していくということを打ち出していますのでご紹介したいと思います。いちばん上の「金融システムを取

図表 6 −32　機能別・横断的な金融制度のあり方（金融行政方針）

金融システムを取り巻く環境の変化

- ITの進展等により、金融サービスのアンバンドリング・リバンドリングの動きが拡大
- ファンド等の主体によるシャドー・バンキングが拡大
- 金融機関のビジネスモデルの再構築を阻害しないような制度整備が必要
- さらに、将来的には、デジタル通貨の出現等が金融システムを大きく変革させる可能性

現行法制の特徴と課題

①類似のサービスでも、業態によってルールが異なる
②金融に関する統一的な基本的概念・ルールが存在しない
③各業法に環境の変化に対応していない規制が存在する可能性

検討の方向性

①同一の機能・リスクには同一のルールを適用
②金融に関する基本的概念・ルールを横断化
③環境の変化に対応すべく規制を点検
　　金融審議会において検討に着手

（出所）　金融庁「平成29事務年度金融行政方針」

り巻く環境の変化」というのは、いままでみてきたような話、ITの進展による金融サービスのアンバンドリング・リバンドリングの動きが拡大しているということと、リーマンショック以降いわれているように、ファンド等の主体によるシャドー・バンキングが、たとえばシステミックリスクを引き起こすようなものになっているなかで、それらが銀行と同等の規制に服さなくていいのかという指摘がなされていて、国際的にも大きな議論になっています。

　図表 6 −32の「金融システムを取り巻く環境の変化」の上から 3 つ目ですが、いま、金融機関がビジネスモデルの再構築をしているような状況にあります。たとえば低金利、マイナス金利、あるいは地方においては人口減少、少子高齢化があって、支店の統廃合のようなビジネスモデルの再構築をしています。最近も、メガバンクが大きく支店の数を減らすということが報道されていましたが、そのようなときに、ビジネスモデルの再構築を阻害しないような制度整備をしていく必要があるのではないか。だから、いまの店舗規制は十分なのかどうか、などをみていかなければいけないということです。

第 6 章　FinTechの進展と金融行政　235

4つ目は、先ほどご覧いただいたように、デジタル通貨の出現のようなものが金融システムを大きく変革させていく可能性があるのではないかという、もう少し将来的なビジョンです。

このような環境の変化をふまえて、現行法制をみていった場合に、現行法制は、たとえば銀行法、金融商品取引法、保険業法のように業態別に縦割りになっていまして、類似のサービスでも業態によって大きくルールが異なるということがあります。たとえば貸金業法ですと、先ほど申し上げましたように総量規制が入っています。基本的に年収の3分の1以上を貸してはいけませんというルールですが、同じ貸付をしている銀行にはそのルールは適用されていないということが1つの例だと思います。同じサービスを行っていても業態によってルールが異なるようなところがある。

これは何を意味するかというと、ITが進展して、金融、非金融の境目がだんだんあいまいになっていく、あるいは金融のなかでも、たとえば銀行、証券、保険のような業態間の垣根が低くなっていっているときに、外からの参入の阻害要因だったり、あるいは複数のサービスを提供するときに阻害要因になっていたりする。また逆に、規制の緩いところに流れる、いわゆるレギュラトリー・アービトラージという動きがどうしても起こりやすい。たとえば、貸金業法の総量規制を2006年の法改正で導入し、10年ぐらいたっているわけですが、その間、貸金業者の貸出総量はずっと減少傾向にある一方、足元は銀行カードローンが非常に増えているという関係があります。それが1つの例かと思います。

「現行法制の特徴と課題」の2つ目は、金融に関する統一的な基本的概念・ルールが存在しないのではないかということです。1つの例をあげると、金銭という言葉は各法律に基礎的な概念としてあるわけですが、その金銭に仮想通貨が含まれるかどうかというところは、現在だと法律ごとに解釈していかなければいけませんし、何か起こった場合に、法律ごとに対応していかなければいけないという問題があります。一例としてあげますと、仮想通貨交換業者に係る規制については資金決済に関する法律で対応したわけで

236

すが、先ほどのICO（Initial Coin Offering）は、資金決済に関する法律だけではなくて金融商品取引法の適用可能性も指摘されています。金融商品取引法で金銭の概念は集団投資スキームの基礎となっていまして、このなかに仮想通貨という概念が入るかどうかはまた別の解釈が必要で、業法ごとに対応していく必要があるということです。時代の流れに応じて、金融に関する統一的な基本的概念・ルールを整備していく必要があるかどうかというのは、もう1つのポイントだと思います。

　3つ目は、各業法に環境の変化に対応していない規制が存在する可能性があるのではないか。たとえば、先ほど申しました店舗規制は、銀行の休日は法律、政令で縛られているわけですが、むしろ取り払ったほうが、サービスを落とさないで、支店網を維持したうえで合理化ができるのではないかというのは1つの視点だと思います。あるいは口座開設時の本人確認についても、オンラインで取引が全部完結する時代に、紙の転送不要郵便を出さなければいけないというのは、環境の変化に対応していないような規制があるのではないかということです。

　こうした状況をふまえて、今後どういう検討をしていくかということが図表6-32の「検討の方向性」です。1つ目の縦割りの法律の体系に関しては、むしろ横割りというか、同一の機能・リスクには同一のルールを適用するという概念を推し進めていくというのが1つの方向性ではないか。それによって、法律が違うから同じ機能でも、あるいはリスクでも違うルールというのは解消されるとも考えています。言うは易く、行うは非常にむずかしいものですが、少なくとも今後の方向性として検討していってはどうかということです。

　2つ目は、金融に関する基本的概念・ルールをできるだけ横断化できないか、3つ目は、環境の変化に対応すべく規制を点検していく必要があるのではないかということで、金融審議会において金融審議会は金融庁長官の諮問機関というかたちになっていまして、学者の先生等を集めて、ここで議論をしていただいてはどうかということを今後考えていくことになります。

第6章　FinTechの進展と金融行政　237

これは実際にやるとなると、おそらく数年かかる非常に長大なプロジェクトで、むしろこれから役所に来ていただく皆さんにぜひ取り組んでもらいたい課題だと思います。あるいは役所に来られなくても、金融機関などで働くときにも影響があると思いますので、ぜひ関心をもって、いろいろな立場で参画していただきたいと思っています。

　同一の機能・リスクには同一のルールを適用するというのは非常にわかりやすい原則ですが、実際に考えていくと非常にむずかしい論点がいくつかあります。たとえば、金融の機能をどのように分解していくのか。銀行業という概念も、法律上、よくいわれるのは預金の受入れと資金の貸付と決済、法律用語では為替取引といいますが、この3つの機能に分解されるということで、本当にそれでいいのかどうか。もっと細かく分類すべきなのか、あるいは貸付と預金をあわせ営むことによって、実際に受け入れた預金以上の貸付をすることができる。それによって信用創造機能が提供されていて、万が一銀行が破綻した場合にはシステミックリスクが伴うということから、現行の法体系では銀行には非常に重い義務がいろいろかかっています。免許制であったり、セーフティネットであったり、あるいは業務範囲規制であったりということになっているわけですが、機能を分解していくことによって、いわゆるエンティティベースの規制との関係をどのように考えるかというのは非常にむずかしい課題だと思っています。

　あるいはわれわれの監督のあり方も、来事務年度に行う予定の機能別再編で本当に終わりなのかどうかというところも含めて議論していかなければいけませんし、金融機関のビジネスモデル自体も大きく変わっていくということに対応していくことも今後必要だと思っています。

　いま少し話しただけでも非常にむずかしい課題で、法的な話だけではなくて、実務的な話もたくさんあると思いますので、これから息の長い検討をしていきたいと思っています[3]。みなさんは今後、法律を勉強して、いろいろ

3　2017年11月から、金融審議会の金融制度スタディ・グループにおいて検討を開始。

なところに進んでいくのだと思いますが、ぜひ関心をもって見守って、できれば一緒に参画していただけるとありがたいと思っています。

■ 質疑応答

[質問] 仮想通貨を定義したのは世界初めてということですが、最終的にこの3要件に落ちついた趣旨は何でしょうか。

[答] この定義は、FATF（金融活動作業部会）における仮想通貨の定義を基本的になぞっています。基本的にブロックチェーンがベースの仮想通貨、中央管理者がいないものを念頭に置いていますが、1つ目は、実際に決済という機能に着目して、不特定の者に対して代価の弁済に使用できる、不特定の者を相手方として法定通貨と相互に交換できるという要件にしています。2つ目は自明で、電子的に移転、記録できるというのは、そもそもの仮想通貨の要件です。

　3つ目がポイントで、実務的にも相当議論されていると思います。法定通貨でないということは多分問題ないのですが、法定通貨建ての資産ではないというところが解釈としては非常にむずかしい問題があります。たとえば1コイン＝1円としますと、結局、何を意味するかというと、為替取引になってしまいます。たとえば、電子マネーと機能的にはほぼ一緒になるので、資金決済法上では、むしろ資金移動業、あるいはプリペイドカード業というほうでとらえられる、あるいは銀行における為替取引というかたちでとらえられるべきものということだと思います。ここの実際の解釈は非常にむずかしいところです。

　もう1つ、定義のところでよくポイントになるのは、「不特定の者に対して」というところです。限られた人の間でしか流通しないものであれば、それはそもそも保護に値しない、なかで自治が働くのであれば、それは別に法が介入する話ではないということだと思います。法定通貨も同様

第6章　FinTechの進展と金融行政　239

ですが、不特定の者に対して使われるということで、決済の手段として認識されているところだと思います。ただ、実際どこまでの相手が不特定かというのは解釈に委ねられているところですので、社内の実験であれば特定の人だといえるかもしれませんが、外に広げていくときに解釈の問題が生じると思います。そういうところに「FinTech実証実験ハブ」みたいなものは役に立つのかなと思っています。

[質問] 金融庁の姿勢は、FinTech企業が金融サービスを提供しやすいような体制をつくれるよう、ベンチャー企業にとってはプラスに働いているかなと思うのですが、一方で、銀行側は、ビジネスモデルをチェンジしなくてはならない、レガシーアセット化の可能性などFinTechの流れで変化に対応せざるをえないから共存していく道をとったというネガティブな印象を受けます。銀行にとってポジティブな面はあるのでしょうか。

[答] いろいろあると思います。1つは、新しい技術で大きくコストが削減できる可能性があります。デジタル通貨を外部の人に任せるという手法もあると思いますが、銀行が中に取り込むという手法ももちろんあるわけです。J-CoinやMUFGコインはそういう取組みの1つだと思いますし、自行の現金の流通にかかるたとえばATMの費用や、あるいは一等地に支店を出すような非常に大きな地代などを削減でき、金融システムを効率化させて、最終的には顧客に還元できるということも考えられると思います。あるメガバンクでは、デジタル通貨によって、1つの仮定を置いていると思うのですが、将来的に2兆円ぐらい削減コストがあるという試算を出しています。それが1つあると思います。

　もう1つは、オープン・イノベーションというかたちで、FinTech企業と競合関係ではなくて、協調・協働関係を構築していくというのは1つあると思います。自前だけではなくて、外の技術を生かして自分のサービスも高めていくということが彼らにとってのメリットになると思いますし、それは顧客の利便性向上にもつながると思います。

［質問］「フィンテック・ベンチャーに関する有識者会議」では、フィンテック・ベンチャーの成長が進む環境の実現のために具体的にどういう方策が重要だという意見が出たのでしょうか。

［答］一言でいうと、FinTechのエコシステムを実現するということです。エコシステムとは何かというと、たとえば、フィンテック・ベンチャーを立ち上げたときに、それが実際に成功するにはいろいろな人が関係してきて、いろいろなサイクルがかかわってきます。起業するときには、まずシードマネーを出してくれるベンチャーキャピタルのようなものが必要ですが、日本ではまだまだ十分ではないのではないか。あるいはFinTech企業を立ち上げるにあたって、弁護士や会計士のサービスを容易に提供できるシステムがなかなかないのではないか。あるいはFinTech企業同士が情報交換して、お互いにビジネスマッチングをするような、あるいは金融機関と連携していくような環境が日本ではまだまだ進んでいないのではないか。さらに、エグジットの部分ですが、IPOあるいはM&Aというかたちでエグジットしていくというのは、アメリカでは一般的なスタイルだと思われている一方で、まだまだ日本では弱いのではないか、といろいろといわれていると思います。あと、IT技術者等でして、これが決定的に違うかなと個人的には思っています。このように、FinTechのビジネスが生まれてから大きくなっていく過程のなかで、いろいろな環境が日本だと少し足りていないというところだと思います。

　この会議によって、こういったことが業界のなかでも広く共有されるようになってきています。たとえば、日本でも「FINOLAB（フィノラボ）」という施設が大手町にできて、FinTech企業をたくさん集めて入居させて、お互いオープンなスペースでの意見交換や、セミナーを開いて、勉強するような環境をつくって、そこで金融機関との連携のようなビジネスのシードもできるようになってきている。当局だけではなくて関係者の間で共有できたというのは、この会議の1つの成果ではないかと思っています。

第6章　FinTechの進展と金融行政　241

［質問］仮想通貨取引所について、免許制ではなく登録制が導入されたのですが、利用者・消費者の立場からの反論はなかったのでしょうか。

［答］免許制か登録制かというのは、法律的にはそんなに差異はなくて、行政法学上は、いわゆる行政上の許可というなかで、免許のほうが重いというぐらいのニュアンス、あるいは審査にあたって形式要件が満たされている場合に当局側に拒否する裁量があるかないかぐらいのニュアンスです。登録のなかにも軽重いろいろありまして、そのなかで仮想通貨交換業者は、ある意味、資金の移動にかかわるということもあるので、従来あった資金移動業者という登録制度の枠組みをある程度ベースに考えられたということです。ですから、最低資本金や最低供託金額はだいたい、1,000万円であわせてあるというところが1つポイントではあると思います。たとえば銀行の免許のような重い規制ではなくて、ベンチャーの人も入りやすい、かつ、利用者保護も図れるというバランスをとった制度ではあると思いますし、そのように評価されていると思います。

［質問］FinTechに係る国際的な協力枠組みについて、海外から入ってくるのと日本から外に出ていくのとでは、どちらのほうが活発なのでしょうか。

［答］非常にいい視点だと思います。われわれが3月にたとえばイギリス、シンガポールとこの協力枠組みをつくってから、日本から海外に出ていった企業は残念ながらまだなくて、イギリスから紹介を受けて日本に入ってきた、あるいはこちらで紹介を取り扱ったというのは2〜3件あります。もちろん、TransferWise（トランスファーワイズ）[4] など、日本に法人をつくって入ってくる会社もあるのですが、海外で行っているビジネスモデルを日本のベンチャーがコピーして行っているというのも結構あると思います。日本から海外に出ていこうとしている会社は何社かありますが、まだ

---

4 インターネットを通じて海外送金を行う会社。トランスファーワイズ・ジャパン株式会社は、関東財務局へ資金移動業者として登録されている。

日本発のFinTechベンチャーで世界に羽ばたこうというところまではいっていないと思います。そういうことが出てくるというのはわれわれの大きな期待ですし、後押しできたらと思っています。

［質問］Regulatory Sandboxとすでに実施が決まっているFinTech実証実験ハブの具体的な違いは何なのでしょうか。

［答］一言でいうと、法律の適用関係を裁量で動かせるかどうかということだと思います。法律の適用を一時停止、モラトリアムを設けるということまで視野にあるのはRegulatory Sandboxで、これは基盤となるような法律を変えないとできないわけです。だから、「FinTech実証実験ハブ」は、法律を改正する、あるいは法律を適用除外することはしないと、はっきりいっています。既存の法律のなかで、ビジネスモデルをこうあわせればできるのではないかということはたくさんあるわけです。そういうことを、ある意味、当局側も一緒になって考えるという仕組みが「FinTech実証実験ハブ」です。法律改正しなくても、いまできることをすぐやろうという当局の姿勢だとご理解いただければありがたいです。

［質問］FinTechに対応した効率的な本人確認方法として、現段階でどういった方法が提案されているのでしょうか。また、海外ですでに取り入れられている方法は何かあるのでしょうか。

［答］いくつかあって、日本ですと写真つきの身分証明書を対面で提供するというのは認められているのですが、非対面の場合には、たとえば免許証をスマホで撮って送ったうえで、本人の実在を確認するために転送不要郵便を送るのがスタンダードな本人確認の方法です。海外で行われているのは、たとえば、本人確認ずみの銀行口座に1円2円などの少額のお金を事業者のほうから振り込んで、顧客のほうから何円振り込まれましたというのを返してもらう、などの方法によりオンラインでできる。あるいはドイツで行われているのだと思いますが、アプリに組み込まれたビデオチャッ

第6章　FinTechの進展と金融行政　243

トで本人と会話して、対面というのを、スマホを通じて行うというかたちの取引が実際に行われています。それもFATFのガイドラインにあったものと整理されていますので、日本においても認められるかどうかというのは、今後、当局間同士でも詰めていかなければいけない課題だと思います。

［質問］FinTechという流れは、アンバンドリングであったり、非中央集権型であったり、いままで中央に規制をかけてきたということができなくなるところに規制上は非常に問題があると思いますが、そういった問題にどのように対応していくのでしょうか。たとえばビットコインであれば、中央管理者がいないが、金融インフラとしてある程度発展したという段階で、規制当局としてどう携わっていくか。また、自主規制団体に寄るべきという意見もあると思うのですが、国が行うべきか、自主規制団体が行うべきかという棲み分けを教えていただければと思います。

［答］最後に、今後、機能別・横断的法制を議論しますということを申し上げたのですが、まさにそのなかの1つの課題だと思います。プラットフォーマーというかたちで総括していますが、そういう方たちを規制することが今後必要になってくるかもしれないと思います。先ほどご紹介した仮想通貨交換業者は1つのいい例で、ビットコインはだれがつくっているかわからない。おそらくマイニング業者を規制する、あるいはコア開発者を規制する、など考え方はいくつかあると思いますが、実際には規制の実効性という意味で問題があるわけです。そういうときに、法定通貨と仮想通貨の交換ポイントを規制するということが比較的規制コストが少ない、かつ、実効性があるということで、国際的にも注目されたということだと思います。

　これは多分それぞれのビジネスモデルによって変わっていくわけで、金融機関ハブ型のようなビジネスモデルだと、もちろん金融機関をとらえにいけばいいわけですが、分散型の場合に、どこをとらえるかという議論は

244

今でもあります。一例をあげると、マージン規制という、デリバティブを規制するときに、相手方の倒産リスクを防ぐために、マージン（証拠金）を積ませるという規制があります。現在、金融機関同士については、金融機関をポイントにして金融庁が監督できるのですが、デリバティブだと商社や、金融機関ではないものも実際には取引に入ってきている。そういう人たちにどう規制を及ぼすかというのはすでに現実の問題としてあります。あと証券取引では、2017年の金融商品取引法改正で、本来、投資家の１人にすぎない高速取引行為者に対して登録制を導入しています。ですから、規制の実効性、コストとの見合いで、どこを規制していくかというのは今後の１つの大きな論点になると思っています。

[質問] 横断的法制というのは、解釈の統一を図るということなのか、それとも、将来的には特別法などでの対応も考えているのでしょうか。

[答] 今後の議論の動向次第だと思います。まだ議論を始める前なので、いきなり答えにたどり着くわけはないのですが、たとえば金銭の概念、あるいは為替取引の概念、預金という概念、それぞれ法律のなかには使われているものの、定義があるわけではないです。判例法を通じてだんだん形成していくという考え方もありますが、時代の変化が非常に速いということを考えると、判例ができるまで何年も待っていられないという人もいるので、実定法で対応するという考え方もあると思います。その時に、業態ごとに定義がそろっていないと業態をまたいだビジネスの展開の障害になるので、点検したうえで、横串で刺せるものは刺す。その時にどういう法形式になるかというのは、また今後検討していかなければいけない。個別法を改正して同じ定義を入れていく方法もあると思いますし、定義の部分を横串の特別法をつくるという方法もなくはないと思います。

[質問] オープンAPIにシステム障害が生じて、顧客が損害を被った場合に、電子決済等代行業者と金融機関とオープンAPIの開発業者というプレー

第6章　FinTechの進展と金融行政　245

ヤーがいるのですが、だれがその責任を負うのでしょうか。

［答］顧客に損失が生じた場合の責任分担ルールをあらかじめ決めて公表してくださいというのが法規制として新たに入っています。従来は、電子決済等代行業者と金融機関の間に何の契約もないので、顧客からみると、金融機関と取引しているようなかたちであったとしても、電子決済等代行業者に遡求するしかないわけです。その電子決済等代行業者が十分な資力がない場合には、顧客は損害賠償がとれないということも起こりうるわけです。新しい制度では、事前に求償関係も含めて、金融機関と電子決済等代行業者との間で契約関係を結んでくださいということになっています。オープンAPIを開発したメーカーと金融機関の間は当然契約関係があるという前提ですので、そのなかで瑕疵担保責任があるかどうかは、もちろん契約のなかで別途決まっているものだと思います。

［質問］保険について、たとえばデータ分析の結果、ハイリスクの人達は保険料が高くなって保険に入れなくなり、排除されることになりませんか。

［答］大変重要なご指摘だと思います。IAISのレポートでも、保険排除、インシュランスにおけるエクスクルージョンというのは議論として出ていまして、健康情報を収集するようなアプリで、結果的にハイリスクの人の保険料が高くなって、保険に加入できなくなるということは指摘されています。もう少し進んだ議論として保険業界でいま議論されているのは、遺伝情報の活用の話です。遺伝病があるときに、遺伝子検査を保険商品に組み込むことで、決定的にある特定の遺伝子をもった人を排除することになる可能性もありますので、多分保険数理的な問題だけではなくて、倫理的な問題も出てくるということになると思います。

　日本の場合は、保険商品について、保険業法のなかで認可制というシステムをとっていますので、法令に定める審査基準に基づく審査のなかでスクリーニングを行っていくことになると思います。

［質問］ICOについては、緊急に何か規制をしようとかいった流れではなく、既存の法律の解釈で対応していこうという流れなのでしょうか。

［答］ICOは、図表6－26に表示したようにいくつか種類があって、そのなかで本当に規制の対象にすべきものと、そうでないものは多分あると思います。単なる人気投票であれば、それはおそらく規制の対象にはそもそもならないと思います。いろいろなものが出始めているということもあって、金融庁では、利用者に対する注意喚起の文書を出しています。トークンにはいろいろなものがありますということと、実際に資金調達に類似したものであっても、発行者がしっかりとしたものであるかどうかはわかりません、法律の適用関係も、金融商品取引法、資金決済に関する法律が関係する可能性がありますということを注意喚起しています。

諸外国も似たようなことをしていまして、イギリスも同様の注意喚起をしていますし、アメリカやシンガポールのように、証券取引に当たる可能性がありますといっているところもあります。ドラスティックなのは中国と韓国で、ICOを禁止しますと政府が発表するというような対応をしています。国際的な機関でも、こういうことを議論し始めているところだと思います。

第6章　FinTechの進展と金融行政　247

第7章

スマートコントラクトについて[1]

アフラック シニアアドバイザー（元日本銀行理事）

木下 信行[2]

（2017年11月15日講義）

---

1 本章の内容については、以下の論文もご参照ください。
　木下信行「スマートコントラクトについて」（NBL、2017年11月15日、商事法務）
　木下信行・岩下直行・久保田隆・本柳祐介「ブロックチェーンの法的検討」（NBL、2016年3月15日・4月15日、商事法務）
　R.ライタン編著、木下信行ほか訳「成長戦略論―イノベーションのための法と経済学」（NTT出版、2016年3月）

2 本章の意見にわたる部分は、個人的な見解であり、必ずしも所属する組織等の見解ではありません。

1 はじめに

　私は、旧大蔵省、金融庁、日本銀行で金融システム関係の仕事をしてきました。そのなかで取り組んできた課題は、一方が金融危機と不良債権処理で、もう一方がITと金融のイノベーションでした。今日は、後者の関連から、スマートコントラクトについてお話ししたいと思います。

2 ブロックチェーンの特性

情報セキュリティ

　現在、FinTechやデジタルイノベーションなどの動きが盛んに報じられていますが、決して新しい話ではなく、もう何十年も前から続き、加速してきている現象です。現時点で新たに生じた現象としては、ビットコイン等の仮想通貨が取り上げられがちですが、本当に画期的なものは、その基礎になるブロックチェーンです。以下では、この技術について少し整理します。

　現在のビジネスでは、財産にかかわる情報をコンピュータのメモリーに格納することが基本です。銀行の例をあげると、ある預金者の預金残高は、その銀行のサーバーのあるメモリーに書いてあります。この残高については、悪意をもった預金者ならば、より大きな数字に書き換えたいと思いますし、悪意ある別の人ならば、より小さな数字に書き換えて、差額を自分の口座に足せないかと考えます。コンピュータのメモリーに経済的な価値のある情報を入れてビジネスをする以上、偽造、侵入、コンピュータの運行妨害、なりすましなどの攻撃を必ず受けます。こうした攻撃は、人間が経済的欲望をもっている以上不可避であり、事業者は何としても防がなければなりません。

250

図表7-1　ブロックチェーンの情報セキュリティ

［クライアント＆サーバー型システムの情報セキュリティ］

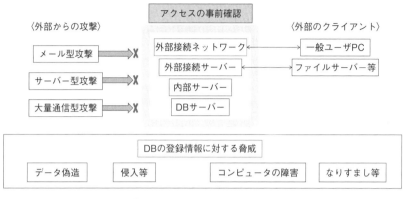

［コンセンサスアルゴリズム］

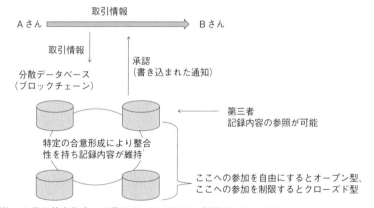

（出所）　上段は筆者作成、下段はTECH NOTEの解説サイトによる

クライアント＆サーバー型システムの情報セキュリティ

　特に銀行は、預かったお金の金額をデータベースとしているので、その情報を守ることが至上命題です。銀行では、図表7-1の上段で「クライアント＆サーバー型システムの情報セキュリティ」と図示したように、箱で示したシステムのいちばん奥にDBサーバーを置いています。ここに預金残高の

第7章　スマートコントラクトについて　251

情報が書いてあります。このDBサーバーを取り囲むように、内部サーバー、外部接続サーバー、外部接続ネットワークなどが置かれています。これらは、外部からDBサーバーの情報を書き換えようという攻撃に対し、情報を防ぐために、壁をつくり、堀をつくり、二の丸をつくっているものです。

　一方、外部からのアクセスを全部防いでいたら、ビジネスになりません。まともな要求、たとえば自分の預金をおろしたいという要求には、これに応じて、残高の情報を書き換えなければいけません。

　その際、外部から攻撃してくる人は、「私は悪いことをします」といってくるわけではなく、まともな預金者を装ってくるので、なりすましをどう防ぐかということが問題になります。また、事業者と利用者や消費者の間で取引を行う際には、もともと少額だったデータを、共謀して多額に書き換えてしまうことが問題になります。そこで、大事な情報をいちばん奥に置き、壁、堀、二の丸をつくって立て籠り、安全を確保する方法をとらざるをえない。これがクライアント＆サーバー型システムの情報セキュリティです。

　この方法の問題点は、アクセスをチェックできるときしかデータベースを利用できないということです。このため、1つ目には、アクセスをチェックするための人件費などのコストがかかります。2つ目には、チェック対象のコンピュータが動いていなければならないことによる時間の制約が生じます。ニューヨークやロンドンで取引をすると、日本では夜中であり、通常はコンピュータが動いていないので、決済には1日待つことになるわけです。1日待って、日本のサーバーにわざわざアクセスし、コストをかけてチェックしてもらい、無事決済できれば初めて取引が成立することになります。

　クライアント＆サーバー型システムの情報セキュリティは、このように、コストや時間の面で大きな制約をもたらしていました。

コンセンサスアルゴリズムというコロンブスの卵

　この制約を打破できる技術がブロックチェーンです。ブロックチェーンの情報セキュリティの仕組みはコンセンサスアルゴリズムと呼ばれています。

252

これは、いままでの「立て籠り型」のセキュリティ確保に対し、「開放型」のセキュリティ確保の方法です。たとえば、「私とＡさんが取引をしました」「代金を5,000円払いました」という情報を流すと、皆が「本当の取引か」「彼は5,000円をもっていたか」とチェックするような仕組みです。

　ただ、これ自体も実は新しい話ではなくて、チェックの方法は、古くからの公開鍵暗号方式の応用ですし、皆に流す方法も、P2Pネットワークということで、フェイスブック、LINE、ユーチューブなどで使われているものです。コンセンサスアルゴリズムは、こうした確立した技術を使って、皆でチェックしましょうということですから、いわば「コロンブスの卵」なのです。

　ただし、このコロンブスの卵には、チェックする「皆」とはだれかという問題があります。これには、まず、そういう能力があって貢献できる人はだれでも参加してくださいというものがあり、オープン型といわれています。ビットコインやイーサリアムなどの仮想通貨に使われている仕組みです。

　これに対して、クローズド型というものがあります。たとえば、内外の主要な大銀行がコンソーシアムを組み、お互いに送金の情報をチェックすることにすれば、信用が置けるから大丈夫ではないかという仕組みです。ブロックチェーンの基盤として、この２つをどう考えるかということについては、後ほど詳しく説明します。

3 ブロックチェーンとデジタルイノベーション

事業からみたブロックチェーンのメリット

　ブロックチェーンは、情報を自分で守るかわりに、皆に守ってもらうことで、ビジネス上大きなメリットが得られます（図表7‐2）。

　第一に、取引にかかわる情報処理がすべてインターネット上で完結できま

第7章　スマートコントラクトについて　253

図表7-2 事業からみたブロックチェーンのメリット

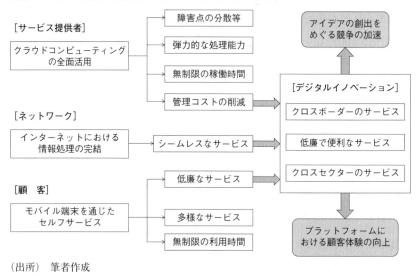

(出所) 筆者作成

　す。いままでの電子商取引でも、インターネット上だけで取引の合意はできましたが、代金の支払になると、銀行のコンピュータがインターネットに直接接続していないことがネックになりました。インターネットで銀行に振込依頼を送ることはできますが、銀行振込自体はインターネット上ではできませんでした。これらがすべてインターネット上で処理できるようになると、再度ログインや、いったん別のところにいって何かのパスワードを入れるといったことなく、次々にクリックしていくだけで取引を一気通貫で完了できることになります。

　第二に、サービス提供者のほうでは、自分のコンピュータを自分で守れるときにしかサービスを提供できないというネックがなくなります。この結果、クラウドコンピューティングを全面活用できるようになることが重要です。たとえば、特定の日に大量の取引が起きる会社では、その日にはコンピュータの大きな処理能力が要るわけですが、それ以外の日は処理能力が小

さくてもいいということがあります。これに限らず、取引のなかには、季節性があったり変動が激しかったりするものもありますし、日本の夜中にロンドンやニューヨークで行われるものもあります。自前のコンピュータでビジネスをするということに縛られている限り、こうした取引ではネックが生ずるのですが、他の企業が管理してくれるコンピュータを使って自分のサービスを提供できることになれば、そうしたネックはなくなります。

　いままでも、他人の管理するコンピュータを使うクラウドコンピューティングでサービスを提供することはできたのですが、情報セキュリティはサービス提供者が自分の責任で確保せねばなりませんでした。そのため、たとえば暗号化などのセキュリティ上の措置を講じなければならず、かえって高くつくことがあります。コンピュータのサーバーの料金は安くできても、暗号化等に伴う負荷が大きいので、結局、元より非効率になったということになりかねません。ブロックチェーンであれば、もともと、皆でチェックするのだから、すべて外に出してもかまわないと考えることができます。

　第三に、顧客側からみると、顧客は自分の端末を動かすときに、たとえば暗号文を復号化するなど、セルフサービスでセキュリティに関連する処理を行うことになります。これには、実はコストがかかっているのですが、顧客は、自分の手間はタダだと思いますので、全部をサービス提供者が行うよりは安く感じることになります。

デジタルイノベーションの進展

　こうしたブロックチェーンのメリットは、いろいろなデジタルイノベーションの種になり、さまざまなサービスの可能性をもたらします。その際、国境をまたがった競争も盛んに行われるようになります。私自身、いま、日本で中国のサービスを利用しています。これまで、百貨店は、日本でお店を構えていればお客さんが来てくれたのですが、いまや、そんなことはありません。電子商取引のサイトをクリックすれば物が届くので、クロスボーダーで競争が行われています。また、クリックだけでいろいろなサービスに次か

ら次に移っていけますので、業種区分も意味がなくなりつつあります。かつては、お金を出したいときは銀行に行きましたし、はるか昔は、判子と通帳をもって窓口で並んだりさえしました。しかも、銀行は午後3時まででした。現在は、銀行だろうがスーパーマーケットだろうが、スマホを何回かいじるだけでサービスが受けられるのです。

　デジタルイノベーションは、サービス内容が素晴らしいということだけでなく、クロスボーダー、クロスセクターで徹底的に競争が行われるところに意味があります。各企業が少しでもサービスをよくしようと徹底的に工夫する結果、さらにデジタルイノベーションが加速していくということになります。

　特に大事なことは、アイデアを創出する競争の加速です。その際、昔風の大企業では、アイデアを認めてもらう社内稟議書を書いているだけで間に合わないことになるので、会社のあり方自体も変わってきます。ブロックチェーンは、もともと公開鍵暗号とP2Pの組合せというコロンブスの卵のようなアイデアだったのですが、結果として社会全体を変える種になります。現在、その典型だとみられているものが仮想通貨ですが、これは、実はアプリケーションの1つにすぎません。また、いまの仮想通貨は、ブロックチェーンが便利だから利用するというより、値上りして儲かると考えて買っている人が多いと思います。ブロックチェーンそのものの値打ちを活用していくという観点から、いま、ビジネスで主に取り組まれているものがスマートコントラクトという考え方です。

4　スマートコントラクトとは何か

デジタル資産

　スマートコントラクトとは何かというと、図表7－3の上部に示したよう

256

図表7-3　デジタル資産とスマートコントラクト

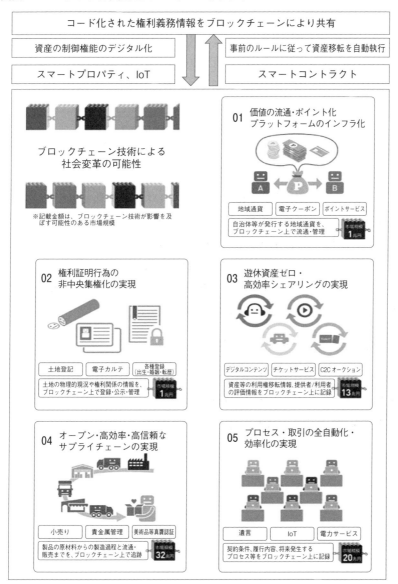

(出所)　経済産業省「ブロックチェーン技術を利用したサービスに関する国内外動向調査」(平成27年度)をもとに筆者作成

第7章　スマートコントラクトについて　257

に、「コード化された権利義務情報をブロックチェーンにより共有」することです。これには2つのパーツがあります。1つ目のパーツはデジタル資産です。コンピュータプログラムにより取引を行う場合には、対象である資産もデジタルでないといけません。コードに基づいて執行しようとしても、物理的な荷物を運ぶのであったら、効率が上がる度合いは限られるからです。

いま、世界的に非常に拡大している電子商取引にとって、最大のネックは運送・配達です。運送事業者はとても人手が確保できず、値上げをしなければいけないし、そもそも運べないときもあります。こうなる理由は、資産がデジタルに制御できないことにあります。逆にいうと、資産をデジタル化すると、その移転の自動執行を行うビジネスはいくらでも拡大します。

仮想通貨はその典型であり、初めからデジタル資産です。また、著作権もデジタル資産になると思います。たとえば、ユーチューブで何かおもしろいものをみたら自動的に著作権の代金を徴収できるようにしてあげればいいわけです。その支払手段は、ブロックチェーン上で提供される銀行サービスでもいいし、仮想通貨の支払でもいいということになります。

IoTにおけるスマートコントラクトの活用

さらに大きな拡張が可能となる対象としては、IoT（Internet of Things）があげられます。たとえば、自動車や自転車などのシェアリングサービスを考えてみましょう。コストを安くし、自由度を高めるためには、インターネット経由で注文を受け付け、インターネット経由でサービスを提供することが必要になります。その機能を果たすものがIoTです。たとえば、自動車にクレジットカードの承認情報を送信されると、その自動車が走行可能になるというように制御すれば、見た目の自動車はデジタル資産ではなくとも、自動車を利用するというサービスはある種のデジタル資産になります。

事前のルールに従って自動執行

スマートコントラクトの2つ目のパーツは、事前のルールに従って自動執

行するということです。この意味は、シェアリングエコノミーを考えるとわかりやすいと思います。だれかに機器を貸してあげることを考えますと、きちんと使ってくれないのではないか、返してくれないのではないか、壊すのではないか、代金を払ってくれないのではないか、というリスクが必ずあります。そのときに、大企業がサービスを提供するのであれば、「もしそうなったら訴えてやる。契約書もあるから裁判所に来なさい」という脅しができるので、利用者としては契約を守らざるをえないわけです。

ところが、個人が資産を貸す場合には、裁判所に大企業と同じようにはなかなか行けないので、脅しが効きません。リスクを考えるとサービス提供をやめておこうということになります。この点、スマートコントラクトにより、代金を自動的に取り立てることができ、その限りで機械が動くようにセットできるとなれば、シェアリングサービスがいくらでも可能になります。

２つのパーツの組合せ

スマートコントラクトでは、この２つのパーツの組合せに加えて、ブロックチェーンでいろいろな人が情報を共有します。このため、ビジネス上の利用の機会が無限に広がります。図表７－３には、応用が効きそうなマーケットの規模として、ものすごい金額が書かれています。スマートコントラクトは、社会全体を変える可能性があるということです。ただし、可能性があるということと、実際にできるということは別であるということにも留意が必要です。この点については、後ほど説明します。

第７章　スマートコントラクトについて　259

5 スマートコントラクトの概念整理

自動的な処理の契約

これまでは、スマートコントラクトの機能について概略を説明しましたが、以下では、法律論として、もう少しきちんと概念を整理します。

その前提として、契約の機能は何かと考えると、結局、契約を守らなかったときにどう強制するか、どうペナルティをかけるか、というところに意味があるわけで、取引がきちんと動いている限りは必要がないものです。

その例として、自動販売機で物を買うときを考えてみましょう。自動販売機で100円玉を入れてコーラを買うときに契約書を交わす人はいません。100円玉を入れてボタンを押せば、コーラが落ちてきて、お釣りが出てくると思っています。また、電車の切符を買うときも、お金を入れて切符が出てきて、切符を自動改札機に入れると駅に入れるわけで、電鉄会社と契約をしていると考えている人はいません。

こうした取引でも、実は背後に契約があり、飲料会社や電鉄会社が用意した約款に利用者が合意したことになっています。たとえば、仮に事故が起きると、約款に従って賠償することになります。これらが自動的に進められる取引の契約類型です。

他の例として、電子商取引における契約を考えてみましょう。電子商取引の場合、お互い電子情報を送り合っているだけなので、相互にきちんと引渡しができるかという問題があります。そこで、とても読む気がしないほど詳細な約款がアップされていて、これに「同意」と押さないと次に進まないという方法がとられています。

さらに、もう少し高額な取引としては、金融商品の売買があります。金融商品は価格変動がとても速いので、素早く売買して、素早く執行しないと、含み損ができたり、リスクを負ったりします。このため、素早く処理するた

図表7－4　スマートコントラクトの概念

[既存の契約]

コンピュータによる処理が当事者の本来の意図から乖離している場合司法手続を利用

自動販売機における商品の購買や交通機関等の公共サービスの利用

電子商取引等におけるネットワーク上の情報のやりとりのみによる契約

コンピュータで処理可能な条項や条件が合意の内容として規定されている「Data oriented契約」および条件該当のいかんをコンピュータが判定する「Computable契約」

[スマートコントラクト]

紛争の解決を含む取引関係全体をハードウェアとソフトウェアだけで処理

Nick Szabo⇒　「多くの契約条項をハードウェアやソフトウェアに化体させることで、契約違反をより高くつくものにする」
信頼できる第三者をハブとする通信プロトコル、情報セキュリティを確保する暗号技術、インターネット上の決済手段等の枠組みの提唱

Vitalik Buterin⇒「事前に定められた任意のルールに従ってデジタルな資産を自動的に移転するシステム」
ブロックチェーンにより実装が可能なソフトウェアの提供

（出所）　筆者作成

めのシステム非常に発達しています。契約の類型としては、図表7－4の上部分に示したように、コンピュータで処理可能な条項や条件が合意内容として規定されている「Data oriented契約」や、条件該当自体をコンピュータが判定する「Computable契約」があります。たとえば、株が1,000円以上下がったら売ることができるというオプション契約は「Data oriented契約」ですし、その基準価格をたとえば日経平均と定義して、システムでデータを引けるようにしておけば「Computable契約」になります。

　このように、自動的に進められる契約はたくさんあるのですが、これまでは、「いや、そういう契約をしたかもしれないが、違うのではないか」「たまたまプログラムはそう動いたかもしれないが、本当の意図は違うので、契約というのは意思の合致によって成立するのだから、ダメだ」という争いを起

第7章　スマートコントラクトについて　261

こせることとされています。既存契約のコンピュータ化とは、争いになった
ときの証拠が電磁データということなのです。

スマートコントラクトの性格

スマートコントラクトのねらいは違います。紛争の解決を含む取引関係全
体をハードウェアとソフトウェアだけで処理するということです。20年ぐら
い前に、「多くの契約条項をハードウェアやソフトウェアに化体させること
で、契約違反をより高くつくものにする」ということを、Szaboという人が
主張しました。この議論は、非常に経済学的であり、法律学的ではありませ
ん。当事者間のインセンティブ均衡を動かすことを主張するものです。た
だ、残念ながら、20年前の当時はブロックチェーンがなかったので、スマー
トコントラクトをつくるためにはどのような技術が必要かということを書き
並べるにとどまっていました。

その後、そうした技術がブロックチェーンで実現できるようになったの
で、スイス人であるButerinという人が、プロジェクトを進めるようになり
ました。彼によるスマートコントラクトの定義は、「事前に定められた任意
のルールに従ってデジタルな資産を自動的に移転するシステム」とされてい
ます。Szaboの定義と見比べていただくと、ソフトウェアの性格、機能につ
いて書かれていることが違います。スマートコントラクトは、ブロック
チェーンによって、考え方のレベルから実用的なソフトウェアのレベルに変
わったということがわかると思います。

6 スマートコントラクトを考える枠組み

こうした分野の議論は、経済学的であったり、法律学的であったり、技術
的であったり、いろいろな考え方が混ぜこぜに論じられています。論じてい
る人が自分の専門分野の理屈に従って断言するので、話が混乱するという問

図表7-5 スマートコントラクトを考える枠組み

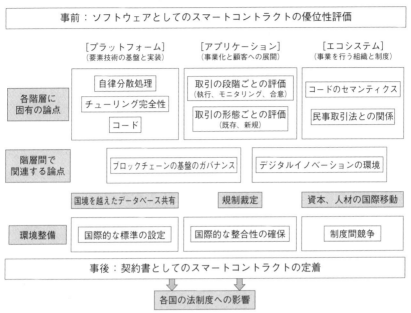

（出所）筆者作成

題があります。スマートコントラクトというテーマは、全体としてややむずかしいことに加えて、こうした問題があるので、よくわからなくなるおそれがあります。まるでバベルの塔です。

そこで、私は図表7-5に示したような枠組みで整理してはどうかと考えています。

事前にはソフトウェアとして、事後には契約書として考える

第一に、スマートコントラクトは、先ほどButerin氏の定義をご紹介したように、デジタル資産を事前に定められた条件で自動的に移転するソフトウェアと考えます。次に、そのソフトウェアが普及して社会の基本になれば、いま使われている契約書の機能を果たすようになると考えるのです。たとえば、いまPASMOで電車に乗る際に、昔は窓口で切符を買っていたこと

第7章 スマートコントラクトについて 263

と比べると、世の中は変わったなと思います。PASMO自体は技術を淡々と利用しているだけですが、同じように、スマートコントラクトというソフトウェアが、シェアリングサービス、金融取引、著作権などで、世の中で便利に使われるようになると、頭のなかにある契約という観念がソフトウェアに取って代わられると考えるのです。

そこで、事前には、ソフトウェアとしてのスマートコントラクトがどれだけ使われるだろうかと考えることにします。その結果、スマートコントラクトが世の中全体で使われるだろうという結論になった場合、プログラムが契約書と同じ位置を占めるようになります。そこで、事後には、それにあうように法制度自体が変わっていかなければいけないと考える。このように、事前と事後で区分して考えることが第一のポイントです。

要素技術の基盤と実装（プラットフォームの階層）

第二のポイントは、ソフトウェアとしてのスマートコントラクトの機能について、図表7-5の上段に示したように、3つの階層に分けて考えることです。

1つ目はプラットフォームの階層で、最初にブロックチェーンについて説明したように、夜中でも通信ができ、安心してクラウドコンピューティングを使えるということです。この階層での論点としては、自律分散処理、チューリング完全性、コードと自然言語の対応関係などもあげられます。3つ目の項目は、ソフトウェアの言葉で書いてあるプログラムが普通の言語で書いてある契約の内容と一致しているかということです。

また、プラットフォームの階層では、インターオペラビリティ（相互運用性）が重要です。たとえば、昔流行ったビデオテープは、テープに磁石の粉がついており、その粉に与えられた磁性を読み取ると、画面に画像が出てくるようになっています。そこで、どういうルールで粉に磁性を与え、どうやって復元するかということが議論になりましたが、当時は、アメリカや日本とヨーロッパでは違う規格になりました。当時、私はドイツで勤務していま

264

したが、現地で買ったビデオを日本に送っても、みてもらうことができなかったのです。ブロックチェーンについても、こうした規格の問題があります。

事業化と顧客への展開（アプリケーションの階層）

2つ目に、アプリケーションの階層があります。仮にプラットフォームが整ったとしても、そのうえでつくったアプリケーションが現実の社会で普及するとは限りません。それを使ってビジネスをして、顧客が楽しい、儲かった、嬉しい、といったことがない限りは、どんな素晴らしい技術でも、ものの役に立ちません。スマートコントラクトを使ったアプリケーションとしては、住居のシェアリングサービスや自転車のライドシェアなど、いろいろなものがあると思いますが、普及のためには、顧客に受け入れられることが不可欠です。

いま、中国のFinTechの話がよく出てきます。中国では行商の農家の方もモバイルペイメントを使い、現金は使っていないという話です。これは、別にブロックチェーンを使っているわけではありません。日本のデビットカードと同じシステムを使っているのですが、アリババやテンセントという会社の事業戦略が上手で、中国経済も拡大傾向にあったので、非常に伸びてきているのです。このように、技術の優劣とアプリケーションの事業化の成否は別の次元の話です。

日本企業は、技術よりもアプリケーションのところがまったく弱く、事業化する能力がダメだとよくいわれます。日本の企業にとっては、アプリケーションの階層を忘れてはいけないということが重要です。

事業を行う組織と制度（エコシステムの階層）

3つ目は、エコシステムの階層です。たとえば、日本でライドシェアを行おうと思っても、いろいろな規制があって、安全確保はどうかについて厳しいチェックがかかったり、絶対反対だといっている業界を説得できなかった

第7章 スマートコントラクトについて　265

りする等の理由で進められないということがあります。タクシーの規制を考える人は、ブロックチェーンでタクシーを呼ぶアプリを動かすかどうかではなく、タクシーに乗った顧客が安全に安心して運ばれるかどうかに関心があります。エコシステムとプラットフォームは、まったく別の話です。

この点に関し、スマートコントラクト自体についていえば、争いがあったときに裁判所は受け付けて処理してくれるか、といったことが重要な問題だと思います。

以上論じた3つの階層は、それぞれ別の話です。スマートコントラクトは、この3つの階層のどれからみて、従来の方法よりも有利でなければ普及しないことになります。

階層をまたがる論点

以上のような点を論ずる際にややこしいことは、プラットフォームとアプリケーションや、アプリケーションとエコシステムにまたがる問題については、両方をあわせて考えなければいけないのですが、それぞれの分野の専門家は違う考え方をしているので、議論がかみ合わないということです。

そうした論点としては、いま、図表7－5の中段にあるように、「ブロックチェーンの基盤のガバナンス」ということと、「デジタルイノベーションの環境」ということがあります。こうした点に関しては、たとえば、会社のなかで、技術者と経営者が意思疎通をして、経営上の決定をしていこうとしても、話がなかなか通じないことがあります。経営者の方にお聞きすると、「うちの会社には立派な技術者がいっぱいいて、テクノロジーは世界一だ、心配ない」とおっしゃることが多いのですが、実は、エコシステムの問題が響いてくる心配があるのです。

その例としては、お掃除ロボットの話があげられます。お掃除ロボットは、もともと、日本の電機メーカーの技術者が考えたもののようですが、社内で稟議を回したところ、「もし階段から落ちてきて頭に当たったらどうするのか」「仏壇に当たって火事になったらどうするのか」といったクレーム

266

が出たそうです。「そのときには当社の責任になります」というと、「じゃ、やめておこう」という結論になったようです。こうして日本企業が時間をかけて検討している間に、アメリカのベンチャー企業がお掃除ロボットを発売してしまったそうです。いまや、日本でもそのベンチャー企業がほとんどのシェアを占め、日本のメーカーは後発になりました。スマートコントラクトに限らず、デジタルイノベーション全般の環境として、こうしたことが重要な問題です。

スマートコントラクトの環境整備

以上のような課題を解決しようとする際に、従来からの仕事の仕方やものの考え方をしているとうまくいきません。

先ほど、ブロックチェーンでは、時間帯と関係なく、顧客のセルフサービスで使ってもらえますという話をしました。そして、国境を越えてデータベースが共有され、サービスが提供されるということが重要だという話をしました。ここが本質です。

日本だけで、自転車のレンタルはダメだ、あるいはクレジットカードをもっている人が会員登録した場合に限る、といっていても、中国の会社が進出してきてサービスを提供してしまうわけです。あるいは、日本だけで、こういう画面はみることができない、こういう情報サービスはしてはいけないといっても、ブロックチェーンを使って提供される情報をインターネット経由でみればどこの情報でもみられる。そのほうがおもしろければ日本のものはみないで、その国のものをみることになります。ですから、環境整備をするときにも、グローバルな流れを常に考えなければいけません。

特にプラットフォームの観点から、いろいろな規格や基盤をどのようにしていくかという問題については、国際的な標準を決めなければいけません。先ほど、ビデオテープの規格がヨーロッパと日米で違っていたので、ヨーロッパのものは使えなかったという話をしました。昔のようにビデオテープを運んで日本でみるなら仕方がないと思えても、いまのように直接ヨーロッ

第7章　スマートコントラクトについて　267

パのサーバーにアクセスできるのに、規格が違うからダメということは通用しません。そうしたサービスは使われなくなるだけですから、何としても規格をそろえなければいけないということになります。

それから、事業者を規制する当局としては、万が一のときの窓口として国内に現実の人間がいるほうがいいのかもしれませんが、利用者としては、外国のものが安くて良ければ外国のものを使います。規制や競争条件を国際的に整合させなければいけない。私自身、電子商取引で外国から直接本やCDを買っています。そういうことはいくらでも起きるので、国内向けに不合理な規制をしている国には、人材も資本も来ないということになります。

たとえば、ライドシェア等について、日本だけ規制が非常にきつくて制限的だと、ライドシェアの専門家や、高度の知識をもったイノベーターは来ないし、ベンチャー・ファンドに投資もしてもらえないことになります。このように、今後は、国の間での制度間競争が非常に激しくなっていきます。スマートコントラクトが多かれ少なかれ定着していくとすると、それに見合って、法制度も変えていかなければならないというようになります。

7 アプリケーションとしての採算

取引の段階ごとにみた採算性

それでは、日本では、スマートコントラクトが普及していくのでしょうか。以下では、この点に関する個別の問題のうち、アプリケーションとしての採算について説明します。

こうした問題を考える際の第一の論点としては、取引の段階ごとにみた採算性があります。スマートコントラクトのポイントは自動執行です。先ほど、シェアリングの場合は、物を提供する人が個人であり、裁判に訴えて相手を強制することはなかなかむずかしいので、自動執行が重要になるという

268

図表7－6　アプリケーションの採算性

[取引の段階ごとにみた採算性]

□執行	▷債権者からみたソフトウェアによる自動執行と法的措置による強制執行・担保権実行の効率性の対比 ▷債務者からみた訴訟による事後救済と履行強制の差止めの対比 ▷調停・あっせんや私的和解のコスト ▷倒産申立てによる保護との制度的権衡
□モニタリング	▷トリガーとなる情報の入手システム（ORACLE） ▷自動執行の効率性と取引関係のスウィッチイングコストの対比
□合意形成	▷債務による規律づけ ▷事態を予測するための情報費用

[取引の形態別にみた採算性]

□既存の財・サービスの取引	▷自動執行を確保することの効率化効果とスマートコントラクトへの移行費用の対比
□新たな財・サービスの事業化	▷個別のスマートコントラクトの円滑な設計 IoT（シェアリングサービス等） 知的財産権、金融商品等
□DACs (Decentralized Autonomous Corporations)	▷契約の束としての企業（情報費用への対応）

（出所）　筆者作成

　お話をしました。しかし、日本ではどうかというと、もともと裁判所にはあまり行かないことが特徴です。企業間の取引でも、裁判所まで行ったら終わりなので、お互いに取引関係をできるだけ円満に続けていくようにしています。こうした環境では、スマートコントラクトを使う意味が小さいと思います。

　また、合意形成に関しては、スマートコントラクトでの取引は自動執行されてしまうことが大事なポイントです。このため、途中でどのようなことが起きるだろうかときちんと予測し、そのときにはどういう損得があり、取引相手との関係はどうなるのかを考えて、事前にルールを決めておき、それを

第7章　スマートコントラクトについて　269

コードとして書き込んでおくことが必要になります。日本では、このことと伝統的な契約観との関係が問題です。日本的な契約では、契約書に詳細な取決めが書かれておらず、何か決めていないことが起きれば、「双方が誠意をもって十分議論する」と最後に書いてあったりします。これでは自動執行できません。こういうことからすれば、スマートコントラクトはあまり普及しないかもしれません。

取引の形態別にみた採算性

アプリケーションの階層を考える際の第二の論点としては、形態別にみた採算性があります。たとえば、いままで包括輸入代理店契約を結んでいるときに、それをスマートコントラクトに変えるかどうかという論点です。私としては、こうした場合は変える合理性が小さいと思います。その契約書は長年の取引関係のなかで、いろいろと練り磨かれてきて、その過程で法律事務所にもよくみてもらうなどのコストがかかっていますから、便利なソフトウェアができたからといって、変えることになるとはあまり考えられません。

他方、新しいサービスを提供しようという場合には、契約をどうしようかという白紙からの検討になります。この時には、詳細な契約書にしないで、スマートコントラクトを使うという1行の契約にしておいて、コードで中身を決めていて自動執行だとしておけば、裁判所や弁護士のお世話になることもありません。新しいサービスの事業化が非常に盛んなところは、スマートコントラクトを使う意味が相当あるということになります。

アプリケーションの階層における第三の論点としては、DACs（Decentralized Autonomous Corporations）等のブロックチェーン上の企業の採算性があります。この点については、法と経済学の言葉でいうと、企業は契約の束であるということがポイントです。ある企業に勤めている従業員は、いろいろな取引を企業と行っているわけですが、市場で個別に取引を行うことと違う点は、企業の上司は包括的にいろいろな命令や指示をすることができるし、

従業員はいろいろな意見具申ができるということです。

　先ほどお話ししたように、自動執行の内容を事前にコードで書けるまで決めてしまうことは多くの場合むずかしいので、むしろ一緒に企業をつくったらどうですか、契約を交わすかわりに会社の株を買うようにしたらどうですか、ということになるわけです。これがDACs等の枠組みで、Buterin氏は、これがとても重要だという話をしています。ただ、その応用にあたっては、弊害も生んでいます。これについては、また後ほどお話しします。

　いずれにせよ、どういう取引の手段としてスマートコントラクトというソフトウェアを使うかということは、取引を個別に考えるなかで、一つひとつ決まっていく性格のものです。一律にスマートコントラクトで世の中が変わるということではありません。ビジネスをしっかりと考えた人が、適切なところでうまく使うことによって、広がっていくという性格のものです。

8　ブロックチェーンによる情報処理のガバナンス

コンセンサスアルゴリズムの運営に関する問題

　次に、スマートコントラクトの活用に関し、階層をまたがる課題としては2つがあげられます。1つ目の課題が、ブロックチェーンによる情報処理のガバナンスです。ここでは、ブロックチェーンの本質であるコンセンサスアルゴリズムが大きなポイントになります。特に、オープン型のブロックチェーンでは深刻な問題になります。

　コンセンサスアルゴリズムは情報の正当性をチェックするものですが、彼らは、もともとのデータをもっている企業がつぶれても全然構わないので、報酬が十分でないならば、手間をかけてチェックするはずがないのです。ブロックチェーンでは、コンセンサスアルゴリズムで皆がチェックしてくれるから大丈夫といっても、実はだれもみていないということは十分あるわけで

第7章　スマートコントラクトについて　271

図表7－7　ブロックチェーンによる情報処理のガバナンス

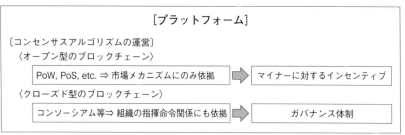

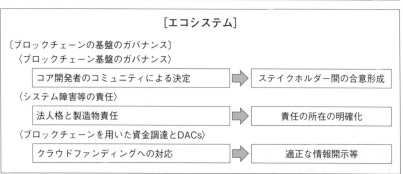

（出所）　筆者作成

す。そうならないためには、チェックしたら得になるようにしなければいけません。その方法としては、仮想通貨の場合、チェックしてくれた人たちに、一定のルールのもとで仮想通貨や手数料を与えるという方法をとっています。マイナーと呼ばれる人たちは、チェックすると儲かるから一生懸命やっているのです。

　これは非常に合理的なようですが、危うくもあります。なぜかというと、ビットコインの場合は、そのルールのもとで、多く計算した人が多く報酬をもらえます。多く計算するというのは、電気代を多く払うということですので、電気代がいちばん安いところに工場をつくった人が儲かります。その人たちは、儲けが足りないなと思うとチェックをやめるわけです。その結果、たとえば詐欺師みたいな人たちがマイナーの多数派を占めてしまうと、その人たちはチェックするかわりに全部書き換えることで儲けようとするかもし

れません。そうすると、ブロックチェーンの機能は一挙に全部崩壊します。

　ブロックチェーンが機能するためには、マイナーがチェックすることがいつも得であるようにしておかなければいけないのです。しかし、現にそのような状態になっているかどうかは、ビットコインやイーサリアムの主宰者はわからないのです。なぜなら、彼らはこういうアルゴリズムで計算すると間違いないというようなことはよくわかっているのですが、これらの組織は、これをするとあの人たちは文句をいうというようなことがわかる仕組みになっていないからです。こうした問題がわかる仕組みは何かというと、いままでの株式会社の仕組みということになります。

　結局、オープンなコンセンサスアルゴリズムでは、マイナーたちが喜んでチェックしてくれるように、いつもアメを撒かねばならず、そのアメを、だれがどう支払うのかという問題に帰着します。一方、だれかが集中的に情報を守ることとすると、その人たちが独占的地位を占めて非効率を生み出します。これでは、いまの大企業の状況に近くなってしまいます。このように、ブロックチェーンによる情報処理のガバナンスとは、社会問題なのです。

ブロックチェーンの基盤のガバナンスに関する問題

　こうした課題に対応するためには、エコシステムの面でも、ガバナンスの枠組みをつくらなければいけません。現時点では、ブロックチェーンの基盤の決定権者は技術の専門家やイノベーターですが、このままだとガバナンスがうまくいかないと思います。たとえば仮想通貨の運営に関しては、利害関係が響いてくると、分裂を繰り返すことになります。これは、ブームが続いているときには、もとの持分をもっていた人が儲かりますので、あまりあつれきが起こりません。昔、株式分割を繰り返しては金を集めていった人たちと同じです。しかし、ブームが落ちつくとそうはいきません。きちんとした仕組みをつくらなければいけないと思います。

　また、拡張期には皆が儲かるので、分裂等の意思決定をしてもだれも怒らないのですが、そのうちに大幅な損失を蒙る人が出てきます。その人は、当

第7章　スマートコントラクトについて　273

然だれかを訴えたいと考えることになりますが、いまはだれも被告になって
いません。だれも訴えることができないような無責任体制では、一挙にだれ
も使わなくなることもありえます。

さらに、先ほどお話をしたDACsにかかわる問題もあります。本来は、全
部を事前に決めることがむずかしければ、企業をつくって一緒に決めていく
こととして、当初は参加権だけをスマートコントラクトで売り買いしたらい
いのではないかという考えです。しかし、現実には、DACsを、お金を調達
する手段としてだけ使う人が出ていきます。つまり、将来どういう事業をす
るかということについてはバラ色の話をし、当面は参加権をとにかく買って
くれということが起きているのではないかと思います。ICOの説明書をみて
いただくと「いま進行中です」「いまがお得です」というものが大量に出て
きます。投資家からみれば、株式や債券の発行と同じですから、情報開示を
きちんとしなければいけないと思います。

9 デジタルイノベーションの環境

アイデアの創出支援

階層をまたがる2つ目の課題は、デジタルイノベーションの環境です。こ
れは、日本では特に問題になります。

デジタルイノベーションでは、何よりもアイデアが大事なのですが、大企
業に長い間勤めている人が斬新なアイデアを出すことは困難だといわれてい
ます。固定的なマンネリ化した考え方をしてしまいがちです。また、組織内
でいろいろな人がチェックする過程で、スポイルされてしまいます。この
点、いわゆるスタートアップ企業であれば、思いもかけないようなアイデア
が出てきます。大抵はうまくいかないのですが、いわゆる「千三つ」で、
1,000のアイデアのうち3つぐらいは当たるものがでてきます。こうしてど

んどんアイデアが出てくるという産業構造になっていないと、デジタルイノベーションの世界では勝てません。逆にいうと、アイデアは1,000のうち997回は失敗し、破綻します。日本のように破綻したら一生ダメだという国だとデジタルイノベーションで優位に立つ見込みがありません。

プラットフォーマーの必要性

産業構造上のもう1つのポイントは、検索・モバイル端末などのインターフェイスでたくさんの顧客と情報のやりとりをするプラットフォーマーの必

図表7－8　デジタルイノベーションの環境

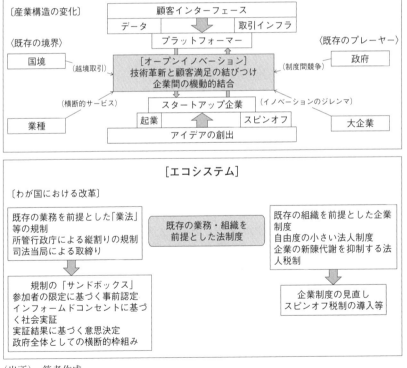

（出所）　筆者作成

要性です。

　なぜかというと、第一に、プラットフォーマーであれば、さまざまなアイデアのうち、どれが当たるかが比較的わかりやすいからです。第二の理由は、こういうサービスを一挙に大規模に投入するためには、広範な顧客基盤が必要だということです。この点、昔からある老舗の名門会社ではなく、膨大な顧客リストをもち、さまざまなデータを保有している会社が有利です。グーグル、アップル、フェイスブック、アマゾンがよく指摘されますが、本当に強力なプレイヤーは中国のアリババとテンセントだと思います。彼らは巨大なプラットフォーマーであるうえに、スタートアップ企業なのです。まったくフレッシュで、マンネリ化や自滅の弊害から自由なのです。

　デジタルイノベーションでは、このようなスタートアップとプラットフォーマーによる産業構造が非常に重要なのです。オープンイノベーションが進む場合には、国境も業種もあまり関係ありません。政府は制度間競争にさらされることになり、いままでと同じことを続けていくような大企業は淘汰されることになります。

レギュレーション（規制）に関する問題

　このように世界の産業構造が変わってきているなかで、日本政府はどうすべきなのか。これまで政府で仕事をしてきてつくづく思ったのですが、法制度や仕組みは、既存の業務や組織を前提としてつくらざるをえないのです。たとえば、私の担当していた銀行法を大きくとらえれば、銀行業務とはこういうものであるという通念のもとで、そうした業務をするのであれば免許が要るという制度だということになります。免許を受けると義務を課されるし、無免許だったら警察に捕まるという枠組みです。それでは、銀行業務の通念はどう決まっているのかというと、昔、窓口でお札を出し入れしていた頃に形成された考え方を引き継いでいるのです。法律については、変えなければいけない必要性がなければ、そのまま継続することが原則です。

　それでは、今後ともこうした制度で大丈夫かというと、大丈夫ではないと

276

思います。なぜかというと、たとえば、中国のアリババは、電子商取引や通信の会社なのですが、顧客がクリックを重ねると、支払手段が出てきたり、貯蓄手段が出てきたりするサービスを提供しているのです。貯蓄手段を提供することは銀行業務だから、免許がないとクリックさせてはいけないというのでは、顧客は許してくれません。日本の利用者も、そうした制御のもとで、外国のこうしたサービスを直接受けられるようになったら、不便な日本のサービスはやめてしまいます。

こうしたなかでは、法制度の枠組みも変えることが必要なのですが、これは非常にむずかしい課題です。

大きな問題が2つあります。1つはレギュレーション（規制）です。レギュレーションは、従来の業務、紙・判子・面談などを前提として決まっていますので、新しいサービスを考えている人からすれば、その業務が規制されるのか、されないのか、わからないのです。新しいアイデアを考える人たちは、新しい小さな会社の人ですから、規制されるかどうかわからないということは、やるなといわれているのと同じになります。特に、日本のように、警察のお世話になることが非常に厳しく評価されるところでは、「わからないことはとにかくしないでおこう」ということになります。政府は、現実の事業について照会があったら規制対象かどうか考えようという構えで、決して何でも規制しようと考えているわけではないのですが、スタートアップ企業にすれば、将来万が一警察が来て、実は法律違反ですといわれたらどうしようと考えざるをえません。

よく規制緩和が大事だといわれますが、イノベーションにはそのままでは当てはまりません。規制緩和は、規制されることがわかっているものを緩和するのですが、規制されるかどうかがわかるくらいなら、本当に新規のイノベーションではないのです。規制緩和では、外国でサービスをしているのに日本ではできないという議論が多いのです。しかし、日本発のアイデアを考える人は、そんなことをいっていられません。なぜなら、規制されるかどうかわからないですし、仮に規制されるとしたら緩和してもらうまでの年数を

待てないのです。イノベーターとしては、規制されるかどうか事前に相談に乗ってくれれば開発できるのにと考えることになります。

Regulatory Sandbox（レギュラトリー・サンドボックス：規制の砂場）とは、こうしたニーズに見合う枠組みです。ここでは、レギュレーションは変えません。規制緩和ではないのです。規制はするのですが、何のために規制をしているのか、その目的からいってどういう問題があれば取り締まるべきものかどうかを役所が一緒に考えるというものです。

Regulatory Sandboxについては、未来投資会議で取り上げられ、制度がつくられようとしています。しかし、その際には、「特定の事業者ありきではないか」「贔屓して育てているのではないか」というメディアの攻撃を受ける可能性があることが最大の懸念です。特定の事業者に対して贔屓をするのは良くないという考え方自体が、わが国発のイノベーションにとって非常にマイナスだと思います。どうしたら「出る杭を打つ」というような考え方を変えてもらえるのかが大事だと思います。

企業制度に関する問題

産業構造にかかわるもう1つのポイントは、企業制度です。優秀な技術者も、大組織のなかではイノベーションがむずかしいので、外国の大企業では、事業売却、分社化、提携等の組織再編をどんどん進めています。しかし、日本でこうした再編を行おうとすると、法制度が非常に制約になっています。その典型が法人税制です。

たとえば、ある会社のある事業所には素晴らしいアイデアがあって、直ちに売り出せば顧客に受け入れてもらえるかもしれない。ところが、本社の人たちは、「ああでもない」「こうでもない」といって、いつまでたっても決めてくれないという状況にあるとします。こうしたとき、グローバルスタンダードでは、その事業所は独立を図ります。アイデアを認めてくれる他の資本家から資金を出してもらって独立しようと考えるのです。しかし、その際、日本の法人税制では、いまある資産を新しい独立会社に売ると考えるの

です。そうすると、昔からある会社の事業所の土地は、昔の値段で簿価がついていたところ、譲渡によっていまの値段に変わるわけですから、莫大な額の所得が生じたことになり、それに対する法人税がかかってしまいます。それならば、本社にぶら下がったままで、了解してもらうまで稟議書を書き続けたほうがましになってしまいます。

私は、この仕組みは改善が必要ではないかとずっと議論してきました。今年初めて、分社化する場合には、その段階では法人税はかけないという制度が導入されました。分社化した会社がうまくいって、その会社の株を売って儲けたときには、当然ながら税金をかけるのですが、分社化時点では、課税を繰り延べられるようになりました。さらに、2018年の国会には株を対価とするM&A等についても課税繰延べを認める法律が提出されています。

顧客の特定に係る問題

わが国でスマートコントラクトが普及していくうえでは、このほか、図表7－9に示したような個々の論点がありますが、そのなかで、アプリケーションを開発するうえでは決定的な障害となる問題点があります。それは、「顧客の特定」に関する社会的インフラストラクチャーが整備されていないということです。

「顧客の特定」の重要性について、たとえば機器のシェアリングを考えてみましょう。その際には、借りた人がそれを壊さずに、しっかりと返してくれるかどうかわからないことがポイントです。先ほどは、それを解決するうえでスマートコントラクトが大事だという話をしましたが、その際には、借りた人がだれなのかがはっきりわからないといけません。借りる時は現金でポンと払って、返す時は知らないとなると、スマートコントラクトは成立しません。借りた人に関する情報を紐付けしておき、それがなんらかの条件に抵触した場合は機器が動かなくなるというようにしなければいけません。そのためには、借りている人を特定できなければいけません。

その「顧客の特定」の手段に関しては、日本は世界でも珍しいぐらい遅れ

第7章　スマートコントラクトについて　279

図表7−9　スマートコントラクトの採算性

アプリケーション における論点	採算性評価 における問題点	エコシステム における課題
取引全般 　顧客の特定	➢ 本人確認システムの未整備	電子署名制度 マイナンバー制度
企業取引等	➢ 固定的な組織・取引関係 ➢ 高い情報費用 ➢ 債務不履行に対する 　強い社会的制裁	企業関連制度
決済手段		ブロックチェーン上の 資金決済サービス
既存取引の契約の代替	➢ 小規模な司法機関・法曹産業 ➢ 法律沙汰を避ける傾向	司法サービス
新たな財・サービスの事業化	➢ 金融商品・知的財産権等 ➢ 一般の財・サービス（IoT）	取引規制 （特にシェアリング）

（出所）　筆者作成

ており、郵便書留をその人の住所に送ることに頼っています。つまり、取引においては、最後はお金を払ってもらうことがいちばん大事で、いまの仕組みでは、顧客の開いた銀行口座から振り込んでもらうという方法が典型的です。そして、銀行口座を開いたり、大きな額を送ったりするときには、本人確認が必要です。銀行は、マネーローンダリングの取締り等に対応するため、住所・氏名の書かれた公的証明書を出しなさいといってきます。そうした公的証明書としては、運転免許証や健康保険証があります。発行者は、そうした証明書を出す時に、郵便書留を本人の住所に送るのです。無事に届けば、それで本人確認ができたと考えます。

　先ほど、ブロックチェーンを使ってスマートコントラクトのアプリを動かして、IoTで機械を動かすというビジネスの説明をしましたが、日本では、そうして機械を動かす前に、自宅で郵便書留を受け取らなければいけないのです。

　ブロックチェーンの発展にはクロスボーダーのサービスが本質的に重要で

あり、仮に日本のサービスが良ければ、中国やインドネシアの人にも使ってもらえばよいのです。しかし、いまの制度のもとでは、中国やインドネシアの人の自宅には日本の郵便局の書留を出せないので、使ってもらえないという答えになります。これは、日本のデジタルイノベーションにかかわる企業の国際競争力にとって決定的なハンディです。メディアでは、外国のデジタルイノベーションについて、表面的な便利さばかりが取り上げられがちですが、こうしたシステム構築上の基本的な事項について、地に足の着いた報道をしてもらいたいと思います。

このように、日本にとって、デジタルイノベーション、特にスマートコントラクトを構築していくためのいちばんのポイントは、物理的な住居に依存しない本人確認システムを整備することです。しかも、郵便書留制度自体、人口減少に伴う空き家問題を抱えています。現状の郵便書留に寄りかかったままでいると、日本の産業の立ち遅れは決定的になってしまいます。

10 スマートコントラクトの普及が法制度にもたらす影響

日本におけるスマートコントラクトの利用

このように、わが国のイノベーターは外国と比べるとなかなか厳しい状況におかれています。すでに電気製品等でみられるように、スマートコントラクトでも、日本の産業は衰退していくのかもしれません。

しかし、それは国民がデジタルイノベーションを使わないということではありません。スマートコントラクトが消費者に大きな利便をもたらすことは間違いありません。そして、そのサービスは外国の企業が提供することになるかもしれませんが、利用は拡張していくと思います。

そこで、以下では、仮にスマートコントラクトが定着した場合にはわが国の法制度を相当変えるべきだというお話をします。

第7章　スマートコントラクトについて　281

企業関連制度への影響

1つ目は企業関連制度です。スマートコントラクトでは、100％コード化できるよう取引の条件と内容を事前に決めておかなければいけません。それが厳しければ、ブロックチェーン上で動く会社をつくればいいということになっています。この点、外国では、すでにインターネット上だけで会社をつくるということが可能なところがあります。また、先ほどお話ししたブロックチェーン上のDACs等については、国際的な標準化に向けた議論も開始されています。ところが、日本では、法務局に行って登記をしなさい、公証人の証明をもらいなさい、といった仕組みです。かつ、会社の機関構成も法定事項が多いのです。もっと自由に、ネット上だけで処理できるようにする必要が生じると思います。

取引規制への影響

2つ目が取引規制への影響です。冒頭であげた自動契約については、国民が安心して電車に乗れるのは、国土交通省が、電鉄会社が一方的に有利になっていないか等という観点から約款を厳しくチェックしているからです。スマートコントラクトが拡張していきますと、相当多くの契約が電車に乗るのと同じ状態になっていきますし、自動執行なので、裁判所で解決してもらうということがあまり有効ではなくなります。国民としては、事前に行政庁にきちんとみてもらおうというようになっていくことが想定されます。

ただし、この点については、厄介な論点があります。それは、現在の消費者保護の枠組みでは、モノについてはメーカーに厳格責任を負わせる仕組みになっているのですが、ソフトウェアについてはそうした仕組みになっていないことです。たとえば、スマホを買ってすぐ電池切れになったらメーカーが換えてくれるのですが、スマホに載せたアプリが思うように動かなくても、メーカーは対応してくれません。そうしたなかで、どう規制をかけていけばいいでしょうか。たとえば、IoTのもとで、自動車を借りて自動運転の

図表7-10 スマートコントラクトが法制度にもたらす影響

```
［企業関連制度］
➤ 内部者による会社共同体が暗黙の前提
➤ 機関設計の画一性
➤ 電子化に十分に対応していない設立手続
    ⇒    DAOsおよびDACsに対応した企業関連制度
```

```
［取引規制］
➤ 製造物責任制度における不均衡
➤ 物理的な製造物については事業者に厳格責任ソフトウェア等については規定
   なし
    ⇒    訴訟等による事後救済に比して行政庁による事前救済の重要性が増大
```

```
［司法サービス］
➤ 民事訴訟における書証主義
➤ 形骸化した電子署名および電子公証制度
    ⇒    ブロックチェーンを基盤とする効率化
➤ 弁護士と信託会社の業務分野規制
    ⇒    法曹産業によるソフトウェアの運用や開発
```

（出所）　筆者作成

アプリを動かしたところ、バグがあってぶつかってしまったような事故に関し、どうやって規制をかけ、どうやって解決するのか、という問題があります。行政庁に規制してもらうことを求めると、走らなければ事故は起きないのですから、全部を止めるように仕向けてしまうおそれがあります。

司法サービスへの影響

3つ目には、最も本質的な影響を受ける分野として、司法サービスがあげられます。現在の裁判手続は、書証を読み上げることを中心としているわけですが、これは意味がなくなります。取引の内容はコードで書いてあり、当事者が合意しているかどうかはブロックチェーン上で決まりますので、裁判手続もそれに対応したものにしなければいけません。

第7章　スマートコントラクトについて　283

また、現在の弁護士制度は、最終的には裁判所で弁論できるという専門家なのですが、スマートコントラクトに関しては、そういう資格の意味がどこにあるのかと問われることになります。これは、すでにアメリカでは議論されています。また、日本では別途、信託業という制度があって、法律的な専門性がある業務をきちんと行うためには一定の要件が必要だとされています。こうした司法サービス業の区切り方も変わっていかざるをえないと思います。スマートコントラクトに関しては、弁護士業と信託業はワンセットの情報処理ビジネスであるというように変わっていくと考えられます。

　このように、スマートコントラクトが普及していけば、世の中全体が変わっていく可能性があります。ただ、そのためのサービスを日本の産業が供給できるかどうかは別の話であり、本人確認の問題をはじめとする障害がありますので、どんどん片づけていかないと、日本の産業の立ち遅れがひどくなっていくおそれがあると思います。

■ 質疑応答

[質問] スマートコントラクトが定着すると、訴訟等による事後救済に比して行政庁による事前救済の重要性が増大するということでした。こうしたなかで、スマートコントラクトが普及したとしても、国ごとにスマートコントラクトに関する行政庁の事前介入が異なると、国境を越えたサービスの提供の実現はむずかしいのではないでしょうか。

[答] その問題は、スマートコントラクトだと極端になるだけの話で、いままででもあります。たとえば、昔、EUのなかで倒産手続が問題になりました。ドイツの倒産手続は、裁判所が公正な取扱いをすることを最優先にしていて、迅速に処理できないでいました。一方、イギリスの倒産手続は経済合理性に沿っていて、早く片づくものでした。この結果、倒産処理は、ドイツの会社でもイギリスで行うようになりました。

このように、国によって行政庁の介入の仕方が違うから国を超えたスマートコントラクトの普及が阻害されるのではなく、行政庁の介入の仕方が不合理な国からは取引が逃げていくのだろうと思います。国の経済が衰退していくのを防ぐのか、レギュレーション等で独自性を保っていくことにするのか、という選択になります。

[質問]　行政庁がどのぐらい事前介入するかも国によって全然違うということになると、行政庁の対応の程度によって、各国の立法内容がかなり異なる可能性も出てくるということですか。

[答]　おっしゃるとおりだと思います。

　たとえば、過去、アメリカは、証券取引がどんどん発達してきました。アメリカの証券規制法の歴史をみていただくと、それにつれて証券取引委員会（SEC）への授権を拡大していくという流れになっています。他方、証券取引が発展していない国は、相変わらず法律直接の規制や、警察による取締りが主流です。

　このように、取引と行政と立法は、お互いに循環し合って変わっていくのだろうと思います。その組合せが悪いところは、国際的な競争のもとではバイパスされて、経済全体が衰えていくということになると思います。

[質問]　スマートコントラクトによる自動執行では、協議条項のようなものはむずかしいというお話でしたが、ビジネスが大きくなればなるほど想定される執行の対応も増えてくると思います。いちいちすべて契約書に盛り込んでいくしかないのか、それとも他の対応が可能なのでしょうか。

[答]　そういう必要がない条項だけスマートコントラクトになるのだと思います。ISDA（国際スワップ・デリバティブ協会）のレポートをみると、金融商品の取引のうち、ある特定の定型化されたものについてはスマートコントラクトで行います、とされています。どの取引についてどのスマートコントラクトに依拠するかという約束は、全体としてのラップ契約で決め

第7章　スマートコントラクトについて　285

られることになります。協議条項のようなものがラップ契約に入る可能性はあると思いますが、そうすると自動執行による効率性メリットは減りますから、どのぐらいの協議条項を入れるかというところが競争になると思います。

［質問］中国では銀行システムに対する信頼が低くて、不満が大きかったのでイノベーションが生まれたという話を聞きました。日本の大企業がイノベーションを阻害しているというよりも、日本の生活で不満が少ないということが要因かと思うのですが、いかがでしょうか。

［答］アイデアを出す場面と利用する場面で分けて考えるべきだと思います。

　利用者からみると、ご指摘のような点がないわけではありません。たとえば、私は日本銀行で銀行券関係の仕事をしていましたが、日本の銀行券サービスは、外国と比べて素晴らしいと思います。綺麗だし、お札で何でも買えますし、店頭で偽札をチェックされるようなことはありません。

　一方で、イノベーションのアイデアが出ないという問題は別の話だと思います。これは、大企業が悪いからではなくて、大企業が多角経営で固定的だからアイデアが生かせないということなのです。大企業でも、どんどん既存分野を切り離して、どんどん新規分野を継ぎ足していけば、アイデアを生かせます。要するに、固定的な組織を長い間続けていることが、アイデアが出てこない理由だと思います。これは、統計的にも実証されていまして、社歴の長さに応じて生産性の向上度合が下がるという分析があります。

［質問］海外に目を向けて、たとえばエストニアではブロックチェーン技術を活用した電子政府の取組みもあると思いますが、何かの特色があってスマートコントラクトの定着が進んでいる国があれば、その要因とともに教えてもらえないでしょうか。

［答］たしかにエストニアが非常に先進的ということは、よく話題に出ます。

ただし、エストニアで何が素晴らしいかというと、外国にいる人がエストニアの本人確認サービスを受けられるということです。エストニアは小さい国ですが、ネット上で本人確認ができるのであれば、世界にいる人間全員が取引上はエストニア国民になる可能性があるのです。これに比べ、日本は、先ほど郵便書留について説明したように、物理的に日本に住んでいなければいけないとまず決まっているので、取引上は閉鎖国家です。日本のデジタルイノベーションにとって、これが最大の障害だと思います。

［質問］仮想通貨やブロックチェーンは皆で分散して信用を築いていくというのがそもそもの発想・理念だと思うのですが、ブロックチェーンを利用するにあたって、ガバナンスで枠組みをつくる必要があり、プラットフォーマーの存在が重要だという話になると、結局、中央の存在が必要という、そもそものブロックチェーンの発想とはずれるような気がしますが、いかがでしょうか。

［答］中央管理なしで動かせることが技術上の理想であることはそのとおりで、私も考え方は非常に素晴らしいと思います。しかし、実際に事業化できるかどうかは別です。便利なサービスであっても、安心して使ってもらわなければ事業化できません。ブロックチェーンのマイニングのガバナンスが必要な理由は、安心して使ってもらえるようにするためです。プラットフォームとしては自律分散処理が大事なのはそのとおりですが、アプリケーションとして普及するためには顧客に受け入れてもらわなければいけませんので、安心してもらえる枠組みを選択するほうが得ということです。

［質問］訴訟等による事後救済よりも行政庁による事前救済の重要性が増大しているという話でした。それは迅速性を害するのではないかなと思うのですが、どうでしょうか。

［答］事前救済の枠組みを直感的にいうと、電車に乗るのと同じことです。

第7章　スマートコントラクトについて　287

スマートコントラクトが普及してくると、いろいろな取引が電車に乗るのと同じになるので、契約を役所がチェックして認可することになるかもしれません。しかし、これは取引自体の迅速性とは別です。いまでも電車に迅速に乗れているように、行政庁による事前救済の重要性が増大しても、取引上は大丈夫だと思います。

[質問] スマートコントラクトにおいて、ブロックチェーンの本来的・技術的な構想は非中央集権構造だけど、法律としてエンフォースメントをしていくうえでは、やはり事業者が要るという話だと思います。技術的には中央を置かなくてもいい場合に、現在の規制だと、たとえば仮想通貨交換業者を規制しようとしたときに、「自分たちは仮想通貨交換業者に当たらない」といっているところのほうが、どちらかというと規制しなければいけないような問題があるように思います。そういう実際的な状況があるなかで、スマートコントラクト自体を規制していく必要はあるのではないかなと思うのですが、いかがでしょうか。

[答] 日本的なレギュレーションの考え方では、きちんとした人は登録してください、規制をかけますということになります。逆にいうと、きちんと登録していない人は警察が捕まえますよということで枠組みが成立しています。しかし、ネットワーク上のいろいろなビジネスでは、結局、届けに来ない人を警察が捕まえられるかという問題に直面します。

　仮に警察が捕まえられないのだとすると、レギュレーションの考え方を変えなければいけないのではないかと思います。つまり、政府は、自らが監督しているところは大丈夫だと表明する一方、そうでないところで詐欺などがあったとしても、それは自己責任で、裁判所に行けというようにするのです。いってみれば、シロクロを逆にすることが必要ではないかと思います。日本は、これまで安定した閉鎖的な社会だったので、きちんとした人に対してレギュレーションをかけて、皆で信用するという考え方で来ていますが、デジタルイノベーションのもとでは逆の考え方にしていかな

ければいけないのだろうと思います。

[質問] 日本でデジタルイノベーションがあまり進まない理由として、規制の問題というよりも、アイデアが生まれないというお話がありましたが、もっとアイデアを生み出していくために、政府・制度として何かできることがあるのでしょうか。

[答] 倒産や組織再編の仕組みをきちんとつくるということだと思います。日本は倒産しないように予防するという考え方があまりにも強いので、倒産したときには立ち上がれません。ところが、デジタルイノベーションの新しいアイデアは、1,000回のうち997回失敗するわけです。失敗して倒産しても、また戻ってこられるということであれば、いろいろなことを考える人はいます。ちなみに、EUでは、イノベーションの促進のために、早く倒産して早く再起業できるようにするという方向のディレクティブ（指針）が出されています。日本では、倒産に対するトラウマがものすごく強いことがネックだと思います。

[質問] DACsは、スマートコントラクト上で会社をつくるというお話だったと思うのですが、もう少し詳しくお聞かせください。

[答] 法と経済学では、「契約の束」という理論があります。経済学によれば、いろいろな取引は、マーケットで個々人がその時々で行うほうが、より合理的・効率的なのですが、そのためには全部の情報をしっかりと得なければいけません。しかし、長期間の取引をするとき等には、きちんと情報を得ることのコストが非常に高いのです。この理論では、企業をつくる合理性はここにあるとされています。

DACsは、そのネットワーク版です。スマートコントラクトはコードで書くので、きちんと決めなければいけないこと、きちんとわからなければいけないことが非常に多くなります。だから、会社という、さしあたりは詳細を決めなくていいという枠組みにすることの意義が大きくなるという

第7章 スマートコントラクトについて 289

ことです。DACsは、一緒に事業をする権利をある種の金融商品として売るためのアプリケーションです。

［質問］スマートコントラクトをどうビジネスにしていくかという視点が日本では弱いということですが、実際に海外などですでに行われているような、スマートコントラクトの注目すべきサービス等はあるのでしょうか。
［答］リテールではまだないと思います。実際に使っているのは、金融取引の清算です。たとえば、アメリカの証券取引所や投資銀行などでは、随分使われていると思います。取引関係全体をスマートコントラクトにするのではなくて、スマートコントラクト化しても問題が起きないような部分で使っているのだと思います。

　では、なぜ話題になっているのかというと、やはりIoTとのかかわりです。いろいろなものがIoTとスマートコントラクトの組合せで使えるようになったらすごいという見方だと思います。図表7−3の「社会変革の可能性」のところには、いろいろなマーケットでものすごい金額が対象になると書いています。実際にビジネスにできることとは別ですが、利用可能である領域がとても広いことは確かです。話題になるもう1つの理由は、イノベーションが始まってから現実に普及するスピードが速いことです。中国のアリババやテンセントは、日本からは想像できないような短期間のうちに大きく発展しました。

第 **8** 章

FinTechに関する
法規制と論点

西村あさひ法律事務所 パートナー弁護士

有吉 尚哉

（2017年11月22日、29日講義[1]）

---

1 本章は、前半が第9回目（11月22日）、後半が第10回目（11月29日）の、計2回にわたる講義内容を取りまとめたもの。

1 はじめに

　私からは、主に弁護士の視点からみて、FinTechのビジネスと金融規制が
どうかかわっているのかということをお話ししたいと思います。私は、い
ま、西村あさひ法律事務所で弁護士をしていまして、2010～2011年に金融庁
総務企画局企業開示課で専門官を務め、法令改正などのお手伝いをした経験
もあります。弁護士になってから主に金融分野の仕事をしていまして、金融
取引のお手伝いや、金融機関の規制対応、あるいは事業会社の資金調達のお
手伝いといった業務を中心にしてきました。金融分野の弁護士の仕事として
は、金融機関が金融規制に反しないようにビジネスを行うためのお手伝いを
するということも弁護士の業務になっています。銀行であれば銀行法という
法律がありますし、証券会社であれば金融商品取引法のなかに金融商品取引
業ということで規制が定められていますが、金融規制が日々の金融機関の取
引や行為にどのように適用されていくかを検討したり、サポートしたりする
という仕事をしています。

　最近、FinTechという言葉が使われることが多くなってきています。既存
の金融機関、たとえば、銀行や証券会社が新しくFinTechと呼ばれるビジネ
スに手を広げていくために、どういった規制の問題があって、どういった準
備が必要か、といった法務のお手伝いをすることもあります。それと並ん
で、ベンチャー企業であったり、海外の会社であったり、いままで日本で金
融ビジネスに携わっていなかった会社が、FinTechの流れのなかで、新たに
金融あるいは金融的なビジネスに参入しようとする場合に、何をすれば適法
にビジネスを始めることができるのか、ライセンスのようなものが要るのか
要らないのか、そういったライセンスをとらないでビジネスができるように
するにはどうすればよいのか、あるいはライセンスをとってビジネスをする
ことになったら、どのような対応が必要なのか、といったことをサポートす
る仕事なども増えています。FinTechの分野で私のような金融の弁護士が関

与する事例も実際にどんどん増えてきているというのが最近の状況です。

---

2 FinTechビジネスと法規制

FinTechの動きの背景

この2～3年のFinTechの動きの背景にはいくつかの側面がありますが、いちばん大きいのは何といってもITの発展です。ITの発展によって、いままで思ってもみなかった金融ビジネスを手軽に行うことができるようになった、あるいはできる可能性が出てきました。具体的には、クラウドコンピューティング、AI、ビッグデータ、スマートフォン、ブロックチェーンなど、こういったITの進展ということが非常に大きいわけです。

また、生まれ育った環境の変化も大きいと思います。皆さんが物心ついた時には携帯電話は手元にあったと思いますが、日常的にスマートフォンが身近にある環境で育った人が徐々に社会に出ていき、ビジネスの世界に入り、金融取引もするようになっています。この時に、ゲームをしたり、ニュースをみたりするのには手軽にスマートフォンでできるのに、金融取引はいちいち銀行や証券会社の窓口に行かないとできない、これは面倒くさいのではないかということで、手軽にスマートフォン、ITを活用して金融取引ができないかと考えるようになったことも大きいと思います。

FinTechが法規制にもたらす影響

こういった背景もあって、いままであまり想定されていなかった金融にかかわるビジネスが次から次に出てきているというのが現在の状況です。皆が想定していなかったビジネスが出てきており、法律、特に金融規制をつくってきた人たちも想定していなかったビジネスが出てきているわけです。従来の規制・法律、たとえば銀行法でも金融商品取引法でも保険業法でもよいの

第8章 FinTechに関する法規制と論点 293

ですが、法律が想定していた、いわゆる銀行、いわゆる証券会社、いわゆる保険会社といったようなビジネスではないのだけれど、何か銀行っぽい、何か証券会社っぽい、何か保険会社っぽいビジネスが出てきています。そして、このようなビジネスに対していまの規制がかみ合っていないような場面も徐々に出てきてしまっており、FinTechと金融規制の解釈のなかで論点になっているのです。

規制が新しいビジネスを想定した内容になっていない結果、どこまでの取引にどのような規制が適用されるのか、範囲がよくわからないということが法解釈の問題として生じます。法律ですので、条文上、対象になっていないものにまで規制が及ぶというものではないはずですが、一方で、投資者や利用者を保護するということを考えると、これまで典型的には想定されていなかったかもしれませんが、同じように利用者に保護を及ぼすべきだという場面については、従来の規制をそのまま適用すべきということもありえます。法令の趣旨をふまえて、どこまで条文を広く解釈すべきかが問題となるのです。

また、法律の意図としては一定の金融取引の利用者を保護したいと思ってつくられており、その新しいビジネスを法の趣旨では規制の対象にすべきであるところ、条文の言葉としてはうまく対象になっていない、規制が適用されないという状況になっている場合もあります。そのような場合には、利用者保護のための規制が不十分な状況であり、立法論として検討すべき課題が生じているわけです。

一方で、本来その規制が想定しているような場面とはおよそ違うような取引であり、規制を及ぼさなくても利用者が損害を被るわけではない場面にもかかわらず、法令を形式的な文言どおり適用すると、規制が適用されてしまう場面もないわけではありません。その結果、本来はむしろイノベーションを促進して、新しいタイプの金融取引がどんどん出てきたほうが日本の金融の活性化にもつながるし、利用者の利便にもつながることもあるはずですが、規制が過度にかかってしまい、新しいビジネスが始められない、あるい

は始めることはできても規制負担、コストがかかってしまうので、あまり儲からない、その結果、だれも新しいビジネスを始めようとしないといった事態が生じてしまっていることもあります。

　法律ですので、問題があれば改正するという方法があるわけです。最近、毎年のようにFinTech関連の法令改正が行われていて、規制がかかり過ぎの部分は少し規制を緩め、一方で、新しい取引の分野でしっかりと利用者の保護を図るべきだという部分には新しい規制を及ぼすという制度整備の改正が行われています。

　頻繁に法令改正が行われてはいるのですが、法律改正は国会で立法手続をとらなければいけないもので、なかなか時間がかかるものです。法律改正のタイミング自体が年に1回か2回ぐらいしかないですし、どのような法律にするのか検討するのに何カ月もかかります。法律が現在の実務にあっていないという状況があって、徐々に制度改正をしているわけですが、どうしても実務のほうが先に進んでいき、制度改正がゆっくり後追いをしているという状況にならざるをえないのです。繰り返しになりますが、最近は毎年のようにFinTech関連の法令改正が行われて、制度的な対応も進められていますが、制度と実務のミスマッチは、1つ対応してはまた次が出てきてという状況が続いてしまっています。

FinTechビジネスの類型

　次に、FinTechとは何かという話をしたいと思いますが、すでにほかの講師の方々から多様な観点からの説明がなされていると思いますので、ここでは少しだけにとどめたいと思います。

　図表8－1は主なFinTechビジネスを私なりに類型分けしたものですが、まず、クラウドファンディングがFinTechの取引類型の1つとしてあげられます。FinTechのなかでは相対的に早い時期からサービスが提供されるようになってきており、少し古いものになってきた印象もありますが、インターネットを通じて多数の一般の人から少額のお金を拠出してもらうかたちでお

第8章　FinTechに関する法規制と論点　295

図表 8 − 1　FinTechビジネスの類型

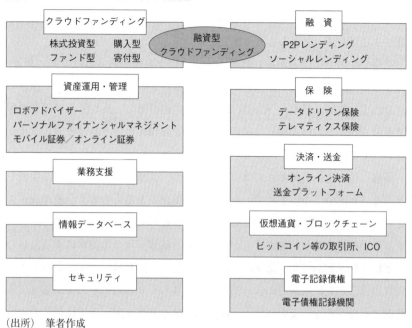

(出所)　筆者作成

金を集める手法であるクラウドファンディングは、FinTechの代表的な取引の1つといえると思います。皆さんのなかにも、たとえば、スポーツチームに、スタジアムの改修費用か、練習場を直す費用かわからないですが、お金を拠出して、一定額以上のお金を支払うとそのチームの選手と一緒に練習できるなどといったリターンが得られるようなクラウドファンディングを利用したことがある人もいるのではないでしょうか。

　それから、仮想通貨です。ビットコインやイーサリアム（イーサ）などの仮想通貨なるものが、最近では日本円や米ドルなどと並んで「通貨」として利用されるようになってきている状況があるわけです。ICO（Initial Coin Offering）といって、国家ではない事業会社が独自にコインを発行して資金調達をするというような、不思議な取引もみられるようになってきています。これらは、仮想通貨あるいは暗号通貨と呼ばれるFinTechによる取引の類型

の1つであり、その技術的な背景として、ブロックチェーンと呼ばれる新しいITが使われることがあります。

また、資産運用や資産管理におけるFinTechの一例として、ロボアドバイザー、すなわち、AIが一般投資家のために、どういった投資ポートフォリオが適切か判断してくれるというサービスも提供されるようになってきています。

さらに、情報データベースやセキュリティなど、直接の取引というよりは取引の前提になる新しい技術もFinTechビジネスの分野ということで取り上げられることがあります。たとえば、セキュリティの仕組みとして、どういった暗号を使えば安全に金融取引ができるかということも日々進歩していますし、生体認証ということで、指紋認証だけではなく、瞳を用いたり、静脈を用いたり、いろいろな仕組みを使って、より安全な取引ができるような技術も進展しています。

このように、FinTechビジネスには、いろいろな類型の取引・業態が出てきているのです。

FinTechにかかわる金融分野の規制

これに対して、FinTechにかかわる金融分野の規制法について整理すると、いろいろな法律が問題になります。問題になるというのは、新しいビジネスを始めようとするときに、ある法律との関係で違法にならないか、一定の許認可等のライセンスを取得しないと営むことが認められないビジネスなのかどうか、あるいはそのビジネスを始めた後に、法令に従って一定の行為をしなければならないかどうか、といったことを考えていかなければいけないわけです。そして、その時に検討しなければならない金融規制を定める法令がたくさんあります（図表8-2）。

まず、銀行法は、銀行業務を規律する法律です。銀行法のなかでは、銀行は、預金を受け入れて貸付を行うこと、為替取引といって、隔地者間での資金移動のサービスを行うことのいずれかまたは両方を営業として行うものと

第8章　FinTechに関する法規制と論点　297

図表 8 － 2　FinTechにかかわる主な金融規制法令

法　令	FinTechにかかわる主な規制内容
銀行法	預金の受入れ・貸付、為替取引（隔地者間での資金移動）を規制 銀行グループによるFinTechビジネスへの出資を規制 （電子決済等代行業を規制）
資金決済法 （資金決済に関する法律）	前払式支払手段（プリペイドカード、電子マネー等）、少額の資金移動サービス、仮想通貨と通貨の交換サービスを規制
金融商品取引法	有価証券の発行者に対する情報開示規制 有価証券・デリバティブ取引の販売・勧誘、投資運用、投資助言を規制
保険業法	保険の引受けを規制 保険会社グループによるFinTechビジネスへの出資を規制
貸金業法	資金の貸付・貸付の媒介を規制
出資法 （出資の受入れ、預り金及び金利等の取締りに関する法律）	出資金の受入れ、預り金の禁止 高金利の処罰
割賦販売法	クレジット取引（クレジットカード、個別クレジット）を規制
電子記録債権法	電子記録債権の記録機関を規制
犯罪収益移転防止法 （犯罪による収益の移転防止に関する法律）	金融関連取引における本人確認、疑わしい取引の届出を義務づけ

（出所）　著者作成

位置づけられています。

そこで、特に為替取引、お金をある場所からある場所に移すサービスを提供するということは、銀行でないとできないのではないかということがしばしば問題になります。また、銀行法は、銀行に対する行為規制や業務範囲規制も定めています。銀行は、一定の範囲のビジネスしか営むことができませんし、一定の範囲のビジネスを営む会社しか子会社にすることができない、出資をすることもできない、といった規制が課せられます。昨今、銀行が新しいFinTechのビジネスを行っているベンチャー企業を子会社にしたい、あるいは出資をして資本提携を行いたい、と考えることもあるわけですが、はたしてそのベンチャー企業に銀行が出資をすること、あるいは株式の過半数をもって子会社にすることが銀行法で許されるのかといったことも規制との関係では論点になります。

それから、図表8－2の上から2つ目の資金決済法ですが、資金決済法にはいくつかの資金決済に関するビジネスが規制対象として定められています。そのなかの1つとして、前払式支払手段、すなわち、商品券・電子マネー・プリペイドカードのようなものを発行する場合の規制が資金決済法に定められています。それから、銀行法の規制対象であった為替取引のうちの少額の資金移動サービスについては、資金決済法のなかで特別のルールが設けられています。また、仮想通貨と通貨やほかの仮想通貨を交換するサービス、仮想通貨交換業というビジネスに対する規制も資金決済法で定められています。このように、FinTechにかかわるビジネスのなかでは資金決済法もよく検討対象になる法律です。

3つ目は、金融商品取引法です。金融商品取引法のなかには、多様な規制が定められているのですが、そのうちの1つとして有価証券やデリバティブに関する取引を取り扱う業者に対する規制が定められており、FinTechのビジネスによっては検討の対象になってきます。

4つ目は保険業法で、保険分野でもFinTechの波は生じています。InsuranceとTechnologyでInsurTechと呼ばれる保険ビジネスでのITを活用した新

第8章　FinTechに関する法規制と論点　299

しいタイプの取引も出てきています。たとえば、自動車保険の保険料について IT を活用していくことになると、運転している自動車に運転状況を記録する装置をつけて、すべて保険会社が情報として集めて、その結果、この人の運転の仕方、自動車の使い方は安全であるというデータがとれる人には保険料を安くする、逆に、運転の仕方次第では保険料を高くする、といったかたちでテクノロジーを保険分野に活用していくことが考えられるわけです。そういったテクノロジーを保険分野で活用することも FinTech の 1 つです。

また、預金の受入れと貸付をすると銀行だといいましたが、預金の受入れを行わずにお金を貸すだけだと貸金業法の規制対象になってきます。FinTech の分野では金銭の貸付を対象とするようなビジネスも想定されますので、貸金業法という法律も問題になることがあるわけです。

それから、出資法は業者に対する規制法とは少し違う、刑罰法規の法律なのですが、一般に不特定多数の人から預金を受け入れることは禁止されています。例外として、銀行のように特別の法律で認められている者だけが預り金を受け入れることができると出資法は定めています。このため、サービスのなかでお客さんのお金を一定期間預かることがあるビジネスについては、出資法の規制が問題になることもあります。

このほかに、クレジット取引については割賦販売法があり、これだけは金融庁ではなくて経済産業省の所管の法律です。また、手形の代替手段等の用途として電子的に記録することによって特別の債権をつくりだすための電子記録債権法という法律がありますが、その電子記録債権の記録機関を営むことは電子記録債権法の規制の対象です。実際、電子記録債権を活用した FinTech ベンチャーなども日本で登場しています。

また、規制法とは少し違う文脈ですが、犯罪収益移転防止法という、金融機関が金融取引を行う場合には本人確認をしなければいけない、疑わしい取引については当局に届出をしなければいけない、といったことを定めている法律があります。金融規制の対象になる場合には、犯罪収益移転防止法による本人確認の手続もとらなければいけない可能性があります。その結果、事

300

務・コスト負担が増えてしまうという面があり、それでもFinTechのビジネスができるかと考えなければいけない場合もあるわけです。

取引態様ごとに留意すべき規制

ここまでは、法律ごとに金融分野にいろいろな規制があることをご紹介したわけですが、今度は取引の態様ごとに留意すべき法律、規制を整理したものが図表8－3です。お金を調達するという取引、これはやり方によっては銀行法での貸付の問題であったり、金融商品取引法での出資や有価証券に関する取引にかかわってくることもありますし、お金を貸すというだけでは貸金業法の問題になったりします。

それから、有価証券、すなわち、株式・社債・ファンドなどを販売したり勧誘したりするということになれば、金融商品取引法の問題になることもありますし、金融商品のなかには、よくみると性質が保険のものがあるかもし

図表8－3　取引態様ごとに留意すべき規制

取引態様	留意すべき主な規制
資金調達	銀行法、金融商品取引法（開示規制・業規制）、貸金業法
金融商品の販売・勧誘	金融商品取引法、保険業法
送金・決済	銀行法、資金決済法（資金移動業）、出資法、割賦販売法
預金	銀行法、出資法
投資運用・投資助言	金融商品取引法
口座・資産管理	銀行法（銀行代理業・電子決済等代行業）、金融商品取引法（投資助言業・投資運用業）、保険業法（保険代理業）
仮想通貨の取扱い	資金決済法（仮想通貨交換業） ※送金・決済、電子マネーの手段として規制が適用される可能性も
ポイント・電子マネーの発行	資金決済法（前払式支払手段）

（出所）　著者作成

第8章　FinTechに関する法規制と論点　301

図表 8 − 4　FinTech のビジネスの類型と法規制

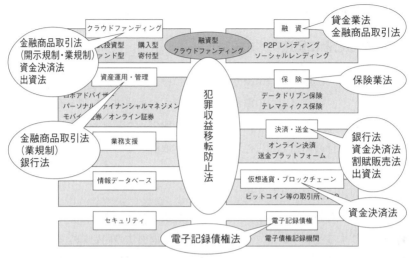

(出所)　筆者作成

れないということで、保険業法の問題なども出てくる可能性があります。

　また、為替取引ということで、お金を送金したり、決済の仲介的な機能を営むということになれば、銀行法や資金決済法、あるいは出資法、さらにクレジット取引的なものであれば割賦販売法という法律が検討対象になってきます。そのほか、預金や投資運用に関するサービスを提供する場合など、いろいろな金融に関する取引をしようとすると、それぞれ取引態様ごとに規制との関係を検討しなければいけないということになるわけです。

　先ほどお示ししたFinTechのビジネスの類型（図表 8 − 1 ）に、それぞれ適用される可能性がある法律を重ねてみると、図表 8 − 4 のとおり、各分野にいろいろな規制法が関係してくることが見て取れます。

金融規制以外の関連法令

　金融規制以外にも、FinTechビジネスでは、ビッグデータやAIなど、情報を活用して取引を行うものも多いので、個人情報保護法など、情報保護のた

図表 8 - 5　金融規制以外の主な関連法令

法　　令	FinTechにかかわる主な内容
個人情報保護法 （個人情報の保護に関する法律）	個人情報、匿名加工情報の作成・管理・第三者提供を規律
消費者契約法	消費者保護の観点から、消費者と事業者の取引を規律
特定商取引法 （特定商取引に関する法律）	通信販売（ネット取引も該当）を規制
景品表示法 （不当景品類及び不当表示防止法）	商品・サービスの表示方法を規制
金融商品販売法 （金融商品の販売等に関する法律）	金融商品の販売時の業者による説明責任を規律
民法改正	定型約款に関する規律を導入

（出所）　筆者作成

めの法律との適用関係も法律上の問題としては重要な論点になってくる場合があります（図表 8 - 5）。

　FinTechの取引はITを背景にするものであり、知的財産法との関係、すなわち、どうすればビジネスを営むために必要な決定的な技術が保護されるかといったことが論点になることもあります。実際に日本でもFinTechベンチャー同士での特許にかかわる訴訟が起きた事例もあり、知的財産の分野が重要な論点になってくることもあります。

　また、FinTechのビジネスのなかには、いわゆるB to B、事業者間の取引に使われるFinTechもあるわけですが、一方で、一般の人が手軽に金融取引を利用できるようにするためのFinTechビジネスもたくさんあるわけです。こういったB to C、事業者と消費者の間の取引に対しては、消費者契約法などの消費者を保護するための法律が適用されることになりますが、FinTechビジネスで行おうとしている取引が、こういった消費者保護のための法制度に抵触しないかどうか、あるいはビジネスを営む企業側からすれば、こうい

第 8 章　FinTechに関する法規制と論点　303

った法律に基づいて消費者、利用者を保護しなければいけないということが、過大なリスク・負担になってしまわないかどうかを考えなければいけない場面も出てくることになります。また、ネットを使った取引には、通信販売として特定商取引法が利用者保護のためのルールとして適用されます。

さらには、ネットを使っての取引が典型的に想定されますが、不適切な表示・広告をすることで取引を誘引することは、景品表示法に抵触することにもなりかねません。

また、ネット取引のなかでは、約款を使って取引することも多いのですが、今年成立した民法改正の項目のなかの１つは、民法のなかに定型約款という新しい概念を設けて、約款に関する取引についてのルールを新設するものです。こういったルールとFinTechのビジネスが整合しているかどうかも重要な検討要素になります。

3 金銭のやりとりと金融規制

形式的要件の適用可能性

次に、金融規制がどういった場面で検討対象になってくるのかということについてお話をしたいと思います。金融規制について、検討しなければいけない場面は、１つはお金のやりとりにかかわる場面です。金銭のやりとりや金銭の移動を伴う取引については、いろいろな金融規制が適用される可能性があります。新しい取引については、規制が必ずしもマッチしていないように思えることもありますが、法令上、適用対象になると解釈される場合には、その法律が典型的に想定している取引・場面でなかったとしても、法律は法律なので、形式的に要件に該当する以上、規制対象になりえます。したがって、このような場合には、法令を遵守しなければいけないということになってくるわけです。

304

皆さんのなかには自動車の運転免許をもっている方がいると思いますが、日本では公道で自動車を運転するには免許証をとらなければいけないですし、また、運転している時は免許証を携帯していなければいけません。どんなに運転がうまい人であっても、形式的に免許をもっていなければいけないということになっています。逆に、私は運転免許をもう十何年か前にとっていますが、その後、ほとんど車に乗らず無事故なので、いまではゴールド免許になっています。実際のところ、車の運転は多分できなくなっていますが、免許をもっている以上は運転しても別に法令違反にはならないわけです。

　金融規制も形式的なところがあるわけでして、形式的に違反をしていれば、実質的にそれが利用者に損害を与えるわけではない、不公正な取引ではない、といくらいえたとしても、取り締まられる可能性はあるといわざるをえません。もちろん、実質的に問題がある取引がたまたま法令の枠から外れているときに行ってよいかどうかもまた問題になるわけですが、いずれにしても、形式面との関係でも金融規制を遵守することが求められるということです。

　結果としてだれも害さなければよいではないかという考え方もあるかもしれませんが、類型的に投資者被害が生じやすい、投資者保護の必要性が高い取引については、いったんまとめて禁止をするという考え方は不合理というわけではないと思います。ただ、それが過剰に広過ぎる範囲まで禁止の対象になってしまうと、時代にはあっていない、むしろ民間のイノベーション促進を妨げるということで問題になってきて、規制を緩和すべきという議論が出てくることになります。もっとも、それは基本的には立法的にまたは政策的に解決すべき問題であって、解釈として金融規制に反しているのだけどだれも困らないからよいだろうというのは通じないわけです。このため、新しくビジネスを始めるにあたっては、金融規制がどのように適用されるか、形式的に適用対象となるかどうか、たとえ、そのビジネスが利用者に不利益を課すものではないと考えられるものであっても、しっかりと検討しなければ

第8章　FinTechに関する法規制と論点　305

ならないのです。

貸　付

　金融規制の適用を検討することが必要となる場面の1つは、貸付です。ある人が別の人にお金を貸す、時には複数の人が1人にお金を貸すこともあります。貸付、すなわち金銭消費貸借は、貸金業法の規制の対象になっており、金銭の貸付、あるいは金銭の貸借の媒介を業として行う場合には、貸金業の規制の対象になります（貸金業法2条1項）。たとえば銀行のように、他の法律で貸付を行ってよいということになっている者が貸付を行う場合や、親会社が子会社にお金を貸すなどの一定の類型の貸付については貸金業の対象外になっていますが、それらを除くと、金銭の貸付を業として行うということは規制の対象になります。また、「貸付」「ローン」「融資」と称する場合は貸金業の対象になりそうですが、そう呼ばれていないものであっても、金銭消費貸借の性質を有すれば貸金業の対象になるということです。

　それから、金銭の貸付で、「業として行う」ものが貸金業法の規制の対象となります。金融の実務・法務に携わる者にとって、この「業として行う」という要件はよく出てきて、重要な概念です。いくつかの法律によって何が業に当たるか解釈が違うところもあるのですが、貸金業法との関係では判例もありまして、「反復継続し、社会通念上、事業の遂行とみることができる程度のものである場合」をいうとされています。ただし、まだ1回しかやっていない、反復継続はまだしていないという場合であっても、反復継続の意思をもって貸付を行えば「業として」に当たると解されています。また、「業として」という日本語からは少しイメージが違うかもしれませんが、決して報酬や売上げ・利益を得る必要はなくて、無償でも「業として」には当たりうることになりますし、相手が多数であったり不特定であることも必要ないと解されています。要は、2回以上やる気があって、お金を貸し付けると貸金業に該当するかもしれないということになるわけです。

　FinTechビジネスのなかでは、一般の人がネットを通じて他の人にお金を

貸すという取引も考えられるのですが、お金を貸す側が2回貸した場合には貸金業なのかということが実際に論点になっています。この論点があるゆえに、このような、一般の人がネットを通じて他の人にお金を貸すというサービスは、日本ではいまのところ出てきていません。一方で、2回お金を貸したら絶対に貸金業に該当するかというと、たとえば、お父さんが子どもに今月1万円貸した、また次の月も1万円貸したという場合、これは貸金業かというと、貸金業法の対象になるとはだれも思わないでしょう。

　ということで、何をもって「業として」というのか、必ずしも明確ではない場合もあるのですが、ただ、「業として」貸付を行うものは貸金業法の対象になるわけです。その場合には、貸金業法に基づいて、貸金業の登録を行わなければいけません。さらには、登録を行った貸金業者にはいろいろな規制が適用されることになっており、規制が適用されることも考えながら、貸付にかかわるFinTechのビジネスが成り立つかどうか考えていかなければいけないということになります。

預 り 金

　次に、預り金です。ある人がもう1人にお金を渡して預かってもらうということ、これは預り金になるわけです。預り金に関しては、出資法という法律があります。出資法のなかで、預り金については、他の法律で行ってよいということになっている者以外は禁止という規定が定められています（出資法2条1項）。具体的には、不特定かつ多数の者からの金銭の受入れであって、①預金、貯金または定期積金の受入れ、②社債、借入金その他いかなる名義をもってするかを問わず、預金と同様の経済的性質を有するもの、に該当するものは預り金になると定められています。

　そのうえで、解釈として、①相手が不特定かつ多数の者であること、②金銭の受入れであること、③元本の返還が約されていること、さらには、④主として預け主の便宜のために金銭の価額を保管することを目的とするものであること、をすべて満たすと預り金に当たり、出資法規制の対象になると考

第8章　FinTechに関する法規制と論点　307

えられています。

　FinTechとは離れますが、たとえば不動産を賃借するときの敷金がありますが、これも賃借人が賃貸人にお金を預けているわけです。では、預り金なので賃貸人は違法ではないかというと、そうではなくて、通常は賃借人が好んで敷金を差し入れているというよりは、賃貸人の側が、賃借人が部屋を汚損した場合や、賃料を払わない場合などに備えて預かるものです。すなわち、主に預かる側のために行われる取引ですので、先ほどの4つ目、主として預け主の便宜のために保管するに当たらないといえると思います。また、必ず元本が返ってくるとも限りません。借りている部屋を汚したら、その分、差し引いて返すという性質のものですので、元本の返還が約されていることに当たらないという言い方もできるのかもしれません。いずれにしても、預り金に似ているけれども、出資法で禁止されている取引には当たらないといえるわけです。

　敷金の例のように、他人からお金を預かって、それを利用する取引を考えたときに、これが出資法で禁止されていないかということを法律上検討しなければいけない場面もありますが、その時には、先ほどの4つの要件に当たるかどうかを考えていきます。FinTechのビジネスのなかにも、預り金的なことをしているようにもみえるビジネスもあるわけですが、それぞれなんらかの法的な整理が実務で行われているということだと思います。

為替取引

　3つ目は、銀行法の説明のなかでも触れた為替取引、資金移動です。図表8－6のように、左の人がある銀行にお金を渡し、それを銀行が右の人に引き渡すような資金移動の取引です。物理的に現金を運ぶということではなくて、離れている隔地者間での資金移動のサービスを提供することが為替取引と呼ばれているものです（銀行法2条2項2号）。為替取引という言葉は、皆さんはむしろ外国為替ということで目にすることが多いかもしれませんが、通貨の交換を伴う取引を外国為替と呼びます。為替取引は、円で渡したもの

図表 8 − 6　為替取引のイメージ

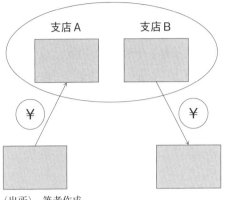

（出所）　筆者作成

を円で渡すということでもかまいません。

　先ほど銀行法について説明したとおり、為替取引は原則として銀行でなければ行ってはいけないということになっていますので、資金移動的なサービスを提供すると銀行業の免許が要るのではないかということが論点になります（銀行法4条1項）。加えて、資金決済法で、一定の少額の範囲に限って銀行以外の者が為替取引を営むことが資金移動業として許容されていますが、この場合も資金移動業の登録を受ける必要があります（資金決済法37条）。

　どこまでが為替取引なのかということも実務的にはよく論点になります。為替取引という言葉自体、法令に定義されたものではなく、銀行法のどこを読んでも、何が為替取引に当たるのか書いていないのです。ただ、判例上、「顧客から、隔地者間で直接現金を輸送せずに資金を移動する仕組みを利用して資金を移動することを内容とする依頼を受けて、これを引き受けること、又はこれを引き受けて遂行すること」とされており、また、実務的にもこの考え方をふまえて為替取引という言葉が使われています。しかしながら、どこまでのものが為替取引なのか、この説明だけでは判定しにくいこともあります。

ポイント、電子マネー

お金の移動があるものとして、ポイント、電子マネー、プリペイドカードなどもあります。ある人が電子マネーの発行者にお金を払うと、電子マネーがもらえて、その電子マネーを他の人に渡すと、物・サービスの対価として利用することができるというものです。電子マネーを受け取って、商品やサービスを提供した業者は、その発行者に、電子マネーをもらったので現金化してくれというと、お金が渡されます。この仕組みが電子マネーや商品券的なものです。

ポイントや電子マネーを発行する業務については、資金決済法上の前払式支払手段という類型に当たるかどうかが論点になります。資金決済法に定められている前払式支払手段に該当するポイントや電子マネーを発行する者に対しては規制が適用されることになり、一定の場合には登録が必要になり、発行している前払式支払手段の残高に応じてお金を供託していなければいけない、といった規制が適用されることがあります（資金決済法 3 条 1 項。特に「第三者型前払式支払手段」に該当する場合）。

ただ、どういったものが前払式支払手段に該当するのかという線引きがむ

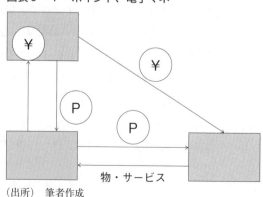

図表 8 - 7　ポイント、電子マネー

（出所）　筆者作成

310

ずかしい場合もあります。たとえば、FinTechとは離れますが、オンライン
ゲームでのゲーム内通貨を現金で買って、ゲームのなかで通貨として使うこ
とができる場合、これは前払式支払手段なのかどうか。ゲームのなかで、
ゲーム内通貨を使って、さらに武器を買ったり、アイテムを買ったりできる
仕組みになっていたり、また、ゲームのなかで別のゲームを遊ぶことができ
る。このようにゲーム内で利用することのできるゲーム内通貨が、前払式支
払手段に当たるのかどうかが論点になることもあります。

　いまの例は、FinTechとは少し離れた文脈かもしれませんが、FinTechの
ビジネスのなかでも、先に一定のお金を渡しておいて、ポイントなど呼び名
は何でもよいのですが、通貨単位のようなものを渡しておく。その単位をも
って一定の取引を行うことができる。そのような仕組みの取引が、前払式支
払手段に当たるかどうかが論点になりえます。

　また、ポイントという言い方をすると、皆さんに身近と思われるものにT
ポイントカードがあります。このTポイントが前払式支払手段かというと、
そのような取扱いにはなっていません。なぜかというと、図表8－7でいえ
ば、最初のポイントをもらうためにお金を支払う部分が存在しないわけで
す。つまり、一種のおまけでポイントをもらえるわけで、ポイントを買った
り、対価として現金を払っているわけではないのです。無償でもらえるポイ
ント的なものは、資金決済法の規制の対象にはなっていないということで
す。

　ただ、もしいま、Tポイントの発行体が倒産してしまったら、皆さんがた
めているポイントが無価値になってしまうかもしれません。一方で、前払式
支払手段に該当するものは、残高に応じて一定の金銭の供託などが必要とい
うことで、利用者の保護が図られています。将来的には、どのようなポイン
トを規制の対象として利用者の保護を図るべきか、政策的な議論が求められ
るかもしれません。

第8章　FinTechに関する法規制と論点　311

集団投資スキーム

金銭のやりとりには、集団投資スキームなどと呼ばれる出資の取引もあります。典型的には、まず投資家がお金を運用する者に対して資金を拠出し、運用する者は多くの投資家からお金を集めて、一定程度まとまったお金を投資運用に充てるというものです。運用して、あがった収益を投資した人たちに分配する仕組みを集団投資スキームといいますが、こういった取引については金融商品取引法の規制の対象になります。

出資を受けた金銭を充てて一定の事業を行ったうえで、その収益を分配する取引は金融商品取引法の規制の対象になり、出資を募集すること（自己募集規制）、あるいは集めたお金を投資運用すること（自己運用規制）について規制の対象になります。また、不動産に対する投資に充てる場合には、不動産特定共同事業法という法律の規制の対象になります。

ネットを通じてお金を集めて、その集めたお金を一定のプロジェクトに投資して、そのプロジェクトで儲かれば、儲かったお金を出してくれた人たちに還元する、このような取引をすると集団投資スキームに関する規制の適用対象になるかどうかが論点になりえます。

図表8-8　集団投資スキームのイメージ

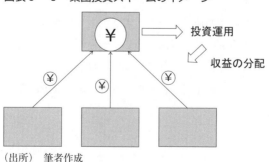

（出所）　筆者作成

4 「有価証券」にかかわる取引と金融規制

金融商品取引法の規制対象

　金融分野では、「有価証券」にかかわる取引に対しても、金融規制、特に金融商品取引法の規制の対象になることが多いです。ここでカギカッコをつけて「有価証券」としていますが、金融商品取引法のなかで「有価証券」が定義されています。「有価証券」の範囲は、具体的には金融商品取引法の2条1項と2条2項に規定されていて、株式、社債といった伝統的な証券だけでなく、組合・匿名組合による出資持分（ファンドの持分）などの権利も含まれます。その「有価証券」に該当する権利、商品に対してはいろいろな規制が適用されるということになるわけです。発行者に情報開示の規制が適用されることがあるほか、「有価証券」を販売したり、「有価証券」に対する運用を行ったりすることは金融商品取引業の規制の対象になっています。

　「有価証券」にかかわる取引について、いろいろな場面で金融規制の適用対象になるのですが、まず発行体が有価証券を発行するという場面では、情報開示の規制が発行体に課せられることがありえます。また、発行体が発行する証券の募集の仲介的なことを行う業者は金融商品取引業の規制の対象になることがあります。それから、いったん発行された有価証券が転々流通する場面で、その流通に介在する業者も金融商品取引業の規制の対象になりえます。加えて、有価証券に対する投資運用のアドバイスをしたり、運用の一任を受けることも金融商品取引法で規制の対象になりえます。

金融商品取引法に基づく開示規制

　金融商品取引法に基づく開示規制ということで、有価証券を発行する場合には、発行者に情報開示の規制が適用されることがあります。また、いったん発行の場面で発行開示として有価証券届出書を提出したり、目論見書をつ

第8章　FinTechに関する法規制と論点　313

くったりといったことを行った場合には、毎年、有価証券報告書を提出しなければいけないというルールが適用されます。

金融商品取引法に基づく業規制

また、他の人が発行する有価証券について、投資家の勧誘を行うことや、いったん発行された証券の売買に介在することは、金融商品取引業として規制の対象になり、投資助言、投資運用についても同じく規制の対象になります。金融商品取引業の対象になると、金融商品取引法に基づいて登録をしなければいけないという、参入規制が適用されうることになります。

FinTechのビジネスとして、ネットを通じて投資のアドバイスをするような新しいサービスを提供する、あるいは証券会社にアクセスしやすくするビジネスを行う、といったことが有価証券の売買の媒介になったり、あるいは投資助言ということになったりして、規制の対象になることもありえます。

■ 質疑応答1

［質問］どの行為がどの法律に該当するのかが不明瞭な点も多いということですが、FinTechが進んでいくと、条文の解釈が明確になるのが追いつかずに、顧客に対してどうアドバイスをすべきか不明瞭な場合があると思いますが、その場合にはどう対応しているのでしょうか。

［答］簡単に結論をいってしまうと、当局に聞くということです。もちろん、何の検討もしないで聞きに行くわけではなく、まずはどういった規制が論点になりうるのかをしっかり整理したうえで、その結果、およそ規制の対象にはならないと整理できれば問題ないわけです。ただ、規制の適用関係がはっきりしないとなったときには、金融の規制は金融庁が所管しているので、金融庁に照会をすることを検討します。特に問題になるのは、ビジネスを始めた後になって、一定のライセンスが必要だと指摘されてしまう

ことで、その場合にはそこでビジネスを中止しなければいけないわけです
し、何よりも評判がガタ落ちして、ビジネスを復活することもできない可
能性もあります。そうならないように、法令の文言上、規制の対象になる
かもしれないものの、こう考えると、この法規制の想定しているものとは
違うであろうということを理論的に整理したうえで、そのような考え方で
ビジネスを進めても問題ないかということを監督当局に照会することがあ
ります。

　その結果、やはり規制に服すべきものであり、登録を受けなさい、ある
いは、認可を受けなさいという回答を受けた場合には、今度はまた少しビ
ジネスの切り口を変えて、あくまでもそういった規制の対象にならないよ
うなかたちでビジネスをすることを考えるか、あるいは規制に服するかた
ちで、粛々と登録などの手続を踏んだうえでビジネスをするのかを判断し
ていくということを実務では行っています。

[質問] たとえば租税法では、課税庁が通達によって法解釈上の問題点につ
　いて解決していくという運用が多いという印象がありますが、金融庁の場
　合は、通達における解釈上の問題点を解決するという手法がどのぐらい行
　われているのでしょうか。

[答] 必ずしも通達というかたちではないと思いますが、いろいろなかたち
　で金融庁の一般的な解釈が公表されています。制度としてはノーアクショ
　ンレターというものもあって、民間側から、一定の手続によって、この規
　制のこの解釈について照会をすると、それに対する回答が金融庁から示さ
　れて、その照会文も回答もすべて公表されるという手続があります。その
　なかで金融庁はこういう解釈をしているということが明らかになることが
　あるのですが、数としてはあまり多くありません。

　　金融庁の解釈が示される場面として、むしろ多いのは、法令改正のタイ
　ミング、特に法律ではなくて政令や内閣府令の改正のタイミングで、改正
　案についての意見募集（パブリックコメント募集）が行われます。その意見

第 8 章　FinTechに関する法規制と論点　315

募集のなかで、本当は意見を出さなければいけないのですが、質問的な意見が民間から寄せられることも多いわけです。それに対して金融庁の考えはこうだという回答を示して、一般に公表するということが行われています。

　また、法改正のタイミングでなくても、数はあまり多くないですが、金融規制について一般的に論点になっている事項については、Q&Aなどのなんらかの書面のかたちで金融庁が解釈を公表することもあります。

　このほかに、金融庁の立案担当者が雑誌に法令改正の解説記事を書くこともあり、個人の見解であって金融庁の見解ではないと注意書きはあるのですが、実際は金融庁の考えが示されているのに近いので、それを参考にするということがあります。

［質問］FinTechに注目が集まるなかで、ファイナンス・ローヤーとしていままでと比べて仕事の幅に変わりが出てきたのでしょうか。また、どのように変わってきたのでしょうか。

［答］FinTechという言葉が使われるようになる以前から、新しいタイプの金融のビジネスをやりたいという話が出てくることはあって、そのなかには、やはり金融規制の適用関係がよくわからない、あるいは微妙であるというものについて、弁護士に相談しながら、場合によっては監督当局に照会したり、相談したりしながらビジネスを始めるということはありましたし、私自身も何年も前からそういったお手伝いをしてきました。

　ただ、最近はそういうタイプの仕事の件数が増えており、金融ビジネスに参入する人も、既存の金融機関や金融ビジネスを従来から行っていた企業だけではなくて、ベンチャー企業や、海外でFinTechビジネスをしている企業が日本でもやってみようということであらわれることが増えています。プレーヤーが増えているのと、ビジネス機会というか、新しいタイプの取引が増えていて、件数は格段に増えている印象があります。

［質問］金融規制とそれ以外の規制があるなかで、それぞれの所管官庁が違うので、FinTechの規制に対して矛盾や不均衡などが生じうるのでしょうか。生じうる場合、どうやって不均衡を整合するのでしょうか。

［答］FinTechの場合、論点となる規制の大半は金融庁所管なので、役所が違うということでの見解の違いはそれほど生じることはないのではないかと思います。ただ、個人情報の取扱いの関係は、個人情報保護委員会という機関が所管していますので、決して省庁間での矛盾があるというわけではないのですが、そもそも金融取引は複雑なものも多いので、そういった取引を理解してもらえるかどうかがハードルになることはあると思います。また、たとえば割賦販売法は経済産業省の所管ですし、たしかにFinTechで登場するすべての規制法を金融庁が所管しているわけではないものの、印象としては、金融庁以外の省庁との話が必要になった場合には、そもそも金融取引、特にFinTechの取引はさらに複雑だったりするので、それを理解してもらうのがむずかしいというのがいまのところ課題ではないかという気がしています。

［質問］規制がさまざまなサービスに及ぶのはFinTech特有の話なのでしょうか、それともFinTechに限らず、新たなサービスを始めようとする場合には、複数の規制がかかるのが一般的なのでしょうか。

［答］金融規制は、銀行、証券、保険を3つの柱として、あと信託などで、伝統的な業態ごとに規制が積み上がってきています。昔から業態をまたがる金融サービスがないわけではなかったので、規制の矛盾というか、二重に対応しなければいけなくなり、ビジネスとして成り立たないといったことがまったくなかったわけではないですが、FinTechではいままでと違う切り口でのビジネスが出てくることも多いので、既存の縦割りと整合しない、横にまたがるような取引が増えているということかと思います。

また、既存の業法では典型的には想定していなかった取引が出てきたので、それを伝統的な業法のどこに位置づけるのかが不明確であったり、

第8章　FinTechに関する法規制と論点　317

ITの進展やスマートフォン、インターネットなどの技術を使ってユーザー側に近づきやすくなったりした面もあって、業態をまたがったビジネスが出やすくなってきたということかと思います。

　複数の業態にまたがるような取引に対する規制について、金融審議会でも縦割りではなくて横串を刺すような新しい規制の考え方に関する議論が始まるようですので、今後、法律のほうが変わっていくのかもしれません。一方で、伝統的な銀行、証券会社、保険会社がなくなるわけではないですし、いろいろな経緯もあって、それぞれ異なる体系の規制が適用されるようになっていますので、ある日、全部ガラガラポンで一気通貫した規制というわけにも簡単にはいかないだろうと思います。今後も、複数の類型にまたがるような新しいサービスが出てきやすい状況のなかで、既存の業法をどう適用していくのかが課題として残ると思います。

5　クラウドファンディングに関する法規制

　これまでを総論とすると、以降はFinTechビジネスの各論について紹介をします[2]。ただ、各論といっても、個別のFinTechのビジネスというよりは、FinTechビジネスの類型のいくつかについて、規制の適用関係がどうなっているのか、どのようなことを考えて適法なスキームを運営していくのか、という検討の場面での考え方をご紹介できればと思います。

クラウドファンディングとは何か

　まず最初に、クラウドファンディングです。クラウドファンディングはFinTechによる資金調達の仕組みの代表格といえます。日本でも、実際にいろいろなタイプのクラウドファンディングのビジネスを営んでいるベン

2　本節以降が、第10回目講義（11月29日）をまとめたもの。

318

チャー企業が存在しています。

　クラウドファンディングに関して「crowd」という言葉は一般大衆の意味で、雲の意味での「cloud」ではありません。何となく雲をつかむようなプロジェクトに対してお金を出すという意味にみえなくもないですが、もともとの語源は、一般大衆からのファンディング、資金調達ということでクラウドファンディングという言葉がつくられています。

　では、クラウドファンディングとは何なのかというと、特に法律のなかで定義が定められているわけではありませんが、一般的には、資金需要がある者がインターネットを通じて不特定多数の者から資金を調達する手法が広くクラウドファンディングととらえられています。投資家からお金を調達する、それも特定の限られた投資家ではなくて、広く多数の一般投資家からお金を調達しようとする場合、伝統的にはいわゆる金融市場が利用されています。株式・社債を発行して、多くの場合、証券会社を介して金融市場から資金調達を行うということが何十年も前から行われてきたわけです。それに対してクラウドファンディングは、まさにITの進展によるもので、インターネットを通じて一般の人、必ずしも金融市場に参加して投資をするというような、いわゆる投資家に限らず、インターネットを使う本当に一般の大衆から、それほど大きくない金額を集める、多数の人から小口のお金を集める、といった調達手法です。

　図表8 - 9がクラウドファンディングの模式図ですが、まず資金を調達しようとしている人が、インターネット上のプラットフォームを通じて一般大衆に対して投資勧誘を行います。ただ金を出してくれといっても、それだけではなかなかお金を出す人はいないので、出してもらうお金を使ってどういうことをするのか、お金を出した人たちにはどのようなメリットがあるのかを情報提供します。それもインターネットを通じて、時には単に文字情報や図だけではなくて映像情報なども使って情報提供を行うものです。

　また、インターネットという特性を生かすと、双方向のやりとりも行いやすいことになります。たとえば、株式を発行して、証券会社を通じて投資家

第 8 章　FinTechに関する法規制と論点　319

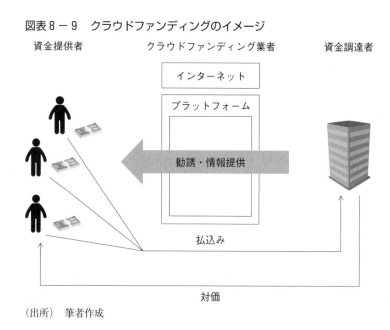

図表 8 − 9　クラウドファンディングのイメージ

（出所）　筆者作成

からお金を集めるということを考えると、投資家がその発行会社はどのような会社なのかと質問をしたくても、直接発行会社に質問して回答を得るというのは容易ではありません。一方で、クラウドファンディングでは、インターネットを使って、掲示板のようなかたちでも、メールのようなかたちでも、両方ありうるのかなと思いますが、お金を出すかどうか迷っている人が資金調達者に対して質問を投げかけます。それに対して、またインターネットを介して資金調達者の側で回答を行います。回答しなければいけないという義務はないのかもしれませんが、投資家の質問にも答えるかたちで情報提供をさらに進めていくことにより、まさに投資家の側が関心をもっている情報を適切に伝えるという意味で、双方向のやりとりができるというのもクラウドファンディングの1つの特徴と思います。

こうして、投資勧誘や情報提供を受けて資金を出そうとする投資家の側がお金を払い込みます。払い込んで、集めたお金で調達者の側は何かプロジェ

クトを進めていきます。実際に行うプロジェクトから生じる何がしかのリターンを対価として、資金調達者は資金提供者に還元していくという仕組みがクラウドファンディングです。

クラウドファンディングの性質

　図表8-10をみていただくと、クラウドファンディングと呼ばれる取引のなかにも、実は多様な性質のものが混じっていることがわかります。よくよく取引をみてみると、実際にいわゆるファンディング（資金調達）、すなわち出資や融資という取引であるクラウドファンディングも存在しますが、他方で、ファンディングと呼ばれてはいるものの、単に物を売っている、あるいはお金を払ってサービスを提供している、といった取引も存在します。また、寄付であって、特にリターンが予定されていないものもあります。

　クラウドファンディングと呼ばれている取引のなかでも、取引の性質によって適用される規制、それから関係当事者がどういった責任を負うのかということは違ってきます。もともとクラウドファンディングというものが世の中にあって、それに対する規制が創設されるという経過をたどったわけではなくて、もともと出資に対する規制、融資に対する規制、あるいはインターネットを通じて物を売るときに適用される規制などがあるなかで、新たにイ

図表8-10　クラウドファンディングの類型

類　型	資金提供者が取得する対価
投資型	資金調達者の営む事業からの収益の分配を受ける ・株式投資型：株式を取得 ・ファンド型：ファンドの持分を取得
貸付型	資金調達者から利息の支払を受け、元本の返済を受ける
売買・役務提供型	資金調達者から物または役務の提供を受ける
寄付型	無償

（出所）　筆者作成

第8章　FinTechに関する法規制と論点　321

ンターネットを通じて資金調達を行うクラウドファンディングという取引が
出てきたわけですので、従来の規制をまたがるようなかたちで、同じクラウ
ドファンディングと呼ばれる取引のなかでも適用される規制がだいぶ違って
きます。

　では、どのようなクラウドファンディングがあって、どのような規制がど
のように適用されていくのかということですが、まずクラウドファンディン
グの類型をいくつかに整理してみたいと思います。類型といっても、法律
上、こう分類しなさいというルールがあるわけではなく、違う整理の仕方も
あるとは思いますが、クラウドファンディングの類型として、大きく４つ、
あるいは５つの類型に分けることが多いと思います。

投 資 型

　１つ目は投資型クラウドファンディングという類型です（図表８−10の上
から１つ目）。資金を出す人から集めた資金を使ってなんらかのプロジェク
ト、事業を営みます。そのプロジェクト、事業からあがった収益を資金を出
した人たちに分配する、この仕組みが投資型のクラウドファンディングで
す。おそらく皆さんがいちばんわかりやすいのは株式投資型のクラウドファ
ンディングではないかと思いますが、図表８−９をもう１度みてください。
まず、資金提供者が資金調達者にお金を払い込みます。その払い込まれたお
金の対価として調達者が提供者に株式を割り当てます。これは、公募増資や
第三者割当増資を、インターネットを介して行う仕組みになるわけですが、
その結果、資金を出した人は資金調達者の株主になります。株主になれば配
当、剰余金の分配を受ける権利もあるし、議決権なども株主として保有する
ことになります。資金提供者が株式を取得することによって、払い込んだ資
金を使った資金調達者のビジネスからの収益の分配を受けることが可能にな
るのが、投資型のクラウドファンディングのなかでも株式投資型のクラウド
ファンディングと位置づけられるものです。

　それから、投資型クラウドファンディングのなかには、必ずしも株式を使

うスキームだけではなくて、ファンド・集団投資スキームの仕組みを利用して、集めた資金によるビジネスからの収益の分配を行う取引も存在します。投資型のクラウドファンディングのなかでもファンド型のクラウドファンディングと呼ばれるものです。

この場合、再び図表8-9で考えてみますと、資金提供者はお金を払い込み、その対価として一種のファンドの持分を取得することになります。ファンドの持分の内容は、どういったファンドかという匿名組合契約の内容次第になるわけですが、資金調達者はファンドとして集めたお金をなんらかのビジネスやプロジェクトによって運用します。その運用収益を、資金を出してくれた、ファンドの持分を保有している人たちに匿名組合契約に従って分配します。株式ではないですが、お金を出した人がファンドの持分を取得し、その投資した資金の運用益を配分として受けることができる、というものがファンド型のクラウドファンディングと呼ばれているスキームです。

貸 付 型

また、貸付型のクラウドファンディングも存在します（図表8-10の上から2つ目）。これは融資、ローンとして、資金提供者がまさにお金を貸し付けるものです。この場合の払込みは、貸付金として資金調達者に提供し、対価という表現が適切かどうかわかりませんが、貸付債権を資金提供者が保有することになるというのが貸付型のクラウドファンディングのいちばんシンプルな構図になります。後で説明しますが、規制との関係で、こういった貸付型のクラウドファンディングは、日本では実現がむずかしい状況にあります。シンプルにいえば、資金提供者がインターネットを介して資金調達者にお金を貸し付け、一定の期日が来たら、資金調達者は利息をつけて資金提供者に借りたお金を返す仕組みです。お金を出す側からすれば利息収入を得ることができるというメリットがあるのが、貸付型のクラウドファンディングになります。

第8章　FinTechに関する法規制と論点　323

売買・役務提供型

　また違う類型として、売買・役務提供型のクラウドファンディングもあります（図表8 -10の上から3つ目）。投資型や貸付型のクラウドファンディングは、まさにファンディング、投資・融資といえるスキームだったのですが、今度の売買・役務提供型は、資金調達者がお金を集めたうえで、その集めたお金を使って何か物をつくったり、何かプロジェクトを行ったりします。そのできあがった物品やプロジェクトのなかで提供できるサービスを資金提供者に還元します。これが売買・役務提供型のクラウドファンディングです。

　インターネットを通じてお金を集めて、一定額以上のお金が集まれば、そのお金を使って商品を製作したり、あるいは漫画を製作する、映画を製作する、といったプロジェクトを実施したりします。そして、できあがった物品を拠出した金額に応じて資金提供者に配分する、あるいは、お金を出した人はできた漫画をインターネット上で読むことができるようになる、といったかたちで、資金提供者はお金を払ってリターンとして物やサービスの提供を受けるという仕組みのクラウドファンディングです。

　この仕組みは、資金調達者の側からすると、お金を出してもらうという意味でファンディングですが、最終的にできあがりをみてみると、結局、お金を出してもらって物やサービスを渡しているということですので、民法の契約の類型でいうと、売買や、委任というよりは準委任、役務提供というような関係になります。消費貸借、あるいは投資に関する契約ではなさそうだということになってくるわけですが、これらのスキームも一般にクラウドファンディングと呼ばれている1つの例になります。

寄 付 型

　最後の類型として、寄付型のクラウドファンディングもあります（図表8 -10の上から4つ目）。これは文字どおり、資金提供者がお金を出して、資金

調達者にお金が入った後、特にリターンが予定されていないものです。東京
大学も、ウェブサイトをみると寄付をしませんかといったことが書いてある
ページがあり、たとえば講堂を建て替えるということで、一口10万円で寄付
してくださいといったことがインターネットを通じて呼びかけられているこ
とがあります。いくらかのお金を拠出すると、たとえば建て替えた講堂の椅
子の後ろのプレートに名前を彫ってくれるといったことを東京大学も行って
いたことがありましたが、寄付ということでお金を集めたうえで、先ほど説
明した売買・役務提供型と境界線はあいまいかもしれませんが、何がしかの
リターン、お返しがされるケースもあるのが寄付型のクラウドファンディン
グです。

　政治家が政治献金を募るのも、ウェブサイトでやればクラウドファンディ
ングの一種、寄付型のクラウドファンディングといえるのかもしれません。
基本的に、対価関係にあるものが資金提供者には付与されないで、お金を調
達するものが寄付型のクラウドファンディングです。ただ、寄付の範疇のな
かに、売買とかサービスを提供するとまではいえないような何がしかのお返
しが資金提供者の側に配られる仕組みになっているものもあります。という
ことで、どこまでがクラウドファンディングと意識して実施されているかわ
かりませんが、ウェブサイトを通じて寄付を呼びかけているものなどは、ク
ラウドファンディングといえなくもないと思います。

類型ごとの主な規制

　このように、クラウドファンディングと一言でいっても、お金を出した人
がどういったメリットを受けるのかということを基準に、類型を分けること
ができます。投資的なもの、融資的なもの、まさにファイナンス、ファン
ディングであるというスキームもあれば、物の売り買いや、寄付、贈与に近
いものまで、いろいろな法的性質の取引が混在しているのです。これらの各
類型の取引について、金融規制がどう適用される関係にあるのかをまとめた
のが図表8－11です。一言でクラウドファンディングといっても、その類型

第8章　FinTechに関する法規制と論点　325

図表8－11　クラウドファンディングの類型ごとの主な規制

類　　型	資金調達者に対する規制	クラウドファンディング業者に対する規制	資金提供者に対する規制
株式投資型	・開示規制	・第一種金融商品取引業 ※第一種少額電子募集取扱業者の特例	・なし
ファンド型	・第二種金融商品取引業 （・開示規制） （・投資運用業） （・不動産特定共同事業）	・第二種金融商品取引業 ※第二種少額電子募集取扱業者の特例	・なし
貸付型	・なし	・貸金業 ・第二種金融商品取引業	（・貸金業）
売買・役務提供型	・特定商取引法に基づく規制	・なし	・なし
寄付型	・なし	・なし	・なし

（※）　資金提供者が取得する対価等次第では、個別の規制が適用される可能性あり。
（出所）　筆者作成

によって適用される規制は異なっているということがわかります。

株式投資型クラウドファンディングに対する適用規制

　まず株式投資型、つまり資金調達者が株式を取得するというスキームを考えてみますと、これは一種の公募増資になります。規制の詳細は金融商品取引法の講義などに譲りたいと思いますが、インターネットを通じて投資家を募集するという取引になっているので、多数の投資家に対して株式を募集するものとして、金融商品取引法上、発行開示の規制が適用されることになります。資金調達者に対して開示の義務が課せられることになりうるわけです。

　この時に、クラウドファンディングのプラットフォームになるようなウェブサイトを用意している業者が何をしているかというと、株式を募集するこ

とのお手伝いをしていると評価できるわけです。典型的な証券会社のビジネスとはだいぶ違うようにみえますが、株式を発行して増資をする者と、投資家、すなわち株式を引き受けて投資をする者とをつなぐビジネスをしているという意味では、クラウドファンディングのプラットフォームになるウェブサイトを提供している業者は、証券会社が株式の取引の間に入るのと同じように、株式の募集の取扱い、仲介のような業務を行っているということになります。このため、株式投資型のクラウドファンディングを行うことができるウェブサイトを提供しているクラウドファンディング業者は、証券会社と同様に第一種金融商品取引業の規制の対象になってきます。

そのうえで、2014年の金融商品取引法改正で、株式投資型のクラウドファンディングのプラットフォームを提供するビジネスを行いやすくしようという規制緩和が行われており、第一種少額電子募集取扱業者の特例が金融商品取引法の規制のなかに設けられています。これは証券会社である第一種金融商品取引業の登録を行うよりは、簡素でハードルの低い要件で登録を認めるものです。つまり、インターネット上で株式投資型のクラウドファンディングのプラットフォームを提供するが、通常の証券会社が行うような一般の投資家に対する対面販売のようなことはしない、という業者は第一種少額電子募集取扱業者として、緩やかな要件でビジネスに参入することができるようになっているのです。ただ、この場合でも、金融商品取引業の一形態である第一種少額電子募集取扱業の登録が必要になっています。

なお、株式投資型について、お金を出す側には特に規制は適用されません。

ファンド型クラウドファンディングに対する適用規制

次にファンド型クラウドファンディングについてです。ファンド型と先ほどの株式投資型は何が違うかというと、株式の対価としてお金を集めるか、ファンド、組合の持分を対価としてお金を集めるか、が違うわけです。株式は金融商品取引法2条1項に定義されている「有価証券」です。一方で、

第8章 FinTechに関する法規制と論点　327

ファンドの持分は金融商品取引法の2条2項5号、場合によっては同項6号に定義されている、「みなし有価証券」になります。どちらも有価証券で、金融商品取引法の規制の対象になることは共通しているのですが、ただ、2条1項に規定されている「有価証券」と2条2項に規定されている「みなし有価証券」とでは、適用される規制の内容が違っています。

ファンドの持分は2条2項で規定される有価証券で、まず図表8−11で、クラウドファンディング業者に対する規制をみてみますと、株式投資型と同じで、ファンドの持分を投資家に勧誘する、有価証券の募集の取扱いということで、金融商品取引業に該当します。先ほどの株式の場合は第一種金融商品取引業であったのが、ファンドの場合は第二種金融商品取引業の規制対象になります。

第二種金融商品取引業についても、クラウドファンディングの場面では第二種少額電子募集取扱業者の特例が利用できることになっています。もっとも、第一種金融商品取引業に比べて、第二種金融商品取引業は、もともとそれほど登録要件が厳しくない規制になっているので、この特例の恩恵があまり大きくなく、いまのところ、第二種少額電子募集取扱業者の特例を利用している例は存在しないと思います。

それから、図表8−11の資金調達者に対する規制をみますと、株式投資型の場合は株式を発行して、その発行者が投資家を勧誘するということは、金融商品取引業の規制の対象にはなっていないわけです。情報開示の規制対象にはなっていますが、業規制の対象ではないということです。これに対して、同じく有価証券の発行者が勧誘を行っているわけですが、ファンドを運営している者が、そのファンドの持分の募集を行うことは金融商品取引業の規制の対象になっています。

そこで、ファンド型のクラウドファンディングでは、形式的には資金調達者も第二種金融商品取引業の規制の対象になっていますが、少しややこしいのは、いったん規制の対象になりうるものの、投資家に対する勧誘行為をすべて間に入っている業者に対して委託し、自ら勧誘行為をしない場合には、

発行者は第二種金融商品取引業の登録を受ける必要はないと解釈されています。したがって、原則として第二種金融商品取引業の規制の対象となるものの、場合によっては規制対象にはならないことがあるというのがファンド型の資金調達者に対する規制の適用関係になります。

加えて、ファンド型のクラウドファンディングも、有価証券の募集を行うことになるので、一定の場合には情報開示の規制が課せられることがあります。それから、ファンドについては、集めたお金を運用しますが、その運用方法によっては金融商品取引法上の投資運用業の規制の対象になったり、あるいは不動産投資などをすると不動産特定共同事業法という法律により不動産特定共同事業の規制が適用されたりする場合もあります。そこまで細かく類型を分けて規制の説明をすることは省略したいと思いますが、ファンド型のクラウドファンディングでも、具体的なスキームによっていろいろな規制が適用される可能性があるということです。

貸付型クラウドファンディングに対する適用規制

次に、貸付型のクラウドファンディングをみますと（図表 8 – 11）、貸付を業として行う場合、貸金業法の規制対象になり、貸金業の登録を受けることが必要になります。ここで、貸付を「業として行う」とはどのようなことなのかというと、前にも説明したとおり、反復継続する意思をもって貸付を行うということです。

そうすると、貸付型クラウドファンディングとしてインターネットを通じてお金を第三者に貸し付けるということであったとしても、お金を出す側が複数回クラウドファンディングを通じて、あるいは他の場面でお金を貸そうと考えて貸付をした場合には、お金の出し手が一般の人であったとしても、貸金業規制の対象になる可能性があるわけです。

貸付型のクラウドファンディングとして、資金提供者が資金調達者に直接お金を貸し付ける仕組みをとった場合には、今後、いっさいクラウドファンディングでの資金提供を行わない、この 1 回限りだという強い信念をもった

第 8 章　FinTechに関する法規制と論点　329

資金提供者だと、もしかしたら反復継続していないといえるのかもしれませんが、今後もこのような仕組みでお金を出すことがあるかもしれないということになると、資金提供者、すなわち投資家が貸金業の登録を受けないといけないのではないかということが論点になります。日本では、この規制の適用関係があまり明確ではないということもあって、貸付型のクラウドファンディングにおいて、直接に資金提供者が資金調達者に対してお金を貸し付けるような仕組みはとられていません。

　ただ、日本で貸付型クラウドファンディングと呼ばれて行われているビジネスがまったくないかというと、そうではなくて、ファンド型のクラウドファンディングとハイブリッドのかたちで、貸付型クラウドファンディングと称する仕組みが運営されているというのが実態です。どうしているかというと、クラウドファンディング業者が、いったんファンド型のクラウドファンディングとしてお金を一般の人から調達し、お金を必要としている人たちに対して調達したお金を貸し付けるという仕組みによっています。もともとの投資家からみると、貸付を行っているわけではなくて、ファンド投資を行っている、したがって、貸金業法の規制の対象ではないという整理でビジネスが行われているというのが、日本の貸付型のクラウドファンディングの現状です。

　こうしたスキームを前提に、図表8－11の貸付型クラウドファンディングに対する規制をみていただくと、業者自体は貸付を複数回しますので貸金業法の規制の対象となり、また、ファンドへの投資の募集をするということで第二種金融商品取引業の規制がかかる、という構図になっています。

他のクラウドファンディングに対する適用規制

　このように、投資や融資を行うタイプのクラウドファンディングについては、金融商品取引法を中心に多様な規制が適用されることになっているのですが、クラウドファンディングのなかでも売買や、サービスを提供する役務提供の仕組みをとるもの、あるいは寄付の仕組みをとるものについては、金

融規制は基本的に適用されません。

　図表 8 −11では、売買・役務提供型の資金調達者に対する規制として、特定商取引法に基づく規制が適用されるとありますが、これはインターネットを通じて販売を行う、ネット通販のようなものは、一種の通信販売ということで、広告をするときに一定の事項を書かなければいけない、あるいは書いてはいけないという規制が適用される、などいくつかのルールが特定商取引法によって適用されます。何かライセンスをとらないとビジネスを営んではいけないという種類の金融規制ではありません。

　寄付型についても、特に規制は適用されません。

クラウドファンディング規制の課題

　このように、クラウドファンディングといってもいろいろなタイプのものがあり、規制の適用関係はそれぞれ類型ごとに違うのですが、それで本当によいのかという問題意識についてご説明します。規制がかからないことは、ビジネスの自由度を広げるという意味もあり、柔軟にビジネスを行うことができるということで、一種イノベーションにつながるという面もあります。また、いろいろなビジネスが行われるということで、それが利用者の側の利便性を高めるということにもなります。

　ただ一方で、規制がないなかで、何でもかんでも自由にできる、しかも詐欺的な取引に対しても十分にその抑止が及ばないということになってくると、利用者が害されてしまう可能性もあるわけです。あるいは当事者に積極的に詐欺的な取引をするという意図はなかったとしても、利用者の側が十分な情報を得られないで、うっかり取引をしてしまった結果、思いもよらない大きな損を被ることになる可能性もあるわけです。

　どこまでの取引に規制を課して、どこまでの取引は自由に行ってよいとするのか、規制を課すとして、どこまでの重い規制を課すのか、といったことは政策的に考えていかなければいけないことです。ただ、そもそもクラウドファンディングという取引を考えたときに、現在では投資的なもの、融資的

第 8 章　FinTechに関する法規制と論点　331

なものには金融商品取引法などの規制が適用される一方で、売買や役務提供的なスキームには規制は適用されずに、悪くいえば野放図に行われているという面があるのですが、それでよいのかということは、法解釈の問題ではなく、政策・立法の問題として考えていかなければいけないということになります。

　また、貸付型のクラウドファンディングについては、先ほどお金を出す投資家が貸金業法の規制対象になる可能性があるということで、資金提供者が資金調達者に直接貸付を行うようなスキームは日本では実施できないと説明しました。これは結果として、投資家がうっかりお金を出してしまって、資金を調達する側の情報も十分に得られず、貸倒れになって損をするといったような事態を避けることにはなっているといえばなっているわけですが、そもそも貸し付ける側に規制を課すのは、借りる側を保護するためです。貸付型のクラウドファンディングの場面で、形式的にはお金を貸しているのは投資家ですが、先ほどから投資家とも呼んでいるように、このスキームのなかで本当に保護を及ぼすべき対象はだれなのかというと、お金を集める側というよりはお金を出す側ではないかとも思えるわけです。

　貸付型クラウドファンディングにおけるいまの規制の状況は、お金を出す側が規制の対象になり、お金を受け取る側が保護を受けることになっていて、その結果、お金を出す側である一般大衆にライセンスが要るということになると、取引自体の実現可能性が低いということになっているわけですが、このような規制のあり方が妥当かといったことも考えていかなければいけないと思います。生活に困窮している人たちが、ヤミ金から過剰に不利な条件での貸付を受けるのをできるだけ抑制する、という意味で貸し付ける側に貸金業法の規制を適用するということは、もちろん合理性があるわけですが、その規制がそのまま貸付型のクラウドファンディングの場面で適用されてしまうのが合理的なのかどうかということは、今後考えていかなければいけない論点だと思います。

ICO（Initial Coin Offering）

　最近、ICO（Initial Coin Offering）という仮想通貨、コインあるいはトークンと呼ばれるものを発行して資金調達をする取引が行われることがあります。このICOについても、取引をみてみると、電子的なトークンなるものを利用したクラウドファンディングの一種という評価もできるのかなと思います。インターネットを通じて一般の人から資金調達をするという要素はICOも共通しているわけです。

　日本でもICOと称して資金調達を行う事例も出てきています。新聞報道では、日本でもICOで100億円の資金を調達したという事例が紹介されています。これまでの講義のなかでも、ICOによってアメリカでは何百億円に相当するような資金調達が頻繁に行われるようになってきている、といった説明もあったかと思います。

　このICOと呼ばれている取引は、電子的に記録されるトークンやコインと呼ばれているもので資金調達を行うというところまでは共通しているのですが、実際ICOと称している取引をみていくと、その内容は多様なものがあり、何がICOで、何がICOでないか、その基準はまだあまりはっきりしていません。

　図表8－12にあるとおり、特にトークンなるものの機能、あるいはトークンの保有者がどんなメリットを受けるのかをみていくと、いろいろな類型のICOがあります。先ほどのクラウドファンディングの議論と同じで、トークンなるものにどのような機能があるかによって、日本の規制がどのように適用されるかということもだいぶ変わってきます。金融商品取引法の規制対象になったり、資金決済法の規制対象になったり、時には何の規制対象にもならないようなICOもあるのではないかということで、規制の適用関係がはっきりせず、また、統一もされていない状況にあります。ICOについては、簡単にこれぐらいにとどめておきたいと思います。

第8章　FinTechに関する法規制と論点　333

図表 8 −12 ICO：トークンの保有者の権利による分類

・仮想通貨型
　―トークンの保有者に特別の権利はなく、決済・交換に利用できるのみ
・法定通貨型
　―トークンの保有者は、決済・交換に利用できるほか、法定通貨により当初の
　　拠出額相当額の払戻しを請求することができる
・ファンド型
　―トークンの保有者は、発行者がトークンの対価により営む事業の収益の分配
　　を受けることができる
・商品券型
　―トークンの保有者は、発行者または特定の第三者の提供する商品・サービス
　　の対価として、トークンを使用する（費消する）ことができる
・会員権型
　―（一定数量以上の）トークンの保有者は、発行者の提供するサービスを利用
　　したり、優遇措置を受けたりすることができる（利用に際してトークンを費
　　消しない）
・期待権型
　―トークンの保有者には将来的になんらかの恩典が提供されることが期待され
　　ているが、恩典の内容は確定しておらず、その実施も保証されていない

（注）　複数の機能を有することもありうる。
（出所）　筆者作成

6 決済・送金スキーム

ITを活用した送金等の増加

　次に、決済・送金に関連して、FinTechとしてあらわれている最近のビジ
ネスと規制の関係をご紹介したいと思います。決済・送金、つまり、ある人
から別の人にお金を移動させるという取引は、もともと銀行振込みなどが想
定されるものであり、昔からある取引形態です。ただ、昨今では、IT、特
にスマートフォンを利用して気軽に買った物の代金の決済を行う、あるいは

利用者の間で送金を行う、といったことが行われるようになってきています。たとえば、飲み会で、全体で5万円払い、参加者は皆でそれぞれ何千円かずつ幹事に渡してくださいというときに、飲み会の場で現金、1,000円札が何枚と数えて集めるのではなくて、アプリを使って、割り勘をします。アプリで、ボタン1つで幹事の人に送金する仕組み、サービスも登場してきているということです。日本でも徐々に出てきていますが、アメリカでは爆発的に広まっているサービスもあります。

こういった決済・送金のスキームが広がっていくと、いまの割り勘の例でもわかるとおり、現金を使う必要がなくなってきます。銀行の方に話を聞くと、やはり現金を扱うのは、数え間違いがあって大変だということもありますし、セキュリティや、盗まれないようにすることも重要で、非常に負担があるわけです。現金を扱うことにはコストがかかるのですが、データの移動だけで決済・送金が簡便に行えるようになっていく場面が広がっていくと、現金を管理するコストを大きく削減することができるということがメリットの1つとなります。

加えて、現金でのやりとりは記録に残りません。Aさんが私に1万円札を渡したとしても、メモに残したり、何かしなければ、そのこと自体の情報は残らないわけです。これに対して、データ処理によって決済・送金を行うことになると、だれが、いつ、何のために、だれに対してお金を動かしたのかということがデータとして残るわけです。これを蓄積していくと、そのようなデータ自体が価値をもつことになってくる可能性があります。

ということで、決済・送金のスキームは、利用者側からすると、いちいちお金を用意して渡したりするという手間が省けて、ボタン1つで資金の移動ができるという利便性が高まる効果もあるのですが、それだけではなく、現金を使わないですむ、データを活用できる可能性が出てくる、といった副次的な——むしろこの副次的な部分がFinTechの価値としては大きいのかなと思いますが——面もあるのです。このため、昨今、決済・送金に関するサービスを提供する仕組みも増えてきています。

第8章　FinTechに関する法規制と論点　335

為替取引

　それでは、決済・送金に関する金融規制はどうなっているのかということをみていきたいと思います。先ほど銀行法について話をしたなかで言及した為替取引という概念があります。図表8－13の1つ目の図に、「隔地者間で直接現金を輸送せずに資金を移動する仕組みを利用して資金を移動すること」と書いてありますが、ある人が業者に対してお金を渡すと同時に、その業者から別の人に対してお金を渡すということで、ある人から離れたところにいる目的の人に対する決済あるいは送金が行われるというのが為替取引と呼ばれるものです。現金そのものを渡すのではなく、資金を移動させる取引が為替取引です。

　規制の種類としては、為替取引は原則として銀行でないとできないのですが、一定の少額の取引については、資金決済法という法律に定められている資金移動業という登録を行うことでビジネスを営むことも認められることになっています。ただ、銀行業か資金移動業のライセンスをとらないと為替取引をできないわけです。

前払式支払手段

　お金が動くと、いつも為替取引で銀行業、資金移動業のライセンスが必要になるのかというと、少し順番が変わると規制の適用関係が変わってきます。図表8－13の上から2番目の図の、前払式支払手段というものですが、典型的にはギフト券とかデパートの商品券のようなものが該当します。先にお金を支払って金券をもらって、その金券を使って後でサービスを受けたり、物を買ったりすることができるというものです。もう1つの前払式支払手段の典型例は、プリペイドカードとか電子マネーです。PASMOとかSuicaが当たりますが、お金をチャージしておくと、後でそのチャージしたお金、ポイントに応じて電車に乗ったりジュースを買ったりできるものです。

336

図表 8 −13　決済・送金スキームと資金移動にかかわる金融規制

[為替取引]
・隔地者間で直接現金を輸送せずに資金を移動する仕組みを利用して資金を移動すること
・銀行業の免許、（一定の少額の取引に限り）資金移動業の登録が必要

[前払式支払手段]
・典型的にはギフト券、商品券、プリペイドカード、電子マネーなど
・以下の要件をすべて満たすもの
　－金額または物品・サービスの数量が、証票等に記載・記録されていること
　－証票等に記載・記録された金額・数量に応ずる対価が支払われていること
　－金額・数量が記載・記録された証票等・財産的価値と結びついた符号が発行されること
　－物品の購入・サービスの受領等に、証票等・符号が使用できるものであること
・一定の前払式支払手段の発行者は届出・登録が必要となり、発行保証金の供託等が求められる

[クレジット（信用購入あっせん）]
・クレジットカード、個別クレジット（ショッピングクレジット）
・割賦販売法に基づく登録が必要
・翌月一括払い（マンスリークリア）、営業のための購入の場合等は割賦販売法の規制の適用除外

[収納代行・代金引換]
・金銭の受領権限があるので、為替取引には該当しない？

（出所）　筆者作成

図表8－13の上から2番目の図をみていただくと、まず先に業者に対してお金を渡しておくわけです（①）。その後、サービスを受けるということで、チャージされているポイントの数値が差し引かれる、あるいは商品券を渡すことになり、ポイントや商品券を受けた業者は、後で、サービス事業者からお金を清算することで決済が完結することになります（②）。つまり、先にお金を渡しておいて、実際に決済・送金が行われるタイミングになったら、その時点で業者から相手方にお金が引き渡されるという順番をたどると前払式支払手段に当たりうることになります。

　資金決済法にどういったものが前払式支払手段に当たるのか具体的に定められており、図表8－13にも4項目に要件をまとめているので説明は省略しますが、要は先にお金を渡して、後でその渡していたお金に応じた物・サービスの提供が受けられるというものが前払式支払手段に当たります。

　この前払式支払手段を発行する者は、類型に応じて届出や登録が必要になっています。発行する商品券や電子マネー的なものが発行した者との関係だけで使える場合は規制が緩やかになっているのですが、PASMOやSuicaのように、発行した者以外の一定の相手にも使うことができる種類の前払式支払手段は少し規制が重くなっています。いずれにしても、発行者は届出や登録が必要になる場合があるということです。この届出・登録をした場合には、ユーザーからいわば預かっているお金について、一部分、供託をしておかなければいけないという規制が適用されます。ユーザーから先にお金を預かっている状況になるので、お金を預かっている間に発行者が倒産してしまうと、お金を出したものの、その後、サービスを受けることができない、すなわち、ユーザーが損をしてしまうことになるといった状況を回避するという意味で、保証金の供託や、供託のかわりに銀行から保証をしてもらうことが必要となる、といった規制が適用されることになっているのです。

クレジット（信用購入あっせん）

　次に、資金移動のうち、また順番が違うもので、クレジット、法律の用語

では「信用購入あっせん」というものがあり、クレジットカードや個別クレジット（ショッピングクレジット）が対象です。個別クレジットというのは皆さんあまりイメージがわかないかもしれませんが、高額な着物を分割払いで買うようなときに、間にクレジット会社が入って、その分、資金を融通するといった取引です。

　皆さんはまだクレジットカードを使うことはあまりないかもしれませんが、お店でクレジットカードを提示して読み取ってもらうと、現金を払わないで物がもらえ、飲食ができます。もっとも、クレジットカードをみせればタダで物がもらえて、食事ができるわけではなくて、翌月以降に預金口座からお金が引き落とされます。最終的には買ったもの、食べたものに見合うお金を払うということになるのですが、お金の流れとして何が起きているかというと（図表8-13の上から3番目の図）、まず先にクレジット業者から実際にサービスや物を提供した人に対して立替払いがなされます（①）。そのうえで、立て替えてもらったお金を、場合によっては分割して、後にユーザーがクレジット会社に対して、口座引落しが多いかと思いますが、支払うという構図です（②）。つまり、先ほどの前払式支払手段と並べて考えると、一種の後払式の支払手段になっているのですが、最終的に後払いまで行われればユーザーからサービスや物を提供した人に対する決済が完了することになります。

　このクレジットの取引については、割賦販売法という法律が規制を定めており、割賦販売法に基づく登録が必要になる場合があります。一定の取引については規制の対象にならないこともありますが、お金の流れる順番が違うと適用される法律も違ってくるわけです。

収納代行・代金引換

　さらに、似たような取引で、収納代行や代金引換と呼ばれているお金の移動に関する取引も存在します。ひとり暮らしをされている方は、電気・水道・ガスの公共料金をコンビニで払っている人も多いのではないかと思いま

第8章　FinTechに関する法規制と論点　339

すが、これが収納代行です。また、アマゾンで何か物を買った代金について、クレジット払いではなくて、運送業者が商品をもってきた時に、代金を渡すという方法をとることもあると思いますが、これが代金引換と呼ばれるものです。このような取引で何が起きているかということを少し整理してみると（図表8－13のいちばん下の図）、まずお金を受け取る人、公共料金であればガス会社・水道局、あるいはアマゾンから物を買えばアマゾンということになりますが、これらの人がお金を受領する権限を業者に対して付与します（①）。そのうえで、権限を受けたコンビニや運送業者がユーザーからお金を回収し（②）、回収したお金をガス会社・水道局やアマゾンに引き渡すことになります（③）。これも全体としてみると決済が行われるということになるわけです。

受領権限の付与はありますが、お金が順々に支払われていくのをみると、為替取引や、前払式支払手段の関係と少し似ています。似ているのですが、収納代行あるいは代金引換というサービスに金融規制が適用されるかどうかというと、結論はあまり明確になっていないというのがいまのところの状況です。現時点でこういったビジネスをしている人たちは、特に金融規制の対象としてライセンスを受けて取引をしているわけではないことが通常だと思います。ただ、受領権限というものがあるものの、資金の流れだけみると為替取引と同じなので、為替取引には銀行法、資金移動業の規制が適用される一方で、収納代行・代金引換の取引には金融規制を適用しないでよいのかという論点は、長い間、政策的な議論の対象になっています。

資金の受領・引渡しのタイミングと適用規制

いくつかのパターンの資金移動をみてきたわけですが、少し整理をすると、資金移動に関する規制として、資金受領と引渡しが同時期だと為替取引に該当する可能性があります。それから、資金の受領が先行する前払タイプは前払式支払手段の可能性があります。他方、資金の引渡しのほうが先行する立替払いのパターンだとクレジット取引で割賦販売法の規制の対象になる

かもしれないわけです。また、前払いや立替払いにより、少し資金の移動の先後があったとしても、為替取引に該当する場合もあるのではないかという考え方もあります。

　似たような結果が起きているのですが、規制の内容自体はだいぶ違います。為替取引や前払式支払手段では、ユーザーがお金を渡したけれども、相手に届かないうちに業者が破綻してしまうと、お金は出したけれども、決済がされないリスクがユーザーに生じてしまう問題があるので、その資金を保全する規制を適用すべきではないかという考え方が出てきます。一方で、クレジット、立替払いの場合は、立替払いをした後、資金を回収する前に業者が倒産したとしても、後払いになっているので、ユーザーが二重払いをしなければいけないということにはならないわけです。このため、ユーザーの資金を保全する規制は必ずしもなくてよいということになります。

　このように、支払の順番が違えば規制が違うことについて、それはそれで意味があります。他方で、タイミングが近いと、似たような効果が生じる取引について、規制の適用関係が全然違うことにもなり、決済・送金のサービスが多様化してくると、これでよいのかという問題意識も出てくるわけです。また、最後にご紹介した収納代行・代金引換のような取引に対して、回収はしたけれども、お金を引き渡す前に業者が破綻してしまったときに、回収金を保全するための十分な規制を及ぼさないでよいのかといったようなことも政策的な論点になっています。

預り金の規制

資金移動の関係では、もう１つ、預り金の規制にも気をつけなければいけません。前にも少し触れましたが、出資法という法律のなかで、不特定多数の者から金銭の受入れを行うことは、銀行などの一定の業種を除き認められません。

　先ほどの資金移動の場面で、たとえば、為替取引を行うときに、あらかじめお金を業者にプールして、好きな時に引き渡せるようにすると、資金移動

なのか預り金なのか、不明確となる可能性もあります。また、為替取引によりお金を受け取る側に立ったときに、そのまま現金として受け取るのではなく、業者にプールしておいて、逆に支払う立場になったときに、そのプールしていたお金を別の人に渡してもらうようにできるといったことをすると、はたして資金移動の範疇に含まれるのか、預り金の要素も入っているのか、わかりにくくなってくるわけです。

決済・送金について、アプリを通じたサービスが最近、増えてきているわけですが、お金の動きをみて、はたしてどういった類型の規制が適用されるのか検討することが必要になります。また、預り金の規制との関係でも、お金をプールするような仕組みを取り入れるということが本当に適法なのかは、ビジネスを構築していくなかで、法務面から検討しなければいけない課題になります。

この預り金の規制も、民間の人のやるビジネスを制約することを目的として設けられているわけではもちろんなくて、お金を預かっている人が預かったまま破綻してしまった場合に預けた人が損を被ることにならないよう、適正な範囲で規制をすべきだという発想です。政策的には、ビジネスの自由度をどこまで認めるかということと、利用者、消費者の保護をどこまで確保するかということの調整の問題になるわけです。新しいサービスが出てくれば、状況にあわせて、どこまで規制して、どこからは規制をかけない、ということを考えていかなければいけません。

7 仮想通貨、電子マネー、ポイント

最後に少しだけ仮想通貨・電子マネーのお話をしたいと思います。仮想通貨とは何なのかということについて、性質が似ている電子マネーやポイントと比べて考えてみます。仮想通貨、電子マネー、ポイントの違い、規制との関係を図表8-14で簡単に整理しています。

図表8 −14 仮想通貨、電子マネー、ポイントの違いと規制

[仮想通貨]
・不特定の者との間での代価の弁済として使用できる財産的価値を有するもの
　で、電子的方法により記録され、通貨等には該当しないもの
・法定通貨や他の仮想通貨との交換やその媒介等を行う者には仮想通貨交換業者
　としての規制が適用される可能性

[電子マネー（前払式支払手段）]
・固定された金額・数量と紐付いており、特定の者との間での商品・サービスの
　対価としてのみ利用可能
・発行者には前払式支払手段の発行者としての規制が適用される

[ポイント]
・対価を支払われずに発行されるもの
・資金決済法の規制の対象とならない

（出所）　筆者作成

仮想通貨

　まず、仮想通貨とは、不特定の者との間での代価の弁済として使用できる
財産的価値を有するもので、電子的方法により記録され、通貨等には該当し
ないものとされています。つまり、円やドルなどの法定通貨ではないもの
の、不特定の者との間で弁済に利用できるものが仮想通貨になっています。
そういう意味では、ビットコインやイーサリアム（イーサ）といった仮想通
貨は、だれとでも自由に取引できるわけではないですが、徐々に多くの場面
で一般的に通用するようになってきているものです。

　一方で、新しい種類の仮想通貨をつくり、最初から不特定の者と代価の弁
済で使えるかというと、普通はそうはなりません。なんらかの経緯をたどっ
て、ある段階に至ると、代価の弁済として一般的に使えるようになる場合が
あるわけです。ビットコインも、何年か前に行われたピザとの交換が最初に
行われたビットコインでの売買だといわれていますが、最初はだれもビット

第8章　FinTechに関する法規制と論点　343

コインと物を交換しようとはしなかったと思います。それが徐々に利用されるようになって、いまやビットコインはビックカメラでも使えるような状況になってきているわけです。資金決済法上の仮想通貨の定義は、先ほど紹介したとおり、不特定の者との間で代価の弁済として使用できるということが１つ要件になっているのですが、どういった状況だとこの要件を満たすのか、むずかしい問題です。たとえば、仮想通貨取引所に上場されている、あるいは上場される予定ということだと代価の弁済として利用できて、不特定の者と交換・取引できる可能性が高いので、仮想通貨に該当しやすいと考えられます。

　なお、仮想通貨については、資金決済法のなかで、１号仮想通貨と２号仮想通貨の２つの類型で定義されています（資金決済法２条５項）。１号仮想通貨のほうは物の代価に使えて、まさに現金のかわりに使えるようなものです。２号仮想通貨の類型は、現金のようには使えないのですが、１号仮想通貨と自由に交換できるようなものを仮想通貨としています。

　また、仮想通貨の売買や、他種類の仮想通貨との交換、あるいはその媒介、取次、代理といったことを行う場合には、仮想通貨交換業の規制の対象になって、登録を受けなければいけません（資金決済法２条７項、63条の２）。登録を受けると行為規制が適用されることになります。なお、日本の法令上、仮想通貨の貸付や、仮想通貨のデリバティブなどは規制対象にはなっていません。もっとも、実際には仮想通貨を対象にするデリバティブなどの取引も徐々に行われるようになってきていますので、このまま規制を課さないでよいのか、問題になってくると思います。

電子マネー

　一方、電子マネーは、通貨、日本円などの固定された金額・数量と紐付いており、また、だれに対しても使えるというわけではなく、特定の者との間での商品・サービスの対価としてのみ利用可能なものとされています。いくつかの類型はあるのですが、１つ典型的なものは、先ほどもご紹介した前払

344

式支払手段として位置づけられています。前払式支払手段としての電子マネーの特徴は、基本的には特定の通貨と紐付いているか、あるいは昔のテレホンカードのように、50回や105回など、サービスを受けられる回数と紐付いています。しかも、だれに対しても使えるというわけではなくて、発行者と一定の契約を結んでいる相手にだけ利用できるということになっています。

　ただ、電子マネーも、発行者と契約していない者であっても、勝手に電子マネーと物とを交換することを許容するような者も出てこないとも限らないわけです。このようなことがどんどん広まっていくと、仮想通貨並みの流通性が得られ、だれに対しても使える電子マネーがあらわれるということもあるかもしれません。仮想通貨の法令上の定義があいまいで、境界線がはっきりしないので、電子マネーとの境も、一見明確なようで、極限的には両者がはっきりしないような類型もありうるのかなと思います。

ポイント

　それから、ポイントと呼ばれるものは、電子マネーや仮想通貨と違って、典型的にはＴポイントなどを想定してもらいたいと思いますが、特定の者との間での商品・サービスの対価として利用可能であり、商品やサービスの提供を受ける際に、対価を支払われずに発行されるものです。つまり、電子マネーに近いのですが、基本的には対価の支払がなく発行され、おまけでもらえるものがポイントです。

　重要なのは、電子マネーは前払式支払手段の規制対象になるのですが、無償で発行するポイントは、いまの日本の法制度のなかでは規制の対象になっていないということです。皆さんがためているポイントの発行体が、ある日突然倒産してしまうと、もっているポイントはまったく無価値になってしまうし、法令上、なんら保全される制度にはなっていないというのがいまの状況です。

　ただ、ポイントも、最初に発行される段階では無償でもらえるものです

第8章　FinTechに関する法規制と論点　345

が、売買しようと思えば売買できるものです。流通市場のなかではお金を払ってポイントを取得するということも将来的には出てこないとも限らないわけです。そうすると、ポイントと電子マネーの境も、明確なようで不明確なものも出てくるかもしれないし、また、無償で発行するから何の規制も課さないでよいのかということも、再考しなければいけない論点なのかもしれません。

仮想通貨の法的位置づけ

　ビットコインのような仮想通貨について、規制上の定義は定められているものの、法的な位置づけはあまり明らかになっていない面があります。まず、私法上の性質をどのように考えるべきか、具体的には、ビットコインの所有者とは何の権利を有しているのか、また、ビットコインを渡すということは、実態としてはブロックチェーン上でデータを書き換えて行うわけですが、法的にはこれは何か物を渡しているのか、引渡しのようなものがあるということなのか、そうだとすると対抗要件を考えなければいけないのか、よくわからないのです。実際には債権譲渡とも、物の引渡しとも考えられていませんので、記録上の所有者である人が権利をもっているということで運用されているわけですが、民法に照らし合わせると何が起きているのかということは、あまりはっきりしないのです。さらに、ビットコインを担保にとってお金を貸すということも想定されますが、どのように担保にとるのか、また、担保実行といっても、どのように執行するのか、はっきりしていません。

　また、ビットコインを盗んだり、詐取すると、たとえば電子計算機使用詐欺などの罪に当たるのか。最近、逮捕された例も出てきているようですが、どうも窃盗には当たりにくそうですし、盗んだといっても何を盗むのか。ビットコインの口座のパスワードを書いた紙を盗むと、それは窃盗罪なのかもしれませんが、ビットコイン自体をなんらかの操作で移転させるとして、はたして刑法の対象になるのか、また、それが刑罰として適正なのかどう

346

か。ビットコインのデータを動かそうとするために、あわせて人を殺してしまった場合に、強盗殺人ということで取り扱ってよいのか、など刑法上の概念との関係もまだあまりはっきりしていないと思いますし、いままで存在しなかった論点が出てきているのかと思います。

いったん、私からはここまでとさせていただきたいと思います。

■ 質疑応答2

[質問] クラウドファンディングのスキームで、たとえば出資額が目標金額に達しなかった場合には資金調達を達成できないということがあると思います。この時、中小企業・個人の場合には、アイデアを盗まれたり、知財で特許登録していなかったり、など逆に利用者側の保護が図れないような場合があると思いますが、保護するような制度はあるのでしょうか。また、ないとした場合に保護するべきだという議論はあるのでしょうか。

[答] 非常におもしろい視点だと思います。まず、そのような情報保護のルールが何かあるかといったら、ないですし、議論がされているかというと、されていないと思います。必ずしもクラウドファンディングに限られませんが、特に一般投資家からお金を調達するときには、むしろ情報は積極的に開示せよというのが規制の発想ですし、資金調達の実務慣行としても望ましい対応です。ただ、そのなかで、情報開示をし過ぎると、資金調達に成功したとしても、重要な企業情報を出してしまって、ほかの会社に利用されてしまうということは、会社自体にとっても、会社の重要な技術を使ってプロジェクトがうまくいくだろうと信じた投資家にとってもマイナスになってしまうと思いますので、そういった状況にならないようにすべきだというのは、指摘のとおりだと思います。もっとも、ファイナンスの規制のなかでの整理というよりは、知的財産権の保護、場合によっては特許を取得して、特許制度のなかでの保護を得る、または不正競争防止法

第8章　FinTechに関する法規制と論点　347

による保護を受けるといったかたちで保護をすべきなのかなと思います。

　資金調達の場面で情報開示は重要ですが、企業秘密の肝心なところまでさらけ出すということが求められているわけではないので、開示制度との関係では、うまくバランスをとった情報開示をするということに尽きると思います。もっとも、特に公衆から資金を調達することの適否、一定程度の情報開示はやはり必要だと思いますので、それがかえってダメージになるようなケースのクラウドファンディングは、むしろ行ってはいけないということなのだと思います。

［質問］クラウドファンディングは中小企業が用いる場合が多いとのことですが、大企業がクラウドファンディングを用いた例はあるのでしょうか。また、その場合にクラウドファンディングを用いた理由は何でしょうか。

［答］有名どころという意味では、たとえば地方のプロサッカーのクラブがクラウドファンディングを行う例などがあると思いますが、上場企業がクラウドファンディングで資金を調達したという例はあまりないのではないのかと思います。

［質問］スキームによって金融商品取引法が適用されたり、されなかったりという状況のもとで、クラウドファンディングやICO特有の規制をしようという立法の動きや議論はあるのでしょうか。

［答］私が認識している限り、クラウドファンディングやICOを横断的に規制するという動きは、現時点ではないと思います。政策論としては十分にありうる考え方ですが、とてもむずかしいと思います。というのは、そもそもクラウドファンディング、ICOとは何かと定義するのがむずかしいわけですし、たとえば、仮に売買・役務提供型のクラウドファンディングにも金融庁が規制をするとなった場合に、普通のネット通販と売買・役務提供型のクラウドファンディングは何が違うのか、これを要件で定めていくのはとてもむずかしいと思います。ネット通販も、ネットのオークション

348

も、クラウドファンディングと近い面があり、適切に切り分けて、必要な範囲で株式やファンドのかたちと同じような金融規制を課すというのは、技術的にも非常にむずかしいのかなと思います。そのため、統一的な規制の対象になっていくということは容易ではないのだろうと思います。

　一方で、株式やファンドのような、いわゆる金融商品、お金を出してリターンを得るという種類の取引と、物あるいはサービスに紐付いているものを切り分けて、前者に対してだけ金融規制を課すという発想は、それはそれで合理性もあるわけです。このような金融取引だけ重い規制を課すということは、クラウドファンディング、ICOが出てきた時代になっても、1つの説明としては成り立つものと思いますので、先ほどは取引が似ているのに同じ規制を課さないでよいのか考えてみようということを投げかけましたが、決して私自身、全部同じ規制を課すべきだということを申し上げるつもりではありません。

[質問] クラウドファンディングに際して、2014年の金融商品取引法改正で、投資者保護のためのルール整備として、ネットを通じた情報提供と投資先企業の事業内容のチェックが義務づけられたというお話がありました。このような義務は、いわば当たり前のように感じるのですが、この法律改正がなされたことによっていくらか効果はあったのでしょうか。

[答] この法律改正の前の段階では、株式投資型のクラウドファンディングは、自主規制の関係で事実上、実施することができなかったので、規制の前後で株式投資型のものについて比較はできません。一方で、ファンド型のクラウドファンディングは、実際この法律改正の前から業者が営んでいる例はありました。プラットフォームを提供するだけで、資金が提供されるプロジェクトや事業のことは知りませんという無責任な業者もいないわけではなかったのかもしれませんが、まともな事業者はしっかりと情報を開示し、ある程度フィルターをかけてチェックしていたと思います。ただ、規制がかからないなかでは、詐欺や不法行為などの民事法、刑事法の

第8章　FinTechに関する法規制と論点　349

一般的なルールに反するような場合は例外として、プラットフォームを営んでいても、特に明示的にプロジェクトの内容をチェックしなければいけないわけでもなく、情報提供も、もともとの金融商品取引法の規制で一定程度はあったわけですが、ネット取引に特有の情報開示などはされていなかった状況にあったわけです。

　この法律改正により最低限のラインができたわけですが、法令で求められる審査をして、情報開示をするようになっていったというのが規制改正後の状況でしたので、やはり規制ができたことで投資者保護が図られるようになったと思います。一方で、ビジネスとしては、規制対応が必要になった分、窮屈になるものも出てきたという変化があったことは間違いないと思います。

[質問] 決済・送金スキームについて受領・引渡しのタイミングによって適用規制が変わる可能性があるということでしたが、実際に行われているのは、このなかのうち、規制が緩い１つに集中しているのでしょうか、それとも、事業者の特徴によって選ぶ手段が変わってくるのでしょうか。

[答] 個別の業者のウェブサイトをみていただくと、何のライセンスをとってビジネスを行っているのかということが大抵書いてあります。１つの形態としては、資金移動業の登録を受けて為替取引として行っているという事例があると思います。

　一応頭の整理ということで、クレジット、割賦販売法のようなものも並べましたが、割賦販売法の規制自体は、まさにクレジットカードなどの取引に適用されるものですので、決済・送金する場面で、この類型で行っているということは、おそらくないと思います。

　一方で、先ほどの収納代行・代金引換に類似するものは何かと整理をして、特に規制の対象にならないという考え方をとっている例も相当数あるのではないかと思いますが、結局、どれが良いとか、どれが悪いということではなくて、個別のビジネスの仕組みのなかで整理をしていかざるをえ

ない話なのだと思います。

　業者からすれば、規制がかからないほうが楽なわけですし、ビジネスが自由にできるので、まず最初にそのような方向を検討すると思いますが、適正な範囲で利用者の保護も考えてビジネスを営むべきなのだと思います。ただ、重い規制に対応する結果、ビジネスがうまくいかない、ビジネスが始まらないということでは、何も起きないことになってしまうのもかえって問題だと思いますので、バランスをとることが重要だと思います。実際のビジネスのなかでは、うまく整理をして、資金移動業のライセンスを受けたり、なんらかのかたちで規制の対象にならないと整理したりしているという例が多いのだろうと思います。

[質問] ICOの価値について、たとえばディスカウント・キャッシュフロー（DCF）法によって算定されることがあると以前の講義で聞いたのですが、仮想通貨型ICOを想定した場合、トークン自体に会社の価値が化体していないような気がして、DCF法ではむずかしい気がします。たとえば仮想通貨型ICOの場合に、買い手はいったい何を基準に価値を判断しているのでしょうか。

[答] 実は同じ質問を私もICOを考えている方々に聞いたのですが、納得できる回答を聞いたことは正直ないです。実際には、おそらく、図表8-12にある純然たる仮想通貨型ICOは存在しないと思っています。いちばん下にある期待権型のタイプは結構多いのではないかと思います。何か良いことがありそうだと説明資料に書いてあるのですが、何のメリットが受けられるのか、はっきりしていないし、本当に良いことがあるかどうかまったく約束もされていない。私が認識している限り、こういうタイプのICOがむしろ多いのではないかと思います。

　現実は、お金が集まってくる結果、トークンの価値が値上りすることを期待して、投資ではなくて投機ということでお金を出しているケースが多いと思います。この期待権型ICOは、法的には何の権利もないので、なぜ

第8章　FinTechに関する法規制と論点　351

お金を出せるのか、正直よくわかりませんが、実際に出している人がいる
し、数分間で何十億、何百億とお金が集まることが現実に起きています。

[質問] ICOについて、現状では法整備はまだ不十分といいながら、現に
ICOを行っているケースもあるなかで、弁護士の実際の案件としてICOを
検討するような状況まで来ているのでしょうか。

[答] ICOに関する検討を行うことは多くなっています。ただ、ベンチャー
企業や、海外でICOを行っている企業が、日本でICOを実施することを検
討する事例が大半であり、従来の資金調達手法との比較でICOを選択する
という状況ではないと思います。

　そのうえで、実際にICOについての相談を受けるとどうなるかという
と、ICOにもいろいろなタイプがあって、話を聞くと、ICOと呼ぶのかも
しれないものの実態は普通に売買をしているだけの売買・役務提供型のク
ラウドファンディングと非常に似通っているものもあったりします。ま
た、どのように規制が適用されるかを検討し、本当にICOを行うのであれ
ば当局と規制の適用関係について相談すべきではないかというアドバイス
になることがいまのところ多い状況です。

　仮想通貨交換業の登録を受けて、ICOとしてサービスを行っている事例
もあるようですが、それ以外の事業者ははたしてしっかりと検討して実際
に適法なものとしてICOを行っているのか、と疑問に思うものもないわけ
ではないというのがいまの状況かと思います。

[質問] 仮想通貨のデリバティブ取引が始まっているようだという話があり
ましたが、具体的にどういった主体が需要をもってデリバティブ取引を始
めているのでしょうか。デリバティブ規制がないことで、今後、たとえば
被害が起きることがありうるのでしょうか。

[答] 徐々に仮想通貨の取引が広がっているものの、特にビットコインや
イーサリアムを考えると、いまでもおそらく割合としていちばん多いのは

352

投機の取引であって、決済のためや、適正な投資のために利用するという
状況ではないのかなと思います。デリバティブについても、投機、場合に
よっては鞘を抜くための取引や、巨額の仮想通貨での投機を行うときに、
現物売買だけではなくて、デリバティブも活用してという使い方が多いの
ではないかと想像します。

　ただ、具体的な数字について統計としての情報を持ち合わせているわけ
ではないですし、いまは投機的な取引が多いのではないかといいました
が、著名なファンドが仮想通貨を投資のポートフォリオに組み入れるかど
うか検討を始めるということも話題になっているわけですし、徐々に通常
の投資対象として仮想通貨が認知されていくようになっていくと、デリバ
ティブの取引も広がっていき、プレーヤーも増えていくのかもしれませ
ん。プレーヤーが増えていけば、お金や有価証券を対象にするデリバティ
ブと同じように、投資者保護の観点でのデリバティブ規制の必要性が高ま
っていくのだろうと思います。

[質問] ICOのトークンにはいろいろな種類があるようですが、発行後に、
　発行ずみのトークンも含めて、その性質を変えるというスキームは考えら
　れるのでしょうか。
[答] ありうると思います。技術的なことは私もよくわからないですが、
　トークンをブロックチェーン上のデータに載せたうえで、途中から権利の
　内容を付与するということはありうると思います。どこまで仕組まれてい
　るのかよくわかりませんが、期待権型ということで取り上げた、将来何か
　良いことがありそうだ、集めたお金でプロジェクトがうまくいったらその
　サービスを受けることができるんだというものは、データ自体を書き換え
　るのかわかりませんが、途中の段階でトークンをもっている人にリアルな
　恩典や権利が付与されることになるのではないかと思います。つまり、最
　初は期待権型だったものが、途中から会員権的な性質をもち、あるいは商
　品券のように使えるようになるということも、少なくとも理論的には考え

第8章　FinTechに関する法規制と論点　353

られますし、そういう説明をしているトークンもみられます。ただ、実際にどうなるのかは私も正直よくわからないところです。

[質問] 関連して、最初はかなり無価値的なトークンを発行して、寄付型として主張するというのはありうるのでしょうか。寄付型のファンディングとして、税法上の脱税的なことも考えられますでしょうか。

[答] 可能性としてはあると思います。ただ、形式的に何の権利もないけれども、事実上、たとえば3日目からは何か特殊な機能をもつことを決めているという場合は、規制や税金との関係では潜脱なものと評価されて、最初からそういった機能が備わっているものとして規制・税制が適用されることになるのだろうと思います。また、何の機能もないものでも資金決済法の仮想通貨に当たってしまえば仮想通貨交換業の対象になるので、まったく規制対象にならないわけではないということです。

[質問] ICOで集めた資金が税法上どう扱われるかという問題については、まだ相当はっきりしていない印象がありますが、その扱いについてのイニシアチブは課税庁側にあるのか、法曹界にあるのか、それとも会計処理を定める会計の業界にあるのでしょうか。

[答] イニシアチブという意味では、決めるのは課税庁です。ICOといっても、実は何がICOなのか、あまりはっきりしていなくて、いろいろなタイプの取引があると思いますので、取引ごとに税務上クリアなものもあれば、まったく不明確なものもあると思いますし、よくみると、単に物を売っているだけというICOも存在すると思います。

　ただ、民間のイニシアチブという意味では、こう整理すると整合的だということを考えて、税務当局に照会に行ったり、研究会的なものを開いて公表したりするなどの動きをとることはありうると思います。また、ICOだと若干微妙かなとは思いますが、税務当局ではない、どこかの官庁と相談して、ICOに関する税制を、むしろ立法、政策的に解決してもらうよう

に働きかけるという動きもありうるのかなと思います。

　ただ、決めるのは課税庁しかないので、ICOをしましたが、自分では税金がかからない取引だと思っていますといくらいったからといっても、考えていた税務処理が否認されるというリスクは当然ながら残ることになります。

[質問] ICOについて、投資家保護の観点から望ましい規制があるとすればどのような規制があるとお考えでしょうか。

[答] ICOといっても類型がよくわからないぐらいいろいろなタイプのものがあります。話す人によってもっているICOのイメージが全然違っているのが実情で、トークンと呼ばれているものを発行して資金調達して、トークンをもっている人は何ももらえないというものから、結局は商品券を売っているだけではないかというものまで、多様なものがある状況なので、一概にどういったルールがよいかということをはっきりさせるのはむずかしいと思います。また、ルールをつくるとしても、何をもってICOというのかを定めるところから非常にむずかしい問題なのだと思います。

　ただ、いまは一部の業者が、まったく規制がかからないなかで、日本でもICOだとして取引をしている実態があるわけで、なんらかの歯止めが必要でしょう。まずは情報開示だと思いますし、開示されれば何でもよいということではなくて、開示された情報が正確であるかどうかをしっかりと担保するような仕組みが必要になるのだろうと思います。ICOと称してお金を集める以上は、どういった情報を開示するかということがある程度フォーマット化されるとよいのかなと思います。後はICOといってもまったくの詐欺的なものも多いようなので、当局でしっかりと取り締まってほしいと思います。

[質問] 関連して、利用者保護の規制が十分でないというのは仮想通貨の領域だと思いますが、たとえば将来的な法改正のあり方として、いま、投資

第8章　FinTechに関する法規制と論点　355

者保護のための規制をかけている金融商品取引法の有価証券の1つとして仮想通貨が定められるようなことは考えられるでしょうか。

［答］可能性としてはあると思います。もう1つの可能性は、むしろ仮想通貨を現金と同等だと考えていく方向での規制を入れていくということなのだと思います。たとえば、いま、貸し仮想通貨は自由に行えますし、仮想通貨のデリバティブも自由です。ただ、現金で貸付をすれば貸金業法の問題ですし、為替のデリバティブは金融商品取引法でデリバティブ取引の規制の対象になっています。せめてこういったものの規制の対象にしていくというのが1つの方向としてあると思いますが、仮想通貨を一種の投資商品だとみれば、社債やファンドに類似するようなものだということで、金融商品取引法の規制の対象にしていくという方向も可能性としてはあるのかなと思います。

　いずれにしても、何を対象にするのか。仮想通貨といっても、先ほどのICOと同じで、ビットコインとかイーサリアムのようなもの——ようなものといっても、その2つもだいぶ違うのですが、それぞれ性質が異なるので、どこまでのものを有価証券ととらえるか、法律でつくろうとすると非常にむずかしい気がします。特に難点となるのは、ビットコインなどは発行者がいないということで、既存の有価証券と性質が異なり、金融商品取引法上の有価証券の規制に載せるのはなかなかむずかしいのではないかなと思います。

第9章

HFT（高頻度取引）を
めぐる論点と規制動向

株式会社東京証券取引所　株式部　株式総務課長

大墳　剛士[1]

（2017年12月6日講義）

1　本章の意見にわたる部分は、個人的な見解であり、必ずしも所属する組織の見解では
ありません。なお、本章の内容については、拙稿「諸外国における市場構造とHFTを
巡る規制動向」（2016年6月、金融庁金融研究センターディスカッション・ペーパー）
等も参照。

1　はじめに

　本日は、HFT（High Frequency Trading）、すなわち高速取引・高頻度取引と呼ばれるようなものを取り扱いたいと思います。既存の証券市場のなかでどういった技術が使われているのか、そもそもHFTとはどういうものなのか、という一般的な特徴や、どういうところが問題視されているのか、どんなところが論点になっているのか、といった一般的な感覚を身につけていただければと思います。

2　証券市場とITのかかわり

証券市場におけるIT技術の進展

　証券市場におけるIT技術の進展は、大きく2つの方向性で動いているのではないかと私は思っています。図表9－1の左側のとおり、新規技術の開発、ビットコインのようなDLT[2]などの技術や、AI（人工知能）、ディープラーニング（深層学習）、量子コンピューティングなども新規技術といわれるものだと思います。こういった新しい技術は、新規領域への展開はもちろんのこと、既存領域での活用も活路が見出せるところです。一方で、既存技術を向上させるというIT技術の進展もあり、スピードやボリュームの向上も常々行われています。もちろん、既存領域での活用もありますし、新規領域への展開も行われています。前回までのお話は、左側の話がメインだと思いますが、今日は右側の話がメインになります。

2　Distributed Ledger Technologyの略（分散型台帳技術）。

358

図表9－1　証券市場におけるIT技術の進展

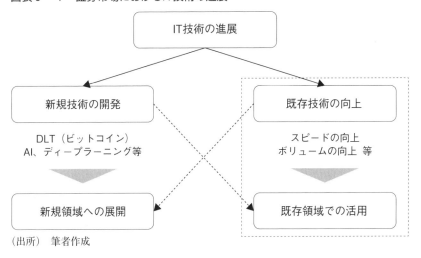

（出所）　筆者作成

インキュベーターとしての証券市場

　もう1つ、IT技術が進展する場所というと、何となくイメージとして、たとえばシリコンバレーが浮かぶと思います。ただ、新しくつくられた技術が実務でどこに適用されるのかというと、なかなかイメージがわかない方が多いと思います。実は、おもしろいことに、新しい技術は証券市場でいちばん最初に適用されることが多いです。なぜか。少しいやらしい話ですが、カネが直結する分野ですので、人の欲望に直結する分野というのは技術の進展が非常に速いのです。その意味で、現代の証券市場は、IT技術との親和性が非常に高くなっていて、高度にシステム化された世界です。言い換えますと、IT技術のインキュベーションの場でもあり、かなりダイナミックな分野だと思います。昔は、証券分野は株屋と呼ばれるなど古臭いイメージがありましたが、いまはそんなイメージはありません。最先端のIT技術が使われる分野です。

証券市場の枠組み

次に、証券市場のIT化の歴史を少し追ってみようと思います。まず証券市場はどのような枠組みとなっているのか、簡単に図にしてみました（図表9－2）。真ん中に東証があり、その周りにどのような人達が関係しているのかを示しています。

まず、図表9－2の上にある企業ですが、ありがたいことに東証に上場していただく企業がいて、一部市場、二部市場、マザーズ、ジャスダックといった市場に上場しています。上場企業の株式を投資家が売りたい、買いたい、と思ったときには、まず自分が使っている証券会社に売り注文や買い注文の委託を行い、証券会社が実際の発注を取引所に対して行います。

実は投資家は、直接、取引所に発注できません。現行の法令の枠組みもそうなのですが、もともと取引所は会員制をとっていたということもあり、証券会社を通じて発注する枠組みが昔からつくられており、いまも残っています。ですので、東証で株を買いたい、売りたいと思ったら、まずは証券会社にコンタクトをとるところから始まります。

取引所に売り注文・買い注文が集まって、取引が成立すると、今度はそれ

図表9－2　証券市場の枠組み

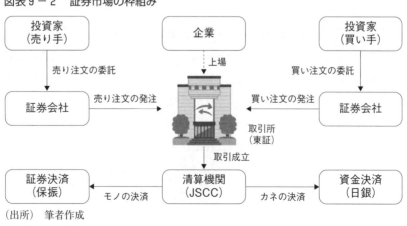

（出所）　筆者作成

が図表9－2の下の真ん中にある清算機関に流れます。清算機関というのは、決済効率を高めるために、各種取引のネッティング、もしくは決済リスクを抑えるために決済保証を行っているところです。CCP（中央清算機関：Central Counterparty）と呼ばれて、日本ではJSCC（日本証券クリアリング機構）が株式取引については一手に担っています。CCPで清算が行われると、実際の決済はDVP[3]というかたちで、カネの決済、右側の日銀ネットを使って資金決済が行われて、一方でモノの決済、実際の証券は、左側の証券保管振替機構（保振：ほふり）というところで決済が行われます。ただ、モノの決済といっても、2009年以降は、証券という券面、具体的な紙はなくなっており、すべて電磁的な記録で処理がされています。保振で帳簿上の記録の振替えが行われるだけで、皆さんが実際の券面を預けに行ったり、引き出したりする作業は特段必要ありません。

少し話が横にそれますが、実は1社だけ、まだ株券を発行している会社があり、それは日本銀行です。日本銀行は、東証のジャスダック市場に上場していて、皆さんも日本銀行の株は買えます。株というのは正確ではないですが、一応、出資証券として、まだ券面制度が残っています。

高速取引時代の到来

前置きが長くなりましたが、本日お話しさせていただく内容の中心は、投資家が証券会社を通じて東証に発注して売買が成立するという、清算・決済よりも前の売買のところになります。売買は、2000年ぐらいまでは手動取引の時代でして、投資家が証券会社に注文を委託する際にも証券会社の店頭に行ったり、電話・ファックスを使ったりして行っていました。証券会社が取引所に注文を発注するのも、昔は、立会場というものがあり、いろいろな証

3　DVP（Delivery Versus Payment）決済とは、証券と資金の授受をリンクさせ、代金の支払が行われることを条件に証券の引渡しを行う、逆に、証券の引渡しが行われることを条件に代金の支払を行うことにより、仮に決済不履行が生じても取りはぐれが生じない決済方法（JSCCホームページより抜粋）。

第9章　HFT（高頻度取引）をめぐる論点と規制動向　361

券会社の人が集まって、やいのやいのやっていたわけです。喧噪のなかで正確な情報伝達を行うため、手サインが使われており、トヨタ株を買いたい、日産株を買いたい、などとしていたところです。実はこの立会場も1999年に閉鎖され、もう20年近く経過しています。

　続いて、2000年頃〜2010年頃の時期は電子取引が多くなってきた時代です。投資家から証券会社への発注についても、従来の方法に加えて、インターネットを使った発注が多くなり、証券会社から東証への注文の伝達も、専用ネットワークが使われるようになった時代です。株価がぐるぐる回っている東証アローズは、テレビでもみかける人も多いと思いますが、2000年にできています。

　2010年以降は自動取引がだいぶ多くなっていて、投資家が証券会社に注文を発注する際にも、アルゴリズムと呼ばれるようなプログラムを使ったり、証券会社が東証に発注する際にもコンピュータで自動発注を行う、もしくは後ほど説明しますが、発注経路として、専用ネットワークだけではなくて、コロケーションと呼ばれる施設も活用しています。いまではかなり多くの取引が人手を介さないかたちで行われることが多くなっていて、どんどん高速化が進んでいる状況にあります。

　図表9－3は、実際どのくらいのスケールで高速化が進んでいるのかというのを簡単なチャートで表示したものです。右下の長期投資家と一般にいわれる人たちは、数カ月から数年、数十年といった長いスパンで考えて投資を行っています。そして、中期投資家、デイ・トレーダーと続いていきます。よく株式取引で生計を立てている個人投資家をデイ・トレーダーと呼び、日がな一日パソコンの前に張りつきながら、やれいま買いだ、やれいま売りだ、と短期売買で稼ぐようなイメージかと思います。何となく反射神経で取引していて、とても速く取引しているイメージがあると思うのですが、デイ・トレーダーといえども、タイム・ホライゾンでみますと、短くても分ぐらいから、長ければ1日といったタイム・ホライゾンで取引しています。一部、スキャルピングなどと呼ばれるもっと短期の取引を生業とするデイ・ト

362

図表9－3　タイム・ホライゾンと投資家属性

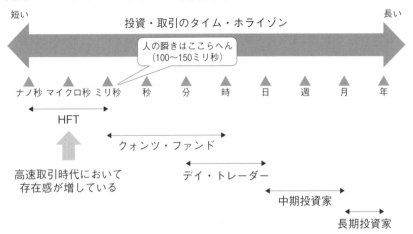

（出所）　筆者作成

レーダーもいますが、それでも大体秒単位ぐらいかなと思います。

本日お話しするHFTは、それよりもはるかに短い時間軸で戦っています。ミリ秒（千分の1秒）、マイクロ秒（百万分の1秒）、ナノ秒（十億分の1秒）といわれる、このスケールで取引を行うような人たちが最近、存在感を増しています。人の瞬きが100～150ミリ秒といわれていますので、1回瞬きする間にものすごい数の取引が行われる時代になっているのです。

3　HFTの台頭

HFTとは何か

では、HFTとは何か。まずHFTの一般的な特徴を少しお話ししたいと思います。HFTは、High Frequency Tradingの略でして、単純に訳せば高頻度取引といわれます。ただ、容易に想像ができるように、高頻度に取引を行

うためには、高速に発注できることが必要なことから、高速取引とも呼ばれています。

特徴としては、最先端のテクノロジーで武装しています。1秒間に数百件から数千件当りの発注を行い、薄利多売のビジネスモデルで活動している人たちです。高速取引というと、何か悪いことをして大きくドカンと稼ぐ、といったイメージをもたれている方もいると思うのですが、実は逆です。ちょこちょこ取引して、本当に薄い利益をどんどん積み重ねていく人たちがほとんどです。大きくドカンと稼ぐのであれば、そもそも高速である必要性はないので、当たり前といえば当たり前なのですが、よく誤解されるところですので、まずは薄利多売でちょこちょこ稼ぐ人たちだということは認識しておいていただければと思います。

HFTに定義はあるのか

世界の主要各国でHFTは拡大していますが、グローバル・スタンダードと呼べるような厳密な定義はありません。一般的には、図表9-4に示すようないくつかの特徴がありますが、よくわからないと思います。要するに、テクノロジーをたくさん使い、高スピードで取引を行うような人たちという認識でいいと思います。

実は報道でも誤解されていることが多いので、アルゴリズム取引と高速取引（HFT）は何が違うのか、一応補足します。図表9-4にありますとおり、手動で行うような取引全体に対して、そのなかでコンピュータ・プログラムを使うような取引を一般的にアルゴリズム取引（自動取引：アルゴ）と呼びます。そのなかで、さらに高速性・高頻度性を求めていく取引をHFTと呼び、必ずしもアルゴリズム取引＝HFTではないという関係です。アルゴリズム取引というのはHFTを含む、より大きな概念だと理解していただければと思います。後ほど、日本の規制アプローチについても説明しますが、同じようなかたちで、まずアルゴリズムというものを幅広く定義したうえで、高速性などでHFTを絞り込むというアプローチとなっています。

364

図表9−4　HFTの一般的な特徴、アルゴリズム取引とHFTの違い

① 注文の構築・発注・執行に関して、きわめて高速かつ洗練されたコンピュータ・プログラム（アルゴリズム）を利用していること。
② ネットワークその他のレイテンシー（遅延）を最小化（≒スピードを最大化）させるため、取引所が提供するコロケーション・サービスやダイレクト・フィード等の各種サービスを利用していること。
③ 非常に短時間で、ポジションを構築したり、解消したりしていること。
④ 大量の注文を発注し、短時間の後にそれらをキャンセルしていること。
⑤ 1日の終わりの段階では、できる限りフラットなポジションとしていること（ヘッジしていない大きなポジションは翌日に持ち越さないこと）。

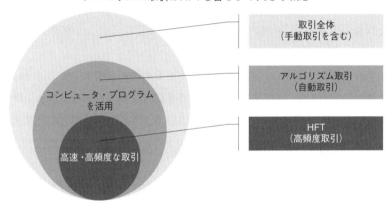

(出所)　上図はCFTC・SECより筆者作成、下図は筆者作成

HFTは何をしているのか

もう少し具体的に、HFTは何をしているのでしょうか。実は、何か新しいことをしているわけではなく、従来からある取引戦略をより高度化・高速化したというのが中心だといわれています。図表9−5に、代表的な戦略として2つ記載しています。

マーケット・メイキングとは、単一銘柄に売りと買いの注文を両方出して

図表 9 - 5　HFTの代表的な戦略

代表的な戦略	概　要
マーケット・メイキング	単一銘柄に売り注文と買い注文の両方を発注しておき、相場が変動するなかで、売り注文と買い注文の価格差（スプレッド）を収益源とする取引戦略。
アービトラージ（スタット・アーブ）	株価に連動性がある複数の銘柄について、一時的に株価の不均衡が生じた際に、割高なほうを売って割安なほうを買うことで、株価が収斂した際に利益をあげる取引戦略。

（出所）　筆者作成

おいて、相場が変動するなかで、売り注文と買い注文の価格差（スプレッド）を収益源とする取引戦略です。簡単にいうと、安く買って高く売る戦略です。

　アービトラージとは、株価に連動性がある複数の銘柄について、一時的に株価の不均衡が生じた際に、割高なほうを売って割安なほうを買う。株価が収斂した際に反対売買を行って利益をあげるような取引戦略になります。

マーケット・メイキングのイメージ

　まず、マーケット・メイキングです。図表 9 - 6 で、簡単に説明します。取引所は、大勢の方からの注文を受け付けていますが、その受け付けた注文のなかで、どの売り注文とどの買い注文をぶつけるのか優先順位をつけなければいけないという重要なミッションがあります。その優先順位のつけ方は、価格優先と時間優先（price-time priority）というルールに基づいていて、この価格優先、時間優先を視覚的にもわかりやすく管理するためにつくられたのが、図表 9 - 6 にある「板」です。英語ではオーダーブックと呼ばれるのですが、日本では昔から「板」と呼んでいて、たとえばトヨタ株の板、日産株の板、といったものが銘柄ごとにあります。

　図表 9 - 6 の見方ですが、縦軸に株価、左側に売り注文、右側に買い注文

366

図表 9 − 6 マーケット・メイキングのイメージ

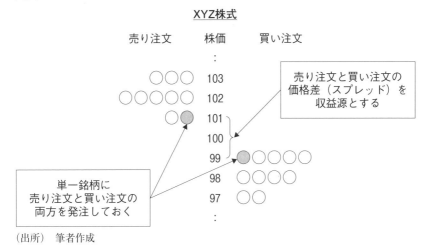

(出所) 筆者作成

がどのくらい入っているのかを中心から注文受付時間順に並べています。どういった効果があるかというと、縦軸をみれば価格優先、どの注文が価格的に優先しているのかがわかり、横軸をみると時間優先、同じ価格帯のなかでどれが速く入ってきて、どれが遅いのかがわかる。一覧してみやすくなっています。実は海外でも同じような概念はあり、売り注文と買い注文が逆というのもありますが、基本的には板やオーダーブックを用いた管理の仕方が多いです。

さて、マーケット・メイキングに話を戻しますが、左下のボックスに書いているように、単一銘柄に売り注文と買い注文の両方を発注して、右上のボックス、その売り注文と買い注文の価格差（スプレッド）を収益源とするものです。この例でいいますと、99円で買って101円で売るという取引になり、2円稼げます。これをものすごい回数で行っているのです。

アービトラージのイメージ

少し見方を変えて、アービトラージの説明をするために、横に時間、縦に

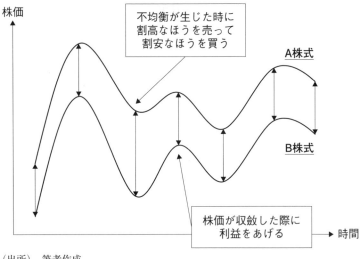

図表9−7 アービトラージのイメージ

(出所) 筆者作成

株価をとって、2つの銘柄の値動きを記載してみました。

たとえば、A株式とB株式ですが、Aがトヨタ株で、Bが日産株だと思ってください。同じ自動車業界の株ですので、株価は大体連動して動くと考えられます。ただ、一時的に不均衡が生じることがあり、不均衡が生じたときに、割高なほう、Aのトヨタ株を売って、割安なほう、Bの日産株を買うということで、それが戻ってきたときに反対売買を行って収益をあげるというのがアービトラージといわれる手法です。これも、ちょこちょこと不均衡は生じますので、高速取引との親和性は高い戦略となります。

どちらの取引戦略が多いのか

では、マーケット・メイキングとかアービトラージは、どちらのほうが多いのでしょうか。マーケット・メイキングについては、市場をかたちづくる、板をつくるということで、よくわれわれの世界ではメイク系の戦略と呼びます。一方で、アービトラージについては、実際に板にある流動性をとる

ので、テイク系の戦略といいます。過去の分析の結果ですと、マーケット・メイキングのようなメイク系の戦略が多いという結果が出ています。2012年とか2013年のデータですが、日本では95%ぐらい、カナダでは70%ぐらいがメイク系だと言われています[4]。

理由は必ずしも明確ではないですが、アービトラージについては、そもそも株価が収斂するのかどうかというリスクを抱えることになるので、リスクをとれるのか否か、というところで差が出ているのではないかと思います。ただ、この95%、70%というデータもかなり古いデータですので、私個人の実感としては、いまはアービトラージのようなテイク系戦略もかなり増えてきているのではないかと思います。

AI（人工知能）とHFT

また、HFTはAIを活用しているのでしょうか、とよく聞かれますが、多分違うと思います。AIというのは数多くのデータに基づきながら何かしらの判断を行うものですが、HFTが戦っている世界はナノ秒・マイクロ秒といわれる世界です。AIで求められるような精緻な分析は到底行う時間的余裕がない状況です。逆にいいますと、HFTは比較的シンプルなロジックで、高速性を追求しながら戦っている状況です。この状況ですが、量子コンピュータといったブレイクスルーでもない限りは、基本的には現状が続いていくのではないかと思います。量子コンピュータは、一部商用化が進んでいますが、純粋量子コンピュータ方式ではなくて、少し特殊なアニーリング方式を使っていて、用途も限定的ですので、まだ本当の実用化には時間がかかるのではないかと思います。ただ、冒頭でも触れたとおり、実用化が進むとしたら多分証券市場が最初になるのではないかと思っています。

4　保坂豪（2014）「東京証券取引所におけるHigh-Frequency Tradingの分析」、JPXワーキング・ペーパーVol. 4. およびIIROC（2014）"Identifying Trading Groups: Methodology and Results," Trading Review and Analysis. を参照。

HFTのシェアはどのくらいか

実際、HFTはどのくらいのシェアなのかをまとめたのが図表9‐8です。

いろいろな地域を出していますが、アメリカでは50％近くがHFTといわれる投資家で構成されています。欧州は40％ぐらい、日本が25％ぐらい、カナダ、オーストラリアも27％ぐらいで、香港やシンガポールには、実はHFTはほとんどいません。日本の25％という数字も、2012年とか2013年ぐらいの少し古いデータですので、実感としては多分いま30〜35％ぐらいまで拡大してきているのではないかと思います。右側に集計時期・公表主体を示していますが、実は、厳密なHFTの定義もなく、データ量もかなり多いので、集計をかけるのも大変で、なかなか最近の状況がアップデートできない状況となっています。

HFTのような自動取引が増えていくと、100％機械の世界になってしまうのではないか、株式市場は100％機械に専有されてしまうのではないか、といわれることが多いですが、理屈で考えると、そんなことはないのだろうと思います。たとえば、HFTのすべてがマーケット・メイキングだと仮定しますと、HFTのシェアは、理論的には50％が上限です。なぜならば、すべ

図表9‐8　HFTのシェア

国・地域	HFTのシェア	集計時期（公表主体）
アメリカ	48.5％	2014年の推計値（Tabb Group）
欧州	24〜43％	2012年9月（ESMA）
日本	17.1〜25.9％	2012年9月、2013年1月・5月（保坂）
カナダ	27％	2013年3月〜6月（IIROC）
オーストラリア	27％	2015年1月〜3月（ASIC）
香港	かなり低い	各種報道
シンガポール	かなり低い	各種報道

（出所）　筆者作成

図表9－9　アメリカにおけるHFTのシェアの推移

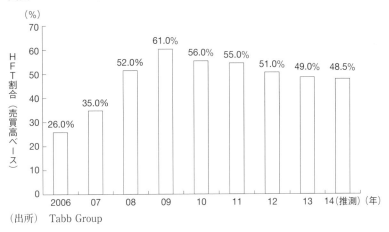

(出所) Tabb Group

ての取引は売り手と買い手がぶつかって成立しますが、そのどちらかがHFTとなるので、50％です。HFTがマーケット・メイクをしているところに他の投資家の注文がぶつかってきて取引が成立するというイメージになります。50％という水準を超えますと、HFT同士の食い合いが生じて、弱いHFTが淘汰され、統廃合が起こるという状況になります。過去にも、当時そこそこ有名だったHFTがつぶれていったような事例がありました[5]。ですので、必ずしも100％機械に取って代わられる状況ではないということです。

実際、アメリカの状況をみてみたのが図表9－9で、2009年に61％というHFTのシェアを記録した後、どんどん下がってきています。ただし、2009年をピークにHFTが減少したと考えるのではなくて、過剰供給の状態から適切な範囲、想定される50％の範囲内に戻ってきたと考えるのが適切だというのが、私の見方です。

---

5 アメリカのEladian Partners（2012年10月に廃業）、Infinium Capital Management（2014年3月に廃業）。

なぜHFTはスピードを求めていくのか

そもそもなぜHFTはスピードを求めていくのでしょうか。少し大上段に構えますと、人類は、その長い歴史のなかで、常に速さを追い求めてきた歴史があると思います。オリンピックの100メートル走も、スーパーコンピュータの京もそうでした。なぜでしょうか。もちろん、速いことに何かしらの価値があるということになります。では、証券取引における速さの価値は何なのかと考えてみますと、私は２つの観点があると思っています。１つがリターンの観点、もう１つがリスクの観点です。リターンの観点については、速くないととれない利益がある。リスクの観点については、逆に速くないと逃げられない損失があります。

図表９－10を用いてマーケット・メイキングのケースで説明しますと、たとえばリターンの観点として右上ボックスですが、他の者よりも多くの取引

図表９－10　なぜHFTはスピードを求めるのか

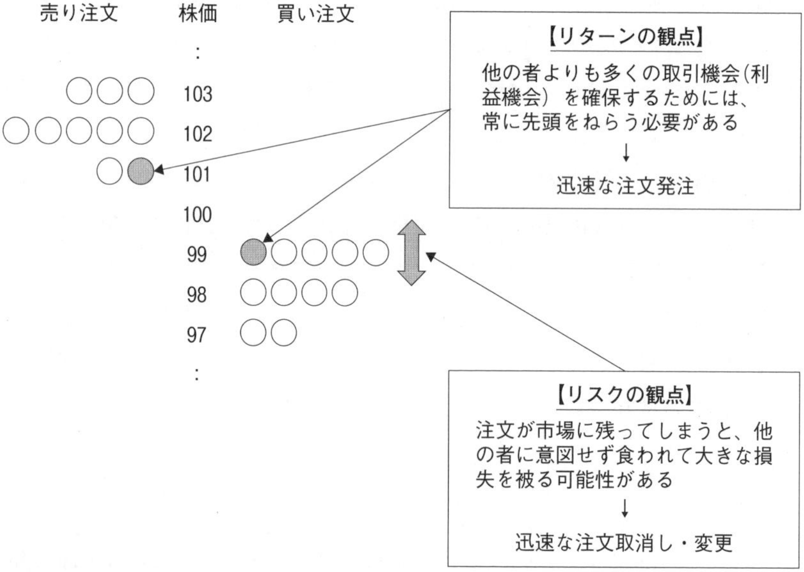

売り注文
株価
買い注文
:
103
102
101
100
99
98
97
:
【リターンの観点】
他の者よりも多くの取引機会（利益機会）を確保するためには、常に先頭をねらう必要がある
↓
迅速な注文発注
【リスクの観点】
注文が市場に残ってしまうと、他の者に意図せず食われて大きな損失を被る可能性がある
↓
迅速な注文取消し・変更

（出所）　筆者作成

機会（利益につながる機会）を確保するためには、常にいちばんいいポジション、板の先頭にいなければいけない。そうしないと順番的に遅れて取引が成立しないので、常に先頭をねらっていく必要があります。先頭をねらうということは、当然ながら迅速に注文を発注することが求められるので、速度は重要になってくるのです。

　一方で、図表9－10の右下にあるリスクの観点ですが、仮に少し相場が動いて、自分が出していた注文が板に残ってしまったということになると、意図せず他者に食われてしまい、大きな損失を被る可能性があります。ですので、大きな意図しない損失を抑えるためにも、迅速に注文を取り消したり変更したりすることが求められます。この意味でも速度は1つ重要な観点になってきます。

　速さを求めるというのは、IT化の進展で出てきた新しい観点ではなくて、昔から証券市場でも行われています。立会場の時代は、たとえば足が速い人、背が高い人、フィジカルに強い人を各証券会社が雇って、注文を上から入れてみたり、立会場を走りながら情報を伝達したりしていたわけです。それがIT化でシステム的に速くなってきたということです。

　さらに昔話をしますと、東京・大阪の間で米の取引が行われていた時は、中継地点の山の上のほうに狼煙をあげるような人たちがいて、東京でいまこの値段がついた、大阪ではいくらだという情報をやりとりしていた時代もあったと聞きます。それが、どんどんかたちを変えて、今のIT化全盛期のなかで、システム的に速さを求めていく動きに変わっているということです。

HFTはどうやって高速化を実現しているのか

　では、HFTはどうやって速さを実現しているのでしょうか。図表9－11に実線の矢印で書いていますが、取引所で生成される相場情報、株価の情報をHFTが取得して、当然HFTのなかで何かしらデータの処理を行います。データ処理を行った結果として、この株価で買いたい、売りたい、という注文を取引所に発注する、というプロセスを経ることになりますが、こうした

第9章　HFT（高頻度取引）をめぐる論点と規制動向　373

図表9－11　HFTの高速化の方法

システム面（①～③）で高速化を図るのは当たり前
物理面（④）での対応すら求められているのが現状

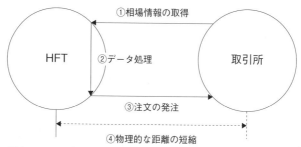

（注）　上図では、わかりやすさを重視し、証券会社を除外したかたちで記載している。
（出所）　筆者作成

　システム面での高速化を求めるのは当たり前です。たとえば、より短い、よりエレガントなプログラム・コードを書く、もしくは、よりよいハードウェアを使う、ということは極限まで詰めています。HFTによっては、たとえば専門業者と自分専用のCPUをつくったりして、もう限界までシステム的な面での高速化は行われています。

　では、どうするかというと、物理面です。HFTと取引所の物理的な距離を縮めるという対応すら求められているのが現状です。下の点線ですが、物理的な距離の短縮ということで、取引所とHFTといわれる人たちの間を極力短くすることで高速化を図っています。

　こうした物理的な距離の短縮を実現するために、われわれ東証などの取引所が提供しているサービスがコロケーション・サービスです。図表9－12で簡単に説明しますと、上のほうのラインですが、まず一般の投資家が注文を出すときは、証券会社に委託して、その注文が電子的に証券会社のコンピュータに入り、そのコンピュータから取引所のシステムに電子的に情報が流れてくることになります。

　ただ、やはり時間がある程度かかるので、右側の取引所のデータセンター

図表9−12　コロケーション・サービス

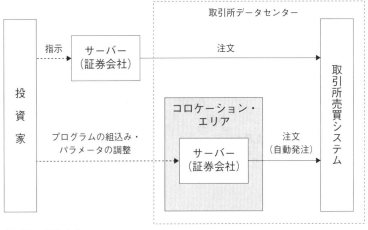

（出所）　筆者作成

のなかにコロケーション・エリアと呼ばれる特殊な場所を用意します。簡単にいいますと、取引所の売買システムの横にあるようなイメージです。その横にあるエリアに証券会社のサーバーを置いて、どんどん注文を自動で発注していく環境が提供されています。投資家の立場からすれば、証券会社のサーバーに対して自分のプログラムを組み込んでみたり、もしくはパラメータを調整するなどしながら、自動売買を行うというイメージです。

　この話を聞いて、おやっと思った方もいるのではないでしょうか。一般の投資家に比べて、コロケーションを使う人は不公平ではないかと思う方がいると思いまして、後ほどその話もしたいと思います。何でこんなのを取引所が行っているのか、取引所は公平な立場ではないか、という議論もあると思いますので、後ほど論点のところで話をします。

コロケーションはどのくらい使われているのか

　実際コロケーションがどのくらい使われているのかを図表9−13で示しました。上が注文件数ベースで、下が約定件数ベースになっています。

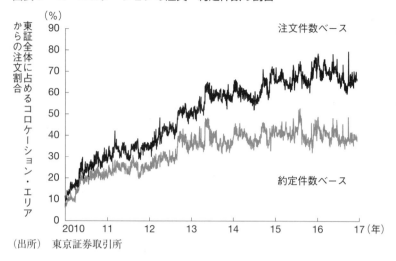

図表 9 − 13　コロケーションの注文・約定件数の割合

(出所)　東京証券取引所

　注文件数ベースでみますと、東証に来る注文の約 7 割はコロケーション・エリアから出ています。約定件数ベースでみても、約 4 割がコロケーションから出た注文によるものという状況です。ただ、コロケーションの利用は必ずしもHFTだけに限ったものではないので、この数字のすべてがHFTではないといえます。私の実感としては、東証市場の30〜35％ぐらいがHFTではないかなとみています。

4　HFTをめぐる論点

　次に、HFTが何となくわかってきたところで、HFTをめぐる論点についてお話しします。まず、速さを求めることは悪いことなのか。端的にいうと、速さを追求する投資家、たとえばHFTによって、何か弊害がもたらされているのか、と言い換えられます。この点に関して、ここ数年でよく指摘される事項を 5 つほど示して、考えていきたいと思います。

4.1 「速い投資家」が何か違法行為を行っているのではないか

まず、最初に「速い投資家」が何か違法行為を行っているのではないか、という指摘があります。実はこれまでのところ、速い投資家、HFTが違法行為、不公正取引を行っているとして摘発・処分された事例はありません。アメリカではあったのですが[6]、HFTだからというよりも伝統的な手法によるもので、HFTのケースというのは違和感があります。

この点について、速いからきちんと監視ができていないのではないか、という指摘もあるのですが、この点に関しては、実はノーです。東証がもっている売買監視システムは、速さを問わず、すべての注文を1件1件トレースできますので、速さにかかわらず、不公正取引の監視は可能です。

もしかしたら、従来にない新しいタイプの不公正取引が行われている可能性はゼロではないと思いますが、私は、そもそも速い投資家だから何かやっているのではないかという色眼鏡でみること自体がはたして妥当なのだろうかという疑問をもっています。

証券市場における不公正取引

不公正取引という話が出ましたので、証券市場における不公正取引の概要を図表9−14に簡単に示しておきました。まず、金融商品取引法（以下、「金商法」という）157条で包括的に不公正取引を規制していて、たとえば不正の手段・計画、技巧は不可、重要情報について虚偽表示は不可、誘引目的で虚偽の相場利用は不可、などといろいろ書いてありますが、こういった包括的なところをブレイクダウンして不公正取引の類型化をしてみますと、図表9−14の下表になろうかと思います。

上から2つ目の相場操縦について少しだけ補足しますと、相場操縦の構成要件としては大きく2ついわれていて、まず1つ目が他者を取引に誘引する

6　アメリカにおけるAthena Capital Researchのケース等。

図表9－14　証券市場における不公正取引

金商法157条では不公正取引を次の3類型に分けて包括的に規制

1．有価証券の売買等の取引等について、不正の手段、計画または技巧をすること

2．重要な事項について虚偽の表示があり、または誤解を生じさせないために必要な重要な事実の表示が欠けている文書その他の表示を使用して金銭その他の財産を取得すること

3．有価証券の売買等の取引等を誘引する目的をもって、虚偽の相場を利用すること

主な不公正取引	概　　要
インサイダー取引	インサイダー取引（内部者取引）とは「上場会社の関係者等が、その職務や地位により知りえた、投資者の投資判断に重大な影響を与える未公表の企業情報を利用して、その企業の株券等を売買する行為」で、金商法166条および167条で禁止されている。
相場操縦	相場操縦とは市場において相場を意識的・人為的に変動させ、その相場をあたかも自然の需給によって形成されたものであるかのように他人に誤認させることによって、その相場の変動を利用して自己の利益を図ろうとする行為をいう。このような行為は、公正な価格形成を阻害し、投資者に不測の損害を与えることとなるため、法令諸規則により委託および受託を禁止されている。 【例】見せ玉、買い上がり（売り崩し）、株価の固定・釘付け、終値関与、仮装売買、馴合い通牒売買、高（安）値形成売買、空売り規制
作為的相場形成	作為的相場形成とは他人の取引を誘引する目的がなくとも、取引の状況からみて実勢を反映しない相場を作為的に形成したものと客観的に認められる取引をいう。このような売買は、自由でオープンな金融商品市場において人為的な操作を行い公正な価格形成を阻害し、一般の投資家に不測の損害をもたらすこととなるため、法令諸規則等により委託および受託を禁止されている。
風説の流布	株券等の相場の変動を図る目的をもって、虚偽の情報等（風説）を流布することは、そうした情報等を信頼して投資判断を行った投資家に損害を被らせ、また、市場の信頼性・健全

	性を阻害するものであり、金商法158条により禁止されている。
仮名取引	仮名取引とは、架空の名義あるいは他人の名義など本人名義以外の名義で行う取引をいう。また、他人名義を借りるものは、特に「借名取引」といい、借名取引も仮名取引の範疇に入る。脱税やマネー・ローンダリングといった行為の温床となる可能性や、相場操縦といった不公正取引に利用される可能性があるので、証券会社は、本人名義以外の名義を使用している注文を受けてはならないことなどが法令諸規則等で定められている。

（出所）　筆者作成

目的があるかどうかという誘引目的です。2つ目は相場を変動させるようなことがないかという変動取引といわれるようなところでして、主観要件としての誘引目的と、客観要件としての変動取引という2つのものが構成要件となっています。相場操縦で非常にむずかしいのは、通常の取引でもやはり株価は動いてしまいます。大きな注文をポンと投げると株価が動いて、これは変動取引だから相場操縦ではないかといわれることがありうる。では、相場操縦と普通の取引を線引きするところをどこに置くのか。言い換えますと、先ほどの2つの構成要件、誘引目的と変動取引のどちらに重きを置いて相場操縦を考えていくのかというのが議論になってきたということです。

　ただ、「目的」とあるとおり、主観要件である誘引目的の立証は非常にむずかしい。たとえば、「いや、違います。他の人を巻き込むつもりはなくて、単に自分の相場観に基づいただけです」といわれてしまいますと、なかなかそれ以上追及しづらいところです。

　ですので、主観要件としての誘引目的ではなくて、客観要件としての変動取引に重きを置くという学説も過去には出てきました。金商法を勉強されている方ですと、もしかしたら聞いたことがあるかもしれませんが、1994年に協同飼料という会社の相場操縦事案で、最高裁判決が誘引目的のほうに重きを置く考え方をとったということもあり、いまは誘引目的のほうに少し重き

を置くという考え方が定着しています。

　3つ目に作為的相場形成があるのですが、これは相場操縦を未然に防止するために証券会社に求めている行為規制です。ですので、他の事例と並列で書くのは適切ではないかもしれませんが、相場操縦に至る前の段階でも規制がかかっているということです。

　こういった従来型の不公正取引にHFTが関与しているというのは、いまのところ確認されていない状況です。

従来にない新しいタイプの不公正取引

　では、従来にない新しいタイプの不公正取引にはどんなものがあるのかということですが、最近2つほど指摘されているものをご紹介します。1つ目は、レイテンシー・アーブと業界で呼ばれる取引です。複数市場で取引される銘柄について、ある市場で取引が成立し、その取引の情報が、他の市場に伝達されるまでの間の時間差を利用した取引行為になります。日本では、幸いなことに取引が東証に集中していますので、こういったことは起こりづらいのですが、アメリカのように、多くの市場が存在している状況下では、ある市場でついた価格が他の市場に伝達されるまでの間にどうしても時間差が生じます。その時間差をターゲットにしたアービトラージ取引のことをレイテンシー・アーブと呼びます。こうした状況を市場分裂と呼びますが、レイテンシー・アーブは市場分裂が進展する国々では大きな問題といわれています。

　ただ、そもそもこれは不公正取引と呼べるのかどうなのかというところは疑問ではあります。単なる市場間の裁定取引ではないかといわれてしまうと、そうかもしれません。こういったところは、法学的にも公共政策的にも興味深い論点にはなってくるのかなと思います。

　2つ目がクォート・スタッフィングでして、まさしくIT化が進展してきた時代ならではの話です。取引市場に大量の注文のメッセージ（電文）を送信して、取引所の処理を遅らせます。そして、処理を遅延させることを通じ

て、自分たちはその前の状況を知っているので、自身に有利なかたちで取引を行う行為です。ただ、実証が非常にむずかしい状況でして、まずは、はたして本当に行われているのかどうかを確認しなければいけない。確認できたとしたら、今度はそれが不公正取引といえるような性質のものなのかどうかという議論が行われるのではないかと思っています。

4.2 「速い投資家」が「遅い投資家」の利益を掠め取っていないか

　指摘されている論点の2つ目ですが、「速い投資家」が「遅い投資家」の利益を掠め取っているのではないかという指摘があります。そもそも「速い投資家（短期投資家）」と「遅い投資家（長期投資家）」の利害はバッティングするのか、たとえば、どちらかが得をすれば、もう一方が損をするといったようなゼロ・サム・ゲームのかたちになっているか、と考えてみます。

　「速い投資家（短期投資家）」は短期間でちょこちょこと稼いでいくような人たちです。遅い投資家（長期投資家）はもっと長い、5年・10年など数年単位でみて大きく稼ぐような人たちです。こう考えてみますと、そもそも戦っている時間軸が異なり、真っ向から対立しているという関係にはないのではないかと思います。速い投資家、HFTという人の真の敵は、同じ土俵で戦っているHFTでしょう。このため、「速い投資家」が長期投資家の利益を掠め取っているというのは、はたして妥当な主張なのかなと疑問に思うところはあります。おそらく「速い投資家」「遅い投資家」といわれてもピンとこないと思いますので、戦っている時間軸の違いをイメージしてみましょう。

　図表9-15のグラフは株価ではありません。とあるマラソンコースの高低図を示していますが、何か株価っぽい感じですよね。長期投資家のたとえですが、マラソンランナーは42.195キロメートルを走り切るという長期スパンのなかで、どれだけ結果を出せるかというのが求められています。一方で短期投資家、スプリンターは、100メートル走という短期スパンで勝てるか勝てないかという結果が求められます。こう考えてみますと、はたしてマラソ

図表 9 − 15　戦っている時間軸の違い（イメージ）

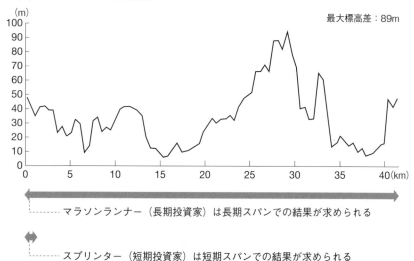

（出所）　筆者作成

ンランナー（長期投資家）とスプリンター（短期投資家・HFT）は本当に同じ土俵で戦っているのか。戦っているのでなければ、その間でゼロ・サム・ゲームが起きて利益が掠め取られている、といった主張は本当に妥当なのか。

　たとえば、最初の100メートルでスプリンターがマラソンランナーに勝ちました。ただ、マラソンランナーは、最終的に自分が勝てればいいので、そういった意味でみますと、スプリンターがウィンになるような状況のなかで、マラソンランナーがウィンになるようなウィン・ウィンの状況が発生します。ですので、ゼロ・サムという関係にはないのかなというのが私の考えです。

4.3 「速い投資家」と「遅い投資家」で不公平が生じているのではないか

　3つ目の論点ですが、「速い投資家」と「遅い投資家」の間で不公平、不平等が生じているのではないかという話です。先ほど説明しました、コロケーション・サービス、取引所の近くにHFTのプログラムを置いて、物理的な距離を短縮するサービスですが、これは一般的な感覚からすると、投資家間の不平等、格差問題を引き起こしているのではないかという指摘をいただくことが非常に多くあります。

　まず考えられることは、お金持ちだけが利用できるから不平等という指摘ですが、この主張はどうなのかなという疑問があります。お金を払って良質なサービスを得るというのは経済的な意味で不合理かといわれると、必ずしもそうではないと思います。ただ、当然、限度があります。「でも、お高いのでしょう」といわれるかもしれませんが、そこまで高い価格設定ではないと思っています。

　むしろ、重要なのは、そもそも遅い投資家（長期投資家）は、コロケーションを利用する必要性があるのか、ということを考える必要があるでしょう。たとえば、マラソンランナーは、はたしてスプリンターが使うようなスターティング・ブロックが、これをコロケーションのたとえで使いますが、必要なのかということです。マラソンランナーにはスターティング・ブロックは要らないのにコロケーションは不平等ではないかというのは、何か主張がおかしくないですかという疑問を感じるということです。

　さらに、本質に切り込みます。もしコロケーション・サービスがなかったらという状況を想像してみましょう。あくまで仮定の話です。もしコロケーション・サービスがなかったらどうなるかといいますと、取引所のデータセンターの近辺をHFTが買い占めるという状況が起こりえます。速さを追求するためには多くのカネも惜しまないような人たちなので、実際にそんなことが起こる蓋然性は高いでしょう。取引所のデータセンターの近辺を買うといった不毛な競争といいますか、場所とりの競争が起こりえますので、こう

第9章　HFT（高頻度取引）をめぐる論点と規制動向　383

いった過当な場所とり競争を抑制するために、取引所管理のもとで、すべて
の投資家に対して公平に最速な環境を提供するという目的で始めたのがコロ
ケーション・サービスです。誤解されがちなのですが、コロケーション・
サービスは、不平等な環境をつくりだすために提供しているものではなく
て、逆に、何か不平等な環境が出てきそうだということを抑制するために始
めたサービスです。なかなか伝わらないところではあるのですが、これが本
来の目的です。

4.4 「速い投資家」は真の投資家ではなく投機家ではないか

　4点目の論点ですが、「速い投資家」は真の投資家ではない、投機家なの
ではないかという指摘があります。「遅い投資家」（長期投資家）同士の注文
が取引所のなかで出会うのは非常にまれです。簡単にいいますと、同じ銘柄
について、同じ価格、同じ数量、同じタイミング、しかも売り買いが逆に発
注されないとぶつかりません。たとえば、10年から20年のうち1回しか取引
しませんという長期投資家だけが参加する市場を想像します。注文同士がぶ
つかりますかといわれると、まず、ぶつからないと思います。

　このように、遅い投資家（長期投資家）が取引したいと思ったときに、そ
の相手方となる存在がどうしても必要であり、それを速い投資家（短期投資
家）が担っているような状況です。リクイディティ・プロバイダ（流動性供
給者）と呼んでもいいのかもしれません。市場は「速い投資家」だけでも、
もちろん「遅い投資家」だけでも成り立たない状況になっていて、言い換え
れば、「速い投資家」は投機家だから市場からは不要だという主張は極論過
ぎるかと思います。

4.5 「速い投資家」が市場を不安定にしているのではないか

　最後の5点目の論点ですが、「速い投資家」（HFT）がいることによって市
場が不安定になっているのではないかという指摘もあります。「速い投資家」
の取引戦略とその効能を考えてみましょう。先ほど説明したとおり、代表的

384

な戦略としてマーケット・メイキングやアービトラージがあります。マーケット・メイキングに関しては、単一銘柄に注文を多く出すので、板を厚くすることで急激な株価変動に対するショック・アブソーバーとしての機能を果たしているといわれています。株価変動は、われわれの専門用語でよくボラティリティという言葉を使うのですが、HFTによってボラティリティが上がっているという指摘もあるものの、マーケット・メイキングの行動を考えれば、逆にボラティリティを抑制する効果があるのだろうと思います。

　もう1つ、アービトラージについては、複数銘柄間における価格不均衡を是正するということになりますので、市場全体の価格発見機能が向上するのではないかと思います。頑健性（ロバストネス）といいますか、市場全体の機能向上に役立っているのではないかと思っています。

　こうした取引戦略の効能を考えますと、「速い投資家」が市場を不安定にするという主張も妥当なのか疑問に思うところはあります。それよりも、むしろ大口の機関投資家といわれるような人たち、たとえばヘッジファンドや、あとは群集心理に左右されやすい個人投資家、去年あたりですとイナゴ投資家といわれていまして、1つの話題があると、そこに群がるような人たちの影響のほうが、むしろ株価変動に対しては大きな影響を与えているのではないかと思います。

HFTに対する理解

　これまでみたとおり、「速い投資家」（HFT）が行っている取引やそれをめぐる環境は非常に専門的で、理解しづらくて、ブラックボックスです。多分われわれの業界でもよく知っている人たちはほとんどいないような状況です。このため、業界のなかですらHFTに対するネガティブな意見が多く出てきます。ただ、残念ながら、そのすべてが的を射たものではない。なかには、自分は短期売買が嫌いだ、投機家筋は大嫌いだというような感情論的な意見もあります。わからないものは怖い、悪いという心情はわからないではないです。ただ、周辺事情をよく理解して冷静に考えることが肝要だと思っ

第9章　HFT（高頻度取引）をめぐる論点と規制動向　385

ていて、それをふまえたうえで、議論すればいいのではないかと思っています。

　なお、ここまでの話を聞いていると、私はHFT擁護派のように聞こえるかもしれないのですが、実はそんなことはないです。あくまで取引所の人間で、ニュートラルな立場ですが、HFTに関しては、少し議論が偏り過ぎているというところが気になります。ですので、できる限り正確な情報を提供し、少し冷静にみたうえで、しっかり考えるための土台をつくるのが私の立場です。

5 HFTに対する規制

HFTは規制すべきか

　ここまでの話で、HFTを規制すべきかという点に対する見方も、もしかしたら少し変わってくるのかもしれません。市場における高速取引（HFT）の存在感は非常に大きくなっています。ただ、その実態はよくわかっていません。もしかしたら特殊なことはしていないで、単に普通の投資家よりも速いだけかもしれない。こうした状況下で、はたして高速取引を規制すべきか。規制する正当性や合理性をどのように説明していくのかという議論は必要かと思います。また、もし規制するのであれば、どういう方法が考えられるのかというのも実務的には重要なことになります。

　考えられる規制の方向性として、大きくは2つ考えられると私は思います。1つがHFTの取引行動自体を制限するための規制、もう1つがHFTの実態を把握するための規制になろうかと思います。

HFTの取引行動を制限するための規制

　1つ目のHFTの取引行動を制限するための規制については、実は欧州で

検討されたことがあり、ミリ・セカンド・ルールというのがありました。ど
ういうものかというと、発注した後に一定時間、たとえば500ミリ秒、一般
的な感覚からすると短いと思うのですが、彼らにとっては相当長い時間で、
その一定時間の間は注文取消しできませんというものです。HFTのスピー
ドを抑制する施策だったのですが、そもそも取引の高速性によってどのよう
な弊害がもたらされているのかというところが判然としないこともあり、欧
州の金融規制の枠組みであるMiFID Ⅱの検討過程で一度提案されましたが、
最終的に却下されました。

　もう1つがOTR（Order-to-Trade Ratio）といわれる制限で、注文する量
に対し約定が少ない、すなわち注文したけれども、取消しが非常に多いよう
な者に対して、一定のペナルティを課す規制になります。たとえば、一定比
率を超えてしまったら取引禁止だとか、もしくは取引はしてもいいけれど
も、とても高く手数料をとるという内容です。HFTの高頻度性を抑制する
施策ですが、同様に取引の高頻度性によってどのような弊害がもたらされて
いるのか判然としない、といった議論があり、同じく欧州のMiFID Ⅱのな
かで提案され、最終的に却下されました。

　このように、HFTの取引特性、高速性や高頻度性が市場に与えている影
響、もしくは不公正取引に関与しているという実態を把握できない限り、
HFTの取引行動そのものを制限するということの正当性や合理性はなかな
か説明しづらいのではないかと考えています。

HFTの実態を把握するための規制

　もう1つのアプローチとして、HFTの実態を把握するための規制はどう
なのでしょうか。欧州では、MiFID Ⅱにより、HFTに対して当局への登録
を求めるとともに、取引戦略に係る情報提供や取引システムの健全性の確
保、リスク管理体制の整備等を求める規制が導入される予定です。HFTが
何をしているのか、市場に混乱を与えることのないように社内体制の整備が
行われているのか、といった実態把握のための施策になっていて、2018年1

第9章　HFT（高頻度取引）をめぐる論点と規制動向　387

月から欧州で導入される予定です。

　この点に関して、HFTという、大きいが、よくわからないものに対し、まずその実態を把握するための枠組みをつくるということは、個人的には合理的なのだと思います。その後、取引行動に関する規制が、本当に必要なのかどうかを議論していく。まずデータをみて、どういうものなのかというのを調べないとわからないと思いますので、その枠組みをつくるというのは第一ステップとしては、妥当ではないでしょうか。

　一方で、なぜHFTだけをねらい撃ちにするのか、他にもヘッジファンドなどがいるではないかという議論もあると思います。たしかにHFTという特定の投資家層だけに対する規制ではあるのですが、個人的には、大きな市場でシェアをもっている人は、相応の責任はどうしてもつきまとうのだろうと思っています。

日本におけるHFT規制議論の状況

　次に、日本におけるHFT規制議論の状況を説明します。2016年に、金融庁金融審議会の市場ワーキング・グループが開催されまして、HFT規制を含むさまざまな論点が議論されました。2016年末に最終報告書が出ていて、欧州に倣ったHFT登録制の導入が提案されました。2017年に入り、このHFT登録制導入に係る金商法改正がなされ、関連政府令等の改正作業が、いま行われています。関連政府令を受けて、2018年4月から日本においてもHFT登録制が導入される予定です。ただ、6カ月間は猶予期間の設定があるので、実態としてスタートするのは2018年の後半あたりからになるのではないかと思います。

　ご参考までに、改正金商法のHFTに関する部分をまとめたものが図表9－16です。法令上、HFTという横文字は使いませんので、「高速取引行為」となっています。まず、「高速取引行為」を定義して、その高速取引行為を行う者に対して登録制を導入するというのが枠組みです。高速取引行為の定義については、最初に図表9－4の円グラフでアルゴリズム取引とHFTの

図表 9 −16　改正金商法の概要

項　目	内　容
高速取引行為の定義	有価証券の売買または市場デリバティブ取引およびその委託等についての判断が、電子情報処理組織により自動的に行われ、かつ、当該判断に基づく当該有価証券の売買または市場デリバティブ取引を行うために必要な情報の金融商品取引所その他の内閣府令で定める者に対する伝達が、情報通信の技術を利用する方法であって、当該伝達に通常要する時間を短縮するための方法として内閣府令で定める方法を用いて行われるもの（2条41項）
金商業者等の登録等	金商業者等の登録等において、高速取引行為を行う場合はその旨の登録等（29条の2第1項7号等）
無登録者からの受託禁止	高速取引行為者以外の者が行う高速取引行為に係る有価証券の売買または市場デリバティブ取引の受託等は禁止（38条8号）
金商業者以外の登録	金融商品取引業者等および取引所取引許可業者以外の者は、高速取引行為を行おうとするときは、内閣総理大臣の登録を受けなければならない（66条の50）
登録時の申請内容	商号、資本金額、主たる営業所の所在地等の提出および高速取引行為に係る業務の内容および方法として内閣府令で定めるものを記載した書類、定款、登記事項証明書等の添付が必要（66条の51）
高速取引行為者登録簿	商号、資本金額、主たる営業所の所在地等ならびに登録年月日および登録番号が高速取引行為者登録簿に登録され、公衆の縦覧に供せられる（66条の52）
登録拒否要件	人的構成、体制、資本金額が不十分であったり、国内代表者・代理人を定めていない場合等には、登録が拒否される（66条の53）
業務	高速取引行為者は、内閣府令で定めるところにより、業務管理体制を整備、業務の運営、帳簿書類の作成・保存、事業報告書の提出等を行う（66条の55〜66条の59）
監督	内閣総理大臣は、高速取引行為者に対する業務改善命令や登録の取消し、業務停止等が可能（66条の60〜66条の67）
取引所による調査	金融商品取引所は、取引の公正や投資者保護のために、高速取引行為を行う者の調査その他必要な措置を行う（85条の5）

（出所）　筆者作成

第9章　HFT（高頻度取引）をめぐる論点と規制動向　389

違いをみていただいたとおり、アルゴリズム取引をある程度幅広く定義して、そのなかから高速性などでHFTを絞り込んでいくというアプローチがとられているところを理解していただければと思います。そして、いちばん下に実は強力な規定があり、HFTに対してわれわれ取引所が直接的に調査を行うという規定になっています。われわれ取引所は株式会社、一民間企業ですが、金商法のもとで、今後、一投資家であるHFTを直接に調査することができるという建て付けです。

HFT登録制の枠組み

最後に、HFT登録制の枠組みを図表9－17にまとめています。左側にHFT（高速取引行為者）がいて、右上の金融庁（関東財務局等）から審査を受けて、晴れて登録されることになる。われわれ取引所に対しては、これは高速取引です、高速取引ではありません、といったような注文の明示や、われわれ自身が行う調査に協力してもらうということになっています。証券会社

図表9－17　HFT登録制の枠組み

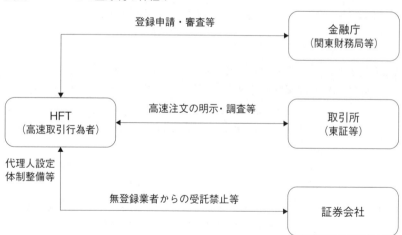

（注）　証券会社自身がHFT行為を行う場合は、変更登録等が必要となる。
（出所）　筆者作成

については、無登録のHFTからの受託が禁止されるという規定がかかります。HFT自身についても、当然ながら、代理人の設定や体制整備が求められます。これが全体的な枠組みですが、金融庁（財務局）、取引所、ブローカー（証券会社）、三段構えでHFTをしっかりとみましょう、実態を把握しましょう、ということです。

少し駆け足でしたが、HFTとはどういうものなのか、どんな論点があるのか、私見も交えながらお話しさせていただきました。

■ 質疑応答

［質問］お話をお聞きしていて、はたしてHFTと取引所は、本当にニュートラルな関係にいられるのかという疑問をもちました。取引所のビジネスモデルは、取引が成立すると手数料をとると理解していますが、超高頻度で取引をするHFTは優良顧客かと思います。そのなかでもニュートラルであるべきだという態度をとるのであれば、どのような工夫が考えられるのでしょうか。

［答］非常にいい質問です。まず、取引所とHFTは、利益の方向は合致します。取引所からみると、HFTは上顧客ですので、株式会社の立場としては、多分優遇してあげなければいけない方々だと思います。ただ、取引所は、株式会社でありながらも、公益性と利益追求という2つのバランスが求められている会社で、実は純粋な株式会社の考え方には当てはまらないような立場にありまして、このバランス感覚が非常に強く求められています。

では、東証として、公益性と利益追求のどちらに比重を置いているかといいますと、実は公益性のほうに比重を置いています。定款にも記載していて、あくまで取引所として公益性を追求していく。公益性を追求した結果として、利益はついてくるという立場にあります。

第9章　HFT（高頻度取引）をめぐる論点と規制動向　391

HFTと取引所は本当にニュートラルな立場でいられるのかという質問については、まず公益性を重視する立場にいますので、彼らにとって不利になるような施策も当然実施しています。たとえば、株価の値段の刻み、ティックサイズ、呼値といいますか、それを細かくしました。A株は100円、101円、102円で取引していたものが、100.1円、100.2円で取引できるようになりました。値刻みを細かくすると、マーケット・メイクを行うHFTにとって、スプレッドが縮まってしまい、収益が減ってしまう施策なのです。一方で、長期投資家にとっては、スプレッド分のコストをセーブできる施策になります。実際に呼値を縮小した際に、HFTからとても怒られて、市場から出ていくと脅されもしましたが、市場にとっては必要なことだということで実施しました。

［質問］欧州のMiFID IIについては伺いましたが、現状、アメリカがいちばんHFTのシェアが大きいということでした。アメリカの規制の現状や将来導入予定などがありましたら教えてください。

［答］アメリカは市場機能を非常に重視していて、特定の投資家層をターゲットにした施策は基本的に打たないというのが従来からの思想かと思います。HFTに関しても、株式市場では、HFTだけに何か重荷をかける規制は、基本的にいまのところは考えられていない状況です。

　では、何もしていないかといわれると、そうではなくて、HFTが悪さをしやすい市場環境にいまなっているのではないかというスタート地点に立って、複雑になり過ぎた市場の構造自体を見直すことでHFTが悪遊びできる場を減らすという方向で、規制の改革を行っているという状況です。

　具体的な内容は、少し細かくなってしまいますが、たとえば、先ほど複数市場に分かれていて、その情報伝達に時間差が生じて、それをねらったHFTが不公正取引まがいのことをしているのではないか、というレイテンシー・アーブの話をしましたが、この情報伝達のスピードをなるべく速

くして、HFTが悪遊びできるような余地を少なくするといったことが行われています。ですので、具体的に登録制などという話は、少なくともアメリカの株式市場では出ていない状況です。

　他方、アメリカの先物市場では、欧州・日本のようなHFTの登録制という話も出ていて、ただ、トランプ政権下で少しゴタゴタしている関係もあるのか、なかなか議論が進んでいないというのが実態です。

[質問] HFTのシェアについて、香港とシンガポールはかなり低い理由は何でしょうか。

[答] まず、香港については、スタンプ・デューティーという、日本でいう有価証券取引税があります。日本にも昔あった制度で、要するに取引ごとに税金がかかるので、薄い利益を稼いでいるHFTにとって、税金でほとんどもっていかれてマイナスになってしまうので耐えられないというのが理由かと思います。シンガポールについては、スタンプ・デューティーはないですが、クリアリング（清算・決済）の費用が高いということがあります。取引成立後には、清算機関で清算・決済というプロセスを経ます。この清算・決済にかかるお金が高くて、儲けが出ないのでHFTはシンガポール市場から撤退しているというのが実態です。

　あと、もう1つ理由があり、シンガポールは市場規模が小さ過ぎるということです。よくシンガポールはアジアの虎などといわれて、金融立国というイメージがあると思いますが、それはデリバティブの世界の話であり、株式でみると、シンガポールはタイやマレーシアと同程度の本当に小さい規模しかありません。

[質問] 高速取引は、その高速性ゆえに単純な戦略で動いているということですが、それぞれのプログラムが同じような情報に対して同じような動きをしたり、短期的なトレンドフォロー的な動きをすることも多いのではないでしょうか。たとえば、以前にあったフラッシュ・クラッシュは高速取

第9章　HFT（高頻度取引）をめぐる論点と規制動向　393

引の弊害の１つだという話を聞いたことがありますが、フラッシュ・ク
ラッシュのような問題は高速取引とは無関係なのでしょうか。

［答］HFTのアルゴリズムはシンプルなので、似たような動きになるのでは
ないか、合成の誤謬のようなものが起きて、相場を一方向に動かすことが
多くなるのではないかという指摘はよくあります。ただ、実はそういう状
況でもないです。同じような戦略で戦っていますと、どうしても優劣が出
てきてしまい、負ける投資家はどんどん撤退していくというのがいまの実
情になっていますので、合成の誤謬という事態が起こることが少なくなっ
ているのが実態ではないかと思います。

　また、フラッシュ・クラッシュは、アメリカで2010年５月に発生した、
短時間に株価が一気に急落した事例です。HFTがこれを引き起こしたの
ではないかという疑念があったのですが、当局が調査した結果、HFT自
身が直接的にフラッシュ・クラッシュを引き起こしたという証拠は見つか
らなかったという結論を出しています。

　何があったのかというと、実は大きな運用会社が大きな注文を市場に売
り浴びせて、それに連鎖するかたちでどんどん下がっていくメカニズムで
あったといわれています。その大きな注文がプログラムのミスといいます
か、アルゴリズムの設定ミスで、短期間に大きな注文を投げてしまうよう
な設定になっていたがために、その影響の波及が大きかったのではないか
というのが当局の見立てです。そのなかで、当然ながらHFTはちょこち
ょこ稼いでいるというのは事実ですが、HFT自身がそれを助長したかと
いわれると、必ずしも明確なかたちにはなっていないという状況です。

［質問］短期投資家と長期投資家が対立関係にないというお話でしたが、そ
れぞれ、どういった強みや特徴をもつ人たちが長期投資家・短期投資家の
立場を選ぶのでしょうか。

［答］短期投資家と長期投資家の違いは、投資目的をどこに置いているのか
だと思います。長期投資家は、長期スパンでみたなかで利殖を図りたいよ

394

うな人たちで、たとえば、子どもが入学する10年後にお金がほしいので、10年後にもらえるように運用しますというスタンスです。一方で、いまカネがほしいという人は短期投資家向きかもしれません。基本的には、自分がどういうスタンスで、どういうところにタイム・ホライゾンを置いて取引するのかによって、短期、中期、長期というのが分かれてくるのだと思います。

　また、技術的な問題として、できるかできないかという話もあると思います。たとえば、私が個人的にデイ・トレーダーをして短期でもっと稼ぎたい、HFTをしたいと思っても、多分プログラムの知識がなかったり、コンピュータを買えなかったり、といった制約はあると思いますので、自身の制約条件のなかで、自分が求める目的にいちばんかなうところを考える必要があるでしょう。

[質問] HFTではシステムが重要だと思いますが、そのシステム開発の余地がどれくらいあるのでしょうか。結局、HFTの強みは速さだと思うので、速さを極めれば市場で独り勝ちになり、寡占が起きやすいのではないかなと思いますがどうでしょうか。

[答] まず、システムのアップグレードの余地がまだあるかというと、最近なかなか厳しい状況になってきました。いま、実際の取引スピードはかなり光速に近づいてきています。そのなかで、1ナノ秒削減するために10億円かかりますといわれると、本当にコストペイするのかという話が出てきます。そのため、速さを追求していくというスタンスよりも、最近のHFTについては、同じぐらいの速さのなかで、取引戦略を少し工夫して利益を出せないかという話を進めているところが多いとも聞いています。ですので、必ずしも最速のところが独り勝ちするという状況にはならないのかと考えています。

[質問] HFTを監視する取引所の売買監視システムは速さを問わず全部の注

文を一つひとつトレースできるから、不公正取引の監視は可能だという話でしたが、大量の注文があるなかでどのように監視を行っているのでしょうか。

[答] ご指摘のとおり、1日の注文は数千万から億単位であるので、人力で見ることは不可能で、コンピュータでスクリーニングを行っています。われわれ独自の抽出基準を持っていて、それをデータにかけて、ピックアップする。ただ、やはり精度の問題がありますので、最終的には、売買審査なり不公正取引をみているチームが1件1件みながら、おかしくないかどうかを審査していくというプロセスになっています。その意味では、ITと匠の技が共存して使われている分野といえます。

[質問] HFTにおいて、速さ以外で独自の強みや戦略としては、具体的にどのようなものがあげられるのでしょうか。

[答] たとえば、マーケット・メイキングを行ううえで、どの価格がいまフェアだと思って注文を出すのか、というのはHFTによって考え方は異なってきます。たとえば、100円がフェアだと思っていても、あるHFTは101円がフェアだと思っているかもしれない。そういった違いはHFTごとに特色があります。あるHFTは、株だけではなく、その裏にある先物や海外の市場をみていたりします。また、あるHFTは、日本の市場と為替のほうを組み合わせて、自分なりの水準設定をしているかもしれません。必ずしもスピードだけではなくて、価格水準や注文の数量をどうするのか、リスクのとり方といったところで工夫をしながら、取引戦略の差別化を図っている状況かと思います。

[質問] 速い投資家と遅い投資家の間の不平等に関連してですが、個人投資家は1取引で数%の手数料を払うと思うのですが、HFTは何万回という取引をするので、1取引当り手数料はすごく小さいと思います。少し不平等な気がしますがいかがでしょうか。

［答］手数料は、実は2段階に分けて課金がされています。まず、取引所による証券会社に対する課金であり、次が、証券会社が投資家に対してする課金です。取引所が証券会社に対してする課金については、基本的に平等になるようにしています。ご質問いただいたHFTが安いと思われているのは、その先の証券会社が投資家に対して課金する時の話となります。個人投資家の注文が集まったとしても、HFTより注文件数が少ない状況ですので、ビジネス的にはHFTにボリュームディスカウントを適用しているのが実態かと思います。なお、この点については、手数料自由化のため、取引所が何か関与することはむずかしい状況です。

［質問］　1カ月前に個別株のインフォテリア株が数秒で急落したという事件がありました[7]。本来、連続約定気配がつくはずだったのが、買い注文が入って消えて、おそらくHFTの注文の手口だと思いますが、連続約定気配がつかずに大暴落というのがありました。ああいうシステム上の穴を突いた取引になると、HFT規制よりは東証のシステムをどうにかしなければいけないと思いますがいかがでしょうか。

［答］東証の制度として、株価が連続的に急落すると、いったん止めて、いま落ちていますというサインを出す連続約定気配制度があります。急落時にサインを出して、反対注文を呼び込む制度なのですが、買い注文が入りバランスがとれると、いったん連続約定気配はリセットされます。リセット後に、また急落し、サインがでて、買い注文が入り、再びリセットになってという繰り返しが生じた事例となっています。

　まず事実から申し上げますと、連続約定気配は出ていました。出ていましたが、数ミリ秒しか出ていないので、普通の個人投資家には出ているようにみえなかったという状況です。

　ご指摘いただいたように、連続約定気配制度をつくった時は、このよう

7　2017年11月13日にインフォテリア（3853：東証マザーズ上場）が短時間で2割以上急落。

第9章　HFT（高頻度取引）をめぐる論点と規制動向　397

な高速取引環境下で反対注文がこれほど速いスピードで入ってくることは想定していませんでした。なお、この点については、実はもうシステム的な対応を行う方向で議論をしています。システムの根幹にかかわるところですので、少し時間がかかってしまうのですが、改善に向けて進めているという状況をご理解いただければと思います。

[質問] HFT登録について、アルゴリズム取引戦略の届出や、取引戦略に係る情報提供というのが設けられていますが、これらの戦略は投資家にとってみれば重要な情報で、あまり具体的に求め過ぎると隠す方向になると思うし、一方で抽象的過ぎると実効性を欠くと思いますが、どの程度の取引戦略の提供を求めているのでしょうか。

[答] とてもいい質問です。取引戦略については、ご指摘いただいたようなトレード・オフがあり、今回の規制では、実務上必要と考えられるミニマムなところを定めた内容になっています。具体的には、取引戦略のうち、主にHFTが使っているといわれているもの4つに絞って類型化されています。マーケット・メイキング、アービトラージ、ディレクショナル、その他という4分類です。ディレクショナルは、相場の一方向性にかけるような分類です。

ただし、この4つで十分なのかというと、むずかしいところもあると思います。アービトラージといってもいろいろな方法があります。トヨタ株と日産株のアービトラージを行う人もいれば、先物と株式のアービトラージを行う人もいたり、為替と株式などいろいろな戦略がありますので、一律にくくるというのはできない。とはいえ、一方で細かくし過ぎると投資家は嫌がり撤退してしまうというリスクがあるなかで、最低限のところとして、まずはこの4つに分類したということになります。

後は実務への落とし込みですが、われわれや金融庁では、これらの取引戦略4つのなかで出てきたところをみて、何かおかしいなということがあれば、それを手がかりにさらに掘り下げていく。東証にも調査権限がある

ので、直接聞きに行って、「これはアービトラージと書いてあるのだが、もう少し細かく教えてくれないか」という泥臭い作業が行われるという状況です。

[質問] HFT規制として登録制を導入されましたが、今後、行動を制限する規制が導入される可能性があるのでしょうか。

[答] 可能性としてはゼロではないと思います。ただ、まだよくわからないという状況が先行していますので、実態把握に少なくとも数年はかかるのだろうと思います。数年後に、本当に悪いことをしていたのか、これは悪いことといえるのか、いえないのか、という議論があって初めて取引規制、行動規制を導入すべきか否かの議論が出てくると思います。

　あと、ドライバーとしては外国の状況があります。日本の規制は、諸外国の状況に倣うことも多くありますので、アメリカ・欧州で行動規制の話が出てくると、日本でも一気にこうした議論が加速する可能性はあります。

[質問] HFTを今後個人投資家が行う可能性はあるのでしょうか。

[答] 先進的な個人投資家には、すでにHFT的な取引を行っている方もいるかもしれません。アメリカなどのHFT先進国では、もともとHFT業者になる前は個人や少人数で始めた人たちが結構いて、それらが規模を拡大していまのHFT業者になったという経緯もあります。ただ、日本に拠点を置いていると、税金などの関係から、なかなか旨みがでないのかもしれないですね。

第9章　HFT（高頻度取引）をめぐる論点と規制動向　399

第 **10** 章

アルゴリズム・HFT取引の実態、資本市場への影響、法規制の現状と論点

みずほ証券株式会社 市場情報戦略部上級研究員

川本 隆雄

（2017年12月13日講義）

1 はじめに

　本日の講義では、ご理解いただきたい点として３点ほどあげて、「アルゴリズム・HFTの実態」「資本市場への影響」「法規制の現状と論点」についてお話ししたいと思います。まず１つ目ですが、HFTについて、その正確な実態はわかっていません。この１点をまずご理解いただきたいと思います。２つ目ですが、HFTの実態はわかってはいないのですが、資本市場に大きな影響を与えているのは間違いないということがあります。そして、３つ目として、HFTに係る規制は、まずは実態把握が必要であり、その実態把握をもってより厳しい規制を課すべきか否かが、今後の課題として残っているということです。

　基本的には前回の大墳先生の講義と重なる部分もあると思いますし、大墳先生と私の考え方は結構似通ったところがあり、HFTについて私もそこまで悪玉視しなくてもいいかなという基本的な視点は変わらない部分が多いと思います。

2 アルゴリズム・HFT取引の実態

　まず前提として、HFTの正確な実態はわからないといいながらも、おそらくHFTはこういった取引を行っているということをお話しします。

アルゴリズム取引とHFT

　最初にアルゴリズム取引とHFTはどう違うのか簡単に説明します。アルゴリズム取引とは、コンピュータ・アルゴリズムを利用することで、株価・出来高等の市場環境の変化に応じて、自動的に株式売買のタイミングや数量を決めて注文を発注する取引です。たとえば、100万株の大きな買い注文を

実行したいとき、通常、そのまま取引所に流してしまうと、私たちはマーケット・インパクトというのですが、価格が動いてしまいます。たとえば、現状100円の株価がついていて、100万株を一気に買ってしまうと、流動性にもよるのですが、もしかしたら100円で買えたものが150円だったり、200円だったり、自分の注文で市場が動いてしまう。そういったケースで、時間ごとに、1分置きに1,000株ずつ注文を市場に流してくださいというプログラムを組んだような取引がアルゴリズム取引の典型例になります。

　他方、HFTとは、アルゴリズム取引のうち、非常に短い時間（マイクロ秒、ミリ秒単位）で、高頻度な取引を繰り返す取引をいいます。アルゴリズム取引は、1分に1回など、頻度がとても低い。HFTの場合は、High Frequency Trading、そのまま直訳して高頻度取引というように、頻度が高い。また、当然コンピュータによる高速な取引環境が必要で、人間の手では追えない取引ですので、プログラムを組んで行っています。そういった意味でHFTはアルゴリズム取引のなかの1つの手法だといえます。

HFTの定義

　現在、HFTの定義がある法律は、改正金融商品取引法（以下、「金商法」という）と、欧州のMiFID IIという法律が2018年1月から施行されるのですが、これらにしか定義がない状況です（図表10－1）。

　MiFID IIでは、アルゴリズム取引技術のうち、HFTは図表10－1の(a)〜(c)の3つの性格をもつものと定義しています。なお、(a)のなかのレイテンシーとは、簡単にいうと、スピードのことです。また、コロケーションとは何かというと、サーバーを取引所の敷地内に置くことです（図表10－2）。たとえば、通常の証券会社を介した注文ですと、投資家から注文指示が証券会社に来て、証券会社がさらにその注文を取引システムに入力する。これはマニュアルのケースもありますし、コンピュータで行うケースもあるのですが、ワンクッション置きます。これを証券会社保有のサーバーなり投資家保有のサーバーなりを取引所の敷地内に置いて、注文発注のプログラムを組み

図表10−1　HFTの定義

■欧州（MiFID Ⅱ）においては、アルゴリズム取引技術のうち、次の性格をもつもの
　(a)　インフラが、ネットワークその他のレイテンシーの最小化を意図したものであり、アルゴリズムに基づく注文入力の仕組みとして、コロケーション、近接したサーバー設置、高速DEAのうち少なくとも１つを含んでいること
　(b)　注文の開始、発注、回送、執行がシステム上で判断され、個々の取引や注文に人間が介在しないこと、かつ
　(c)　注文、気配、キャンセルにより日中のメッセージ頻度が高いこと
と定義

■SECおよびCFTCのフラッシュ・クラッシュの報告書においては、HFTの特徴として、以下、５つの特徴をあげている
　(1)　注文発注、回送および執行における、高速かつ洗練されたコンピュータ・プログラムの利用
　(2)　コロケーション・サービスや取引所独自の直接のデータ配信サービスを利用し、レイテンシーを最小化
　(3)　非常に短い時間での、ポジションの構築および解消
　(4)　非常に多くの注文発注とそのキャンセル
　(5)　１日の終わりの段階では、できる限りフラットなポジションにいること

（出所）　MiFID ⅡおよびSEC・CFTC報告書よりみずほ証券市場情報戦略部作成

込み、注文を行います。このサーバーを設置するサービスをコロケーション・サービスといいます。

　もう１つ、(a)の条件で、高速DEAとありますが、DEAはDirect Electric Accessを意味し、別の名前でDirect Market Accessともいいます。簡単にいうと、証券会社の取引システムや発注システム、もしくは証券会社がもっているアルゴリズムを顧客に提供して、あたかも投資家が証券会社のような感じで注文を発注できるサービスになります。アメリカの事例では、取引参加者IDという、取引所に注文を入力できるようなIDを渡してしまって、証券会社をまったく介さない事例もありました。

　図表10−1のMiFID Ⅱの定義の２つ目(b)ですが、注文の開始、発注、回

404

図表10−2　コロケーション・サービスのイメージ

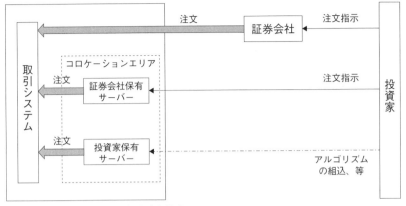

（出所）　みずほ証券市場情報戦略部作成

送、執行がシステム上で判断され、個々の取引や注文に人間が介在しないことです。たとえば手入力をしたら、その時点で人間が介入していますし、遅くなるので、HFTには該当しない。

最後(c)ですが、注文、気配、キャンセルにより日中のメッセージ頻度が高いことです。メッセージというのは、注文の発注・キャンセル・訂正などを総称してメッセージとわれわれはいうのですが、メッセージを送る頻度が高いことと定義されています。欧州のMiFID IIでは、この(a)～(c)の3点を満たすものがHFTと定義されています。

先ほど日本と欧州にしか法律上の定義はないと申し上げましたが、アメリカのSECも、定義ではないのですが、報告書においてHFTの5つの特徴を示しています（図表10−1の下段）。(1)注文発注、回送および執行における、高速かつ洗練されたコンピュータ・プログラムの利用、(2)コロケーション・サービスや取引所独自の直接のデータ配信サービスを利用し、レイテンシーを最小化、すなわち、スピードが速いこと、(3)非常に短い時間での、ポジションの構築および解消、(4)非常に多くの注文発注とそのキャンセル、最後に、(5)1日の終わりの段階では、できる限りフラットなポジションにいるこ

第10章　アルゴリズム・HFT取引の実態、資本市場への影響、法規制の現状と論点　405

と、です。売買を繰り返して、1日の終わりに、たとえば買いの残高がいくらかあるという状態ではなくて、常に売買が均衡して、ポジションをもっていない状態にいるというのがSECの考えるHFTの特徴になります。ただ、あくまでも報告書で出しているもので、法律等の定義ではありません。

HFTの取引戦略

次に、HFTの取引戦略を示したものが図表10-3です。これは私の分類ですが、いろいろな論文をみると、やはりこういった分類になります。ちなみに、改正金商法には、HFTを登録したうえで取引戦略の届出義務がありますが、この3分類プラスその他の戦略の、計4つの戦略を届け出てくださいという規制になっています。

まず1つ目がマーケット・メイキングです。国によって違うとは思いますが、実感として、HFT全取引のうち、80～90％がマーケット・メイキング

図表10-3　HFTの取引戦略

戦略名	内　容
マーケット・メイキング	・単一銘柄に売り買い注文を同時に発注しておき、売り買い注文の価格差（スプレッド）や取引施設が提供するリベートを収益源とする取引戦略 ・流動性を供給
アービトラージ	・同一商品の市場間での価格差やETFとその構成銘柄の価格差が生じた際に、割高な資産を売却、同時に割安な資産を購入することで、収益を上げる戦略 ・複数商品に連動性が存在する場合に、上記のような取引を行う戦略(スタット・アーブとも呼ばれる)、など ・流動性を需要
ディレクショナル	・市場内外の情報を利用して、短期的な株価変動を予測。その予測に応じた売買を行うことで収益を獲得する戦略、など

（出所）　みずほ証券市場情報戦略部作成

406

戦略だろうと思います。

　内容ですが、単一銘柄に売り買い注文を同時に発注しておき、売り買い注文の価格差（スプレッド）や、これはアメリカのケースですが、取引施設が提供するリベートを収益源とする取引戦略です。言い換えますと、ある銘柄の取引で、たとえば99円の指値で買い注文を入れておきます。同時に、100円で指値の売り注文を100株提示しておきます。この時、他の投資家が99円で売り注文を出したら、片方のHFTの買い注文、99円の指値注文がぶつかります。その後に他の投資家から100円で買い注文が出たら、HFTの100円の売り注文がぶつかります。取引が2つとも執行されますので、99円と100円の差額、スプレッドが1円ですが、1円×100株で100円の利益があがる。こうした本当に微小な利益を積み上げてHFTは利益を獲得していくのですが、これがマーケット・メイキング戦略になります。

　このなかでリベートは、実は日本にはないのですが、指値注文を提示した投資家の注文が執行された場合、日本の取引所だと通常なら手数料を課すところ、アメリカでは逆にリベートを提供する取引所があります。指値注文が多ければ多いほど取引の可能性が高まるので、取引所としては指値注文をどうしても集めたいので、リベートを払う。このリベートもアメリカではHFTの収益源となっています。

　次はアービトラージです。実はマーケット・メイキングとアービトラージを厳密に区別するのは少しむずかしいのですが、アービトラージは、同一商品の市場間での価格差をねらいます。たとえば、日経平均先物は、大阪取引所でも取引され、シンガポールでも同時上場されています。シンガポールで日経平均が安く、大阪取引所のほうで高く提示されている場合、シンガポールで買って大証で売ることで利益をあげるといった戦略です。それから、皆さんもETFをご存じかと思いますが、たとえば、ETFの価格が高くて、その構成銘柄を全部買った場合、もっと安く手に入るといったときに、構成銘柄を全部買ってしまってETFを売ることによって収益をあげるといった取引もあり、これもアービトラージ戦略になります。

第10章　アルゴリズム・HFT取引の実態、資本市場への影響、法規制の現状と論点　407

ちなみに、下のほうにカッコで「スタット・アーブとも呼ばれる」とあり
ますが、統計的に連動する可能性が高い、たとえば同じセクターに属してい
る株、トヨタと日産のように自動車セクターに所属している銘柄は連動性が
かなり高いだろうと考える場合のように、統計的に連動性が高い銘柄の割
安・割高を判断して売買する取引もあります。

　最後のディレクショナルは多分かなり少ないと思います。もっとも、いち
ばん注目を浴びるのはディレクショナルで、よくニュースにはなります。た
とえば、AIやロボットを利用して各企業のホームページを全部読みに行き、
アメリカで決算開示情報を少し早めに出してしまった会社について、その
ニュースに飛び乗って、市場予想よりも業績がすごくいいので上がる可能性
があると予想し、大きな買い注文が入った事例があります。そういった取引
をディレクショナルといいます。

HFTの取引商品

　次に、HFTはどのような商品で取引しているかを図表10-4に示してい
ます。これは、米国HFT大手であるVirtu Financialという会社の決算開示
資料で公表されているものです。純トレーディング収益という取引の収益だ
けで、その他の人件費とシステムコストなどは入っていない収益ですが、ど
こで収益をあげているのかを開示しています。たとえば2016年をみると、米
州株式、アメリカとカナダなどですが、Virtu社は利益の30％を米州株式か
らあげています。その下の欧州・中東・アフリカは、中東・アフリカはそん
なにないとは思いますので、おそらく欧州で11％、そして、アジア・太平洋
株式が12％です。香港・シンガポールではそれほどHFTが盛んではないと
いうことを考えると、この半分以上は日本で、特に東京証券取引所、それか
らPTS（Private Trading System）、私設取引システムというのですが、SBI
Japannextが取引所類似施設を運営していて、そういったところで取引を行
っていると開示しています。

　当然、HFTは株を対象としていますが、これ以外に、グローバル・コモ

408

図表10-4　HFTの取引商品

	2016年	2015年
米州株式（Americas Equities）	30	27
欧州・中東・アフリカ株式（EMEA Equities）	11	12
アジア・太平洋株式（APAC Equities）	12	9
グローバル・コモディティ（Global Commodities）	24	23
グローバル為替（Global Currencies）	16	22
オプション・債券・その他（Options, Fixed Income and Other Securities）	7	6

（出所）　Virtu社開示資料よりみずほ証券市場情報戦略部作成

ディティに分類される商品先物で24％の利益をあげている。ですので、ざっくり75％ぐらいが株と先物になります。ただ、注意していただきたいのは、これはVirtu Financialという一会社の収益状況であり、実は、アメリカで上場しているHFTは1社しかないのです。ですので、他のHFTがどういったところから収益をあげているかというのは正直わかりません。

HFTの収益

次にHFTの収益状況です。図表10-5のグラフを紹介したいと思ったのは、これもVirtu社の上場時の開示資料ですが、業界で大変注目を浴びたからです。このグラフの見方は、縦軸が日数、横軸がトレーディング収益で、2009～2013年において特定のレンジの1営業日当りの収益を記録した日数が何日あるかを表したものです。1営業日だけ0ドル以下となっていますが、すなわち、損失を計上したのは1営業日だけということです。それ以外は全営業日で利益を計上しています。130万～150万ドルの利益をあげた日がいちばん多いですが、全部で1238日間あるうち、たった1日だけしか損失を計上していない。これだけみると、HFTはとても利益をあげていて、1日当り100万ドル以上、1億円ぐらい、200営業日だったら200億円の収益をあげて

第10章　アルゴリズム・HFT取引の実態、資本市場への影響、法規制の現状と論点　409

図表10−5 HFTの収益分布

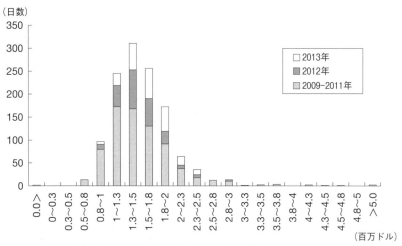

（出所）　Virtu社開示資料よりみずほ証券市場情報戦略部作成

いると思われるかもしれないですが、この下に人件費やシステム投資のコストが乗ってきます。ただ、図表10−5だけみると、非常に利益をあげているようにみえて批判の対象になりました。

HFTの収益環境の悪化

　HFTの収益の主な源泉はマーケット・メイキングと申し上げましたが、マーケット・メイキングでは、一定程度ボラティリティ、つまり市場の変動がないと売買が発生しません。逆に売買が発生しないとマーケット・メイキングができないので、収益があがらない。図表10−6は、最近は、年間で10％ぐらいしかボラティリティがないというグラフです。リーマンショックや金融危機時くらいまで高いと、それはそれで問題ですが、逆に、ここまで低いと収益環境がかなり厳しく、現在、HFTはかなり苦戦しているといわれています。

　報道等では、2009年時点ではHFT業界全体で70億ドル超の収益がありましたが、現在では、10億ドル程度に落ち込んでいるといわれています。先ほ

図表10-6 グローバルにボラティリティが低下している現状

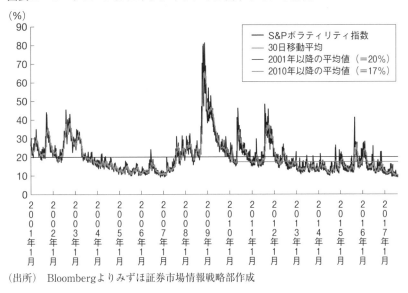

(出所) Bloombergよりみずほ証券市場情報戦略部作成

どのVirtu Financialは、上場会社なので決算発表を行っていますが、昨年2016年度の利益は1億6,000万ドル、ざっくり200億円弱です。これが大きいか小さいか判断に迷いますが、たとえば日本のネット証券最大手だと300億円弱は稼いでいますので、一般にいわれているほど利益をあげていないものと個人的には考えています。

HFTの合併とその他のビジネス領域への進出

HFTはかなり競争が厳しくなっているなかで、ボラティリティが低下し、収益がなかなかあげられない状況になっています。では、今後HFTがどうなっていくのか、さらに新しい戦略を生み出すのでしょうか、という質問が前回の講義でありました。1つの答えは、先ほど申し上げたとおり、取引商品を増やすことが考えられます。基本的にプログラムですので、米国株も日本株もそれほど変わりません。取引規則・環境などは変わるので、若干ファインチューニングがいりますが、地理的に取引市場を増やす、さらに、商

図表10－7　HFTの合併とその他のビジネス領域への進出

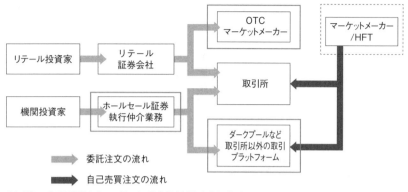

（出所）　各種報道よりみずほ証券市場情報戦略部作成

品・先物・為替などに増やしていく、という対応が考えられます。さらに、業務をいろいろなかたちで拡大していく可能性があります。

　図表10－7は、再びアメリカのVirtu Financialの例です。HFTとしてマーケット・メイキング業務を主に行っていたのですが、ほかのHFTと合併することで、取引施設の運営や、証券会社、機関投資家からの注文を市場で執行する業務にも進出してきています。

3　資本市場への影響

　HFTの実態はよくわからないのですが、資本市場への影響は大きい。では、どういった影響を与えているのでしょうか。流動性・取引コストへの影響、市場の安定性への影響、投資家間の公平性に与える影響の３つの観点から考えていきたいと思います。

3.1　流動性・取引コストへの影響

　まず、流動性・取引コストへの影響です。せっかく大学院の授業なので、

論文紹介も兼ねてですが、HFTについて、多くの学術研究は、取引コスト
の縮小、市場のボラティリティの低下、指値注文などをはじめとした流動性
の供給といった点で、その能力を評価しています[1]。ですので、肯定的に
HFTを評価している論文をあえて集めてみました。全体をまとめると、
HFTのおかげで取引コストが低下しているという学術研究が多い。もう1
つは、HFTのおかげで市場のボラティリティの低下が観察されます。最後
は、指値注文などをはじめとした流動性の供給につながる。指値注文が多い
ことによって取引所で注文執行可能性が高まるといいましたが、指値注文が
多いということは、それだけ流動性が高くなる。そういったデータが出てい
ます。たとえば、Brogaard (2013) では、流動性の供給が全体としてHFTの
おかげで増加していると指摘しています。また、東証のワーキングペーパー
(保坂 (2014)) は、流動性の供給・価格変動抑制につながる注文をHFTが出
しているということをデータから裏づけた論文です。

　10月に公表されたばかりの米財務省の論文によれば、実は、他の要因も大
きいのですが、1994～2016年直近にかけて、特に2004年ぐらいまで、一気に
スプレッド、市場で出されている売り気配と買い気配の差が縮まっています
というデータが公表されています。

　スプレッドが縮小すると何がいいかというと、売買コストが低下します。
たとえば、株を買おうとしたときに、95円の買い注文があります、105円の
売り注文がある場合、スプレッドは10円です。この場合、買ったときは105

1　たとえば、以下の論文があげられる。
　　Brogaard, J. A., Hendershott, T., and Riordan R. (2013) "High Frequency Trading
　and Price Discovery," ECB Working Paper Series, No. 1602 ⇒流動性の供給
　　Hasbrouck, J. (2012) "Low-Latency Trading" New York University Stern School
　Working Paper ⇒スプレッドの縮小およびボラティリティの低下
　　Jovanovic, Boyan and Albert J. Menkveld, (2012) Middlemen in limit-order markets,
　working paper ⇒指値注文の積極的な利用
　　Menkveld, A. (2013), "High Frequency Trading and the New-market Makers," Jour-
　nal of Financial Markets ⇒ビッド・アスクスプレッドの縮小
　　保坂豪 (2014)「東京証券取引所におけるHigh-Frequency Tradingの分析」JPX　ワー
　キング・ペーパー⇒流動性の供給および価格変動を抑制する注文

第10章　アルゴリズム・HFT取引の実態、資本市場への影響、法規制の現状と論点　413

円でしか買えません。他方、たとえば、99円の買い注文があって、101円の売り注文があるという状態は、スプレッドが2円ですが、この場合、101円で買えるので、当然コストが安くなる。ということで、取引コストの低下はHFTのおかげだという論文が多数出ていて、HFTを肯定的にみる見方は多数あり、私もこちらの意見に賛成しています。とはいいながらも、ネガティブな面も若干あるというところをあえて強調するために、そういったネガティブな事例を紹介していきます。

3.2 市場の安定性への影響

フラッシュ・クラッシュの事例

前回の講義でも、フラッシュ・クラッシュはHFTの影響ではないかという質問がありました。結論からいうと、そのきっかけとしてはHFTが要因ではないのですが、HFTが若干関与した可能性があるというのが答えになります。

フラッシュ・クラッシュは、2010年5月に発生した事象・事件です。米大手運用会社によるE-Mini S&P500先物に対する大量の売却（7万5,000枚、約41億ドル相当額）注文を契機として、わずか10分程度の間に米国株式市場において「急激かつ大幅な価格下落とその後の急反発」が発生しました（図表10-8）。この影響でインデックス市場、個別株市場、ETF市場など広範な市場で大きな価格変動がみられました。なお、ダウ平均、S&P500、NAS-DAQ100指数はそれぞれ、14：45〜14：47の間に最安値をつけ、最大でそれぞれ前日引値比−9.2％、−8.6％、−10.5％急落し、その後、急反発するという結果となりました。

きっかけとなった注文自体はシステム障害ではなかったものの、売却注文を行った「自動売却執行アルゴリズム」は、価格や時間軸などのファクターを除外し、取引量のみに依存するもので、直前1分間の取引総量の9％相当額を自動的に売却発注するアルゴリズムであったといわれています。

414

図表10-8　フラッシュ・クラッシュ発生時の値動き

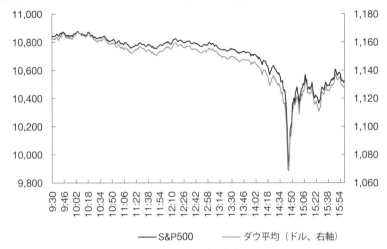

(出所)　Bloombergよりみずほ証券市場情報戦略部作成

　実際の取引の詳細は図表10-9に記載しています。これをみれば、どちらかというと、HFTは被害者、スケープゴートにされているというのがわかると思うのですが、まず、①大手運用会社が7万5,000枚売却注文を行いました。当該注文に利用されたアルゴリズムは、直前1分間の取引量の9％を自動的に売却してくださいというものです。これが14時32分に入力されました。
　②ですが、このアルゴリズムの売りに対して、まずHFTは買い手として大量の注文を買い支えていた。だから、逆に価格の変動を抑制するような行動をとっていたといわれています。これはSECの報告書に記載されているので、比較的正確なものだと思うのですが、この時にHFTは約3,300枚のネット・ロングポジションを構築しました。HFTは短い間で売り買いするのが基本で、ほとんどポジションをもたないのです。ただ、この時は必死に買い支えて、約3,300枚の買いポジションをもってしまったということになります。

第10章　アルゴリズム・HFT取引の実態、資本市場への影響、法規制の現状と論点　415

図表10-9 フラッシュ・クラッシュとHFTとの関連

■HFTが展開した回転売買に伴う取引量の増加に「売却アルゴ」が反応、きわめて短い時間帯のなかで「取引量の急増と価格急落」というスパイラルが発生
■E-Mini運営主体のCMEが市場安定化策("Stop Logic Functionality")を発動し、取引を5秒間停止してはじめて価格が反転

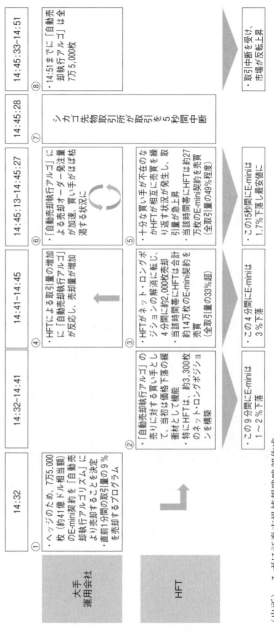

(出所) みずほ証券市場情報戦略部作成

ただ、③で、HFTは基本的にポジションを短期間で買っている場合はす
ぐ売る、売っている場合はすぐ買うという行動をとります。ロングポジショ
ンは買いポジションということですが、ロングポジションをもっていたの
で、急激に売却に転じました。14時41分〜14時45分です。4分間にネットで
約2,000枚、売り買いを繰り返してポジションを解消していくので、HFT同
士でも売買しあうことで、この4分間にHFT全体で、約14万枚の売り買い
を繰り返したといわれています。

　ここがポイントですが、このように売り買いを行うと、先ほどのアルゴリ
ズムは、前の1分間の9％分だけ売却してくださいというプログラムだった
と申し上げましたが、HFTが売買を増やしたことに反応して、④にあるよ
うに、アルゴリズムが、1分前の取引量がすごく多いので、売却量を増加さ
せることになりました。9％という設定値は変わらないのですが、大手運用
会社の売却注文がさらに増えてしまいました。

　⑤ですが、さらにそういった売却注文にまた応えるために、HFTもすご
く売買を増やしてしまい、さらに自動売却アルゴリズムの売り注文が増える
という不均衡状態が発生して、最終的に15秒間に1.7％下落し、先物市場が
混乱してしまったのです（⑥）。

　そして⑦ですが、E-miniのS&P500の上場取引所はシカゴ先物取引所です
が、ここはStop Logic Functionalityという、簡単にいうとサーキット・ブ
レーカー、急激に価格が変動したので取引をいったん止めましょうという措
置を発動し、5秒間だけ取引を停止して、やっとマーケットが落ち着きまし
た。5秒間停止するとHFTも冷静になれますし、アルゴリズムのほうもい
ったん止まるので、やっと市場が落ち着いて、最終的に市場が反発したとい
う経緯になります。ですので、HFTはどちらかというと買い支えているほ
うなので、被害者なのかなというのが私の考えになります。

　では、完全なる被害者かというと、そうでもないという話もあります。こ
れまでは先物市場の話でしたが、個別株市場では、株価が大幅下落する銘柄
も多くて、マイナス100％、つまり価格ゼロ、実際には1セントをつけた銘

第10章　アルゴリズム・HFT取引の実態、資本市場への影響、法規制の現状と論点　417

柄が多数存在しました。このように、市場はかなり混乱しました。なぜこういう事態が起きたのかというと、若干HFTが関係していたのかもしれません。

　SECの報告書によれば、株式インデックス市場における価格急落を受けて、HFTなどが採用する自動取引システム（automated trading systems）にあらかじめプログラミングされていた「取引停止機能」が発動しました。なぜ取引を止めるかというと、株価下落が、間違った注文を要因とし、それがキャンセルされる可能性がある、もしくは、当該の株式の値動きでHFT自体のリスクが高くなってしまう可能性が出てくるためです。取引がキャンセルされる可能性がある場合、たとえば、エラー性のある売り注文が来て、それをHFTが買った後、反対売買して売りましたといったときに、実は買い注文がキャンセルされる可能性が当時のアメリカではあったのです。買ったほうはキャンセルされて、売り注文だけが残ると、HFTにとっては、ミリ秒単位で構築してポジションを解消していくことからかなりリスクになるので、市場が急変動したときにはいったん自動取引システムを停止する。通常であれば両方に売り買いの注文を出しているのですが、この時は売り買いの注文を一気に引き揚げました。この状態で個人投資家の成り行き注文が一気に流入してきた結果、1セントで注文が成立してしまったというケースが散見されたということで、かなり市場の混乱が増幅されたといえます。つまり、株式インデックス市場が急落した14時45分頃から、HFTが（「取引停止機能」の発動により）一斉に流動性供給を一時的に取りやめたことが、個別株式市場の価格下落につながったというメカニズムが指摘されています。

　もしHFTが取引を止めなければ、株式インデックスは10％ぐらい下落していたので、その程度で止まったかもしれない。ただ、HFTが買い注文・売り注文を出さなくなったために、1セント取引という状態が発生し市場が混乱したので、HFTは若干関与しているのかもしれない。HFTはプレイヤーとしてリスクを負いたくないので、取引しませんという行動は正当化されるべきだと思いますが、HFTを批判する方もいます。

418

ナイト・キャピタル社の破綻

　もう1つ、市場の安定性を損なうような事例を紹介します。こちらはHFTに責任の所在がある事例です。大手HFTのナイト・キャピタル社が誤発注を起こして市場を混乱させた事例になります。報道ベースですが、8台のサーバーに新しく売買プログラムをインストールする過程で、1台のサーバーにプログラムをコピーし忘れたのが、誤発注の原因だといわれています。

　45分の間に、154銘柄において、合計400万回、3億9,700万株の取引を実行してしまった。これはHFTがどれだけ取引をしているかといういい例になるのかなとも思います。45分で400万回ですので、1分当り10万回弱ぐらい取引していました。さらに、154銘柄のうちの少なくとも40銘柄で10%以上の価格の変動が起きました。会社自体に財務的な何かしらのニュースがあったわけではないのに、HFTの誤発注で10%以上の価格変動が起きてしまいました。巻き込まれた投資家の方には、運よく安く買えた人もいるかもしれませんが、高く買ってしまった事例もあったと思いますので、HFTが非難されるべき事象かと思います。

　ちなみに、ナイト・キャピタル社は、株価が10.33ドルから2.58ドルまで下落し、最終的に、GETCOというHFT大手に救済合併され、KCGホールディングスになりました。HFTの収益水準はそれほど高いわけではないので、こうした取引エラーを起こしてしまうと破綻にまでつながることもあります。

　実は、2010年5月のフラッシュ・クラッシュ以降、ナイト・キャピタル社の事例も含めて、HFT等がシステム障害を起こすことにより、市場が混乱する事例が散見されており、HFTのシステム障害が市場の安定性に対して脅威であると考える方もとても多くなってきました。その批判は正当なものであると私も考えます。

3.3 投資家間の公平性に与える影響

レイテンシー・アーブとフロントランニング

3つ目に、投資家間の公平性に与える影響です。前回の講義でもアメリカにおけるレイテンシー・アーブの話が出ましたが、ここで若干詳しく説明します。結論としては、批判はとても強いですが、違法ではないというのが私の考えです。

まず図表10-10はアメリカの取引所別の株式取引のシェアです。NYSEグループがニューヨーク証券取引所グループで、実はこの下に3つの取引所があります。NASDAQグループも3つの取引所をもっています。BATSグループは、いま、CBOE取引所のグループの傘下に入っていて、傘下に4つ取引所があります。その他の取引所として2取引所あって、現在、合計12取引所があります。これらの取引所間の価格データの配信速度の差を利用することによって、HFTが悪さをしているのではないかと疑われる事例があるというのが、レイテンシー・アーブのお話です。

図表10-10 米国株式市場における取引所および店頭取引シェア

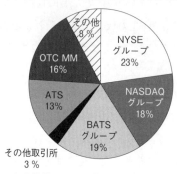

(注) 7月24日～28日の取引株数データに基づく、OTC MMはみずほ証券市場情報戦略部による分類
(出所) BATS Global Market、FINRAよりみずほ証券市場情報戦略部作成

アメリカの市場規則で、12の取引所は、それぞれの取引所のなかで提示されている最も有利な価格を、Securities Information Processor（SIP）に配信することが義務づけられています。その12の取引所のなかから、IBMでもマイクロソフトでも何でもいいのですが、どの取引所がいちばん高い買い気配を出しているか、いちばん安い売り気配を出しているかを集計して一般に公表します。機関投資家も、基本的にはこのSIPのデータに頼っています。

　ただ、HFTは、コロケーションサーバーを各取引所に置いています。そして、価格データを取引所が直接販売している（ダイレクトデータフィードと呼ばれる）ので、それをもとに自分たちで独自に計算します。この経路でHFTが自分たちで集計すると、SIPのデータと、2～3ミリ秒ぐらい差があるという報道もありました。この2～3ミリ秒速く得られるデータを利用し

図表10-11　アメリカにおけるSecurities Information Processor（SIP）

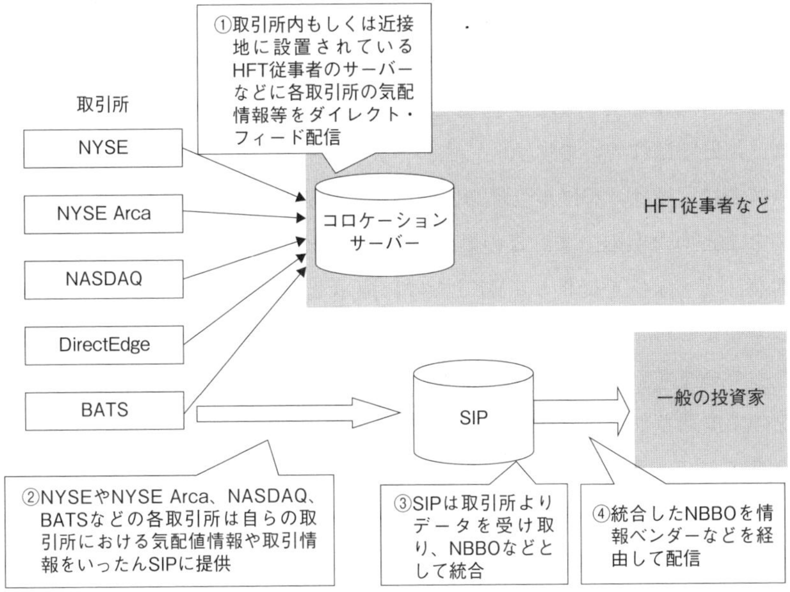

（出所）　みずほ証券市場情報戦略部作成

第10章　アルゴリズム・HFT取引の実態、資本市場への影響、法規制の現状と論点　421

て、HFTは、A取引所の値段のほうが有利とみて、A取引所に直接注文する。これが、レイテンシー・アーブです。そのデータは2～3ミリ秒後くらいに一般投資家に伝達されるので、不公平ではないかというのが一般の意見でした。基本的に別にHFTは悪さをしているわけではなく、いわゆるフロントランニングをしているわけでもなく、正当な手続でお金を払って速い情報を得ているので、公正性が疑われる事例として紹介しました。ただ、実はそこまでひどくない、違法なことはしていないという事例かと思います。

ダークプール

また、ダークプールとHFTが結託して何か悪いことをしているのではないかという事例があります。アメリカでは、ATS（代替取引システム：Alternative Trading System）というカテゴリーで、ダークプールという取引システムがあり、その多くは証券会社が提供していて、一定の取引量を占めています。ダークプール、なぜダークというかというと、投資家から集めた注文情報を、取引所だと板情報といって、いくらで買い注文があります、いくらで売り注文がありますと公開しているのですが、ダークプールは公開していません。ですので、明るい市場ではなく、暗い市場だという意味でダークプールと呼ばれています。

図表10-12は、2011年以降2015年くらいまでの米国ダークプールの処分事例をまとめたものです。この処分事例中の一例では、HFTのためだけに特別な注文タイプを提供し、HFTだけに開示し、その他のユーザーには開示していません。最終的には、SECから多額の制裁金を課されるという事態になっています。HFTそのものが悪いわけではないですが、HFTは良い顧客なので優遇されたというケースで、投資家間の不公正性が疑われる事例になります。

それに付随するのですが、HFTのみに特定のサービスが提供される場合は、投資家間の公平性に疑問符がつくという例で、しばしばアメリカで批判の対象になるのは特に、①コロケーション、②注文タイプの濫造（一部HFT

422

「のみ」に詳細を開示することも含む）、③ダークプールにおけるHFT「のみ」への情報開示、の３点です。

このうち、①コロケーションについては、一般に開放されていることからそれほど大きな問題ではありません。前回の講義でも話がありましたが、仮にコロケーション・サービスがなかったとしても物理的に取引所データ近辺にサーバーを設置してくるだけです。

②注文タイプの濫造については、私の個人的な意見ですが、グレーゾーンだと思います。HFTのみが利用可能というわけではありません。SECの許可が必要ですし、注文内容の開示はされます。ただ、複雑な市場構造が生まれてしまって、結果として普通の投資家に理解できない注文タイプができてしまって、HFTだけが利用できる。実態的にそうなっているという意味でグレーゾーン、公正性に少し疑義が出ると考えられます。

③ダークプールにおけるHFTのみへの情報開示は問題があると思います。実際にHFTだけしか開示していませんし、実際それによってSECからの処分事例もありますので、問題ありといわざるをえません。

フラッシュ・オーダー

ちなみに、注文タイプに関する事例としては、アメリカのフラッシュ・オーダーと呼ばれる注文タイプが注目されました。フラッシュ・オーダーとはどういうものか。注文情報は基本的にSIPを通して公開されます。フラッシュ・オーダーでは、結論としてはSIPに情報を流しません。ダイレクトデータフィードを購入している投資家のみにしか開示されない。結果として、ダイレクトデータフィードはHFTが利用していることが多いので、不公平ではないかという批判があがりました。結局、SECにより禁止提案も出され、取引所もさすがにまずいだろうということで、フラッシュ・オーダーのような注文タイプはなくしています。

第10章　アルゴリズム・HFT取引の実態、資本市場への影響、法規制の現状と論点　423

図表10-12　ダークプールと主な処分内容

ダークプール	主な処分内容	法律・規則
独立系 ダークプールA	・顧客同士の注文を対当させると説明していたにもかかわらず、子会社であるトレーディング会社が注文を執行 ・子会社であるトレーディング会社への不適切な情報提供 ・2011年10月、SECにより100万ドルの制裁金	・証券法17条(a)(2) ・Reg ATS Rule301(b)(2) ・同Rule301(b)(10)、など
独立系 ダークプールB	・ダークプール内の顧客の取引情報を約3年間にわたって不正利用 ・顧客の取引情報の守秘義務違反 ・2014年6月、SECにより200万ドルの制裁金	・証券法17条(a)(2) ・Reg ATS Rule301(b)(2) ・同Rule301(b)(10)、など
投資銀行系 ダークプールC	・顧客への不適切な情報提供 ・HFTのデータを意図的に除外、サービス内容をミスリード、取引情報の大手HFTへの提供 ・2014年6月、NY州司法長官による提訴	―
投資銀行系 ダークプールD	・ダークプール内の約定についてレギュレーションNMS違反 ・オーダー・プロテクション・ルール順守に関する社内制度未整備 ・2014年7月、FINRAにより80万ドルの罰金	・Reg NMS Rule 611
投資銀行系 ダークプールE	・顧客注文情報の不正漏洩 ・顧客の非開示注文情報をSORサービスに利用 ・関連トレーディング会社の登録義務違反 ・2014年7月、SECから500万ドルの制裁金	・証券取引所法15条(a) ・Reg ATS Rule301(b)(2) ・同Rule301(b)(10)、など

投資銀行系 ダークプールF	・特殊なオーダータイプを一部HFTに開示、その他のユーザーに開示せず ・2015年1月、SECから1440万ドルの制裁金	・証券法17条(a)(2) ・Reg NMS Rule 612 ・Reg ATS Rule301(b)(2) ・同Rule301(b)(5)、など
独立系 ダークプールG	・秘密裏にトレーディングデスクを設置・運営、ダークプール参加者の取引情報を不正利用 ・2015年8月12日、ITGが2030万ドルを支払うことで合意	・証券法17条(a)(2)および(3) ・Reg ATS Rule301(b)(2) ・同Rule301(b)(10)、など

（出所）　みずほ証券市場情報戦略部作成

図表10-13 フラッシュ・オーダーの概要

■ フラッシュ・オーダーとは、NASDAQ、BATS、Direct Edgeで採用（予定含む）された注文形式の１つ。注文が到着するとフラッシュ期間といわれるわずかな時間、発注された市場にのみ表示され、その短い時間に対当注文が到着すると約定される
■ 注文情報が広く公開されないこと、他市場にある指値注文が優先されないこと、当該の短い時間に対当注文を発注できるのはHFTのみであったことなどが問題に
■ フラッシュ・オーダーは、Regulation NMS Rule 602の例外規定（短期間でキャンセルされる注文を気配に含める必要がないという規定）を利用した注文形式であったが、SECは同規則を削除することを提案

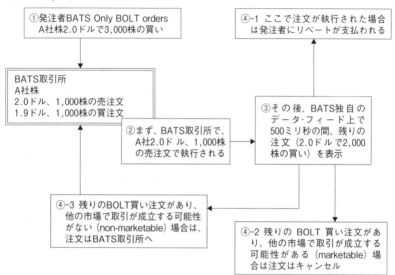

(*) BATS Only BOLT ordersとはBATS取引所におけるFlash Orderの商品名。
(出所) みずほ証券市場情報戦略部作成

3.4 HFTは投資家か

　最後に、HFTは投資家かという点について考えます。HFTの取引シェアが仮に90％になってしまったら市場の価格形成機能は機能しづらくなります。なぜなら、HFTはファンダメンタルズ分析、企業価値の分析をしないからです。しかしながら、HFTのシェアは、大墳先生が前回の講義でおっしゃったとおり、理論的には最大で50％ですし、そもそも、HFTを投資家

として分類するのはおかしいというのが、私が述べたいことです。HFTは、基本的にマーケットメーカーです。株式保有期間は超短期で、投資家として企業価値と比較して安く買って高く売るというのではなく、あくまでも流動性を供給するだけです。流動性リスクを負うことによって、たとえば、1円といった細かい利益をあげるもので、そもそも投資家として分類することはおかしい。投資家にとっては、流動性供給者が存在しない場合、取引執行が困難になりかねない。だから、HFTを投資家とみなして、HFTを批判することは見当違いではないかという考えをもっています。

4 法規制の現状と論点

最後に、HFTに対する法規制の現状と論点についてですが、仮に自分が法規制を分類すれば、大きく分けて次の3つほどに分類します。①HFTの正確な実態を把握するための規制、②取引行動を制限するための規制、③直接HFTを対象とするわけではないが、HFTに影響する周辺業務を規制してHFTが規制できるという考えをもつ規制、の3つです。そして、最後に、HFTを規制すべきかどうか、についてお話しします。

HFTの登録制とHFTの取引手法の把握

まず、HFTの登録制が開始されます（図表10-14のいちばん上）。欧州のMiFID Ⅱは2018年1月から、日本の金商法は2018年4月施行ですが、半年間の猶予期間があるので、実質的に9月くらいから開始されます。なお、アメリカの証券規制当局であるSEC、先物取引の規制当局CFTCも実は登録制を提案中ですが、採択には至っていません。

では、この規制は良いか悪いかという私の考え方ですが、コストとベネフィットという点から考えると、登録制自体のコスト負担はそれほど高くありません。一方で、ベネフィットとして、規制当局は少なくともHFTを行

っている業者を把握することが可能になります。ですので、登録制は良いのではないかというのが私の意見になります。

　また、図表10-14の2つ目にあるように、改正金商法では、取引戦略を4つの類型に分類して届け出てくださいという規制があり、欧州のMiFIDⅡでも当局への通知義務があります。他方、アメリカで少し問題になっている規制としてレギュレーションATがあります。CFTCによる「自動取引（Automated Trading）」、実質HFTに対する規制提案が2015年になされていますが、現時点では、採択には至っていません。注目される内容として、「アルゴリズム」そのものへの当局からのアクセスが盛り込まれ、つまり、プログラムを当局にみせられるようにしてくださいという規制が入っていまし

図表10-14　HFTの登録制とHFTの取引手法の把握に係る規制

■HFTの登録制の開始
・MiFIDⅡと改正金商法にて規定。SEC、CFTCも提案中であるが、採択には至っていない

■改正金商法における取引戦略の届出
■MiFIDⅡにおける当局への通知義務
■アメリカのレギュレーションAT
・CFTCによる「自動取引（Automated Trading）」の規制群
・2015年に提案されるも、現在、採択には至らず
・注目される内容として「アルゴリズム」への当局からのアクセスが盛り込まれる

■アメリカのConsolidated Audit Trail（CAT）、Regulation NMS Rule 613
・CATとは「米国上場証券の取引においてすべての注文情報と顧客情報を、注文開始から回送、修正、取消し、執行までのすべての過程にわたって、市場横断的に捕捉するシステム」
・2010年5月に発生したフラッシュ・クラッシュの調査・分析においては、データ未整備から半年程度の時間が経過
・2012年7月、SECがConsolidated Audit Trailの構築を決定

（出所）　みずほ証券市場情報戦略部作成

た。私の考え方ですが、取引戦略の届出自体はそれほど大きな負担でもない
ですし、HFTにとっても、ある程度なら当局にだけならみせてもいいと考
えるでしょう。ただ、レギュレーションATのように、アルゴリズム自体を
当局にアクセスさせると、財産権の侵害になるのではないかというかたちで
の批判や懸念が非常に高まりました。もしこの規制が成立してしまうと、
HFTはアメリカで業務をやめて、欧州で業務を行おうという方向に動く可
能性もあり、やはり問題があるだろうということになりました。

　また、図表10−14の３つ目にはConsolidated Audit Trail（CAT）と呼ばれ
るシステムを構築する規制がありますが、当該システムは「米国上場証券の
取引において、すべての注文情報と顧客情報を、注文開始から回送、修正、
取消し、執行までのすべての過程にわたって、市場横断的に捕捉するシステ
ム」です。理由は、フラッシュ・クラッシュが2010年５月に起きたにもかか
わらず、半年たっても米国当局はフラッシュ・クラッシュの全容を把握でき
ませんでした。半年たってやっと最終的な報告書を出したのです。こういっ
たことから、2012年７月、SECがCATの構築を決定し、現在、構築中とい
う状況です。

　CATの構築が良いか悪いかですが、まずコストを考えると、ブローカー、
取引所などの負担が初年度で5,000万ドル、50億円ぐらいです。ただ、ベネ
フィットとして、規制当局はHFT取引の詳細を把握することができます。
プログラムの詳細は把握できないものの、HFTが実際にこういう取引を行
っているというのを逐一把握することができるので、違法取引等の抑止力と
して機能します。

　コスト50億円に対してベネフィットは上回るかというと、日本と違ってア
メリカの場合は12の取引所があって、各自が勝手に取引を集計して、いつ取
引が執行されたかという時間もミリ秒単位ではあっていません。このシステ
ム構築によって、少なくとも誤差が、少し大きいですが、20ミリ秒単位で把
握できる。日本の場合、東証で取引が90％あるので東証さえ頑張ればいいの
ですが、アメリカの場合は12の取引所がそれぞれ頑張っても限界があるの

第10章　アルゴリズム・HFT取引の実態、資本市場への影響、法規制の現状と論点　429

で、たしかに50億円は高いけれども、許容できるのかなと思います。

HFTの行動への直接的な規制

次に、HFTの行動への直接的な規制を紹介します。まず、取引行動というよりも、HFTは取引システムをしっかり管理してくださいという規制で、その例としてSECの「マーケット・アクセス規制」があげられます（図表10－15）。

実は、先ほど紹介したナイト・キャピタル社はこのマーケット・アクセス規制に違反したとしてSECより処分を受けています。具体的には、1つは、取引参加者のクレジットを把握したうえでの「ハードリミット」の設定、つまり注文1回当りここまでが最大です、それ以上の注文に関しては受け付けないでくださいというものです。2つ目は、異常な取引を遮断する「キル・スイッチ」の実装で、システムが暴走したときに電源を落とすような機能をもってください、システムのリスク統制手段をもってくださいという規制です。このマーケット・アクセス規制に関しては、システム障害は市場全体に影響を与えますが、HFTそのものが倒産につながる可能性もあるので、そもそもインセンティブはあります。規制でコストがさらにかかるというわけではないですし、HFTにはシステム管理を行うインセンティブがそもそもあるので、このような規制はしっかり有するべきなのではないかと考えます。実際MiFID Ⅱでも同様の規制が課されていますし、日本の改正金商法でも同様の規制が課されることになります。

2つ目は取引行動に関する規制で、まず米国SECでは、フラッシュ・クラッシュの後、「スタブ・クォート」という慣行を禁止しています（図表10－15）。マーケットメーカーは、実は売り買い両方とも注文を出してくださいという義務が課されています。取引をしたくないとき、HFTは取引をやめてしまったのですが、正確にはやめたわけではなくて、絶対値段がつかないだろうという1セントで買い注文を出します。または、通常50ドルぐらいで推移している株の売り注文を100ドルぐらいで出しておきます。一応、売

図表10－15　HFTの行動への直接的な規制

■システムの頑健性に関する規制
・SEC「マーケット・アクセス規制」
　・取引施設へのアクセスについて、アクセス手段を問わず、規制するもの
　・DMA／DEAなどの取引手法を利用する際も含め、証券会社・投資家において、自動的に取引を審査、一定のリスク統制手段を構築することを求める
・MiFID Ⅱ「システムやリスク統制に関する規定」

■HFTの取引関連規制
・SEC「スタブ・クォート」の禁止
　・「スタブ・クォート」とは、極端に安い買い気配・極端に高い売り気配を提示する慣行
　・最良気配から価格ごとに定められる一定の範囲内でしか気配が出せないようにする規則変更
・MiFID Ⅱ「マーケットメイキング」規定
・MiFID Ⅱにおける「ミリ・セカンド・ルール」および「Order-to-Trade Ratio制限」（最終的に導入されず）
　・「500ミリ秒」の間、注文のキャンセル不可、注文量に対して約定量が一定以下の場合にペナルティ

■SEC　レギュレーションSCI
・当該規則策定前は、強制的な規則はなく、各取引所等は、SECが定めた自動化評価指針（Automation Review Policy：ARP）に則して自発的に策定した原則に従っていた
・SECの規則として、自らのシステムが適切なレベルのキャパシティ、完全性、頑健性を有すること、障害が発生した際、迅速に、適切な是正措置を講じることができるようにすること、などが義務づけられる
■MiFID Ⅱや日本においても同様の規制あり

（出所）　みずほ証券市場情報戦略部作成

り買いの両方とも出していますという建前で、「スタブ・クォート」といわれる慣行なのですが、これを禁止する規制を出しています。MiFID Ⅱでは、マーケット・メイキング規定というのがあり、同じような規制を課しています。

第10章　アルゴリズム・HFT取引の実態、資本市場への影響、法規制の現状と論点　431

3つ目に、MiFID Ⅱで提案されていたミリ・セカンド・ルールおよびOrder-to-Trade Ratio制限があります。ミリ・セカンド・ルールは、500ミリ秒の間、注文をキャンセルすることができないというもので、Order-to-Trade Ratioは、注文量に対して約定量が一定以下の場合にはペナルティを課すという、まさにHFTの行動を直接的に制限する規制ですが、これらは、最終的には導入されませんでした。

　フラッシュ・クラッシュの際は、多くのHFTが取引を停止してしまい、結果として1セント取引が成立してしまう事例もありました。こういった事態を考えると、スタブ・クォートは禁止すべきだろうと思います。ただ、市場が混乱している時期にHFTだけにリスクを負わせる、たとえば、実際、本当に値段が下がっていたらHFTは大きいポジションを抱えてしまって、無理やり買い向かわないといけないという義務を課してしまうと、そんなリスクの高い取引を課されるのだったら撤退してしまう可能性もあるので、市場が混乱している時期は一定の免除規定を設けるべきだと思いますし、実際、MiFID ⅡやSECは、そういった免除規定があります。

　また、MiFID Ⅱにおけるミリ・セカンド・ルールなどについても、過度にHFTに規制をかけた場合、HFTが撤退してしまう可能性がある。HFTのおかげでスプレッドが縮小してきたという利点がなくなってしまう可能性もあるので、過度な取引行動の制限はやめるべきだろうと思います。

　なお、SECのレギュレーションSCIは、取引所がシステム障害等を起こさないようにすべきだという規制です。

市場の急変動防止策

　最後に紹介するのは「市場の急変動防止策」として、サーキット・ブレーカー、それから値幅制限に類似したものになります。

　アメリカは、HFTが要因ではないのですが、フラッシュ・クラッシュを契機として、市場の急変動防止策をより改善させ、それから値幅制限のLimit Up／Downを導入しました。フラッシュ・クラッシュの時、マーケッ

トは止まりませんでした。先物市場が10%近く下落したのですが、市場は止まらなかったのです。理由はサーキット・ブレーカーです。ダウ平均は10%下がっておらず、そもそもこの閾値に達しなかったので取引を止めませんでした。この閾値を若干下げて、またインデックスもS&P500に変えて、より単純化して、よりサーキット・ブレーカーが発動されるような基準にしました。この閾値に達したら個別株の市場も含め、市場全部が止まります。

　もう1つ、Limit Up／Downは値幅制限に類似したシステムになります。ただ、日本の取引所で採用されている値幅制限は、その値幅制限を超えたものに関しては取引させません。アメリカの場合は若干違っていて、参照価格、過去5分間の平均取引価格の上下5％、10％、20％の水準に応じて取引を5分間だけ停止するということになります。

　アメリカは取引を止めることのコストをかなり重視しています。市場が混

図表10－16　アメリカの市場の急変動防止策の改善／導入

```
■アメリカの市場の急変動防止策の改善／導入
 ・市場横断的なサーキット・ブレーカー（下図参照）
 ・個別株市場における値幅制限（Limit Up／Down）の導入
  ・参照価格（過去5分間の平均取引価格）の上下、5％、10％、20％のプラ
    イスバンドを設定
  ・当該プライスバンドに達した場合、5分間の取引停止措置を発動
```

フラッシュ・クラッシュ以前の
サーキット・ブレーカー

参照指数	1:00pm前	1:00pm以降 2:00pm前	2:00pm以降 2:30pm前	2:30pm以降
Level 1 – DJIA 10%	1時間の取引停止		30分間の取引停止	取引停止無し
Level 2 – DJIA 20%	2時間の取引停止	1時間の取引停止	取引停止（再開無し）	
Level 3 – DJIA 30%	取引停止（再開無し）			

フラッシュ・クラッシュ以後の
サーキット・ブレーカー

参照指数	3:25pm前	3:25pm以降
Level 1 – S&P500 7%	15分間の取引停止	取引停止無し
Level 2 – S&P500 13%	15分間の取引停止	取引停止無し
Level 3 – S&P500 20%	取引停止（再開無し）	

（出所）　みずほ証券市場情報戦略部作成

第10章　アルゴリズム・HFT取引の実態、資本市場への影響、法規制の現状と論点　　433

乱するかもしれないというコストと取引が止まること、たとえば換金できなくなる、買いたいのに買えなくなる、といったコストを比較したときに、取引を止めたときのコストのほうが大きいと考えて、こういった制度になっています。フラッシュ・クラッシュ時のように1セントで取引する事例を考えると5分間は止めましょう、ただ、全部は止めません、という制度をアメリカは導入しました。なお、日本に関しては、値幅制限があるので、フラッシュ・クラッシュといったことはないのだろうと思います。

HFTは規制すべきか

　HFTの正確な実態は不明です。やっと登録制が始まりました。HFTの実態を把握するための規制は、正当性があると考えます。実態把握の結果、資本市場にネガティブな影響を与えることがより厳密に判明するのであれば、より具体的な規制が今後必要だと思います。ほとんどわからない状況で厳しい規制を課してしまうと問題があるのですが、実態把握をした結果として具体的な規制が必要なのであればしたほうがいい。HFTが問題のある行動を起こしているのであれば、より直接的なHFTに対する規制、先ほどのMiFID Ⅱのミリ・セカンド・ルールなどの規制を導入したほうがいいと思います。

　なお、アメリカの規制当局においては、HFTはそこまで悪くないという考え方があるので、HFTの周辺に対する規制を考えているという状況です。アメリカでは、取引所が指値注文を提示するHFTにリベートを提供するケースが多いのですが、リベートを廃止してはどうか、注文タイプは量が多いので問題だ、という議論があります。まだ結論は出ていないのですが、そういった議論が進行中です。

　HFTを明確に定義したうえで規制するのはMiFID Ⅱが初めてです。意図せざる結果が生じないように、その効果を今後もモニタリングしていくことが必要というのが私の意見になります。なぜなら、登録制によってHFTに行動変化が生じました、結果として流動性が落ちました、取引コストが上が

りました、といったことが規制の意図と違って起こりうるかもしれません。モニタリングの結果として意図せざる結果が生じてしまった場合は迅速に法改正を行うというスタンスが重要なのかなと思います。

　10年後も現行規制のままという状況はありえないと思います。実はアメリカでHFTがシェアを増やしたのは、レギュレーションNMSという2005年に施行されたルールが大きな影響を与えたといわれています。アメリカの市場構造が複雑になったのも、この規制が要因ですが、2005年にできた法律で、いま、大問題になっているので、10年前は素晴らしい規制だと思われていたものが、もう陳腐化してしまい、そろそろ改正が必要になっています。HFTもテクノロジーの固まりですが、技術進歩にあわせて規制もどんどん変えていくべきではないかというのが私の最後のお話になります。

■ 質疑応答

[質問] 具体的にどういった人達がHFTの取引を行っているのでしょうか。たとえば日本でいえば、日系企業、外資系、機関投資家、ベンチャー企業などありますが、どのようなプレイヤーが多いでしょうか。

[答] おそらく日本人として日本でHFTをやっている人はほぼいないと思います。金商法でもそれを見越して、外国法人のケースは、日本拠点を置いてくださいという規制を置いているのですが、ほとんどシンガポール辺りから取引しているのだろうと思います。では、シンガポール出身かというと、シンガポール人ではなくて、おそらくアメリカ、シカゴ周辺出身の方が多いと聞いています。あと、欧州だとオランダにHFTが多いといわれています。

　機関投資家かどうかですが、有名なところでいうと、トレードボット社があります。この会社は、実はアメリカの新興取引所であるBATS取引所の創業者と一緒で、ベンチャー魂をもって、いきなり取引所までつくるぐ

第10章　アルゴリズム・HFT取引の実態、資本市場への影響、法規制の現状と論点　435

らいですが、もともとはHFTからスタートした会社で、こういった方が結構多い。米国大手HFTであるシタデル社もヘッジファンド出身ですが、既存の伝統的な機関投資家というよりも、どちらかというとテクノロジーに強いベンチャーです。人数も、たとえばVirtu financialは、社員が1,000人というレベルではなく、数百人レベルでした。合併したので現在の従業員数は増えているのですが、最初は10人、20人ぐらいから始めたといわれていて、こういった人たちが多いと思います。

　機関投資家のなかで、たとえば、伝統的な運用会社はいないのですが、証券会社の自己売買部門がテクノロジーに強い人材を雇用して、HFTビジネスを行っているケースもあります。破綻したナイト・キャピタル社は、ニューヨーク証券取引所で場立ちのような感じで取引していた業者がHFTに転じたかたちになります。

[質問] HFTを導入するのに適した金融商品は主にどのような観点から決まるのでしょうか。現在でしたらビットコインなどの仮想通貨に対して、HFTが参入していく可能性はあるのでしょうか。

[答] 単純にいってしまうと、HFTに適した商品は、電子化された市場がある商品になります。株、コモディティ、先物市場も電子化されています。為替は、一部、プロ同士で売買するマーケットは電子化されています。一方、債券、たとえば日本国債先物は東証で上場していますが、日本国債の現物取引はあまり電子化されていないので、こういった市場では、HFTは参入できない。

　もう１ついうならば、取引情報を速く伝達してくれる、執行スピードが速い商品です。東証はアローヘッドというシステムを導入して、かなり取引スピードが上がりました。このため、HFTは東証にたくさん参入してきたといわれています。電子化され、かつ、かなり高速な取引システムがある市場であれば、HFTはどんどん入っていく。

　ビットコインについて、少し前までは、ビットコイン取引所といいなが

436

ら、簡単にいうと、個人で売買するような販売会社でした。おそらく、HFTが求めるレベルまで電子化されていないと思います。ただ、アメリカでビットコイン先物が上場されましたので、今後は参入してくる可能性はあるかもしれません。

[質問] アメリカでそもそも規制をするべきだという議論になったときに、たとえばリベートがある、注文タイプが多い、市場が多数ある、などの独自性が強くみられるような気がするのですが、日本の現在の状況において、独自にHFTが問題になっている分野はあるのでしょうか。

[答] 日本においては、アメリカのように問題になる事例はそれほどないのかなと思います。アメリカの複雑な市場構造がHFT批判の高まりの原因になっているので、日本ではそういった感じにはならないかなと思いますし、批判された事例もあまりみられないのかなというのが私の考えです。

[質問] HFTが増加することによって、将来、企業がどれだけ収益をあげられるかという企業価値とはかけ離れた市場価格が形成されてしまうことはないのでしょうか。

[答] HFTは基本的に企業価値をまったく考えていません。現在の価格の周辺で取引をする。たとえば、伝統的な運用会社が、特定の銘柄の株価は企業価値を考えると1,000円くらいが適正であると考えていて、現在価格が500円であった場合、どんどん買うことによってその株価が適正と考える1,000円に近い水準になる。これが普通の一般的な運用会社と市場の関係だと思います。HFTは、いま500円だったら、501円と499円で売買します。伝統的な運用会社が買い上げて株価が600円になっても関係ない。600円の周りで売買します。まったく企業価値を考えていませんし、逆に、短期間に売りと買いを両方行いますので、ネットで株価に与える効果はゼロです。だから、企業価値には影響を与えない。

　仮にHFTが90％や100％になったとしたら、そういう市場は、当然問題

第10章　アルゴリズム・HFT取引の実態、資本市場への影響、法規制の現状と論点　437

が生じてしまうのですが、前回、大墳先生が理論的にHFTは50％以上になりませんと説明していました。なぜなら、だれかの売買の相手方として取引をしているので、裏には伝統的な投資家、ファンダメンタルズバイヤーとわれわれはいうのですが、本質的な価値を考えて売り買いしている人がいるので、HFTは最大50％にしかなりません。瞬間風速で60％になることもなきにしもあらずですが、HFTはそもそもそこまで増えないし、企業価値にはまったく影響を与えないと思います。

［質問］レギュレーションNMS以降にHFTが増えたという話がありましたが、レギュレーションNMSより前から大分スプレッドが縮小しているようです。本当にHFTがスプレッドの縮小に役立っているのでしょうか。

［答］実は、その他の要因があり、HFTだけではありません。昔は、呼値が8分の1ドル単位でした。それが16分の1単位になり、やっと1セント単位になりました。実はそのほうの影響が大きいのですが、ただ、財務省の説明でも、HFTの影響ですといっています。正直、長期的なトレンドには、HFTだけではなくて、他のものも関連しています。

　2005年のレギュレーションNMSをきっかけとして、スプレッドはそこまで縮んでいないようにみえますが、実は若干縮んでいます。HFTが2005年以降非常に多くなったのは事実で、決定的な影響を与えたのはやはりレギュレーションNMSです。ニューヨーク証券取引所の場立ちがいるニュースはいまでもみられると思いますが、マニュアルの市場でした。いまはハイブリッドといって、電子的な取引もニューヨーク証券取引所は行っています。そのきっかけとなったのが2005年で、2000年ぐらいからElectric Communication Network（ECN）という電子的な取引所ができ始めて、BATS取引所の傘下にあるDirect Edgeや、ニューヨーク証券取引所が買収したNYSE Arcaという取引所ができ始めました。そこからHFTはどんどん増えて、2005年に電子化の流れが決定づけられて、HFTも注目されたという流れになります。ですので、1セント単位の呼び値が導入

された影響もあるのですが、HFT取引の効果もあわさって、スプレッド
が縮小したと考えていただければと思います。

[質問] HFTによって、市場のボラティリティが低下したとしても、HFT自
　　身がボラティリティを必要とするとの話でした。この場合、HFTがどん
　　どん進出することによってボラティリティが減り、HFTの多くは参入で
　　きなくなり、市場の調整みたいなものが起きるのでしょうか。

[答] HFTが増えてボラティリティが低下すると、論文等ではデータで示し
　　ています。理論的には、HFTが増え、ボラティリティが下がり、HFTは
　　利益が出なくなり、それによりHFTが撤退すると、HFTが稼げる水準ま
　　でボラティリティが上昇する可能性はあるのかなと思います。ただ、ボラ
　　ティリティは、HFTだけの影響ではなくて、たとえば金融政策が変わる
　　などのイベントの影響で突然ボラティリティが上昇する可能性もあります
　　ので、市場の調整がHFTの影響だけで起こるかどうかはわかりません。

[質問] アメリカではアルゴリズムへの当局アクセスに対して市場の懸念が
　　あったとのことですが、アルゴリズムが財産権だということはわかる半
　　面、アクセスされたことによって財産権が毀損するわけではないと思いま
　　す。どういう点で市場が懸念をもったのでしょうか。

[答] アメリカ特有なのかなと思うのですが、結構、人材が業界をまたいで
　　出入りするのです。アメリカの官僚は、投資銀行に勤めたり、規制当局に
　　勤めたり、また規制当局をやめて金融業界に戻ったりします。他方、
　　HFTは、アルゴリズムが収益の源泉なので、大変な労力を払ってアルゴ
　　リズムを開発します。儲けがないアルゴリズムも当然つくりますが、儲け
　　られるアルゴリズムだけ残っていきます。そういったアルゴリズムを、規
　　制当局の職員によってみられてしまう。そのロジックをみて、規制当局を
　　辞めた後、自分でHFTとして独立されてしまうと、いままでそのアルゴ
　　リズムで収益をあげていたのに、他人の収益になってしまう可能性がある

第10章　アルゴリズム・HFT取引の実態、資本市場への影響、法規制の現状と論点　439

という意味で、財産権の侵害ではないかという議論が起きました。

[質問] HFTの現状の規制としては、登録制などが課されていますが、証券
　会社に関してはどのような規制が検討されているのでしょうか。
[答] 証券会社も当然規制の対象になります。まず、自己売買部門でHFT業
　務を行っている場合は、同じような規制の対象になります。また、SECの
　マーケット・アクセス規制では、取引所で取引する経路をすべてマーケッ
　ト・アクセスと定義して、そこのアクセス権を有する者、HFTも、証券
　会社も、市場アクセスする者はすべてシステム的な措置をとってください
　という規制です。
　　もう1つ、図表10-15にあるアメリカのDMA／DEAというサービス
　は、証券会社がアルゴリズム、もしくは注文システムをつくり、顧客に使
　わせて、あたかもダイレクトにマーケットにアクセスするようなサービス
　ですが、DMA／DEAに対してはより一段とハードルを上げて、変な注文
　が来た場合に即座に遮断などの措置を講じなくてはいけません。
　　日本でも改正金商法で少し証券会社として困っているのは、証券会社
　は、未登録のHFTからの注文を受託してはいけないという規定があり、
　もう1つは、HFTはシステム管理の義務を課されていて、システム管理
　がしっかりしていないHFTからの注文を証券会社は受託してはいけない
　という規制があります。ですので、字面だけ追うと、証券会社は、HFT
　のシステム管理状況をみないといけないことになり、証券会社にも規制が
　課されている。ただ、現実問題として、HFTのシステム管理状況を証券
　会社が判断することはむずかしく、東証が検査権をもっていて、しっかり
　した検査を行ってくれるのだろうという前提のもとで進んでいますが、証
　券会社に対しても当然一定の規制が課されるということになります。

[質問] HFT業界の収益が減少傾向にあるとのことですが、業界として収益
　を改善していくために、何か取組みが考えられているのでしょうか。

［答］HFT同士ライバルなので、業界としてといわれると、なかなかむずかしいところです。あえて事例をあげるとすれば、各社がシステムを独自に構築するというのは、ある意味コストの無駄使いです。取引システムそのものや、アルゴリズムの開発は独自でやります。ただ、たとえば、HFT各社が執行スピードをより高速化するために共同で電波塔を構築するという報道がありました。電波塔をそれぞれ建てたらもったいないので、共同で電波塔を建てて、共同利用しよう、そうすればコストが安くなるというものです。電波塔まではいかなくても、似たような専用線、専用サーバーなど共同投資するという動きはあります。とはいいながらも、基本的には敵対関係にあるので、どちらかというと業界として収益性をあげようという取組みはないのかなと思います。

［質問］HFTの実態を把握した結果、資本市場にネガティブな影響を与えることが判明したら、具体的な規制が必要とのことでしたが、現時点で日本の資本市場にネガティブな影響は考えられると思いますか。

［答］正直わかりません。個人的な考えでは、HFTはおそらくそんなにネガティブな影響を与えていないと思っています。今回の講義ではあえて悪い事例を紹介させていただいたのですが、それでも、どちらかというと、良い影響を与えているのだろうなと思います。ですので、個人的には、将来的にも規制は必要ないのではないかなと思います。ただ、もしかしたら相場操縦のような法令違反事例や、クォート・スタッフィングといって、注文を大量に出してシステム障害を起こさせてしまうといった事例が多数あるかもしれません。今後の登録制、それから調査の結果が待たれるというところなのかなと思います。

第10章　アルゴリズム・HFT取引の実態、資本市場への影響、法規制の現状と論点　441

あとがき

　本書の作成、講義運営に際し多くの方にお世話になりました。

　各章をお読みいただくとすぐに気づかれると思いますが、毎回の講義では、学生からの質問が大変熱心に寄せられ、多いときは20名近くに及び、講義時間105分のうちおおむね３分の１は質疑応答に充てられるほどでした。質問が尽きず、講義時間を超過してしまうことも少なくなく、講師の方々も驚かれるくらいでした。紙幅の関係などから、講義のすべての内容および質疑応答のすべてを収録することはできませんでしたが、講師の方々のご尽力に加えて、本学学生の熱心な参加が本講義を支えたことはいうまでもありません。最前線の実務家・専門家の方々との活発な質疑応答を含め、本講義が、履修した多くの学生にとっても実り多きものとなり、将来、印象に残る講義であったと記憶されれば幸いです。講義に参加してくれた学生の皆さんの今後の活躍を心より祈念します。

　講師の皆様には、本講義の意義や目的をご理解いただき、非常に忙しいなかで、講義を引き受けていただきました。講義資料の作成にはじまり、実際の講義や質疑応答でのご対応、本書出版のための原稿校正を含め、多大な時間と労力を割いていただいたことに心より感謝申し上げます。

　本書の編集に際しては、神作裕之教授のご指導のもと、主に湯山が編集作業を担い、小野がそれを確認していくというかたちをとりましたが、特に神作裕之教授には、講義・編集作業のみならず、本寄付講座の運営をはじめ、教育・研究活動全般にわたり大変親切にご指導・激励いただきました。厚く御礼申し上げます。

　講義の運営・準備や本書出版に際しては、みずほ証券株式会社市場情報戦略部産官学連携室の笹嶋佐知子氏、中島秀人氏、西村あさひ法律事務所の堀内亜希子氏（小野担当秘書）、東京大学公共政策大学院の奥原純子氏・木村恵美氏（寄付講座担当）、今泉宣親氏（前東京大学公共政策大学院特任准教授）、澤

442

速記事務所の石井恭子氏（速記録作成）、東京大学情報理工学系研究科大学院生の村上悠介さん（ティーチングアシスタント）にも多大なるご協力をいただきました。厚く御礼申し上げます。

　本書の出版に際しては、きんざいの谷川治生氏、堀内駿氏に、企画段階から多大なるご協力をいただき、この場を借りて厚く御礼申し上げます。

　その他お名前をあげることはできませんが、本書作成・講義運営にあたりご協力いただいた、すべての皆様に心より御礼申し上げます。

小野　　傑
湯山　智教

事項索引

［英字］

Buterin …………………………… 262
DACs……………………………… 270
DAO……………………………… 143
DEA……………………………… 404
DVP ……………………………… 361
e-Residency……………………… 148
FATF ……………………… 44、217
Financial Inclusion（金融包摂）
　………………………… 28、126
FINOLAB ……………………… 241
FinTechサポートデスク ……… 207
FinTech実証実験ハブ………209、243
ICO（Initial Coin Offering）
　…………… 54、144、225、333
Immutability（改ざん不可能性）…62
IoT ……………… 120、147、258
Jコイン ………………………70
KSI ……………………………… 148
MiFID Ⅱ …………………387、403
MUFGコイン …………………70
OTR……………………………… 387
P2Pネットワーク ……………… 253
PFM……………………………… 165
RDB………………………………62
Regulatory Sandbox（規制の砂場）
　………………91、122、210
Society5.0 …………………120、172
Szabo…………………………… 262
Virtu Financial………………… 408
Watson……………………………95
X-Road ……………………142、148

［ア行］

アービトラージ……………366、407
アリババ………………………… 7
アリペイ（AliPay）……………… 7
アルゴリズム取引…………365、402
暗号通貨…………………………44
アンバンドリング………87、119、193
イーサリアム（Ethereum）……… 137
インダストリー4.0 ……………… 120
インターオペラビリティ（相互運用性）
　…………………………… 264
ウィーチャットペイ（WeChatPay）
　……………………………… 7
ウーバー（Uber）……………… 9
エストニア……………………… 148
オープン・イノベーション
　………………… 16、30、198
オープンAPI………16、89、131、221

［カ行］

開示規制………………………… 313
貸金業法……………………167、298
仮想通貨交換業者………41、69、220
仮想通貨法…………………40、69
割賦販売法…………………167、298
為替取引……………………126、308
協議条項………………………… 285
業規制…………………………… 314
金融商品取引法（金商法）
　…………66、167、298、313、389
金融包摂（Financial Inclusion）
　………………………… 28、126
金融レポート…………………… 173

444

クォート・スタッフィング………380
クラウドファンディング……225、318
個人情報保護法……………20、167
コロケーション………362、375、405
コンセンサスアルゴリズム…135、252

［サ行］

資金移動業……………………309
資金決済法………40、70、167、298
自動執行……………………258
信用購入あっせん………………338
スクリーン・スクレイピング……221
スコア・レンディング……………94

［夕行］

ダークプール………………422
知的財産法……………………303
中銀デジタル通貨………………31
通貨の3機能…………………46
ディレクショナル………………408
デジタル通貨……………145、231
電子財布（デジタル・ウォレット）‥4
電子記録債権法………………298
テンセント……………………7
投資運用業……………………329
トークン………………144、225
特定商取引法…………………304
トランザクションレンディング…228

［ナ行］

ナンス………………………24
ネットワーク外部性………………176

［八行］

ハードフォーク…………………50
ハッシュ……………………24
犯罪収益移転防止法……72、167、298

ビザンチン耐性…………………62
不公正取引……………………377
フラッシュ・クラッシュ…………414
プルーフ・オブ・ワーク…………135
分散型台帳技術（DLT）‥‥21、32、62
分別管理……………………66、71
保険業法………………167、298
本人確認……………………66

［マ行］

マーケット・メイキング……365、406
マイナー……………………24、61
マイニング……………………24、61
マウントゴックス（MT GOX社）
……………………40、217
マネーローンダリング……144、217
未来投資戦略……120、171、172、200

［ラ行］

リーン・スタートアップ…………162
リオーグ……………………53
リバンドリング…………………84
レイテンシー・アーブ……380、420
レガシー化……………………27
レギュレーションNMS…………435
ロボアドバイザー……107、169、228

事項索引　445

金融とITの政策学
——東京大学で学ぶFinTech・社会・未来

2018年7月2日　第1刷発行

　　　　編　者　神作裕之・小野　傑・湯山智教
　　　　発行者　小　田　　徹
　　　　印刷所　株式会社太平印刷社

〒160-8520　東京都新宿区南元町19
発　行　所　一般社団法人 金融財政事情研究会
企画・制作・販売　株式会社 き ん ざ い
　　出 版 部　TEL 03(3355)2251　FAX 03(3357)7416
　　販売受付　TEL 03(3358)2891　FAX 03(3358)0037
　　　　　　　URL http://www.kinzai.jp/

・本書の内容の一部あるいは全部を無断で複写・複製・転訳載すること、および
　磁気または光記録媒体、コンピュータネットワーク上等へ入力することは、法
　律で認められた場合を除き、著作者および出版社の権利の侵害となります。
・落丁・乱丁本はお取替えいたします。定価はカバーに表示してあります。

ISBN978-4-322-13267-0